KB160893

한일 문화재 반환 문제는 왜 해결되지 못했는가?
 — 한일회담과 '문화재 반환 문제의 구조'

한일 문화재 반환 문제는 왜 해결되지 못했는가?
− 한일회담과 '문화재 반환 문제의 구조'

엄태봉 지음

경인문화사

| 책을 펴내며 |

이 책은 필자가 도호쿠대(東北大) 법학연구과에서 박사학위 논문으로 제출한 「日韓文化財問題の構造と限界-1951~1965年」과 박사학위 취득 후 작성한 관련 연구논문들을 가필·수정하여 엮은 것이다. 제1부는 박사학위 논문의 주제인 한일국교정상화회담(이하, 한일회담)의 문화재 반환 문제를, 제2부는 박사논문에서 다루지 못했던 관련 연구 주제를 다루고 있다.

·

한일 양국은 일제강점기로 인해 발생한 과거사 문제를 해결하고 새로운 국교를 수립하기 위해 1951년 10월부터 한일회담을 개최하면서 기나긴 교섭을 시작했다. 이 책의 주제인 문화재 반환 문제를 비롯하여 기본관계문제, 청구권 문제, 선박 문제, 재일한국인의 법적지위문제, 어업 문제가 한일회담의 주요 의제로 다뤄졌고, 한일 양국은 14년간의 세월을 거쳐 1965년 6월 22일에 관련 조약과 협정을 체결하며 '과거사 처리의 원점'인 한일회담을 타결했다. 특히 청구권 관련 문제는 '완전히 그리고 최종적으로' 해결된 것처럼 보였다. 그러나 주지하다시피 청구권 관련 문제였던 강제동원문제, 일본군'위안부'문제는 물론이고, 문화재 반환 문제 또한 여전히 한일 양국의 역사인식문제로 남겨져 있다.

이에 필자는 '왜 한일 양국의 문화재 반환 문제가 완전히 해결되지 못하고, 여전히 발생하고 있는 것일까'라는 문제의식을 가졌다. 그리고 이에 대한 해답을 찾기 위해 한일회담의 문화재 반환 문제를 주제로 박사논문을 집필했다. 박사과정 당시 한일회담 연구에 대한 관심과 열기도 예전과 같지 않았고, 문화재 반환 문제가 다른 역사인식문제인 강제동원문제나 일본군'위안부'문제, 독도 문제와 같이 한일 관계를 뒤흔드는 이슈가 아니었기 때문에 그 중요도는 그리 높지 않았다. 그럼에도 불구하고 필자는 이 문제를 박사논문의 연구 주제로 선택했다. 그 이유는 다음과 같다.

첫째, 한일회담의 주요 의제인 문화재 반환 문제와 한일회담의 전모를 보다 명확하게 파악하는 데 필요한 연구라는 점이다. 한일 양국이 각각 2005년과 2007년에 한일회담 관련 외교문서를 공개하면서, 한일회담 관련 연구가 양적·질적으로 증가했다. 특히 외교문서를 바탕으로 한 보다 면밀하고 실증적인 연구가 가능해졌다. 문화재 반환 문제 관련 연구도 속속 등장했다. 하지만 동 문제의 중요한 부분을 착목하지 못했던 점도 있고, 지면상의 문제도 있었기 때문에 그 전모를 밝히는 데는 부족한 측면이 있었다. 그리고 다른 주요 의제였던 기본관계문제와 청구권 문제, 재일한국인의 법적지위문제, 어업 문제를 다룬 연구서나 박사논문은 다수 있었지만, 문화재 반환 문제는 그렇지 못했다.

한편 한일회담 관련 연구에서 청구권 문제가 가장 많이 다뤄지는 경향이 있었는데, 이는 한일회담 당시 이 문제가 가장 중요한 의제로써 다뤄졌고, 그만큼 연구 주제로도 관심을 받았기 때문이다. 필자는 '청구권 문제로 한일회담의 모든 것을 설명할 수 있을까'라는 생각과 함께 주요 의제들이 각각의 특징과 의미들을 가지고 있기 때문에, 이를 밝혀내는 작업들이 한일회담의 전체상을 보다 선명하게 그려낼 수 있을 것이라고 생각했다. 그 일환으로 필자는 문화재 반환 문제를 연구하기로 했던 것이다.

둘째, 문화재 반환 문제는 남북한과 일본이 앞으로도 마주해야 할 역사인식문제라는 점이다. 일본의 텐리대학(天理大学)이 소장하고 있는 안견의 몽유도원도(夢遊桃源圖), 도쿄국립박물관이 소장하고 있는 오구라 다케노스케(小倉武之助)의 기증품 등 그 소재를 파악할 수 있는 국보급 문화재들은 물론이고, 그 소재를 전혀 파악하지 못하고 일본 어딘가에 잠들어 있는 수많은 문화재들 중 어떠한 문화재가 언제 어디서 문화재 반환 문제로 나타날지 모른다. 그럴 경우 한일 양국은 해당 문화재의 반출 경위, '반환'과

'기증' 문제 등을 둘러싸고 논의를 하게 될텐데, 여기에 한일회담의 문화재 반환 문제 관련 논의가 참고가 될 수 있다. 한일 양국이 동 문제에 대해 어떠한 인식과 입장을 가지고 교섭에 임했고, 어떠한 부분을 양보하고, 양보받고, 합의했는지 등을 확인함으로써, 발생한 문화재 반환 문제를 풀어가는 실마리를 얻을 수 있을 것이다. 이와 같이 앞으로도 한일 양국이 풀어가야 할 역사인식문제인 문화재 반환 문제를 이해하기 위해 동 문제를 연구할 필요성을 느꼈다.

한편 북일국교정상화 회담(이하, 북일회담)에서 논의된 문화재 반환 문제를 이해하고, 향후 재개될 북일회담을 전망하는 데에도 한일회담의 문화재 반환 문제 연구가 필수적이다. 주지하다시피 북일회담은 한일회담의 주요 의제들과 정합성을 가지면서 논의되었다. 제11장에서 검토하는 바와 같이 북일회담의 문화재 반환 문제 또한 한일회담의 그것과 비슷한 양상으로 논의될 것이며, 북일회담이 앞으로 재개될 경우 반환인지 기증인지, 어떠한 문화재가 논의의 대상이 될지 등을 둘러싸고 치열한 교섭이 펼쳐질 것으로 예상된다. 북일회담은 단순히 북일 양국 간의 교섭에 머무는 것이 아니라, 남북한과 일본, 더 나아가 동북아시아의 안정과 평화에 큰 영향을 미치는 매우 중요한 사건이다. 따라서 북일회담을 이해하고 전망할 수 있는 하나의 방법으로서 한일회담의 주요 의제 관한 연구가 필요하고, 이에 문화재 반환 문제를 연구할 필요가 있다고 생각했다.

셋째, 문화재 반환 문제는 비단 한일 양국만의 문제일 뿐만 아니라, 제국주의가 낳은 부(負)의 유산이자 세계사적인 이슈라는 점이다. 영국의 대영박물관(The British Museum)이나 프랑스의 루브르 박물관(Louvre Museum)을 말할 때 어떠한 문화재가 떠오르는가. 파르테논 신전 조각상, 로제타 스톤, 함무라비 법전 비석 등 세계적으로도 유명한 문화재들을 이 박물관들이 전시하고 있다. 이 문화재들은 제국주의 침략 과정에서 원산국인 그리스, 이집트에서 반출된 것들이며, 이를 둘러싼 반환 문제는 지금도 해결되지 않고 있다. 유엔과 유네스코에서의 노력, 피해국들의 협의체 구성 등 문화재 반환 문제를 해결하기 위한 국제사회의 노력이 있음에도 불구하고, 많은 문화재들을 둘러싼 반환 문제는 여전히 도돌이표를 그리고 있다.

한일 양국의 문화재 반환 문제 또한 같은 맥락이다. 세계적인 문화재 반환 문제 중 어쩌면 한일 양국의 그것이 제국주의의 폐해가 가장 극명하게 드러난 전형적인 예일지도 모른다. 일본이 제국주의로 치닫으면서 벌인 일련의 침략 과정 속에서 조선이 점차 식민지로 전락해 가는 가운데 1910년 이전부터 이미 많은 일본인들이 얼마나 많은 문화재들을 불법적으로 도굴·약탈했는가. 또한 조선총독부가 조선의 문화재를 발굴·보호한다는 미명하에 얼마나 많은 문화재들이 파헤쳐지고 일본으로 반출되었는가. 그 수는 그때도 한일회담 때도 지금도, 그리고 앞으로도 정확히 헤아릴 수가 없을 것이다. 한일 양국에서 발생하고 있는 작금의 문화재 반환 문제의 '기원'이 바로 제국 일본과 식민지 조선에서 발생했던 것이다. 그리고 이를 해결하기 위한 '원점'이 바로 한일회담의 문화재 반환 문제였다. 이와 같이 한일 양국의 문화재 반환 문제는 비단 양국의 문제일 뿐만 아니라, 제국주의 침략으로 인해 발생한 세계사적인 문제라는 점에서 그 대표적인 예로써 검토할 만한 가치가 있다고 생각했다.

·

필자는 이와 같이 한일회담의 문화재 반환 문제에 대한 나름대로의 문제의식과 연구의 필요성을 바탕으로 이 문제를 박사학위 논문의 연구 주제로 선택했다. 그리고 이를 둘러싼 한일 양국의 교섭 과정을 '문화재 반환 문제의 구조'라는 관점에서 고찰했다. 제1장에서 자세하게 검토하겠지만, '문화재 반환 문제의 구조'는 한일회담의 기본관계문제에서 추출한 '기본관계 속성'과 문화재 반환 문제에서 추출한 '청구권 속성', '역사적 가치 속성'으로 구성된 분석틀이다. 한일회담의 문화재 반환 문제는 '반환'과 '기증' 문제 등 단순히 동 문제의 범위에서만 논의할 수 없고, 좀 더 폭넓은 시야에서 심도있는 논의가 필요하지 않을까 생각했다. 그 고민의 결과 '문화재 반환 문제의 구조'라는 분석틀을 고안해서 동 문제를 고찰했다.

본론에서 검토하는 바와 같이 한일회담 관련 선행연구와 문화재 반환 문제 관련 선행연구들에서 동 문제에 대해 규명하지 못했던 부분이나 지엽적인 논의에 머물렀던 내용들을 새롭게 밝히거나 심도있게 논의하는 데에 '문화재 반환 문제의 구조'가 유용했다. 그리고 '한일 양국의 문화재 반환 문제는 왜 해결되지 못하고, 여전히 발생하고 있는가'라는 이 책의 핵심적인 물음에 대해서도 이 구조를 통해 필자 나름대로 답을 제시할 수 있었다.

한일회담의 문화재 반환 문제를 이해하는 데 있어서 '문화재 반환 문제의 구조'가 유용하게 활용되었지만, 그 한계도 존재한다. 동 문제를 분석하는 작업은 기본적으로 '문화재 반환 문제의 구조'를 구성하는 요소인 '기본관계 속성', '청구권 속성', '역사적 가치 속성'들이 강화 또는 약화되는 변화 양상을 검토하면서 교섭 과정의 특징을 밝히는 것이었는데, 각 속성들의 강약을 정확한 수치로 측정하기 어려웠다는 점이 그 한계였다.

마치 수학 공식으로 어떠한 수치를 계산해서 딱 맞아떨어지는 정답을 찾는 방식과 같이 각 속성들의 강약을 측정할 수는 없었다. 하지만 외교문서를 검토해 보면 교섭 과정의 흐름과 각 속성들의 변화 양상들을 충분히 감지할 수가 있었는데, 이에 필자는 나름대로 그 변화에 대한 강약의 기준을 설정하고, 이를 바탕으로 각 속성들의 변화를 검토했다. '문화재 반환 문제의 구조'는 이와 같은 한계가 있었지만, 한일회담의 문화재 반환 문제를 고찰하는 새로운 도구로써 충분한 가치가 있었고, 이를 통해 보다 폭넓고 심도있는 논의를 전개할 수 있었다.

한일 양국 간의 문화재 반환 문제, 더 나아가 영국, 프랑스, 이탈리아 등 제국주의와 관련있는 국가들의 문화재 반환 문제를 분석할 수 있는 보다 정교하고 확장성 있는 분석틀을 고안하는 작업은 현재 진행 중에 있으며,

그 완성을 향후 연구과제로 삼겠다. 이와 함께 이 주제를 연구하면서 정리해 놓은 여러 아이디어들을 연구논문과 연구서로 발전시킬 수 있는 연구활동, 더 나아가 한일 양국의 문화재 반환 문제를 세계적으로 알릴 수 있는 활동을 해 나가겠다.

.

역사인식문제라는 측면에서 본다면 이 책의 연구 주제는 어쩌면 이제는 진부해진 주제일지도 모른다. 하지만 전술한 바와 같이 문화재 반환 문제는 앞으로도 한일 양국 간에 발생할 가능성이 있는 문제라는 점, 제국주의의 폐해로 발생하고 있는 세계사적인 문제라는 점, 그리고 향후 북일회담에서 문화재 반환 문제가 다시 논의될 것이라는 점 등을 생각해 본다면, 앞으로도 충분히 연구해 볼 만한 가치가 있는 주제라고 생각한다.

독자분들께서도 이러한 측면을 고려하면서 이 책을 일독한다면 한일 양국의 문화재 반환 문제를 보다 넓은 시각에서 바라 볼 수 있을 것이다. 아무쪼록 이 책에 대한 독자분들의 따뜻한 관심과 사랑, 그리고 건설적인 비판을 부탁드린다.

| 목 차 |

16

| 표 목차 |

| 일러두기 |

1. 인용문은 다음과 같이 표기한다.
   ① 한국외교문서의 한글 표기와 표현 등이 현재의 맞춤법과 다르더라도 가능한 한 원문 그대로 표기한다.
   ② 일본어, 영어 1차 자료를 인용할 경우 가능한 한 직역해서 인용하며, 필요에 따라 각주 등에 원문도 함께 싣는다.
   ③ 일본외교문서에 나오는 日韓会談, 日韓関係 등의 표현을 직접 인용할 경우 해당 표현을 그대로 사용한다.
   ④ 단어나 문장의 정확한 의미를 위해 필요에 따라 대가(對價), 대(對) 조선총독부, 주(主) 사무소, 금원(金員) 등과 같이 한자도 함께 표기한다.

2. 외국어로 된 인명, 장소 등은 외래어 표기법에 따라 다음과 같이 표기한다.
   ① 간 나오토(菅直人), 사토 에이사쿠(佐藤栄作), 기시 노부스케(岸信介), 오구라 다케노스케(小倉武之助), 도쇼료(図書寮)...
   ② 에드윈 W. 폴리(Edwin W.Pauley), 존 J. 무치오(John J. Muccio), 존 F. 덜레스(John F. Dulles), 오웬 J. 로버츠(Owen J. Roberts)...

3. 한일회담 관련 외교문서가 처음 나왔을 때, 그리고 동일한 외교문서가 다시 나왔을 때 관련 각주는 다음과 같이 표기한다.
   ① 한국외교문서,『제4차 한일회담(1958.4.15. ‑ 60.4.19) 문화재 소위원회 회의록 및 문화재 반환 교섭, 1958』(이하,『제4차 회담 문화재소위원회 회의록』), 프레임 번호: 113.
   → 한국외교문서,『제4차 회담 문화재소위원회 회의록』, 프레임 번호: 113.
   ② 日本外交文書,「日韓会談重要資料集」, 1960年 4月1日(이하,「日韓会談重要資料集」), No.525.
   → 日本外交文書,「日韓会談重要資料集」, No.525.

4. 외교문서 등을 인용할 때 문장에 관련 단어가 없거나, 해당 내용을 알기 쉽게 할 필요가 있을 경우 다음과 같이 필자 주를 삽입한다.
   ① 오늘 받은 목록에 대해서도 조사는 하겠지만, 내 생각으로는 (약탈품: 필자 주)과 같은 것은 없다고 생각한다.

② 그러나 예를 들어 이토공(이토 히로부미: 필자 주)이 지참한 문화재 중에서 선택해 주면 좋겠다는 태도라면 우리 측에서 적당히 골라 증여할 용의가 있다.

5. 대한민국을 나타내는 표현은 한국, 한국정부, 한국 측 등으로 표기하고, 조선민주주의인민공화국은 북한, 북한 측 등으로 표기한다.

6. 표지에 사용된 이미지는 『조선고적도보 제3권』에 수록된 '銅造彌勒菩薩像'이며, 오구라 컬렉션 중 하나로 현재 도쿄국립박물관에 기증되어 전시되고 있다. 출처는 책 날개에 표시해 두었다.

제1부
한일회담의 문화재 반환 문제

제1장 서론

제1절 연구 목적

2010년 8월 10일, 일본의 간 나오토(菅直人) 총리는 1910년에 체결된 한 일병합조약과 식민지 지배에 관한 내각총리대신 담화를 발표했다. 이 담화는 일본정부가 발표했었던 기존의 고노 담화, 무라야마 담화와 같은 담화와는 달리 한국과 한국인을 대상으로 하여 일제의 식민지 지배에 대해 사죄와 반성의 뜻을 밝힌 담화이다. 아울러 이 담화는 "일본의 통치하고 있었던 시기에 조선총독부를 경유해서 가져와, 일본정부가 보관하고 있는 조선왕실의궤 등 한반도에서 유래한 귀중한 도서에 대해, 한국인들의 기대에 부응하여 가까운 시일에 이를 인도"하겠다는 의향을 표명했다.[1] 그 후 한일 양국은 이에 관한 교섭을 진행했고, 11월 14일에 열린 한일 정상회담에서 이명박 대통령과 간 총리가 '도서에 관한 대한민국과 일본국 간의 협정'을 체결했다.[2] 일본 국회에서는 이 협정에 관한 심의가 진행되었고, 중의원과 참의원에서 대정부질의나 참고인 의견 진술·질의 등의 과정을 거쳐 2011년 5월 27일에 승인되었다. 이후 일본정부는 2011년 12월 6일에 조선왕실의궤

---

1) 간 담화의 전문은 외교부, 『2018 일본개황』, 2018, p.246 참조.
2) 동 협정의 전문과 부속서는 外務省 홈페이지(https://www.mofa.go.jp) 참조. 한일 양국은 간 담화 발표 이후 도서에 관한 교섭을 개시했다. 교섭 시작 후 일본 측은 기록을 통해 찾아낸 도서는 321권이고 앞으로 더 나올지도 모르겠다고 말하면서, 해당 도서들이 조선총독부가 가져온 것인지, 그 이전에 가져온 것인지 정당하게 구입했거나 강제로 가져온 것인지는 구별할 수 없다고 설명했다. 한편 협정 명칭과 관련하여 한국 측은 '반환'이라는 표현을 넣어 '한일도서반환협정'으로 할 것을 요구했지만, 일본 측은 '반환'은 곤란하며 '인도'라는 표현을 주장했고, 결국 두 표현을 모두 제외하고 '한일도서협정'으로 정했다. 이에 관한 자세한 내용은 권철현, 『간 큰 대사, 당당한 외교』, 웅진지식하우스, 2011, pp.148~153 참조.

167책 등 총 1,205책을 한국정부에 인도했다. 이와 같은 한일 양국 간의 문화재 반환 문제는 2005년의 북관대첩비, 2006년의 조선왕조실록, 2011년의 조선왕실의궤, 2012년의 대마도 불상 도난 사건, 2015년의 평양 율리사지 팔각 5층 석탑 등 2000년대에 들어서 여러 차례 발생해 왔다. 그렇다면 왜 한일 양국 간에 이와 같은 문화재 반환 문제가 계속 발생하고 있는 것일까.

문화재 반환 문제는 제2차 세계대전 이후 국제사회의 탈식민지화 과정에서 나타난 현상이었다. 제국주의 시대의 지배와 피지배, 또는 점령과 피점령이라는 수직적인 관계였던 종주국과 피식민지국은 각각 제국의 약화와 해체, 그리고 주권국가 수립이라는 탈식민지화를 동시에 경험한다. 피식민지국은 종주국의 약화와 해체, 미국과 소련의 대립에 의한 냉전이라는 국제정치 환경의 변화, 그리고 국제연합의 식민지 독립선언 등에 영향을 받으면서, 종주국과의 평화적인 교섭이나 혁명·독립전쟁과 같은 유혈 충돌을 통해 독립을 달성하고, 주권국가로서 새롭게 국제사회에 등장했다. 피식민지국은 주권국가로 재탄생하면서 종주국에 의한 수직적이고 비대칭적인 지배와 피지배 관계를 청산하고, 주권국가들 간의 수평적이고 대칭적인 관계를 구축했다. 그러나 피식민지국들은 정치적·경제적 지배라는 표면적인 지배 관계를 청산할 수는 있었지만, 역사적·문화적 지배라는 정신적인 지배 관계를 청산하는 과제를 청산해야 했다.

그 과제의 일환으로서 제기된 것이 바로 문화재 반환 문제였다. 그리스와 영국의 파르테논 신전 조각상 반환 문제, 이집트와 영국의 로제타 스톤 반환 문제, 이라크와 프랑스의 함무라비 법전 비석 반환 문제, 리비아와 이탈리아의 비너스상 반환 문제, 한일 양국의 문화재 반환 문제 등 국제사회에서 다양한 문화재 반환 문제가 나타났다. 문화재 반환 문제는 식민지 지배를 경험한 국가들 사이에서 폭넓게 제기되었는데, 예를 들어 1973년 9월에 개최된 제4회 비동맹국가 국가수반·정부수반 회의(Conference of Heads of State or Government of the Non‐Aligned Contries)에서 참가국들은 고유한 문화 정체성을 재확인할 필요성을 강조하는 한편 식민지 시기의 유해한 결과를 제거하고, 민족 문화와 전통을 보존할 것을 요청했다.[3] 1983년 9월에 개최된 제1회 비동맹 및 개발도상국 교육·문화 장관 회의(Conference of Ministers of Education and Culture of the Non‐Aligned and other Developing Countries)에서 채택된 선언은 제국주의자, 식민지주의자 등의 외국 세력에 의해 약탈 또는 반출된 문화재가 원산국으로 회복되는 일이 늦어져서는 안 된다고 강조하고, 이를 위해 약탈 문화재 조사, 공동연구, 국제여론 환기, 유네스코 등 전문기관과의 협력 등을 요청했다.[4]

이와 같이 문화재 반환 문제는 국제사회에서 주목을 받으면서 '헤이그 협약'(1954년),[5] '유네스코 협약'(1970년),[6] '유엔총회 결의 3187(XXVIII)'

---

3) Political Declaration, para.18 and Economic Declaration, Section XIV in, *Fourth Conference of Heads of State or Government of the Non‐Aligned countries*, Algiesrs, 5‐9 September 1973, p.57.

4) *First Conference of Ministers of Education and Culture of the Non‐Aligned and other Developing Countries*, Pyongyang, September 24‐28, 1983, p.10 및 p.21.

5) 정식명칭은 '무력충돌시 문화재 보호를 위한 헤이그 협약(Convention for the Protection of Cultural Property in the Event of Armed Conflict)이며, 전문과 40개 조항, 의정서로 구성되어 있다. 동 협약은 전문에서 "문화재가 어떠한 민족에 속하든 그 훼손은 전 인류의 문화유산의 훼손을 의미한다는 것을 확신하고, 문화유산의 보존은 전 세계의 모든 민족들에게 큰 중요성을 가지며 이 유산이 국제적 보호를 받는 것이 중요함을 고려하고, …(중략)… 문화재 보호를 위한 모든 필요한 조치들을 취하기로 결의"한다는 점을 강조했다. 이와 함께 동 협약의 본문과 의정서에서는 무력충돌에서 문화재를 지키기 위해 평시에도 적절한 조치를 취할 것, 문화재의 절도·약탈·횡령 및 문화재에 대한 파괴행위를 금지·방지할 것, 무력충돌 과정 중 문화재를 반출하지 말 것, 반출된 문화재는 점령되었던 당사국에 반환 할 것 등을 규정하고 있다. 동 협약의 전문은 UNESCO 홈페이지(https://en.unesco.org/) 참조.

6) 정식명칭은 '문화재 불법 반출입 및 소유권 이전 금지 및 방지 수단에 관한 협약'(Convention on the Means of Prohibiting and Preventing the Illicit Import, Export and Transfer of Ownership of Cultural Property)이며, 전문과 26개 조항으로 구성되어 있다. 동 협약은 전문에서 "자국의 영역내에 존재하는 문화재를 도난, 도굴 및 불법적인 반출의 위험에서 보호하는 것은 모든 국가에 부여된 책임"을 강조하고 있다. 본문에서는 협약 위반 문화재의 반입·반출 및 소유권 양도는 불법, 문화재의 불법한 반입·반출을 행한 자에 대해 형벌 및 행정적 제재를 가할 것, 외국 군대

(1973년),[7] 유네스코 문화재 반환촉진 정부 간 위원회(1978년),[8] '유니드로와 협약'(1995년)[9] 등 이 문제에 대처하기 위한 국제적인 움직임도 나타났

점령시의 강제적인 문화재 이전은 불법 등을 규정하고 있다. 동 협약의 전문은 UNESCO 홈페이지(https://en.unesco.org/) 참조.

7) 동 결의의 제목은 '수탈 피해국에 대한 미술품 반환'(Restitution of works of art to countries victims of appropriation)이다. 유엔에서 처음으로 문화재 반환 문제를 제기한 결의이다. 동 결의는 서문에서 "식민지 또는 외국 점령의 결과로 종종 예술품이 실질적인 대가 없이 한 국가에서 다른 국가로 대규모 이동하는 것을 개탄"하면서, 예술품 등을 신속하게 원상회복시킬 것, 식민지 또는 외국 점령하에 있는 영토에서 행해지는 예술품 몰수 행위를 금지할 것 등을 촉구했다. 동 협약의 전문은 유엔 홈페이지(https://digitallibrary.un.org/) 참조.

8) 정식명칭은 '문화재의 원산국 반환 또는 불법 소유시 원상회복을 촉진하기 위한 정부 간 위원회'(The Intergovernmental Committee for Promoting the Return of Cultural Property to its Countries of Origin or its Restitution in case of Illicit Appropriation, ICPRC)이다. 1978년에 열린 제20차 유네스코 총회에서 결의안 20 C4/7.6/5을 통해 설립되었고, 1980년 5월에 프랑스에서 첫 정기회의가 개최되었다. 동 위원회 관련 법령은 총 10개조로 구성되어 있고, 제4조에서 그 역할을 규정하고 있다. 제4조의 주요 내용으로 '원산국으로의 문화재 반환 및 원상회복을 위한 양자 협상 촉진 수단 모색(제1항)', '문화재 반환 및 원상회복을 위한 다자간, 양자간 협력 증진(제2항)', '문화재의 원상회복 및 반환 문제의 설격, 규모, 범위에 관한 공적 홍보 활동'(제4항) 등이 있다. 동 위원회 관련 법령 등은 UNESCO 홈페이지(https://en.unesco.org/) 참조. 한편 동 위원회는 유네스코 총회에서 선출된 22개 회원국(4년 임기)으로 구성되며, 2024년 4월 현재 칠레, 코트디부아르, 체코, 북한, 이집트, 가봉, 가나, 그리스, 과테말라, 인도, 이라크, 이탈리아, 일본, 리비아, 파키스탄, 파나마, 한국, 러시아, 우크라이나, 영국, 베네수엘라, 잠비아가 회원이다. 한편 한국정부는 1989년부터 동 위원회에서 활동을 하고 있다. 동 위원회 설립 30주년 기념 특별회의가 2008년 11월에 서울에서 열리기도 했으며, 2012년에는 의장국에 선출되기도 했다.

9) 유니드로와는 국제사법통일기구(The International Institute for the Unification of Private Law)를 말한다. 동 협약의 정식명칭은 '도난 또는 불법 반출된 문화재에 관한 유니드로와 협약'(UNIDROIT Convention on Stolen or Illegally Exported Cultural objects)이며, 전문과 21개 조항으로 구성되어 있다. 이 협약은 전문에서 '문화재의 불법 거래와 이로 인해 발생하는 회복불가능한 손해 및 유적 도굴로 인해 발생하는 고고학적·역사적·과학적 정보 상실을 우려하고, 문화재 회복 및 반환에 대한 최소한의 공통된 법적 규칙을 확립하기 위한 중요한 조치를 취할 것'을 강조했다. 본문에서는 도난 문화재를 점유한 자는 이를 반환할 것, 선의취득자는 공정하고 합리적인 보상을 요구할 권리가 있다는 점, 불법으로 반출된 문화재를 반환할 것 등을 촉구했다. 동 협약의 전문은 UNIDROIT 홈페이지(https://www.unidroit.org/) 참조.

다.[10] 그러나 문화재 반환 문제에 대한 피식민지국들의 계속적인 문제제기나 이를 해결하기 위한 국제사회의 노력이 있었음에도 불구하고, 제국주의 시기 당시 문화재를 약탈한 국가들은 문화재 반환 문제와 식민지 독립 문제를 별개의 문제로 치부했고,[11] 문화재를 둘러싼 국가들 간의 입장 차이로 인해 동 문제는 제대로 해결되지 않은 채 국제사회의 과제로 남겨져 있다.

문화재 반환 문제를 둘러싼 국가들의 입장은 일반적으로 문화 국가주의(cultural nationalism)와 문화 국제주의(cultural internationalism)로 구분할 수 있다. 두 입장 모두 문화재를 보호·관리·보존해야 한다는 점은 동일하지만, 문화재가 어디에 있어야 하는지에 대해서는 큰 차이가 있다.

먼저 문화 국가주의는 문화재가 국가 또는 민족 문화유산의 일부이며, 소재지나 소유자와 관계없이 국가나 민족에게 특별한 관심을 부여하고, 국가적 또는 민족적 특성을 내포하고 있다는 입장이다. 또한 문화재 반환을 요구하고 문화재의 국외 반출 제한을 정당화한다.[12] 즉 문화재는 국가와 민족의 역사, 공동체, 정체성을 나타내며,[13] 그 자체 이상으로 원산국의 문화와 민족의 역사를 증언하는 것이기 때문에, 이를 빼앗긴 원산국은 그들의 존재의 일부인 문화재를 반환받을 권리가 있으며, 이를 통해 자국의 기억과

---

10) 문화재 반환 문제와 관련깊은 국가인 프랑스는 2018년에 「아프리카 문화유산의 회복. 새로운 관계로서의 윤리를 위하여」(The Restitution of African Cultural Heritage. Toward a New Relational Ethics)를, 독일은 2018년과 2021년에 각각 「식민지 시기의 컬렉션 처리에 관한 가이드라인」(Guidelines on Dealing with Collections from Colonial Contexts) 및 「식민지 시기의 컬렉션 관리에 관한 가이드라인」(Guidelines for the Care of Collections from Colonial Contexts)을 발표하면서, 문화재 반환 문제를 해결하기 위해 노력할 것을 표명했다.

11) 린델 V. 프롯, 「문화재 환수를 위한 국제 협력의 발전」, 유네스코한국위원회, 『문화재 환수의 국제 네트워크 구축 전략』, 2011, p.15.

12) John Henry, Merryman, "Two Ways of Thingkin about Cultural Property." *American Journal of International Law*, Vol.80, No.4, 1986, p.832.

13) Aaron Glass, "Return to Sender: On the Politics of Cultural Property and the Proper Address of Art." *Journal of Material Culture*, Vol.9, No.2, 2004, p.126.

정체성을 회복할 수 있다는 것이다.14) 이와 같은 문화 국가주의를 견지하는 국가들은 그리스, 리비아, 이집트, 인도, 한국 등과 같이 식민지 지배나 침략 전쟁 등으로 인해 식민지나 점령지가 되었던 국가들이다.

한편 문화 국제주의는 문화재가 예술적·고고학적·인류학적·역사적 관심의 대상이며, 재산권이나 국가의 관할권, 그리고 문화재의 원산지나 현 소재지와 관계없이 인류의 공동 문화를 구성하는 한 요소이자,15) 문화재가 어디에 위치하든 어떠한 문화적·지리적 근원에서 유래하든 모든 사람들이 문화재의 보존과 향유에 관심을 갖는다는 입장이다.16) 즉 문화 국가주의와 같이 문화재가 반드시 원산국에 있어야 한다는 입장이 아니라, 문화재의 보존, 통합, 분배와 접근성을 고려해서 인류 공동의 문화 유산인 문화재가 원산국이 아닌 다른 국가에 있어도 된다는 것이다.17) 문화 국제주의를 견지하는 국가들은 주로 영국, 프랑스, 일본, 이탈리아 등과 같이 제국주의와 전쟁 등을 통해 식민지나 점령지를 보유했던 국가들이다.

---

14) UNESCO, A Plea for the restitution of an irreplaceable cultural heritage to those who created it; an appeal by Amadou-Mahtar M'Bow, Director-General of UNESCO, 1978, p.2~4.
15) John Henry, Merryman, op.cit., p.831.
16) John Henry, Merryman, "Cultural Property Internationalism." *International Journal of Cultural Property*, Vol.2, Issue 1, 2005, p.11.
17) 존 메리맨은 그리스-영국 간의 파르테논 신전 조각상 반환 문제에 대해 '문화재의 보존(preservation)', '문화재의 통합(integrit)', '문화재의 분배(distribution)와 접근성(accessibility)'을 고려하면서, 파르테논 신전 조각상이 반드시 그리스로 돌아가야 하는 것은 아니라고 주장했다. '문화재의 보존'은 해당 조각상이 손상이나 파괴될 위험이 없는 런던에서 보호해야 한다는 입장이며, '문화재의 통합'은 흩어진 조각품들이 원형대로 복원하는 것이 가장 이상적이지만, 아테네의 대기 상태가 파르테논 신전을 손상시키고 있기 때문에 섣불리 통합하는 것 보다 흩어진 조각품을 영국에 보호하는 편이 좋다는 입장이다. '문화재의 분배와 접근성'은 인류의 공동 문화유산인 문화재에 대해 다른 사람들이 접근할 수 있는 기회를 갖도록 적절한 분배가 필요하다는 입장이다. 이와 같이 파르테논 신전 조각상에 대한 존 메리맨의 입장은 문화 국제주의를 대변하고 있다. 이에 대한 자세한 내용은 John Henry, Merryman, "Thinking about the Elgin Marbles." *Michigan Law Review*, Vol.83, No.3, 1985, pp.1917~1921 참조.

이와 같이 문화 국가주의와 문화 국제주의 입장을 견지하고 있는 국가들의 견해 차이로 인해 문화재 반환 문제는 아직도 해결되고 있지 않은 채 제국주의의 부(負)의 유산으로서 남겨져 있다. 문화재의 존재 여부는 국가 정체성을 의미하는 문화재에 복잡성을 더하며, 문화재는 국가 정체성의 필수적인 구성 요소를 이루기 때문에 문화재 반환은 역사적 불법성을 시정하려는 시도에 있어서 중심적인 역할을 하고, 아울러 역사적 가해자와 피해자를 중재하는 메커니즘에 필요한 공간을 제공할 수 있다.[18] 바꿔 말하자면 제국주의의 해체와 탈식민주의 과정에서 제기된 문화재 반환 문제를 해결하여 종주국과 피식민지국이 정신적인 지배 관계를 청산하고, 식민지 지배라는 역사적 기억에 대한 극복과 청산을 실현함으로써, 역사 화해와 우호 관계 구축에 공헌할 수 있다는 점에서 문화재 반환 문제는 반드시 해결해야 할 세계사적 과제인 것이다.

본고는 이와 같은 측면에서 해방을 맞이하며 주권국가로 등장한 한국과 제국의 해체와 함께 전후 처리라는 과제에 직면했었던 일본이, 탈식민지화를 함께 경험하는 과정 속에서 식민지 지배를 어떻게 청산하려고 했는지를 한일회담의 문화재 반환 문제에 초점을 맞춰 분석하고, 이를 통해 한일 양국의 문화재 반환 문제가 왜 해결되지 못하고 여전히 발생하고 있는지를 규명한다.

한일 양국 간에 문화재 반환 문제가 제기된 것은 한일회담(1951년 10월 22일~1965년 6월 22일)이었다.[19] 한일회담의 목적은 일제강점기로 인해 발

---

18) Elazar Barkan, "Amending Historical Injustices: The Restitution of Cultural Property-An Overview." in Elazar Barkan and Ronald Bush, eds. *Claiming the Stones, Naming the Bones: Cultural Property and the Negotiation of National and Ethnic Identity,* Getty Publications, 2002, p.17.

19) 한국정부는 1951년 7월에 대일강화조약 참가가 불가능해지자 미국에게 일본과 직접 교섭하겠다는 뜻을 전했다. 일본이 대일강화조약을 통해 주권을 회복하기 전에 교섭을 진행하는 것이 현안 문제들을 해결하는 데에 유리하다고 판단했기 때문이었다. 일본정부도 재일한국인의 법적지위 문제를 조기에 해결할 필요가 있었지만,

생한 문제들을 해결하기 위한 과거사 청산, 그리고 종주국과 식민지가 아닌 주권국가 간의 동등한 국교수립이라는 새로운 외교관계 구축에 있었다. 한일 양국은 이를 위해 문화재 반환 문제를 비롯한 기본관계문제, 청구권 문제, 선박 문제, 재일한국인의 법적지위 문제, 어업 문제 등을 주요 의제로 삼아 격렬한 논쟁을 펼쳤다. 한일회담은 한일 양국 간의 문제이기는 했지만, 당시 한반도를 둘러싼 동아시아 지역의 냉전과 미국의 영향력 등 외부 환경에도 영향을 받으면서 진행되었고, 14년의 세월을 거친 끝에 1965년 6월 22일에 타결되었다.

문화재 반환 문제는 일제강점기 당시 조선에서 일본으로 반출된 문화재를 한국으로 반환할지를 논의한 문제로, 한일 양국의 역사인식이 차이가 극명하게 드러난 문제였다. 당시 동 문제에 대한 한국 측의 기본적인 입장은 조선에 대한 일본의 지배가 불법이었고, 1905년 이후 조선인의 의사에 반해 발굴·도굴 등 불법적인 수단으로 일본에 반출된 문화재를 반환해야 한다는 것이었다. 한편 일본 측은 조선에 대한 일본의 지배는 합법적이었고, 조선총독부가 발굴·반출한 문화재는 당시의 법령에 입각해 합법적으로 이루어진 것이며, 일본에 반환의 의무는 없지만 자발적인 의사로 일본정부가 소유한 약간의 국유 문화재를 기증하겠다는 입장이었다. 즉 한국 측은 불법적인 식민지 지배, 식민지 지배의 상징인 조선총독부, 그리고 그와 같은 배경과 권력하에 자행된 일본인들의 문화재 반출은 강압적이고 불법적인 약탈·강탈이었으며, 일본이 그와 같은 문화재를 반환하는 방식을 통해 과거사를 청산하려고 했다. 반면에 일본 측은 과거사 청산이 아닌, 새로운 한일 관계 구

그 외의 현안 문제에 대해서는 주권을 회복한 후에 임하려고 했다. 연합군총사령부 (General Head Quarters, 이하, GHQ)도 1951년 9월 25일에 GHQ의 참관 아래 한일 양국이 10월 8일부터 재일한국인 문제를 논의하도록 지시했다. 일본정부도 이에 동의했지만, 한국정부의 준비부족을 이유로 한일회담 개최가 연기된 후 10월 20일부터 제1차 회담이 개최되었다 이원덕, 『한일 과거사 처리의 원점 - 일본의 전후처리 외교와 한일회담』, 서울대학교 출판부, 1996, pp.42~43.

축이라는 의미에서 한국 측에 문화재를 기증하려는 것이었다. 이와 같은 한일 양국의 인식 차이는 탈식민지화 과정에서 제기된 문화재 반환 문제를 둘러싼 종주국과 피식민지국의 입장과 비슷하다. 이와 같이 식민지 지배, 그리고 그 배경하에 발생했던 문화재 반출을 둘러싼 한일 양국의 인식 차이가 치열하게 충돌한 것이 바로 한일회담의 문화재 반환 문제였다.

문화재 반환 문제는 14년간의 세월을 거치면서 1965년 6월 22일에 '대한민국과 일본국 간의 문화재 및 문화협정에 관한 협정'(이하, 문화재 협정)이 체결되면서 해결되었다. 그럼에도 불구하고 앞에서 예를 든 바와 같이 작금의 한일 양국 간에 문화재 반환 문제가 발생해 왔다. 그렇다면 한일회담에서 문화재 협정이 체결되었음에도 불구하고, 한일 양국 간의 문화재 반환 문제는 왜 해결되지 못했을까.

본고는 이와 같이 한일 양국의 문화재 반환 문제가 왜 해결되지 못하고 여전히 발생하고 있는지 그 원인을 밝히는 것이 목적이다. 이를 위해 '기본관계 속성', '청구권 속성', '역사적 가치 속성'으로 구성된 '문화재 반환 문제의 구조'라는 관점에서 한일회담의 문화재 반환 문제를 분석한다. 이 분석을 통해 한일 양국이 한일회담에서 '문화재 반환 문제의 구조'와 그 한계를 남긴 채 문화재 반환 문제를 타결했기 때문에, 동 문제가 완전히 해결되지 못했고, 이후에도 계속 발생해 왔다는 점을 논한다.

제2절 선행연구 검토

한일회담의 주요 의제는 문화재 반환 문제를 비롯하여 기본관계문제, 청구권 문제, 선박 문제, 재일한국인의 법적지위 문제, 어업 문제였다. 한일회담과 관련한 선행연구는 주로 청구권 문제를 중심으로 이루어졌는데, 그 이유는 청구권 문제가 한일회담에서 가장 중요한 문제로 여겨졌고, 이에 따라 학문적으로도 주요 연구주제로 다뤄졌기 때문이다. 이와 함께 한일회담 관련 외교문서가 전면 공개되지 않았던 점도 다른 의제에 관한 연구가 크게 진전되지 못했던 이유로 들 수 있다.

한일회담 관련 연구가 활발하게 진행된 계기는 한일 양국이 한일회담 관련 외교문서를 공개한 데에 있다. 한국정부는 2005년에 3만 5천여 장의 외교문서를 전면공개했고, 일본정부는 2007년에 6만장이 넘는 외교문서를 전면공개 또는 부분공개했다. 이를 계기로 문화재 반환 문제를 비롯하여 기본관계문제, 청구권 문제, 선박 문제, 재일한국인의 법적지위 문제, 어업 문제 등 주요 의제들을 중심으로 다양한 연구가 진행되었다. 특히 1차 자료를 활용하면서 보다 면밀하고 실증적인 연구가 가능해졌다.

본절에서는 본 연구와 관련있는 한일회담과 문화재 반환 문제 관련 주요 선행연구를 검토하기로 한다.

1. 한일회담 관련 선행연구[20)]

먼저 한일회담 관련 첫 번째 선행연구는 일본의 전후처리 과정의 일환으로 한일회담을 다루면서 한국과의 교섭에서 일본의 인식과 태도, 정책 등이

---

20) 본서에서 검토하는 한일회담 관련 선행연구 이외에 연구서와 박사학위 논문을 중심으로 다른 선행연구를 들면, 高崎宗司, 『検証日韓国会談』, 岩波書店, 1986; 太田修, 『日韓交渉 - 請求権問題の研究』, クレイン, 2003; 吉澤文寿, 『戦後日韓関係 - 国交正常化交渉をめぐって』, クレイン, 2005; チョウ・ユンス, 「日韓漁業交渉の国際政治 - 海洋秩序の脱植民地化と'国益'の調整 -」, 東北大学法学研究科博士学位論文, 2007; 박진희, 『한일회담 - 제1공화국의 對日정책과 한일회담 전개과정』, 선인, 2008; 국민대학교 일본학연구소 편, 『외교문서 공개와 한일회담의 재조명 1·2』, 선인, 2010; 李鐘元·木宮正史·浅野豊美編, 『歴史としての日韓国交正常化 I · II』, 法政大学出版局, 2011; 장박진, 『미완의 청산 - 한일회담 청구권 교섭의 세부 과정』, 역사공간, 2014; 이원덕 외, 『한일국교정상화 연구』, 대한민국역사박물관, 2016; 김현수, 『일본에서의 한일회담 반대운동 - 재일조선인운동을 중심으로』, 선인, 2016; 유의상, 『대일외교의 명분과 실리 - 대일청구권 교섭과정의 복원』, 역사공간, 2016; 金恩貞, 『日韓国交正常化交渉の政治史』, 千倉書房, 2018 등이 있다.

어떠했는지, 그 결과 한국과의 전후처리가 어떻게 이루어졌는지를 요시다 시게루(吉田茂) 정권부터 사토 에이사쿠(佐藤栄作) 정권 시기에 걸쳐 분석했다. 해당 연구는 '일본의 국내정치', '한일 교섭의 상호작용', '미국의 동아시아 정책'이라는 세 가지 분석 레벨을 제시했다. 분석 결과 일본의 각 정권은 한일회담에 관해 요시다 정권은 무관심, 기시(岸) 정권은 타협/비타협, 이케다(池田) 정권은 조기해결/신중/반대, 사토 정권은 적극/반대의 움직임이 있었다. 그리고 한일회담에서 일본은 냉전에 대한 안보인식과 한국에 대한 경제진출을 중시했고, 한국은 경제발전을 위해 이케다 정권이 제시한 경제협력방식을 받아들이는 것으로 청구권 문제를 타결했다. 한편 미국은 한일 양국이 대립했던 근본적인 원인인 과거사 청산에는 관심을 보이지 않았고, 동아시아 지역에서의 공산권 세력 확대를 막기 위해 한일회담을 진행·유지·타결하도록 한일 양국을 추동했다. 즉 한일회담의 목적이었던 과거사 청산이라는 목적은 냉전 논리와 경제 논리에 의해 왜곡된 채 종결되었던 것이다.21)

두 번째 선행연구는 1950년대의 미국의 외교정책과 대한정책에 초점을 맞추면서, 당시 미국이 취했던 동아시아 정책이 1945년 이후의 한일 관계에 어떠한 영향을 끼쳤는지를 분석했다. 해당 분석에 따르면 미국은 아시아 지역의 냉전 전략으로 지역통합정책을 구상하고, 이를 위해 한일 양국의 국교 재개를 적극적으로 추동하면서 한일회담을 개최시켰다. 미국은 한일회담이 개최되었을 때는 적극적인 불개입 정책을 취했지만, 아이젠하워(Dwight D. Eisenhower) 정권에서는 공식적으로 중재와 압력으로 적극적인 태도를 취했다. 그리고 제3차 회담이 결렬된 이후에는 다시 불개입 정책을 취했고, 1960년대부터는 외교적 압력과 실무 레벨에서의 조정으로 적극적인 태도를 취했다. 이와 같은 한일회담에 대한 미국의 태도 변화는 한일회담 개최부터 1950년대까지는 아시아 정책에 대한 미국의 고려, 그리고 한일회담에서의

---

21) 이원덕, 앞의 책, 1996.

미국의 역할을 이용하려고 했었던 한일 양국의 의도가 얽힌 결과였다. 또한 1960년대부터 한일회담 타결 때까지는 사회주의가 제3세계로 확대되는 상황 속에서 한일 양국의 국교정상화를 통해 한국에 대한 일본의 지원을 실현시키고, 한국을 안정시키기 위해서였다고 논했다. 즉 한일 양국은 미국의 압력을 받으면서도 자국의 국익을 위해 미국의 영향력을 활용하거나 미국에 반항하면서 한일회담에 임했던 것이다.[22]

　세 번째 선행연구는 일본의 안보논리와 경제논리, 미국의 한일회담에 대한 영향을 분석한 선행연구와 한국의 반공안보 및 경제발전을 위한 일본 자금의 필요성을 논한 선행연구들을 비판하면서 독자적인 분석을 실시했다. 즉 선행연구가 한일회담이 타결된 이유와 그 과정을 설명할 수는 있지만, 한일회담이 왜 과거사 청산이라는 과제를 실현할 수 없었는지를 분석하지 않았다는 점, 그리고 한일회담 관련 외교문서가 충분하게 검토되지 않았다는 점을 비판적으로 검토하면서, 한일회담에서 왜 과거사 청산이라는 과제가 소멸되었는지를 고찰했다. 해당 연구는 한일회담이 반공안보와 경제건설이라는 국가수호 과제 및 식민지 지배로 인한 과거사 청산이라는 두 가지 목표를 달성할 수 있는 조건을 가지고 있었는지, 그리고 한일회담의 교섭 과정이 그 문제를 달성하기 위한 회담이었는지를 미국과 소련의 영향, 그로 인한 남북한의 대립, 그리고 한국 국내의 정치적 갈등을 의미하는 한국의 '민족사'를 통해 분석을 진행했다. 분석 결과 한국은 한일회담을 타결시키면서 과거사 청산을 사실상 소멸시키는 길을 선택했다고 논했다. 그 이유는 미국과 소련의 영향력 확대와 이로 인한 남북한의 대립이 한국정부의 국시를 반공으로 만들게 했고, 반공이라는 국제환경에 따라 시작된 한일회

---

22) 李鐘元, 『東アジア冷戦と韓米日関係』, 東京大学出版会, 1996; 李鐘元, 「韓日会談とアメリカ－「不介入政策」の成立を中心に－」, 『国際政治』 第105号, 1994; 李鐘元, 「日韓会談の政治決着と米国－『大平·金メモ』への道のり」, 李鐘元·木宮正史·浅野豊美編著, 『歴史としての日韓国交正常化Ⅰ－東アジア冷戦編』, 法政大学出版局, 2011 등.

담에서 과거사 청산의 기회를 가졌던 한국은 역설적으로 반공을 위해 과거
사 청산이라는 과제를 소멸시킬 수 밖에 없었던 것이었다. 즉 한일회담에서
과거사 청산이라는 과제가 소멸된 이유는 반공이라는 대립과 민족사에 있
었던 것이었다. 한편 이 연구는 결론에서 내용조건의 하나인 '청산규정'을
검토하면서, 재일한국인의 법적지위 문제와 문화재 반환 문제를 언급했다.
문화재 협정의 전문에 있는 '역사적 관계'가 무엇이었는지, 문화재의 인도
가 무엇을 위한 것이었는지가 명확하게 드러나지 않았다는 점을 지적하면
서 문화재 반환 문제도 소멸되었다고 언급했다.[23]

　이상과 같은 선행연구들은 한국, 일본, 미국을 중심으로 한일회담의 다양
한 면모를 밝혔다는 점에서 그 학문적 의의를 평가를 할 수 있다. 하지만
문화재 반환 문제와 관련해서는 다음과 같은 문제점을 들 수 있다. 첫째, 선
행연구는 문화재 반환 문제에서도 과거사 청산이 소멸되었다고 지적했지만,
그것이 어떠한 과정을 통해 언제부터 어떻게 소멸되었는지는 검토하지 않
았다. 이는 해당 선행연구의 연구주제가 기본관계문제와 청구권 문제였기
때문에, 본론에서 문화재 반환 문제를 면밀하게 검토하지 않은 채 결론에서
만 문화재 협정의 내용을 지적한 데서 발생한 문제이다. 따라서 그것이 어
떠한 과정을 거쳤고, 언제 소멸되었는지, 문화재 반환 문제에서 어떠한 의
미를 갖는지, 그리고 한일회담에서 어떠한 의미를 갖는지 등을 분석할 필요
가 있다. 이 점에서 본고는 문화재 반환 문제에서 과거사 청산의 소멸은 회
담 중단기에 합의한 구두전달사항으로 인해 이미 소멸된 적이 있었다고 논
할 것이다. 그리고 구두전달사항의 인도라는 표현은 그 후 한일회담에서 한
일 양국이 자국의 입장을 유리하게 설명할 수 있도록 한 해결 방식을 예측
할 수 있게 하는 첫 공식적인 합의였고, 그것이 한일회담에서 중요한 의미
를 갖는다고 평가할 것이다.

---

23) 장박진, 『식민지 관계 청산은 왜 이루어질 수 없었는가 - 한일회담이라는 역설』, 논
　　형, 2009.

둘째, 선행연구에서는 문화재 반환 문제가 다른 주요 의제들에 비해 중요하지 않았다고 평가하는 인상이 강한데, 정말 그러했을까. 문화재 반환 문제는 동일한 청구권을 둘러싼 청구권 문제, 선박 문제와는 그 성격이 달랐기 때문에 경제적인 측면을 중시하더라도 해결할 수 없는 문제였으며, 과거사 청산과 한국의 정체성 회복이라는 정신적 측면과 깊게 연결되어 있었기 때문에 중요한 문제였다. 예를 들어 선박 문제는 한일회담이 시작되기 전부터 한일 양국이 논의한 문제였지만, 제6차 회담에서 부상한 경제논리에 따라 서서히 청구권 문제 해결의 일환으로 취급되었고, 결국 선박 문제에 관한 협정은 체결되지 않은 채 '청구권 및 경제협력에 관한 협정'의 '상업상의 민간신용제공에 관한 교환공문'에서 "3천만 아메리카합중국 불($30,000,000)의 액수에 달할 것이 기대되는 선박 수출을 위한 민간 신용 제공"으로 합의되었다.[24) 한일 양국은 제6차 회담부터 청구권 문제를 해결하기 위해 경제협력방식을 중시하기 시작하면서, 금전으로 해결할 수 있는 선박 문제는 청구권 문제로 흡수·소멸되어가는 형태가 되었던 것이다. 반면에 문화재 반환 문제는 동 문제만의 독특한 성격이 있었기 때문에 선박 문제와 같이 청구권 문제로 흡수·소멸되지 않고, 최종적으로 문화재 협정으로 타결되었던 것이다. 문화재에 금전적인 가치를 매겨 해결하는 선택지도 있을 수 있었던 문화재 반환 문제는 과거사 청산이라는 측면에서 가장 중요한 문제 중에 하나였다. 즉 문화재 반환 문제는 과거사 청산이라는 측면에서 필수불가결한 문제였다.

셋째, 기본관계문제와 청구권 문제에 초점을 맞춰 한일회담의 교섭 과정

---

24) 해당 협정의 정식 명칭은 '대한민국과 일본국 간의 재산 및 청구권에 관한 문제의 해결과 경제협력에 관한 협정'이다. 협정 내용은 제1조 일본의 대한민국에 대한 유상·무상의 자금 지원, 제2조 대일평화조약 제4조(a)에 근거한 청구권 문제의 완전히 그리고 최종적인 해결, 제3조 분쟁시 외교상의 경로를 통한 해결, 제4조 비준 및 효력발생이며, 그 외 의정서, 교환공문, 합의의사록 등의 부속문서가 있다. 협정 전문은 주대한민국일본국대사관 홈페이지(https://www.kr.emb-japan.go.jp/) 참조.

을 분석한 연구, 즉 과거사 청산 문제가 왜곡된 채 한일회담이 타결되었다는 선행연구는 왜 문화재 반환 문제가 완전히 해결되지 못했는가를 면밀하게 분석하지 않았다. 문화재 반환 문제는 청구권 문제 등 다른 주요 의제들과 다른 성격을 가지고 있었기 때문에, 면밀한 분석을 행할 필요가 있다. 이를 위해서는 문화재 반환 문제가 어떠한 특징을 가지고 있는지, 기본관계문제와 동 문제가 어떠한 관계가 있는지 등을 검토해야 할 필요가 있다.

2. 문화재 반환 문제 관련 선행연구[25]

문화재 반환 문제와 관련해서 검토할 첫 번째 선행연구는 동 문제 교섭과정을 전기(1952년~1958년)와 후기(1959년~1965년)로 나누어 검토하고, 문화재 협정에 대한 한국, 북한, 일본의 평가를 소개했다. 그리고 문화재 협정은 문화재 반환 문제를 문화협력의 일환으로 왜소화시키려고 했던 일본 정부의 의도가 반영된 것이라고 지적했다. 이 연구는 문화재 반환 문제 관

---

25) 선행연구 이외의 문화재 반환 문제 관련 연구논문과 논고를 들자면, 旗田巍, 「日韓条約と朝鮮文化財返還問題」, 『歴史学研究』 第304号, 1965; 旗田巍, 「朝鮮文化財の返還問題について-真の日朝友好とはなにか」, 『世界』 第238号, 1965; 旗田巍, 「文化財および文化協力に関する協定-日韓条約の批判的検討」, 『法律時報』 第37輯 第10号, 1965; 近藤義郎, 「朝鮮の文化財に思う」, 『考古学研究』 第12巻 第1号, 1965; 西川宏, 「朝鮮文化財は誰のものか-日韓文化財協定の根本問題-」, 『考古学研究』 第12巻 第2号, 1965; 山中吾郎, 「『文化財及び文化協力』協定の疑点」, 『月刊社会党』 No.104, 1966; 西川宏, 「在日朝鮮文化財と日本人の責務」, 『歴史地理教育』 第116号, 1966; 林容子, 「在日朝鮮文化財問題のアートマネージメントの観点よりの考察」, 『尚美学園大学芸術情報学部紀要』 第5号, 2004; 伊藤孝司, 「韓国・北朝鮮からの文化財, 返還要求をどうのように受け止めるのか」, 『世界』 第775号, 2008; 吉澤文寿, 「失われた朝鮮文化遺産-植民地下での文化財の略奪・流出, そして返還・公開へ」, 『歴史学研究』 第866号, 2010; 李洋秀, 「日韓会談と文化財返還問題」, 『戦争責任研究』 第72号, 2011; 韓国・朝鮮文化財返還問題連絡会議, 「日本側からみた流出文化財の問題点と解決への課題」, 『戦争責任研究』 第72号, 2011; クリスティン・キム, 「古美術品をめぐる国際政治-冷戦政治と朝鮮半島の文化財1945年~1960年」, 李鐘元・木宮正史・浅野豊美編, 『歴史としての日韓国交正常化Ⅱ-脱植民地化編』, 法政大学出版局, 2011; 五十嵐彰, 『文化財返還問題を考える: 負の遺産を清算するために』, 岩波文庫, 2019 등이 있다.

련 외교문서가 거의 공개되지 않은 시기에 자료의 제약에도 불구하고, 한국에서 유출된 자료를 이용하여 처음으로 동 문제의 교섭 과정을 검토했다는 점에서 의의가 있다.26)

두 번째 선행연구는 한일회담의 문화재 반환 교섭과 1990년대의 한국과 프랑스 간의 외규장각 고문서를 둘러싼 교섭 과정의 결과가, 국내적 요인, 정부 요인, 대외적 요인, 환경 요인의 차이가 있었음에도 불구하고, 왜 모두 실패하게 되었는지, 그 원인이 무엇인지를 Two Level Game을 통해 분석했다. 한일회담의 문화재 반환 교섭에 대해 한국의 전문가 집단이 미약했기 때문에 한국정부의 대일교섭에 미치는 영향력이 약했다는 점, 당시 군사정권은 폐쇄적인 정책 결정을 했고 여론을 무시했다는 점, 국교정상화를 요구한 미국의 요구와 경제발전을 위한 자금 도입이라는 한국정부의 이익을 위해 한일협정을 체결했다는 점, 한일회담이 과거사 청산이 아닌 냉전과 경제의 논리에 의해 왜곡됨으로써 문화재 반환 문제는 한국정부가 처음에 주장했던 것보다 크게 축소되었다는 점을 지적했다. 즉 한국과 일본, 한국과 프랑스 간의 문화재 반환 교섭이 실패한 원인으로 문화재 전문가 집단의 활성화와 이를 통한 교섭력의 상승을 위한 조기 정치쟁점화 전략을 구사할 수 없었다는 점, 문화재 전문가와 국민들의 참여가 제한되었던 폐쇄적인 정책결정 과정으로 인한 교섭 전략 수립의 한계라는 국내적 요인과 문화재 반환 실현에 대한 대통령의 의식부족, 교섭 당사자인 관료의 문화재에 대한 인식부족과 전문성 결여라는 정부 요인을 들었다.27)

세 번째 선행연구는 2005년에 한국정부가 공개한 한일회담 관련 외교문서를 활용해서 문화재 반환 문제의 교섭 과정을 처음으로 실증적으로 검토했다. 이 연구는 동 문제의 교섭 과정을 제1차 회담부터 제3차 회담, 제4차

---

26) 高崎宗司, 「日韓会談における文化財返還交渉について」, 『朝鮮史研究会論文集』 第23号, 1986.

27) 조부근, 『잃어버린 우리문화재를 찾아: 문화재 보존과 관리의 실제/불법거래와 국제협약/문화재 외교』, 민속원, 2004, pp.261~495.

회담부터 제6차 회담, 제7차 회담으로 나누어 각 시기를 논했다. 제1차 회담부터 제3차 회담 시기의 문화재 반환 문제는 진전이 거의 없었고, 청구권 문제의 현물배상과 관련한 제1항목으로 논의되었으며, 제4차 회담부터 제6차 회담 시기는 문화재소위원회, 전문가회의를 통해 동 문제가 구체적으로 논의된 시기였고, 제7차 회담에서는 구체화된 문화재 반환 문제 논의가 충분하게 반영되지 않은 채 타결되었다고 논했다. 이를 통해 14년간에 걸친 문화재 반환 교섭은 성공적이지 않았으며, 한일국교정상화 과정에서 하나의 소모품에 지나지 않았다고 지적했다.[28]

네 번째 선행연구는 한국외교문서를 활용하여 문화재 반환 문제를 전문가회의 개최 이전과 이후로 나누어 검토하고, 반환의 법적의무 문제, 반환과 기증 문제, 반환 목록의 범위 문제를 정리했다. 또한 한일 관계가 새로운 국면에 접어들었고, 문화재 반환 문제를 둘러싼 국제사정도 변화하고 있기 때문에 다시 동 문제를 제기할 필요가 있다고 지적했다.[29]

다섯 번째 선행연구는 문화재 반환 문제에 관한 일본정부의 '조기해결' 방식과 한일 양국의 교섭 상층부의 사전 교섭이 있었음에도 불구하고, 그것이 실시되지 않았던 원인은 외무성이 국제조례 해석을 통해 문화재 반환 문제를 논의하려고 했고, 이에 따라 한일 양국의 대립이 길어졌기 때문이라고 분석했다. 외무성은 문화재 반환 문제를 한일 양국의 문제가 아니라 국제적 기준인 국제법과 그 적합성의 틀로 다루면서, 식민지 통치 이전의 관계에 대한 원상 복귀보다는 국교정상화 이후의 문화교류라는 틀을 구축하는 데에 중점을 두게 되었다고 지적한다. 이와 같은 외무성의 인식이 문화재 반환 문제를 청구권에서 분리시키는 형태로 구체화되었고, 이로 인해 국제적인 관습이나 법을 둘러싼 한일 양국의 견해 차이가 나타나게 되었다고

---

28) 국성하, 「한일회담 문화재 반환협상 연구」, 『한국독립운동사연구』 제25집, 2005.
29) 박훈, 「한일회담 문화재 '반환'교섭의 전개과정과 쟁점」, 국민대학교 일본학연구소 편, 『의제로 본 한일회담 - 외교문서 공개와 한일회담의 재조명 2』, 선인, 2010.

논했다.[30]

여섯 번째 선행연구는 일본 측이 문화재 반환 교섭에서 소극적이고 부정적인 태도를 보인 것은 한일 양국의 문제이기보다 일본 국내의 문제에 기인한 결과였다고 논했다. 즉 문화재 반환 문제를 둘러싼 외무성과 문부성, 문화재보호위원회 간의 마찰로 인해 한국 측과의 교섭에 소극적이고 부정적이었다는 것이다. 외무성은 동 문제를 해결하기 위해 법적의무로써의 반환이 아닌 자발적 의사로써 기증을 하겠다는 방침이었지만, 문부성과 문화재보호위원회가 이에 대해 극히 부정적이었기 때문에, 외무성은 문부성과 문화재보호위원회의 동의를 얻기 위해 수차례에 걸쳐 협의를 해야 했다. 특히 문화재보호위원회는 문화재를 반환할 의사가 없었고, 식민지 조선에 대한 일본의 지배는 정당하다는 인식을 가지고 있었기 때문에 한일 양국의 문화재 반환 교섭에 악영향을 끼쳤다고 지적했다.[31]

이와 같은 선행연구들의 문제점을 들면, 첫째, 문화재 반환 교섭의 시기 구분과 그 특징을 충분하게 검토하지 않았다는 점이다. 선행연구는 문화재 반환 교섭 시기를 구분하기는 했지만, 시기 구분의 폭이 크기 때문에 각 시기별 교섭 과정의 특징을 정확하게 파악할 수 없다. 문화재 반환 교섭의 전

---

30) 長澤裕子, 「日韓会談と韓国文化財の返還問題再考 - 請求権問題からの分離と『文化財協定』」, 李鐘元・木宮正史・浅野豊美編, 『歴史としての日韓国交正常化Ⅱ - 脱植民地化編』, 法政大学出版局, 2011.

31) 류미나, 「한일회담 외교문서로 본 문화재 반환 교섭」, 『일본역사연구』 제30집, 2009. 이와 함께 류미나 교수는 한일회담의 문화재 반환 문제 관련하여 류미나, 「일본의 문화재 '반환'으로 본 식민지 지배의 '잔상', 그리고 '청산'의 허상 - 1958년 일본의 제1차 문화재 반환까지의 교섭과정을 사례로 - 」, 『일본역사연구』 제32집, 2010; 류미나, 「문화재 반환과 둘러싼 한일회담의 한계 - 일본의 한국 문화재 반환 절차를 중심으로」, 『일본역사연구』 제40집, 2014; 류미나, 「한일회담 문화재 반환 교섭 관련 인물 연구 - 일본측 문화재 반환 교섭 담당자들과 일본의 조선학 연구자들을 중심으로」, 『한국학연구』 제63집, 2017; 류미나, 「문화재 반환 문제로 본 한일 간 '화해'의 가능성 - 한일 간 국교정상화 과정에 대한 재고 - 」, 『한일관계사연구』 제66집, 2019; 류미나, 『한일회담과 문화재 반환 협상』, 경인문화사, 2022 등을 통해 동 문제 연구에 선구적인 역할을 했다.

체적인 양상을 정확하게 파악하기 위해서는 그 시기를 보다 자세하게 설정한 후 해당 시기에 한일 양국이 어떠한 의도와 방침을 가지고 교섭에 임했는지, 각 시기별 특징이 어떠했는지, 그 특징의 차이가 무엇인지 등을 분석할 필요가 있다.

둘째, 시기 구분과 관련하여 제3차 회담 중단 이후부터 제4차 회담 개최 전까지의 시기인 회담 중단기의 교섭 과정이 면밀하게 검토되지 않았다는 점이다. 회담 중단기 때 합의된 구두전달사항은 문화재 반환 문제와 한일회담에서 중요한 의미를 가지는데, 이와 같은 부분이 선행연구에서는 검토되지 않았다. 이를 위해 본고는 회담 중단기의 문화재 반환 교섭 과정을 검토할 것이다.

제3절 분석 시각

본고는 이상에서 검토한 선행연구의 성과를 활용하면서 '문화재 반환 문제의 구조'라는 관점에서 문화재 반환 문제의 교섭 과정을 분석한다.

'문화재 반환 문제의 구조'는 기본관계문제에서 추출한 '기본관계 속성'과 문화재 반환 문제의 청구권적인 성격에서 추출한 '청구권 속성', 그리고 동 문제의 고유한 특성에서 추출한 '역사적 가치 속성'으로 구성되어 있다. 이하에서는 기본관계 속성, 청구권 속성, 역사적 가치 속성, 그리고 세 가지 속성 간의 관계를 살펴보면서, '문화재 반환 문제의 구조'를 설명하기로 한다.

첫째, 기본관계 속성은 문화재 반환 문제의 외부 요인에서 기인하는 속성이다. 외부 요인이라는 것은 한일회담에서 논의된 기본관계문제를 말하며, 이는 문화재 반환 문제를 비롯한 다른 의제들과도 관계되어 있다. 먼저 기본관계문제의 '구조약의 무효확인 문제'를 검토하기로 한다. 한국 측은 이 문제에 관해 1910년 8월 22일에 체결된 '한일병합에 관한 조약'을 비롯하여, 일본이 조선을 식민지화 하는 과정에서 체결된 협정과 조약은 일본의 위협과 침략에 의해 불법·부당하게 체결되었기 때문에 당초부터 무효라고 주장했다. 반면에 일본 측은 해당 조약이 합법적이고 유효했다고 주장하면서 이 문제를 둘러싼 한일 양국의 대립은 반복되었다. 즉 구조약의 무효확인 문제는 조선에 대한 일본의 식민지 지배가 불법이었는지 합법이었는지를 묻는 문제였고, 한국의 독립 이후 한일 양국 간에 발생하고 처리할 문제들의 근본적인 문제였기 때문에 한일회담의 다른 현안 문제에 영향을 끼치는, 그리고 한일회담의 전체적인 행방에 영향을 끼칠 수 있는 문제였다.[32] 결국 동 문제는 제7차 회담에서 기본조약[33] 제2조 "1910년 8월 22일 및 그 이전에 대한제국과 대일본제국 간에 체결된 모든 조약 및 협정이 이미 무효임을 확인한다"로 규정되었다.

한일 양국은 '이미'(일본어: もはや, 영어: already)라는 표현을 사용함으로써 한국정부는 1910년 8월 22일까지 체결된 조약과 협정들이 당초부터 무효였으며, 따라서 일본의 식민지 지배는 불법이며 무효라고 해석할 수 있게 되었다. 반면 일본정부는 해당 조약과 협정들은 당시에는 유효했고 한국이 독립한 후에 무효가 되었다, 즉 조선에 대한 일본의 식민지 지배는 합법적이고 유효했다고 해석했다. 그러나 구조약의 무효확인 문제는 본론에서 검토하는 바와 같이 1945년 이후의 한일 관계를 규정하는 근본적인 문제였

---

32) 제7차 회담의 제2회 기본관계위원회에서 한국 측은 기본관계문제에 대해 "관념상으로는 본 조약이 앞서고 각 현안에 관한 합의가 이에 따르게 되는 것이다. 기본조약은 말하자면 헌법적 성질을 띠게 될 것이다"라면서 동 문제의 중요성을 설명했다. 한국외교문서, 『제7차 한일회담. 기본관계위원회 회의록 및 훈령, 1964.12 - 65.2』(이하, 『제7차 회담 기본관계위원회 회의록』), 프레임 번호: 22.

33) 기본조약의 기본 명칭은 '대한민국과 일본국 간의 기본관계에 관한 조약'이다. 이 조약은 전문과 제1조 외교 및 영사관계의 해설, 제2조 구조약 및 협정의 효력, 제3조 한국정부의 지위, 제4조 유엔헌장의 원칙 존중, 제5조 무역, 해운 및 기타 통상관계 교섭 실시, 제6조 민간 항공 운수 협정 체결 교섭 실시 제7조 비준 및 효력발생으로 구성되어 있다. 본 조약의 전문은 주대한민국일본국대사관 홈페이지(https://www.kr.emb - japan.go.jp/) 참조

음에도 불구하고 '선해결, 후조약'이라는 한일 양국의 방침에 따라 제1차 회담과 제7차 회담에서만 구체적으로 논의되었다. 즉 근본적인 문제인 기본관계문제 보다 다른 현안 문제들의 논의에 집중하게 되면서, 과거사 청산이라는 한일회담의 목표가 해결되지 못했다.

둘째, 청구권 속성은 문화재 반환 문제의 내부 요인에 따른 속성으로, 내부 요인이란 '반환의 법적의무 문제'이다. 한국 측은 일본 측에 불법하게 반출해 간 문화재의 반환을 청구할 권리가 있으며, 일본 측은 해당 문화재를 한국 측에 반환할 법적의무가 있다고 주장했다. 한편 일본 측은 정당하고 합법적인 방법으로 문화재를 소유해 왔기 때문에, 한국 측이 주장하는 반환의 의무는 없으며 한국의 독립을 축하하는 의미 또는 한일 양국의 우호관계를 위해 일본정부가 소유한 약간의 국유 문화재를 기증하겠다고 주장했다. 즉 한국 측은 일본 측에 문화재 반환을 청구할 권리도 없고, 일본 측도 한국 측에 문화재를 반환할 법적의무도 없다는 입장이었다.

이와 같은 기본관계 속성과 청구권 속성을 바탕으로 기본관계문제와 문화재 반환 문제의 관계를 정리해 보면 〈표 1〉과 같다.

〈표 1〉 기본관계문제와 문화재 반환 문제의 관계

항목		구조약의 무효확인 문제(기본관계문제)	
		A. 무효	B. 유효
반환의 법적의무 문제 (문화재 반환 문제)	C. 있음	①	②
	D. 없음	③	④

〈표 1〉의 A는 기본관계문제의 구조약의 무효확인 문제에 관한 한국 측의 주장이며, B는 일본 측의 주장이다. 조선에 대한 일본의 식민지 지배와 관련하여 구조약이 무효가 될 경우 이는 불법이 되고, 구조약이 유효할 경우는 합법이 된다. 그리고 C는 청구권 속성의 반환의 법적의무 문제에 관한 한국 측의 주장이며, D는 일본 측의 주장이다. 문화재 반환에 대한 법적의

무가 있을 경우 일본의 문화재 반출은 불법이 되고, 법적의무가 없을 경우
는 문화재 반출이 합법이 된다.

이를 바탕으로 기본관계문제와 문화재 반환 문제의 관계를 검토해 보면
다음과 같다. ①의 경우는 조선에 대한 일본의 식민지 지배가 불법·무효이
며, 문화재의 반출도 불법으로 문화재를 반환할 의무도 있기 때문에 당연히
일본이 한국에 문화재를 반환해야 한다. ③의 경우에는 문화재 반출이 합법
이라고 하더라도 그것은 불법적인 식민지 지배하에 이루어졌기 때문에 ①
과 같이 한국 측에 문화재가 반환된다. ①과 ③은 실제로 한일회담의 문화
재 반환 교섭 과정에서 한국 측이 주장한 점이었으며, ③에 관해서는 강압
적인 식민지 지배하에 이루어진 행위는 모두 무효가 된다고 주장했다. 한국
측의 기본관계 속성에 관한 입장은 무효였기 때문에 문화재는 당연히 한국
으로 반환하게 된다.

②의 경우는 조선에 대한 일본의 식민지 지배가 합법·유효했지만, 문화
재 반출이 불법이었기 때문에 문화재 반환의 법적의무가 있다. 그러나 일본
으로 반출된 모든 문화재가 그 대상이 되는 것이 아니라 반출 과정에서 불
법성이 확인되는 경우에만 문화재가 반환된다. ④의 경우에는 문화재 반출
이 합법이고 반환의 법적의무가 없으며, 일본의 식민지 지배도 합법이고 유
효했기 때문에, 일본은 한국에 문화재를 반환할 필요가 전혀 없다. ②와 ④
는 일본 측이 문화재 반환 교섭에서 실제로 주장한 점이었는데, ②에 관해
서는 일본 측이 문화재 조사를 해 본 결과, 불법적으로 입수된 것은 없었기
때문에 일본은 문화재를 기증할 법적의무가 없지만, 한국의 독립을 축하한
다는 등의 의미에서 약간의 국유 문화재를 한국에 기증하겠다고 말했다.

위와 같은 검토를 정리해 보면, 기본관계문제인 구조약의 무효확인 문제
가 무효 될 경우는 문화재 반환 문제인 반환의 법적의무 문제의 결과를
막론하고, 문화재는 반환이 된다. 또한 구조약의 무효확인 문제가 유효가
될 경우에는 문화재 반출에 불법성이 있는 경우를 제외하고, 문화재는 기증

이 된다. 그리고 ①과 ④는 한일 양국이 한일회담에서 실제로 계속 주장을 했지만, 결과적으로 ①과 ④의 경계선 상에서 타결되는 형태가 되었다. 즉 한일 양국은 각자에게 유리한 입장을 설명할 수 있도록 '이미'와 '인도'라는 표현을 사용함으로써, 한국정부는 조선에 대한 일본의 식민지 지배가 불법이었고 인도라는 형식으로 문화재를 반환받았다고 설명할 수 있게 되었고, 일본정부는 조선에 대한 식민지 지배가 유효했지만, 문화협력의 견지에서 인도라는 형식으로 한국에 문화재를 기증했다고 설명할 수 있게 되었던 것이다. 한편 ③은 논리상으로는 가능하지만, 일본 측이 관련 문화재들을 조사한 결과 불법적으로 반출된 문화재는 없었다는 주장에 따라 실제로 실현될 수 없는 내용이었다.

셋째, 역사적 가치 속성이다. 이 속성은 청구권 속성과 동일하게 문화재 반환 문제의 내부 요인에 따른 속성이다. 본고에서 이 속성은 일제강점기 당시 일본으로 반출된 문화재가 무엇이 있었는지, 어떠한 과정을 통해 반출되었는지, 현 소재지가 어디인지, 그 가치가 무엇인지 등을 의미한다. 문화재는 한 국가의 역사와 문화, 그리고 국가와 민족의 정체성을 상징하기 때문에, 이 속성은 문화재 자체가 가지고 있는 고유한 특성이자 문화재 반환 문제가 한일회담의 주요 의제로 성립한 실질적인 이유이며, 다른 현안 문제들과는 다른 동 문제만의 특징을 나타내는 요인이기도 하다. 한국 측은 한국의 역사와 문화, 정체성을 표상하는 문화재가 일본의 불법·부당한 식민지 지배로 인해 반출되었기 때문에 일본 측은 이를 반환해야 한다는 입장이었다.

문화재 반환 문제는 동일한 청구권을 둘러싼 문제였던 청구권 문제나 선박 문제와는 그 성격이 달랐는데, 이는 역사적 가치 속성이 있기 때문이다. 문화재에 금전적인 가치를 매겨 청구권 문제 틀 안에서 문화재 반환 문제를 해결하는 방식도 있을 수 있었겠지만, 이 문제는 선박 문제와 같이 '돈'으로 해결되면서 청구권 문제에 흡수·소멸되지 않았고, 역사적 가치 속성이 있었기 때문에 문화재 협정으로 타결되었던 것이다.

한편 역사적 가치 속성은 기본관계문제의 유일 합법정부 문제에 영향을 받는다. 유일 합법정부 문제는 한국정부가 한반도를 관할하는 유일한 합법정부인지를 둘러싼 문제이다. 한국 측은 이 문제에 대해 '현재 행정 지배하에 있는 지역 및 향후 행정적 지배하에 놓을 지역으로 한다'고 주장했고, 반면에 일본 측은 북한의 존재를 인정하면서 '대한민국 정부의 유효한 지배 및 관할권은 현실적으로 한반도의 북쪽 부분에는 미치지 않는다'라는 주장을 했다. 일본 측이 한국 측의 주장을 받아들일 경우, 한국 측이 주장한 북한 출토 문화재를 돌려주게 될 가능성이 있고, 그렇지 않을 경우에는 북한 출토 문화재를 한국에 돌려줄 가능성은 없어진다.

제7장에서 검토하는 바와 같이 유일 합법정부 문제는 기본조약 제3조 '대한민국 정부가 국제연합 총회의 결정 제195호(III)에 명시된 바와 같이 한반도에 있어서의 유일한 합법정부임을 확인한다'로 합의되었다. 이 합의에 따라 한국정부는 한반도에서의 유일한 합법정부는 한국정부라고 설명할 수 있게 되었고, 반면에 일본정부는 한국정부가 한반도의 남부에 한해서 그 관할권을 가지고 있다고 설명할 수 있게 되었다. 즉 일본 측은 한국정부의 유효한 지배가 한반도의 북쪽 지역에는 미치지 않고 있다고 해석할 수 있게 되었고, 한국 측이 요구한 북한 출토 문화재를 건넬 필요가 없어졌다. 실제로 제7차 회담에서 논의된 인도품목목록에는 북한 출토 문화재가 없었는데, 한국 측이 이에 불만을 드러낸 것은 당연한 결과였다.

이상과 같은 논의를 정리해 보면, 문화재 반환 문제의 청구권 속성은 기본관계문제의 구조약의 무효확인 문제에 영향을 받고, 역사적 가치 속성은 기본관계문제의 유일 합법정부 문제에 영향을 받게 되면서, 기본관계문제라는 외부 요인에 따라 문화재 반환 문제가 기본관계 속성을 가지게 된다고 말할 수 있다. 즉 문화재 반환 문제는 단순히 반환·기증이라는 청구권 속성만으로 논의될 문제가 아니라, 한일회담 전체에 영향을 끼치는 기본관계문제와 문화재 반환 문제만의 특성인 역사적 가치 속성도 함께 검토할 필요가 있다. 따라서 본고는 '기본관계 속성'과 '청구권 속성', 그리고 '역사적 가치 속성'으로 구성된 '문화재 반환 문제의 구조'를 통해 문화재 반환 문제의 교섭 과정을 검토한다. 이 때 각각의 속성이 약화 또는 강화되는 과정을 검토하는데, 그 기준을 설명하면 다음과 같다.

첫째, 기본관계 속성이다. 기본관계문제의 구조약의 무효확인 문제와 유일 합법정부 문제의 논의가 그 기준이다. 제3장과 제7장에서 검토하는 바와 같이 기본관계문제는 제1차 회담과 제7차 회담에서 대부분 논의되었고, 그 외에는 간단히 논의되거나 아예 논의되지 않았다. 따라서 관련 논의가 아예 없었거나 간단히 언급된 경우 약화, 구체적인 논의가 이루어질 경우 강화로 간주한다.

둘째, 청구권 속성이다. 이는 청구권 문제의 반환의 법적의무의 논의, 즉 반환·기증 논의가 기준이 된다. 제1차 회담부터 제2차 회담 당시 한국 측은 문화재 반환 문제에 대해 법적의무를 통한 해결 보다 정치적 해결을 요구했고, 제3차 회담에서는 일본 측이 이를 거부하자 법적의무에 따른 요구를 하겠다고 주장했다. 회담중단기에서는 한일 양국이 인도라는 표현으로 합의했고, 제4차 회담과 제5차 회담에서는 다시 한국 측이 반환, 일본 측이 기증을 주장한다. 이후 제6차 회담에서 한국 측이 인도를 주장했고, 이를 거부하던 일본 측은 제7차 회담에서 인도를 받아들였다. 이와 같이 반환의 법적의무 문제인 반환·기증 문제에 관한 논의가 청구권 속성의 기준이 된다. 예를 들어 제1차 회담과 제2차 회담의 정치적 요구가 제3차 회담에서 법적의무에 따른 반환 요구가 되었을 때 강화, 제4차 회담과 제5차 회담의 반환·기증 문제가 제6차 회담에서 인도로 논의되었을 경우 약화로 간주한다.

셋째, 역사적 가치 속성의 기준은 문화재 목록을 제출하고, 이를 논의했는지가 주요 기준이 된다. 한국 측은 제1차 회담부터 제6차 회담까지 문화재 목록을 제출하고 이를 논의하려고 했다. 제1차 회담부터 제4차 회담까지 문화재 목록은 구체적으로 논의되지 않았지만, 제5차 회담부터 문화재소위원회와 전문가회의에서 구체적인 논의가 시작되었고, 제6차 회담에서 가장 많은 논의가 이루어졌다. 따라서 문화재 목록에 대한 구체적인 논의가 이루어졌을 때 역사적 가치 속성이 강화되었다고 간주한다. 이와 함께 문화재 반환 문제를 논의하는 회의체인 문화재소위원회, 전문가회의, 특별위원회 설치 여부 논의도 역사적 가치 속성의 강화로 간주한다.

본고는 이와 같은 '문화재 반환 문제의 구조'를 통해 한일회담의 문화재 반환 문제를 검토하면서 동 문제가 왜 제대로 해결되지 못하고, 지금도 발생하고 있는지 그 이유를 분석한다.

제4절 연구 자료 검토 및 연구 구성

1. 연구 자료 검토

본고는 한일회담의 문화재 반환 문제를 분석하기 위해 한일 양국에서 공개된 한일회담 관련 외교문서를 주요 연구 자료로 활용할 것이다.

한일 양국이 한일회담 관련 외교문서를 공개하기 이전에는 문화재 반환 문제를 비롯한 한일회담 관련 연구 자료의 제약이 있었기 때문에, 1차 자료를 바탕으로 한 실증적인 검증이 어려웠다. 그러나 한국정부가 2005년 1월과 6월에 두 차례에 걸쳐 한일회담 관련 외교문서를 공개했고, 일본정부도 2007년부터 이를 공개하면서 1차 자료를 이용한 보다 객관적이고 실증적인 연구가 가능해졌다. 이를 계기로 2005년 이후 한일회담 관련 외교문서를 활용한 연구성과가 연이어 등장했다.

본고는 한일회담 관련 외교문서 중에서 문화재 반환 문제와 관련한 외교문서를 중심으로, 본고에서 필요하다고 생각되는 그 외 외교문서도 활용하면서 분석을 진행한다. 먼저 한국정부가 공개한 외교문서에는 문화재 반환 문제가 논의된 문화재소위원회, 전문가회의 등의 회의록, 주일대표부와 외무부를 비롯한 한국정부의 보고서, 훈령, 청훈 등 동 문제에 대한 한국 측의 인식과 견해, 방침 등을 파악할 수 있는 자료가 있다. 한편 일본정부가 공개한 외교문서에도 한국 측과 동일하게 문화재 반환 교섭 관련 회의록을 비롯하여, 대표들 간의 비공식회담, 외무성과 문부성 및 문화재보호위원회 간의 내부회의, 외무성의 내부회의, 관련 보고와 방침, 한일회담 관련 자료집 등 동 문제에 대한 일본 측의 인식과 견해, 방침 등을 파악할 수 있는 자료가 있다. 그리고 한일 양국의 외교문서에는 문화재 반환 문제 관련 외교문서 이외에 다른 의제에 관한 보고나 지침에서도 동 문제에 관한 내용도 포함하고 있는데, 이와 같은 문서들도 최대한 활용한다. 또한 일본정부 외교문서에는 있지만, 한국정부 외교문서에는 누락된 부분, 또는 그 반대의 경우도 있기 때문에 이와 같은 것들을 비교·대조하면서 분석 작업을 진행한다. 이와 같이 한일 양국이 공개한 한일회담 관련 외교문서를 활용하면, 문화재 반환 문제에 관한 한일 양국의 논의는 물론이고 한일 양국의 인식, 견해, 방침 등을 보다 정확하고 실증적으로 분석할 수 있고, 이를 통해 동 문제의 전모를 자세하게 그려낼 수 있을 것이다.

다음으로 한일회담에 참가했던 정치인, 관료, 전문가 등의 회고록도 활용하기로 한다. 한국 측의 참가자가 일본 측의 참가자들 보다 많은 회고록 등을 남기고 있는데, 김동조, 이동원, 김용식 등 외교부 관료, 그리고 문화재 반환 교섭에서 전문가로서 활약한 황수영과 이홍직의 회고록이 있다. 일본 관련 자료로는 기시 노부스케(岸信介), 아쓰기 가즈오(矢次一夫) 등의 회고록을 참고한다. 이상과 같은 자료를 통해 한일회담의 외교문서에서 확인할 수 없는 한일회담의 모습이나 교섭의 이면 등을 파악할 수 있다.

한일회담 관련 외교문서와 회고록과 함께 한일 양국의 국회의사록, 정부 간행 자료, 신문기사, 잡지기사, 미국의 외교문서, 그리고 문화재 반환 문제를 비롯한 한일회담 관련 선행연구 등도 연구 자료로 활용하기로 한다.

2. 연구 구성

본고는 한일회담이 개최되기 이전인 1945년 이후부터 제7차 회담 시기까지를 주요 연구 범위로 삼고, '문화재 반환 문제의 구조'에 초점을 맞추면서 한일회담에서 논의된 문화재 반환 문제를 분석한다.

본고는 크게 제1부와 제2부로 나누어져 있다. 먼저 제1부는 '한일회담의 문화재 반환 문제'로 한일회담 당시 논의되었던 문화재 반환 문제를 분석하는 부분이며, 제1장부터 제8장까지가 여기에 해당한다.[34] 제2부는 '한일회담 이후의 문화재 반환 문제'로 제1부의 보론에 해당하는 부분이다. 제9장부터 제11장이 제2부에 해당하며, 제1부에서 논의되지 않은 몇 가지 주제를 검토해 본다.[35] 제1부와 제2부에서 검토할 주요 내용들을 간단하게 정리하면 다음과 같다.

제1장은 서론으로 본고의 연구 목적, 선행연구 검토, 분석 시각, 연구 자료 검토, 연구 구성에 대해 설명한다.

제2장은 한일회담이 개최되기 이전에 한국, 일본, 미국이 문화재 반환을

---

34) 제1부는 필자의 박사논문(嚴泰奉, 「日韓文化財問題の構造と限界 - 1951~1965年」, 東北大学法学研究科博士学位論文, 2017)을 바탕으로 하고 있으며, 제2장·제3장, 제4장, 제5장, 제6장은 각각 엄태봉, 「초기 한일회담(1차~3차) 시기의 문화재 반환 교섭에 대한 외교사적 연구」, 『한국학』 제43권 제1호, 2020; 엄태봉, 「한일회담 중단기의 문화재 문제에 관한 연구」, 『일본공간』 제20호, 2017; 엄태봉, 「제4차 한일회담의 문화재 반환 문제 연구: '제1차 반환청구 한국문화재 항목'을 중심으로」, 『한국문화』 제90집, 2020; 엄태봉, 「제6차 한일회담 시기의 문화재 반환 교섭 연구 - 교섭 과정과 그 의미를 중심으로」, 『동북아역사논총』 제60호, 2018을 가필·수정한 것이다.

35) 제2부의 제9장, 제10장, 제11장은 각각 엄태봉, 「한일회담 문화재 반환 협상의 재조명」, 『아태연구』 제26권 제2호, 2019; 엄태봉, 「간담화, 한일도서협정과 일본정부의 식민지 지배 인식의 연속성」, 『동북아연구』 제34권 제1호, 2019; 엄태봉, 「북일회담과 문화재 반환 문제: 한일회담의 경험과 그 함의를 중심으로」, 『아세아연구』 제62권 제2호, 2019를 가필·수정한 것이다.

어떻게 인식하고 있었는지를 중심으로 이를 검토한다. 제1절에서는 한일 양국이 한일회담이 개최되기 이전에 문화재 반환에 관해 어떻게 인식하고 있었는지를 검토한다. 제2절에서는 미국의 대일배상정책과 문화재 반환 정책 및 인식을, 제3절에서는 대일강화회의의 한국참가문제와 한국관계조항 문제를 검토한다. 제4절은 제2장의 논의를 요약·정리한다.

제3장은 제1차 회담부터 제3차 회담 시기가 대상이며 '문화재 반환 문제의 구조'가 표면화되는 과정을 중심으로 문화재 반환 문제를 검토한다. 제1절부터 제3절은 각각 제1차 회담, 제2차 회담, 제3차 회담 시기에 문화재 반환 문제가 어떻게 논의되었는지를 검토하고, 제4절에서는 이 시기의 문화재 반환 교섭을 평가한다.

제4장은 회담 중단기가 대상이며 청구권 속성이 약화되는 과정을 중심으로 문화재 반환 문제를 검토한다. 제1절과 제2절에서는 구두전달사항이 어떠한 논의를 거쳐 합의되었는지 그 과정을 검토하고, 제3절에서는 106점의 문화재 인도가 이루어진 과정과 문화재 인도에 대한 한일 양국의 인식을 검토한다. 제4절은 회담 중단기의 문화재 반환 교섭을 평가한다.

제5장은 제4차 회담과 제5차 회담 시기가 대상이며 청구권 속성과 역사적 가치 속성이 강화되는 과정을 중심으로 문화재 반환 문제를 검토한다. 제1절과 제2절에서는 문화재소위원회 설치를 둘러싼 논의와 함께 동 위원회에서 문화재 반환 문제가 어떻게 논의되었는지를 검토한다. 제3절에서는 제4차 회담이 중단된 시기에 한일 양국이 동 문제를 어떻게 준비했는지를, 제4절에서는 제5차 회담에서 논의된 문화재 반환 문제를 검토한다. 제5절은 제5장의 논의를 요약·정리하면서 문화재 반환 교섭을 평가한다.

제6장은 제6차 회담 시기가 대상이며 기본관계 속성의 강화와 청구권 속성이 약화되는 과정을 중심으로 문화재 반환 문제를 검토한다. 제1절에서는 '문화재 반환의 7항목'을 둘러싼 논의를, 제2절에서는 특별위원회 설치를 둘러싼 논의를 검토한다. 제3절과 제4절에서는 각각 예비교섭 시기와 재개

된 제6차 회담에서 문화재 반환 문제가 어떻게 논의되었는지를 검토한다. 제5절에서는 제6차 회담 시기에 논의된 문화재 반환 교섭을 평가한다.

제7장은 제7차 회담 시기가 대상이며 기본관계 속성과 청구권 속성이 약화되는 과정을 중심으로 문화재 반환 문제를 검토한다. 제1절에서는 구조약의 무효확인 문제와 유일 합법정부 문제 관련 논의를 중심으로 기본관계문제가 합의되는 과정을 검토한다. 제2절과 제3절에서는 4·3 합의를 둘러싼 문화재 반환 교섭 과정과 그 이후의 인도품목목록 작성, 문화재 협정 논의 과정을 검토한다. 제4절은 제7차 회담 시기의 문화재 반환 교섭을 평가한다.

제8장은 제1부의 결론에 해당하는 부분으로 제2장부터 제7장까지의 논의 내용을 요약하고 본고의 연구 성과를 정리한다.

제9장에서는 한일회담의 문화재 반환 교섭을 재평가해 본다. 이를 위해 한국 측이 동 교섭에서 '문화재 반환 교섭 관련 회의 개최 문제', '문화재 목록 제출 문제', '반환과 기증 문제'에 대해 일본 측을 어떻게 설득시켰고, 그것이 어떠한 의미가 있는지 등을 검토해 보기로 한다.

제10장은 간 담화와 한일도서협정에 어떠한 역사인식이 내재되어 있는지를 검토하고 일본정부의 식민지 지배 인식의 연속성을 밝히는 글이다. 이를 위해 간 담화와 한일도서협정을 각각 한일회담의 구조약의 무효확인 문제와 문화재 협정을 통해 비교·분석한다.

제11장은 북일회담에서 논의된 문화재 반환 문제에 대해 북일 양국이 어떻게 인식하고 있었고, 앞으로 북일회담이 재개될 경우 동 문제가 어떻게 논의될 것인지를 검토한다. 이를 위해 한일회담에서 논의된 문화재 반환 문제의 주요 쟁점을 검토하고, 이를 통해 북일회담의 '반환의 법적의무 문제', '반환 문화재의 범위 문제', '반환 대상 문화재 논의 문제'를 분석한다.

제2장 해방/패전 이후 문화재 반환에 관한 인식

제1절 문화재 반환에 관한 한일 양국의 인식

1. 한국정부의 대일배상요구조서와 약탈재산으로써의 문화재

1) 대한민국정부 수립 이전의 문화재 반환에 관한 움직임

해방 이후 남한 지역에서는 대일강화회의 참가 움직임과 함께 대일배상 요구에 관한 움직임도 나타났다. 민중들은 일본인에 대한 직접적인 보상요구, 전쟁피해자단체의 조직과 국회 청원, 전쟁피해조사에 대한 미군정청의 협력과 피해신고 등의 형태로 식민지 지배와 침략전쟁 피해에 대한 보상을 요구했다.[1]

문화재 반환과 관련해서는 진단학회가 1945년 12월에 일본에 약탈된 도서와 보물 목록을 작성하고 이를 미군정청에 제출했다.[2] 진단학회는 1945년 10월 30일에 일본에게 약탈된 고서적의 반환을 미군정청을 통해 GHQ에 제출할 것을 결의하고, 일본의 공립·사립 도서관, 박물관, 미술관에 보관된 조선 유래 문화재 목록과 일제강점기 당시 반출된 문화재를 조사했다.[3] 같은 해 12월에 서적 122종, 미술품과 골동품 837종 등 총 1,049종으로 구성된 목록을 작성했다. 진단학회의 이와 같은 문화재 반환 시도는 결과적으로 성공하지는 못했지만, 해방 이후 민간단체가 문화재 반환을 처음으로 제기했다는 점, 그리고 해당 목록이 한국정부가 1949년 3월에 작성한 『대일배

---

1) 이에 관한 자세한 내용은 太田修, 앞의 책, pp.29~36 참조.
2) 森田芳夫, 『韓国における国語·国史教育 - 朝鮮王朝期·日本統治期·解放後 - 』, 「67.解放後の震檀学会の活動」, 原書房, 1987, p.386.
3) 이홍직, 『한 사가의 유훈』, 통문관, 1972, p.82.

상요구조서』(이하, 조서) 제1권에 포함되었다는 점에서 의의가 있다고 평가할 수 있다.[4]

한편 남한과도정부는 1947년 8월 13일에 열린 정무회의에서 대일배상문제를 위한 '대일배상요구조건 조사위원회'를 조직하고, 이를 이끌어 갈 재무·외무·상무 등의 실무 부처 책임자를 각각 위원으로 임명했다.[5] 남한과도정부는 동 위원회의 조사를 바탕으로 대일강화회의 참가와 미국을 통한 대일배상요구안 제출을 계획하고 있었다.[6] 이와 같은 움직임과 관련하여 당시 조선은행 사무부 차장이었던 이상덕은 1948년 1월에 '대일배상요구의 정당성'을 작성한다. 이것은 1947년 여름부터 1948년 초기까지 대일배상문제를 준비하고 있었던 정부 관계자들의 의견이 반영된 것으로, 조선에 대한 일본의 식민지 지배는 조선인의 의사에 반해 강제적으로 이루어졌고 제2차 세계대전 시기의 동원도 강제적이었지만, 보복이 아닌 피해 회복의 의무로 대일배상을 요구한다는 것이 그 취지였다.[7] 이상덕은 이와 함께 대일배상의 '기본적 표준'을 규정하고 이를 바탕으로 대일배상요구 10항목을 작성했다.[8] 그 중 문화재 반환 관련 항목은 제1항목 '약탈에 의한 손해'로 그 내용은 "일본이 자의 또는 강제적으로 반출한 국보미술품, 문헌, 유물, 그 외의 역사적 유물의 반환 또는 보상"한다는 것이었다. 이상과 같이 이상덕의 '대일배상요구의 정당성'을 통해 당시의 남한과도정부가 강제적인 식민지 지배 하에서 불법적으로 약탈된 문화재를 일본에게 반환 받는다는 것을 생

---

4) 진단학회의 고서적 관련 조사는 일제강점기 당시 일본의 서지학연구 성과 참조, 조선총독부와 경성제국대학의 인맥, 고서적에 대한 전문성을 바탕으로 이루어졌다. 長澤裕子, 「解放後朝鮮の対日文化財返還要求と米国 - 日本の敗戦から対日講和条約締結まで(一九四五〜一九五一年)」, 『朝鮮史研究会論文集』 第55集, 2017, p.119.

5) 『경향신문』, 1947년 8월 23일.

6) 『서울신문』, 1947년 8월 27일.

7) 이상덕, 「대일배상의 정당성」, 『신천지』 1월호, 1948, p.32.

8) 이상덕, 위의 글, pp.33~34.

각하고 있었다는 점을 확인할 수 있다. 이와 같은 인식은 한일회담의 문화재 반환 문제에 대한 한국정부의 일관된 입장으로 이어진다.

대일배상요구의 성격을 지닌 문화재 반환이라는 인식은 1948년 8월 15일에 대한민국 정부가 수립되고 이틀 후에 열린 이승만 대통령의 기자회견에서 공식적으로 표명된다. 이승만 대통령은 "우리 정부는 일제의 사십년 한국통치 기간 중 (일본이: 필자 주) 가져 간 예술품, 역사기록물 전부의 반환을 요구할" 것이라고 천명했다.[9] 문화재 반환에 대한 이승만 대통령의 관심은 한일회담에 참가한 김용식의 회고록을 통해서도 확인할 수가 있다. 김용식은 이승만 대통령이 한일회담 개최 이전부터 "임진왜란 때부터 일인이 가져간 우리나라의 문화재를 반드시 반환받아야 한다"고 당부하면서, 반드시 문화재 반환을 실현시킬 것을 지시했다고 한다. 또한 이승만 대통령은 한일회담 개최 이전에 가장 중요하게 여긴 것은 문화재 반환이었고, 제1차 한일회담 당시 주일대표부가 일본 측에 제출한 '한일 간 재산 및 청구권 협정 요강 한국측 제안'의 구체적인 내용은 몰랐지만, "문화재 반환을 빠른 시일 내에 실현"시킬 것을 주일대표부에 지시했다고 한다.[10]

김용식의 회고와 같이 이승만 대통령이 한일회담의 주요 의제 중에서 문화재 반환 문제를 가장 중요하게 생각했다는 점은 외교자료에서 확인되지는 않는다. 하지만 문화재 반환 문제가 제1차 회담부터 논의되었다는 점, 회담 중단기 당시 이승만 대통령의 강력한 지시에 따라 진행되었다는 점,[11] 제4차 회담에서 청구권 문제 보다 더 집중적으로 논의되었다는 점을 생각했을 때 이승만 대통령이 문화재 반환 문제를 중요하게 생각하고 있었고,

---

9) 『동아일보』, 1948년 8월 20일.

10) 김용식, 『새벽의 약속 - 김용식 외교 33년』, 김영사, 1993, p.249.

11) 김동조, 『회상 30년 한일회담』, 중앙일보사, 1993, p.98. 김동조의 회고에 따르면, 이승만 대통령은 일본 측의 기증 주장에 대해 "강제로 빼앗겼던 우리 것을 되찾아오는데 그런 말은 결코 용납될 수 없으며 일본이 기증이란 말을 고집하는 한 받아와선 안돼"라고 지시했다고 한다.

또한 이에 지대한 관심을 가지고 있었다는 점을 확인할 수 있다.

2) 대일배상요구조서와 문화재 반환

이상에서 검토한 바와 같이 대일배상요구 준비와 이승만 대통령의 문화재 반환에 대한 지대한 관심은 1949년에 작성된 조서의 제1항목으로 공식화 된다.[12] 당시 법무부 조사국장이었던 홍진기는 한일병합조약, 배상, 재일한국인, 귀속재산 등의 처리를 위한 자료를 수집하는 활동을 하는 '대일강화회의준비위원회' 설치를 제안했고, 이에 대해 이승만 대통령은 그 준비를 비밀리에 진행할 것, 기획처 안에 위원회를 설치할 것을 지시하면서,[13] 1949년 2월에 '대일배상조사심의회'가 조직되었다. 한국정부는 각 부처들에게 대일배상요구 자료를 제출하도록 지시했고 그 결과 작성된 것이 조서였다. 조서는 한국정부에게 한일회담 개최를 위한 중요한 기초 작업이었다.[14]

1949년 3월 15일에 조서 제1권이 완성되었다. 조서는 서문에서 대일배상요구의 근거를 다음과 같이 밝혔다.[15]

一. 한국국민의 자유의사에 반한 일본 단독의 강제적 행위로서, 그 장구한 대한민국 지배는 정의, 공평, 호혜의 원칙에 입각치 않고 폭력과 탐욕의 지배였던 결과, 한국 및 한국인은 일본에 대한 여하한 국가보다 최대의 희생을 당한 피해자이다.

---

12) 이승만 대통령은 1948년 9월 30일에 국회에서 "과거의 일본 제국주의정책으로 인한 모든 해악을 회복하고 또한 장래 인접국가로서의 정산한 외교관계를 보속하기 위하여 연합국의 일원으로서 대일강화회의에 참렬케 할 것을 연합국에 요청할 것이며, 민국이 대일배상에 대한 정당한 권리를 보유하며, 또한 그 이후의 발전에 관하여 국제적 의무를 부하할 것을 주장할 것이다"(『동아일보』, 1948년 10월 2일)라면서 대일강화회의 참가와 대일배상을 강조했다. 이와 같은 이승만 대통령의 인식이 대일배상요구 준비에 반영이 되었음을 알 수 있다.
13) 유진오, 『한일회담 제1차 회담을 회고하면서』, 외무부 외교안보연구원, 1993, p.12.
14) 유진오, 위의 책, p.9.
15) 대한민국정부, 『대일배상요구조서』, 1949, p.1.

二. 그러나 우리 대한민국 대일배상청구의 기본정신은 일본을 징벌하기 위한 보복의 부과가 아니고 희생과 회복을 위한 이성적 권리의 이성적 요구이다.

三. 대일배상의 응당성은 이미 (一) 포츠담 선언과 (二) 연합국 일본관리정책 및 (三) 포레 배상사절보고에 명시되어 있다는 것을 명백히 하는 바이다.

四. 상술한 기본정신에 입각하여, 정부로서는 신중한 태도로서, 대일배상에 필요한 기본조사를 실시하여 정부로서의 정당한 요구를 별지와 같이 청구하는 바이다.

즉 일본이 한국의 의사에 반해 폭력과 탐욕으로 강제적인 지배를 했고, 이로 인해 한국이 가장 큰 피해를 입었지만, 한국정부는 일본을 징벌하기보다는 과거에 입은 희생과 회복을 위해 일본에 배상을 청구하려고 했고, 이를 위한 기초자료가 바로 조서였던 것이다.

조서 제1권의 내용은 1949년 3월 1일 현재에 판명된 지금, 지은, 서적, 미술품 및 골동품, 선박, 지도원판 등 일본에 반환을 요구하는 '현물피해목록'이었다. 제2권은 같은 해 9월에 완성되었는데, 제1권의 현물피해목록이 제1부가 되고 이와 함께 제2부 '확인채권', 제3부 '중일전쟁 및 태평양전쟁에 기인한 인적·물적 피해', 제4부 '일본정부의 저가수탈에 의한 피해'가 추가되었다.[16]

조서에서 제1부가 가장 많은 분량을 차지하고 있는데, 조선에서 반출한 지금, 지은, 서적, 미술품 및 골동품, 선박 등에 대한 반환을 요구하고 있으며, 제1부 중에서도 문화재에 관한 분량이 가장 많다. 이는 크게 문화재 반

---

16) 조서는 '서문 1. 대일배상요구의 근거와 요강, 2. 제1부 현물반환요구를 제외한 아국의 대일배상요구총액', '제1부 현물 1. 현물반환요구조서, 2. 설명서', '제2부 확정 채권 1. 확정 채권 조서, 2. 설명서', '제3부 중일전쟁 및 태평양전쟁에 기인한 인적물적 피해 1. 중일전쟁 및 태평양전쟁에 기인한 인적물적 피해 조서, 2. 설명서', '제4부 일본정부 저가수탈에 의한 피해 1. 일본정부 저가수탈에 의한 피해, 2. 설명서', '부록 대일배상요구 일람표'으로 구성되었다.

환 요구 관련 서문이라고 할 수 있는 '일본인에게 약탈된 서적의 반환을 요구함 - 이유 - ' 부분과 '호사문고(蓬左文庫) 소장 조선 서목', '도쇼료(圖書寮) 소장 조선 서목', '피탈미술품·골동품 목록'으로 나뉘어 있으며, 해당 부분에는 각각 관련 반환 요구 항목과 상세 목록이 실려 있다. 해당 항목은 〈표 2〉와 같이 고서적 212종, 골동품 827종이었다.[17)

〈표 2〉 대일배상요구조서 제1권의 문화재 관련 항목[18)

요구 항목	수 량
3. 서적	212종
호사문고 소장 조선 서목	142종
4. 미술품 및 골동품	827종 외
(1) 일본 제실박물관(帝室博物館) 소장 한국 미술 공예품	456종
(가) 역사부	349종
(나) 미술부	16종
(다) 미술공예부	91종
(2) 한국 고미술품 개인 점유 조서	21종
(3) 공주 백제시대 미술품 개인 점유 조서	다량
(4) 도쿄 제실박물관 소장 한국 미술품 광구감(広口坩) 그 외	94종
(5) 도쿄 오쿠라 슈코칸(大倉集古館) 소장 한국 미술품	1종
(6) 일본 각지 소재 한국 종 목록	50종
(7) 도쿄 도다 리헤이(戸田利兵) 소지 한국 고미술 골동품	52종
(8) 소노다 준(園田淳) 소장 몽유도원도	9장
(9) 국보 철채자회당초문병(鉄彩自絵唐草文瓶)	1개
합계 1,039종	

---

17) 문화재를 포함한 현물 목록 등은 이상호, 「『대일배상요구조서』 해제」, 『한일민족문제연구』 35호, 2018, pp.276~282 참조.

18) 대한민국정부, 『대일배상요구조서』, 1949, pp.2~3 및 한국외교문서, 『제1차 한일회담(1952.2.15. - 4.21) 청구권 관계자료, 1952』, 프레임 번호: 628을 바탕으로 작성. 한편 이 항목에는 '도쇼료 소장 조선 서목'은 따로 적혀 있지 않지만, 70여 종에 달하며 '호사문고 소장 조선 서목'과 함께 212종의 요구 항목을 구성하고 있다.

조서는 상기 문화재들과 관련하여 '일본인에게 약탈된 서적의 반환을 요구함 - 이유 - '에서 다음과 같이 설명했다.[19]

우리는 과거 일본인에게 비합법적으로 약탈되었던 서적과 미술공예품 전부의 반환을 기하고, 여기에 제1차로서 서적의 반환을 요구하는 것이다.
유사 이래 일본이 문화적으로 또는 경제적으로 우리 조선의 혜택을 입어온 것은 다 같이 아는 사실이다. 그럼에도 불구하고 일본은 그 은혜를 도리어 침략과 강탈로써 갚아왔으니 이는 매우 유감이다.

상기 문화재들은 한일회담에서 한국 측이 반환을 요구한 문화재의 다수가 포함되어 있었는데, 한일회담 개최 이후 문화재 반환 교섭의 기초자료가 되었다는 점에서 그 의의가 있다고 평가할 수 있다.
문화재 반환 관련 항목을 포함한 조서는 해방 이후부터 준비해 온 대일배상요구가 집약된 것이었다. 그러나 조서는 한일회담 개최 이후 한국이 요구한 배상이 아닌 청구권으로 재조정되었고,[20] 제1차 회담의 제1회 청구권위원회에서 '한일간 재산 및 청구권협정 요강 한국 측 제안'으로 제출된다.

3) 한일회담 사전 조사와 문화재 반환 문제

한편 한국정부는 1951년 7월 초 한국이 대일강화회의에 참가할 수 없다는 소식을 전해듣고, 주일대표부에 한일회담 개최를 위한 준비를 지시한다. 한국정부는 한일회담 개최를 준비하고 있었지만, 한국전쟁으로 인해 국내 자료를 활용하기가 어렵고 일본의 자료를 입수하기도 어려운 상황이었다. 게다가 당시 외교부의 직원은 20여명 정도였고,[21] 한일회담을 위한 자료도 조서 정도였기 때문에 한일회담 준비를 위한 상황이 전체적으로 좋지 않았

---

19) 대한민국정부, 앞의 책, p.10.
20) 이원덕, 앞의 책, p.26.
21) 유진오, 앞의 책, p.41.

다. 이와 같은 상황 속에서 한국정부는 회담 관련 자료 수집과 일본 사정을 파악하기 위해 유진오와 임병직을 일본에 파견한다.

주일대표부의 법률고문으로 파견된 유진오는 9월 10일에 약 50일에 걸친 파견 결과를 출장보고서로 작성했는데, 그 내용은 '재일동포의 국적문제', '일본 및 일본인에 대한 한국 및 한국인의 재산 및 채권을 포함한 청구권 문제'였다. 이 보고서에서 문화재 반환 문제는 아래와 같이 약탈재산으로 보고되었다.[22]

「미국의 대일초기정책」(United States Initial Post-Surrender Policy for Japan) 및 극동이사회 FEC의 「대일 기본적 방침」(Basic Post-Surrender Policy for Japan)에는 일본은 식별할 수 있는 모든 약탈재산(looted property)을 즉시 반환할 것이 규정되어 있다. 제2차 대전 중 한국은 일본의 지배하에 있었으므로 이 규정은 엄격히 말하면 한국에는 그대로 적용되지 아니한다 할 것이다. 그러나 조정을 요하는 한일 간의 관계는 반드시 제2차 대전 기간 중에 발생된 문제에 국한되어야 할 하등의 근거도 없는 것이므로 약탈재산 반환의 문제는 한국의 경우에는 적어도 청일전쟁까지 소급하여 올라가야 할 것이다.

유진오는 미국의 대일초기정책과 대일기본방침으로 인해 약탈재산으로 써 문화재를 반환 받을 수 없다고 판단했는데, 제2차 세계대전 중에 한국이 교전국이 아니었다는 점, 대일강화회의에 연합국으로 참가할 수 없었다는 점이 그 이유였다.[23] 그러나 '조정을 요하는 한일 간의 관계'라는 표현에서 청일전쟁 시기까지 문화재 반환 시기를 소급할 수 있다고 주장했다. 유진오 는 제2차 세계대전의 피해 배상과 관련된 규정이 아니라, 청일전쟁부터 시 작된 조선에 대한 일본의 식민지화 과정과 36년간의 식민지 지배라는, 즉

---

22) 한국외교문서, 『한일회담 예비회담(1951.10.20-12.4) 본회의 회의록, 제1-10차, 1951』, 프레임 번호: 99~100.

23) 이에 관한 자세한 내용은 장박진, 앞의 책, pp.186~239 참조.

불법적이고 강제적인 일련의 식민지 지배 과정에 대한 '조정'이 한일 관계에 필요하다고 판단한 것이다. 이 '조정'은 과거사의 청산이며, 이것은 약탈 재산인 문화재 반환 등을 통해 실현된다는 것이었다.

2. 일본정부의 문화재 반환에 관한 인식

일본정부가 한일회담 개최 이전에 한국과의 문화재 반환 문제에 대해 준비를 하고 있었다는 것을 외교문서상에서 확인할 수는 없다. 하지만 패전 이후 일본정부가 작성한 「할양지에 관한 경제적 재정적 사항의 처리에 관한 진술」과 『일본인의 해외활동에 관한 역사적 조사』를 검토해 보면 한일 회담 개최 이전에 일본정부가 일제강점기 당시의 문화재 발굴·보호 등에 대해 어떻게 생각하고 있었는지 확인할 수 있다.

먼저 '할양지에 관한 경제적 재정적 사항의 처리에 관한 진술'은 1945년 11월 21일에 외무성에 설치된 '평화조약문제 연구간사회'(平和條約問題研究幹事會)가 작성한 것으로 대일강화조약 체결에 대한 일본의 입장을 밝히고 있다. 식민지 지배에 대해서는 "각 지역의 경제적·사회적·문화적 향상과 근대화가 오로지 일본 측의 공헌에 의한 것이라는 점은 이미 공평한 세계의 유식자(원주민도 포함)의 인식이다. …(중략)… 일본의 식민지 착취 운운하는 설은 정치적 선언 내지 실정을 모르는 데에서 기인하는 상상론에 지나지 않는다", "이 지역들은 모두 당시의 국제법, 국제관례상 일반적으로 인정되는 방식으로 취득되었고, 세계 각국들도 오랫동안 일본의 영토로 승인하고 있었던 것"이라고 주장했다.[24] 이와 같은 견해에서 한일 관계를 생각해 본다면 일본정부는 조선에 대한 일본의 식민지 지배는 합법적이었고,

---

24) 外務省外交資料館所藏マイクロフィルム, 第7回公開分, 『対日平和条約関係準備研究関係』第5巻, 740-742コマ. 高崎宗司, 「日韓会談の経過と植民地化責任 - 1945年8月~1952年4月」, 『歴史学研究』第545号, 1985, pp.4~5에서 재인용.

일본 통치 하에서 조선의 경제적·사회적·문화적 발전이 이루어졌으므로 조선에 대한 착취 등과 같은 비판은 타당하지 않다고 인식하고 있었음을 알수가 있다.

다음으로 『일본인의 해외활동에 관한 역사적 조사』는 1946년 9월 28일에 대장성 관리국에 설치된 '재외재산위원회'(在外財產委員會)의 조사를 정리한 것이다. 여기에는 10개의 식민지와 점령 지역에서의 일본인의 활동이 조사되어 있다. 이 중 '조선편'은 제1책부터 10책으로 구성되어 있었고, 조선의 정치·경제·사회·문화의 성격, 한일합병 과정을 비롯한 식민지 지배의 실적이 기술되어 있어 패전 직후 일본의 조선에 대한 식민지 지배 인식을 파악할 수 있는 중요한 자료이다.

먼저 편자의 한 사람인 스즈키 무네오(鈴木武雄)는 '조선편'을 총괄하면서 작성한 '조선통치의 성격과 실적'에서 "조선의 경제가 이처럼 비참한 상태에서 병합 후 약 삼십 수년간에 지금 보는 것처럼 일대 발전을 이룩하기에 이른 것은 확실히 일본이 지도한 결과라고 말해도 과언이 아니다",[25] "교육기관의 보급·확충에 노력했던 것은 일본의 조선통치의 성실한 면을 나타내는 것이며, 소위 노예적 정치와는 무릇 대조적인 것이라는 점은 부정할 것도 없을 것이다",[26] "공중위생 상황에 대해서도 일본 통치하의 조선이 현저하게 개선되었다는 것은 말할 필요도 없다. …(중략)… 이 비문명적인 위생 상태 개선에 대한 노력은 낮게 평가해야 할 것이 아니라 일본의 조선 통치가 반드시 조선인을 노예 상태에 둘 것을 의도한 것이 아니라는 것을 보여주고 있다"[27] 등으로 일본의 조선 통치에 대해 평가하고 있다. 스즈키는 일본의 식민지 지배 관련 비판에 대해 이상과 같은 정당한 항변의 여지

---

25) 大蔵省管理局, 『日本人の海外活動に関する歴史的調査』 通巻第十一冊朝鮮編第十分冊, 鈴木武雄, 「朝鮮統治の性格と実績 - 反省と反批判」, 発行年不明, p.25.

26) 大蔵省管理局, 위의 자료, p.93.

27) 大蔵省管理局, 위의 자료, pp.94~95.

가 있으며 "일본의 조선 영유는 본질적으로는 제국주의적, 특히 군국주의적 지배의 범주를 벗어날 수는 없겠지만, 서양 국가들의 소위 식민지 정책과 비교할 때 많은 특이성을 발견할 수가 있으며, 결과적으로 실패했다고 하더라도 하나의 이상주의적인 형태를 명확하게 간취할 수가 있다"고 주장했다.28) 즉 스즈키는 일본의 식민지 조선 지배는 나쁜 측면도 있었지만, 조선과 조선인을 위한 이상주의적인 지배였다고 인식하고 있었던 것이다.

한편 『일본인의 해외활동에 관한 역사적 조사』의 '제7장 제6절: 조선 문화재의 보존과 연구조사'에는 조선 문화재 보호에 대해 "조선에서는 그 시정 초기부터 약탈을 엄격하게 금하고, 오히려 종래 간과되었던 문화재 존중정신을 고양했으며, 보존시설을 충실히 하여 연구 자료를 정비하고 있다. 이것은 조선을 통치하고 있는 일본에도 없는 일을 행한 것이며, 초대 총독의 현명한 대책에 따른 일이었다"라고 설명하고 있다.29) 이를 통해 당시 일본은 식민지 조선의 문화재를 보존·보호했다고 인식하고 있음을 확인할 수가 있다. 이와 같은 인식은 조선총독부 고적조사사업에 참가했던 후지타 료사쿠(藤田亮策)의 견해에서도 확인할 수가 있다. 후지타는 「조선 고문화재의 보호」라는 글에서 조선에서 행해진 문화재 보존 사업에 대해 "일본의 반도 통치의 빛나는 기념비로써 식자들을 통해 널리 세계 사람들에게 이해시킴과 동시에 반도 사람들에게 이 점만은 영구히 기억할 것을 바란다"고 기술했다.30)

이상과 같은 한일회담 개최 이전의 문화재 반환에 대한 일본의 인식은 조선에 대한 일본의 식민지 지배는 합법적이었고, 당시 이루어진 문화재의 발굴·보호 등도 합법적으로 이루어졌다고 정리할 수 있다. 이와 같은 인식

---

28) 大蔵省管理局, 위의 자료, p.106.

29) 大蔵省管理局, 『日本人の海外活動に関する歴史的調査』 通巻第四冊朝鮮編第三分冊, 「第七章教育文化政策とその実績」, 発行年不明, p.88.

30) 藤田亮策, 「朝鮮古文化財の保存」, 『朝鮮学報』 第1集, 1951, pp.245~246.

은 한일회담의 문화재 반환 문제에서도 나타나는데, 불법적인 식민지 지배 하에서 불법적으로 약탈된 문화재를 반환받는다는 한국 측의 견해와 정반 대의 것이었다. 즉 한일 양국은 한일회담 개최 이전부터 조선의 문화재에 대해 '약탈'과 문화재 보호 '실적'이라는 상반된 인식을 가지고 있었으며, 이를 둘러싼 대립은 이미 한일회담 개최 이전부터 예고되어 있었던 일이라 고 할 수 있다.

제2절 미국의 대일배상정책과 문화재 반환 정책

1. 대일배상정책의 전개

미국은 1945년 8월 15일 이후 남한에는 미군정청을, 일본에는 GHQ를 설 치하고 한일 양국에 큰 영향력을 끼쳤다. 또한 동북아시아에서 냉전이 확대 되어 감에 따라 미국의 냉전 전략과 한일 관계가 연계되었다.[31] 일본은 1945년 8월 14일에 '포츠담 선언'(Potsdam Declaration)을 수락하고 연합국 에 무조건 항복을 선언한다. 미국은 이를 계기로 같은 해 9월 22일에 '카이 로 선언'(Cairo Declaration)과 포츠담 선언을 바탕으로 한 '항복 후 미국의 초기대일방침'(Summary of United States Initial Post-Defeat Policy relating to Japan, 이하, 초기대일방침)을 작성하고 미국의 일본 단독 점령과 간접통치를 시작했다. 그리고 GHQ가 중심이 되어 초기대일방침 등을 바탕 으로 대일정책을 실시했다.

초기대일방침은 일본의 정치·경제·사회 등에 대한 개혁과 함께 무장 해 제, 전범자 처벌, 약탈재산의 배상·반환 등 다양한 분야의 개혁을 통해 일

---

31) 이에 관한 연구는 李鐘元, 「韓日会談とアメリカ - 「不介入政策」の成立を中心に - 」, 『国際政治』第105号, 1994 및 이원덕, 앞의 책 등을 들 수 있다.

본이 두 번 다시 미국과 세계평화에 위협이 되지 않도록 일본을 비군사화·민주화시키는 것이 목적이었다. 이와 같은 초기대일방침은 일본 제국의 해체를 꾀하는 것이었으며, 일본에게는 가혹한 정책이었다.[32]

미국은 대일배상정책에서도 엄격한 태도를 취한다. 초기대일정책이 일본을 '법적·도덕적 의무에 반해 정복전쟁을 행한 약탈자'로 인식하고,[33] 대일배상에서 "일본국이 보유해야 할 영역 외에 있는 일본국 재산을 관계 연합국 당국의 결정에 따라 인도할 것", "평화적 일본 경제 또는 점령군에 대한 보급을 위해 필요하지 않은 물자 또는 현존 자본설비 및 시설을 인도할 것"을 규정했다.[34]

대일배상정책은 이른바 '폴리 보고서'를 통해 구체화되었다. 미국은 대일배상정책을 연구하기 위해 1945년 11월 13일에 에드윈 W. 폴리(Edwin W. Pauley)를 도쿄에 파견했다. 폴리는 11월 15일에 성명을 발표하면서 대일배상정책의 요점을 밝혔다.[35] 그 후 폴리는 대일배상을 조사한 후에 '중간배상에 관한 폴리 보고'(12월 6일)와 '일본의 즉시 배상 실시 계획'(12월 18일)이라는 보고서를 작성했다. 폴리 보고서는 대일배상의 목적이 일본의 군

---

32) 미국의 초기 대일정책에 관해서는 五十嵐武士, 『対日講和と冷戦: 戦後日米関係の形成』, 東京大学出版会, 1986 및 五百旗頭真, 『米国の日本占領政策: 戦後日本の設計図 上·下』, 中央公論社, 1985 참조.

33) "Principles of Reparation Policy", 大蔵省財政室編, 『昭和財政史 - 終戦から講和まで - 』 第20巻, 東洋経済新報社, 1982(이하, 『昭和財政史 - 第20巻』), p.430.

34) "United States Initial Post - Defeat Policy Relating to Japan: SWNCG 150/3", 大蔵省財政室編, 위의 자료, p.66.

35) 폴리가 발표한 대일배상정책의 요점은 ① 최소한도의 일본경제를 유지하는 데에 필요하지 않은 것은 대략 일본에서 제거한다, ② 최소한도라는 것은 일본이 침략한 국가들의 생활수준 보다도 높지 않은 수준을 말한다, ③ 군사공업에 특유한 기계 및 설비를 제거하고 이를 배상유권국에 이전하여 유익하게 사용한다, ④ 배상에는 다음을 우선한다. 첫째, 점령 비용, 둘째, 일본의 필요 수입물자에 대한 대상(代償)이다 등이었다. 北岡伸一, 「賠償問題の政治力学(1945 - 59年)」, 北岡伸一·御厨貴編, 『戦争·復興·発展: 昭和政治史における権力と構想』, 東京大学出版会, 2004, p.168.

국주의적 부활을 불가능하게 하고 일본의 경제적 안정과 정치적 민주주의 발전이라는 점을 밝히면서, 공업 시설 등에 관한 과잉 능력을 일본에서 제거하고, 그와 같은 설비를 피해국으로 이전함으로써 피해국의 생활수준을 향상시킬 수 있다고 지적했다.[36] 폴리 보고서는 논의를 거쳐 1946년 11월 17일에 최종 보고서가 발표되었는데, 이는 중간보고서 보다 엄격한 것이었다. 중간보고서에 없었던 중기계, 공구, 동, 석유, 수력발전 등의 산업시설도 철거 대상으로 추가되는 등 일본은 큰 충격을 받았다.[37] 이는 일본에 최소한의 산업시설만 남기고, 공업생산력을 비롯한 경제력 수준을 끌어내림으로써 일본을 무력화시키는 것이 목적이었다.

이상과 같은 대일배상정책은 1947년에 들어서면서 변화의 움직임이 나타나기 시작했다. 그 배경에는 미국과 소련을 중심으로 한 냉전이 있었다. 유럽에서는 영국의 윈스턴 처칠(Winston Churchill) 총리가 1946년 3월에 실시한 이른바 '철의 장막'(Iron curtain) 연설을 통해 소련을 비롯한 공산국가를 비판했고, 미국은 1947년 3월과 6월에 각각 공산주의 봉쇄를 위한 '트루먼 독트린' (Truman Doctrine)과 서유럽의 경제원조와 부흥을 위한 '마샬 플랜'(Marshall Plan)을 실시하면서 반소·반공 정책을 추진했다. 소련도 공산단의 국제연대를 강화하기 위해 1947년 9월에 코민포름(Cominform)을 창설했고, 서독과 서베를린의 교류를 차단하기 위해 1948년 6월에 베를린 봉쇄를 추진하면서 미국에 대항했다. 한편 극동아시아에서는 1946년에 시작된

---

36) "Interim Reparations Policy-Pauley Report" 및 "Reparations from Japan‐Immediate Program(Pauley Interim Report)", 大蔵省財政室編, 앞의 책, pp.440~443 및 pp.443~449.

37) 大蔵省財政室編, 『昭和財政史‐終戦から講和まで‐』第1巻, 東洋経済新報社, 1984(이하, 『昭和財政史‐第1巻』), p.254. 일본정부는 폴리의 최종보고서에 대해 "일본의 수출 능력이 삭감되는 것뿐만 아니라 실업자 흡수 능력이 극히 한정된다. 8천만 명의 인구가 1930년 정도의 생활수준을 달성하기 위해 필요한 35억 엔의 수출이나 완전고용달성을 위한 공업으로의 1천만 명 흡수는 도저히 불가능해지고, 수출, 고용 두 측면에서 장래의 국민생활은 근본부터 파괴된다"고 우려를 표했다. 大蔵省財政室編, 위의 자료, p.264.

중국의 제2차 국공내전이 본격화되었고, 1949년 말에는 중국 공산당이 승리를 거두었다. 한반도에서는 해방 이후 민주주의와 사회주의 간의 이데올로기 대립이 심각해지면서 미소공동위원회 결렬(1947년 7월), 대한민국 단독정부 수립(1948년 8월 15일), 조선민주주의인민공화국 수립(1948년 9월 9일)으로 인해 남북 분열이 현실화되었다. 미국은 이와 같은 국제정세 속에서 일본을 필리핀과 함께 태평양 지역의 반공 방어선으로 평가하고,[38] 그와 같은 인식을 바탕으로 일본을 경제적으로 부흥시킴으로써 극동아시아의 반공체제를 구축하려고 했다.

1947년에 접어들자 미국의 대일배상정책을 포함한 대일점령정책 수정을 요구하는 움직임들이 나타났다. 전술한 바와 같이 본격화되고 있는 냉전이 그 배경에 있었고, 미국은 일본을 경제적으로 부흥시켜 아시아의 반공 방파제를 구축하는 방향으로 정책을 전환했다. 일본 점령 비용이 막대했던 미국은 재정적인 부담을 줄일 수 있는 방책을 검토하기 시작한 것이다.[39]

먼저 1947년 2월 24일에 '제1차 스트라이크 보고서'가 맥아더(Douglas MacArthur)에 제출되었는데,[40] 이는 폴리 보고서를 따를 필요가 없고, 새로운 배상계획을 세울 것을 권고했다.[41] 이와 같은 대일점령정책에 관한 인식 변화가 공공연하게 제시된 것은 1948년 1월 6일에 이루어진 케네스 C. 로얄(Kenneth C. Royall) 육군장관의 연설이었다. 그는 일본에 대한 경제원조 부담을 미국이 계속 질 수는 없기 때문에 일본을 경제적으로 자립시켜야 한다고 강조하고, 변화하고 있는 국제정세에 비추어 일본의 부흥에 장해가 되고 있는 비군사화, 배상 등의 정책을 수정할 필요가 있다고 주장했

38) 大蔵省財政室編, 『昭和財政史 - 終戦から講和まで - 』 第3巻, 東洋経済新報社, 1976(이하, 『昭和財政史 - 3巻』), p.356.
39) 이원덕, 앞의 책, p.21
40) "Report on Japanese Reparations(First Strike Report)", 大蔵省財政室編, 『昭和財政史 - 第20巻』, p.464.
41) 北岡伸一, 앞의 책, p.170.

다.42) 그리고 연설 말미에 "향후 극동에서 일어날지도 모르는 전체주의 전쟁 위협에 대한 장벽으로서의 일본",43) 즉 일본을 극동아시아에서의 반공체제 거점으로 평가했다.

4월 26일에 미국 육군성에 제출된 '존스턴 보고서'에는 로얄의 연설 취지가 반영되었다. 이 보고서는 일본에 대한 배상철거문제가 미국의 부담을 증가시킨다고 지적한 후 배상문제를 해결하기 위해 일본의 경제부흥이 중요하다고 주장했다. 또한 일본의 공업생산품은 극동 지역의 영구적인 부흥에 반드시 필요하기 때문에 일본의 경제부흥과 배상철거완화를 권고했다.44) 이와 같이 일본의 경제부흥과 배상정책완화 관련 움직임이 강화되는 상황 속에서 1949년 5월 12에 극동위원회에서 이루어진 '맥코이 성명'을 통해 대일배상정책 중단이 발표되었다. 미국 대표였던 프랭크 R. 맥코이(Frank R. McCoy)는 이 이상의 배상철거가 일본경제의 안정과 자립화를 저지한다는 점령 목표를 저해한다는 점, 재외재산 몰수와 중간배상으로 일본은 실질적으로 상당한 배상을 하고 있다는 점 등을 지적한 후에 "연합국군 최고사령부는 일본과 일본국민이 배상책임에서 정력적이고 효과적으로 빠져나올 수 있도록 보증하기 위한 조치를 취해야 한다"고 말했다.45)

이상에서 검토한 바와 같이 냉전이 본격화되고 있는 국제정세 속에서 미국의 대일점령정책에 관한 인식은 "일본의 궁핍한 상황은 그들의 행동에 따른 직접적인 결과이며 연합군은 피해 복구에 대한 부담을 지지 않는다"46)라는 인식에서 "일본의 경제를 자립시키고 미국 납세자의 과중한 부

---

42) 大蔵省財政室編, 『昭和財政史 - 第3巻』, p.354.

43) "Royall's Speech on American Policy towards Japan", 大蔵省財政室編, 『昭和財政史 - 第20巻』, p.186.

44) "Report on the Economic Position and Prospects of Japan and Korea: Measures Required to Improve Them (Johnston Report)", 大蔵省財政室編, 위의 자료, pp.483~485.

45) "United States Policy for Japan(McCoy Statement)", 大蔵省財政室編, 위의 자료, pp.186~187.

담을 제거함과 동시에 자본주의적 민주주의의 효율과 위력을 실증하여 일본에 대한 우호의 열매를 보이는 일이야 말로 가장 중요한 목적이다"라는 인식으로 변화했다.[47] 이와 같은 인식 변화는 폴리 보고서, 맥코이 성명 등에 영향을 받았는데, 후자의 영향력이 강해지면서 점령 초기에 실시한 가혹한 대일배상정책에서 배상정책의 완화, 더 나아가 배상정책의 중단까지 이르게 되었던 것이다. 이와 같은 미국의 대일배상정책 변화는 대일강화조약의 성격을 "가능한 한 간단하고 일반적이며 비징벌적"으로 규정하는 방향으로 이어지게 된다.[48]

2. 문화재 반환 정책의 축소

초기대일방침은 대일배상정책에 있어서 약탈재산의 반환을 "일체의 식별 가능한 약탈재산은 이를 완전하고도 신속하게 반환할 것을 요한다"고 규정했고, 문화재 반환도 약탈재산으로 이 원칙에 적용되었다.[49] 그리고 GHQ는 '극동의 골동품, 미술품, 도서, 문서 및 그 외 문화재의 반환에 관한 규칙'(Principles for the Restitution of Antiquities, Works of Art, Books, Archives and Other Cultural Property in the Far East, 이하, 극동의 문화재 반환 규칙)을 지침으로 문화재 반환 정책을 실시하고자 했다.

'극동의 문화재 반환 규칙'은 '유럽의 예술 및 역사 기념물 보호와 복구를 위한 미국 위원회'(American Committee for the Protection and Salvage of

---

46) "United States Initial Post - Defeat Policy Relating to Japan: SWNCG 150/3", 大蔵省 財政室編, 위의 자료, pp.65~66.

47) 大蔵省財政室編, 『昭和財政史 - 第1巻』, pp.362~363.

48) "NSC Recommendations with Respect to U.S. Policy toward Japan(NSC 13/2)", 大蔵省財政室編, 위의 자료, pp.193.

49) "United States Initial Post - Defeat Policy Relating to Japan: SWNCG 150/3", 大蔵省 財政室編, 위의 자료, p.66.

Artistic and Historic Monuments in Europe, 이하, 로버츠 위원회)[50]와 미국 국무성의 논의를 통해 결정되었는데, 독일의 문화재 반환을 위해 작성된 '문화재 반환의 실시 규칙에 관한 협정 초고'를 토대로 일본 사정 등을 고려하여 작성되었다.[51] 로버츠 위원회는 유럽에서의 문화재 보호와 약탈된 문화재 반환 등을 목표로 1943년 8월 20일에 설립되었다. 이 위원회는 미국 육군성에 설치된 '기념물, 미술품, 기록물 전담반'(Monuments, Fine Arts, and Archives Section)에 협력하고, 유럽의 예술품, 문서관, 기념물, 그 외의 문화 시설 등을 전쟁 피해와 약탈로부터 지키는 활동을 했다.[52] 로버츠 위원회의 활동을 통해 전후 수년에 걸쳐 반환된 문화재나 미술품은 500만점에 달했다.[53] 로버츠 위원회의 활동은 유럽에 한정되었지만, 미국 해군성의 의뢰를 받아 극동 지역에서도 활동하게 되었고, 극동 지역의 문화역사적 지도 목록을 작성했다. 1944년 4월 21일에는 그 명칭을 '전쟁 지역의 예술 및 역사 기념물 보호와 복구를 위한 미국 위원회'(American Committee for the Protection and Salvage of Artistic and Historic Monuments in War Areas)로 변경했다.

한편 로버츠 위원회는 미국 국무성과 함께 일본의 문화재를 통한 배상과 반환에 대해 논의했는데, 그 결과 작성된 것이 '극동의 문화재 반환 규칙'이었다. 이 규칙은 반환에 관한 기본원칙(제1항~제12항)과 반환을 위한 시행원칙(제13항~제19항)으로 구성되어 있고, '로버츠 보고서'로써 1946년 3월에 GHQ에 전달되었다. 그 내용을 간단하게 정리해 보면 약탈 문화재로 판

---

50) 미국 연방대법원의 오웬 J. 로버츠(Owen J. Roberts)가 동 위원회의 위원장으로 임명되어 '로버츠 위원회'로 불리게 되었다. 로버츠 위원회는 1946년 6월 30일까지 약 3년 동안 활동했다.

51) 해당 초안은 로버츠 위원회가 원안을 작성했으며 12개 조항으로 구성되었다. 미국의 대표는 이 초안을 1945년 6월 11일에 유럽자문위원회에 제출했다. 森田和男, 『文化財の社会史 - 近現代史と伝統文化の変容』, 彩流社, 2010, p.648.

52) 森田和男, 위의 책, p.620.

53) 荒井信一, 『コロニアリズムと文化財 - 近代日本と朝鮮から考える』, 岩波新書, 2012., p.101.

단되는 것은 반환이 될 뿐만 아니라 배상을 위한 변제가 되지 않는다는 점, 문화재의 파손 등에 관한 배상, 연합국이 파괴한 문화재도 일본이 대상(代償)한다는 점, 약탈 문화재 반환에 대해 무제한의 의무를 져야 한다는 점 등 약탈한 문화재 반환에 대해 엄격한 기준을 제시했다.[54] 그리고 국제법정을 통한 약탈 문화재의 반환도 규정되었다. 국제법정에 관한 규칙은 독일에 대한 협정 초고에 권고되었지만, 실제로는 포함되지 않았고 일본을 대상으로 규정되었다. 당시 미국은 일본에 약탈한 문화재의 반환에 대해 부담을 지게 할 뿐만 아니라, 국제법정에서 일본을 재판하고 '약탈자'로 강조하려고 했다. 이것은 점령 초기의 엄격한 대일정책의 연장선상에 있었다고 할 수 있으며, 일본에게는 과중하고 엄격한 규칙이었다.

동 규칙의 제3항에는 일본이 조선을 점령한 시기와 조선에 대한 문화재 반환 관련 의견이 있었다. 당시 미국이 한국 문화재 반환에 관한 인식을 엿볼 수 있는 중요한 내용이다. 해당 내용은 다음과 같다.[55]

  3. 1894년 이후의 불평등 조약, 또는 일본의 극동 영역 점령 기간 중에 일본이 가져간 모든 문화재는 강박에 따른 이송이었다고 간주되며, 따라서 특별한 요구에 응하여 재정(裁定)을 받는 약탈 문화재로 취급된다.

코멘트: 같은 규칙이 독일에게도, 로버츠 위원회와 국무성에 의해 승인되었다.

중국은 1894년에 발생한 청일전쟁 이래 일본인이 '중국에서 약탈한' 문화재에 대해 이미 청구하고 있다. 이와 같은 요구는 고려될 것으로 예측된다.

이 원칙에 포함된 일본의 극동 지역 점령 시기는 1895년 4월 이후의 타이완 점령 시기, 1910년 8월 29일 이후의 조선 점령 시기, 1931년 9월 18

---

54) 이에 관한 자세한 내용은 森田和男, 앞의 책, pp.639~648 참조.
55) 森田和男, 앞의 책, p.640~641.

일 이후의 만주 점령 시기, 1915년 5월 6일 이후부터 1919년 5월 17일까지의 산동 점령, 1932년의 상해 점령, 1933년의 열하(熱河), 차하이(察哈爾) 및 만리장성 동쪽 영역의 점령을 포함한 1894년 이후의 중국 지역 점령 시기, 극동에서 제2차 세계대전이 발발한 1937년 7월 7일 이후의 중국, 프랑스령 인도차이나, 베트남, 버마, 말레이시아, 네덜란드령 동인도, 필리핀 점령 시기이다.

예를 들어 일본인은 대량의 조선 미술품, 그리고 1910년 이래 조선에서 실시된 일본의 대규모 발굴에 따른 대량의 고고학적 출토품을 일본에 반출한 것으로 알려져 있다. 아마 이것은 전세계에서 연합국이 처리해야 하는, 위대한 인민들로부터 빼앗긴 유산 중에서 최대규모이자 장기간에 걸친 공적 약탈일 것이다.

이와 같은 이유에 따라 1931년 이후가 타당하다는 임의적인 시기 구분에 대해서는 논의의 여지가 있다. 1931년 이후로 제안한 것은 조지 L. 스타우트(George L. Stout) 소령과 프리어 미술관의 웬리(Archibald G. Wenley) 씨이다.

웬리씨의 코멘트

"아마 1931년 이후의 관련된 것 이외를 이와 같은 문화재라고 생각하는 일은 비현실적이며 적절하지 않다고 생각한다. 이른바 불평등 조약, 한국 병합 등은 그 당시 모두 합법화되었던 일이며, 여기에서 제안된 소급 시기를 앞당기는 일은 너무 복잡하고 남용되어 버릴 우려가 있다. 대조적으로 일본에 대해서 이와 같은 물건의 반환이 협력과 우호를 촉진시키는 우아한 활동이 되도록 제안하고 싶다"

상기 내용에서 이목을 끄는 것은 일본이 조선을 식민지 지배한 시기이다. GHQ는 이미 약탈 문화재의 반출 시기를 만주사변의 계기가 된 유조호 사건(柳条湖事件, 1931년 9월 18일)으로 정하고 있었는데,[56] 한국의 경우는

---

56) GHQ의 민간정보교육국(Civil Information and Education Section)에서 문화재 행정을 담당한 조지 L. 스타우트 미술기념물과 과장은 1945년 12월 16일자의 국장에 대한 보고에서 약탈 문화재의 반출시기를 "유조호 사건으로 하는 것이 실제적이며,

한일병합조약이 체결된 1910년 8월 29일 이후 일본이 조선의 문화재를 '최대규모'로 '공적'으로 '약탈'했다고 간주하고, 1931년 이후라는 문화재 반출 시기를 재고할 필요가 있다고 지적했다. 이 의견에 대해 웬리는 한일병합조약 등 당시 일본과 조선이 체결한 조약은 모두 합법적이었기 때문에 1910년까지 소급할 필요는 없다는 의견을 달았다. 일본의 조선 문화재 약탈 시기에 관한 이와 같은 인식의 차이는 실제로 한일회담의 문화재 반환 교섭에서도 현저하게 나타났다. 그리고 일본은 문화재 반환 문제와 관련하여 '협력과 우호를 촉진'하기 위해 문화협정을 제안하기도 했다.

한편 여기에서 주의해야 할 점은 일본의 약탈 문화재 반출시기가 제3항과 같이 1894년이 되었을 경우 또는 GHQ의 의견과 같이 1931년이 되었을 경우, 한국에 그 시기가 적용되어 한국이 일본에게 문화재를 반환받을 수 있었는지에 대한 문제이다. 결론부터 말하자면 한국이 대일강화회의에 서명국으로 참가하지 않는 한 또는 제2차 세계대전에서 일본의 점령 지역으로 인정되지 않는 한 한국은 '극동의 문화재 반환 규칙'에 상관없이 일본에게 문화재를 반환 받을 수 없게 된다. 일본은 패전 이후 중국, 프랑스, 네덜란드, 필리핀, 영국 등의 연합국 또는 제2차 세계대전의 점령 지역에 대해 문화재를 포함한 약탈재산을 반환했다. 한국은 해방 이후 대일배상을 위해 이에 대한 준비를 하면서 대일강화회의 참가를 도모했지만, 영국의 반대와 미국의 인식 변화로 인해 대일강화회의에 참가할 수 없었다. 이로 인해 한국은 사실상 일본에게 문화재를 반환받을 수 없게 되었으며, 결국 한일회담을 통해 문화재를 포함한 식민지 지배 피해에 대한 보상을 요구하게 된다.

결과적으로 '극동의 문화재 반환 규칙'은 제대로 반영되지 않았다. 국제법정도 설치되지 않았으며, 약탈 문화재의 반출시기도 GHQ의 의견에 따르지 않는 등 원래대로 이행되지 않았다.[57] GHQ가 실시하려고 했던 일본의

또한 반론의 지적도 없기 때문에 이치에 맞는 타당한 것으로 해석된다"고 설명했다. 森田和男, 앞의 책, p.667.

약탈 문화재 반환은 당초 계획에서 상당히 축소되었고, 일본에서 발견된 반환 대상 문화재를 일본정부가 피해국으로 반환하는 일을 감독하는 일뿐이었다.[58) GHQ의 문화재 반환 정책이 변화한 이유는 미국이 대일점령정책을 전환했기 때문이다. 전술한 바와 같이 냉전이 본격화되면서 미국정부는 일본을 극동 지역의 반공체제 거점으로 간주하고, 이를 위해 일본의 경제를 발전시키려고 했다.

한편 미군정청은 GHQ에 대해 진단학회의 문화재 반환 요구가 중요하다고 주장하면서 이에 대한 처리를 요구했지만, 미국 국무성과 GHQ, 그리고 일본과 중국 미술 관련 미국전문가들은 이를 부정적으로 생각하고 있었다.[59) GHQ의 문화재 전문가들도 일본정부가 배상을 위해 문화재를 반환하는 일을 반대했으며, 로버츠 위원회에게도 문화재가 배상의 대상이 되어서는 안된다고 요청하기도 했다.[60) 약탈 문화재의 반환 정책에 관한 GHQ의 입장은 1948년 5월에 있었던 맥아더의 메시지에서 확인할 수가 있다.[61) 맥아더는 "군사행동과 점령의 결과에 따라 행방불명이나 파괴된 문화재의 원상복귀에 관해 그것이 소수의 의견이라도 진지하게 반대한다", "일본인들이 우리들에 대해 분개하고, 일본을 이데올로기적인 압력에 공격당하기 쉽게 만들며 파괴활동에 유리한 토양을 만들게 된다"고 그 이유를 밝혔다. 즉 맥

---

57) GHQ는 문화재의 반출시기를 만주사변이 발발한 1931년 9월 18일로 간주했지만, 최종적으로는 중일전쟁의 발단이 되었던 노구교 사건 발발 시기인 1937년 7월 7일로 정했다.

58) 森田和男, 「日本の侵略戦争にともなう文化財被害とその返還について」, 『季刊戦争責任研究』 第72号, 2011, p.35.

59) 長澤裕子, 앞의 글, p.121. 해방 이후부터 한일회담 개최 전까지 한일 간의 문화재 반환에 대한 미국의 입장은 長澤裕子, 앞의 글, pp.119~130 참조.

60) 森田和男, 앞의 글, p.34.

61) 맥아더는 대일배상정책 완화를 계속 주장했다. 폴리 보고서 직후부터 철거배상에 비판적이었으며 1948년 3월에 열린 기자회견에서 일본이 만주, 조선, 대만을 잃는 것으로 이미 수 억 달러를 상회하는 거액을 지불했다고 말하면서 배상완화를 지지했다. 北岡伸一, 앞의 책, pp.172.

아더가 일본의 문화재 반환에 반대한 것은 문화재 반환 요구에 대한 법적·논리적 또는 도덕적 정당성을 고려하지 않고, 미국의 시급한 정치적 목표와 높아져가는 냉전에 대한 우려를 고려한 것이었다.[62]

이상에서 검토한 바와 같이 문화재 반환에 대해 당시 미국은 식민지 지배에 따른 피해 해결, 즉 과거사 청산에는 별 관심을 보이지 않았으며, 동북아시아 지역의 냉전 전략을 중시하고 있었다. 이와 같은 미국의 인식과 문화재 반환 문제에 대한 한일 양국의 인식 차이를 통해 한일회담의 문화재 반환 문제가 쉽게 해결될 수 있는 문제가 아니었음을 엿볼 수 있다.

제3절 대일강화회의의 한국참가문제와 한국관계조항 문제

1. 한국정부의 대일강화회의 참가 문제

대일강화회의 참가는 해방 이후 한국정부에게 중요한 문제였다. 한국정부가 대일강화조약의 서명국이 될 경우 식민지 지배 피해에 대한 배상을 일본정부에 요구할 수 있었기 때문이다. 즉 한국정부는 불법적인 식민지 지배의 부당성을 밝히고, 그 피해에 대한 배상을 받음으로써 과거사 청산과 대일배상문제를 동시에 해결할 수 있다고 생각하고 있었던 것이다.

대일강화회의 참가를 위한 한국의 노력은 해방 이후부터 나타났다. 1946년 12월 12일에 개원한 남조선과도입법의원은 1947년 8월 18일에 열린 제131회 본회의에서 미국, 영국, 중국, 소련 등 4개국에 조선의 대일강화회의 참가 요청을 결의한 후[63] 8월 29일에는 그 결의안을 4개국에 제출했다.[64]

---

62) Donald MacIntyre, *A Legacy Lost,* TIME, 2002.

63) 『경향신문』, 1947년 8월 19일. 이 결의안을 제안한 자는 대일강화회의에 조선이 참가하지 못할 경우 적당한 시기에 독립적으로 일본에게 과거 40년간의 손해배상에 대한 청구 권리를 보유하고 있다는 점을 통고해야 한다고 역설하기도 했다.

대한민국정부 수립 후 이승만 대통령은 1948년 9월 30일에 실시한 시정방침연설에서 "연합국의 일원으로서 대일강화회의에 참여케 할 것을 요청할 것이며, 민국이 대일배상에 대한 정당한 권리를 보유"하고 있다고 말했다.[65] 그 후 한국정부는 1949년 2월에 대일배상조사심의회를 설치하고 대일배상에 관한 조사를 실시하면서 4월 7일에 대일배상요구조서 제1권을 GHQ에 제출했다.

한국이 미국에 대일강화회의 참가를 공식적으로 표명한 것은 1951년 1월이었다. 장면 주미대사는 대일강화회의 참가를 요청하는 한국정부의 구상서를 미국 국무성에 보냈고, 1월 17일에는 미국 국무성을 방문하여 "한국임시정부는 일본이 한국을 점령한 결과에 대해 배상을 청구할 정당한 권리를 가지고 있었다"고 지적한 후 "강화교섭 참가를 요청하기 보다는 거기에 참가할 권리를 주장"하는 것이 한국정부의 입장이라고 설명했다.[66] 존 F. 덜레스(John F. Dulles) 국무장관고문은 1월 26일에 한국의 대일강화회의 참가를 지지한다는 미국의 견해를 장면에게 전했다.[67] 이승만 대통령은 1월 26일에 있었던 기자회견에서 대일강화에 대한 정부의 기본방침을 발표하고, 피해국가의 일원으로서 강화회의에 참가한다는 점, 1904년부터 1910년까지 체결된 조약들을 폐기한다는 점, 불합리한 배상을 요구할 의사는 없다는 점을 밝혔다.[68] 3월에는 미국 국무성이 대일강화조약 초안을 한국정부에 제출했는데, 한국정부는 이를 계기로 4월 16일에 '대일강화회의 준비위원회'를 설치하고 대일강화조약 검토작업을 시작했다. 한국정부가 연합국

---

64) 성황용, 『일본의 대한정책』, 명지사, 1981, p.166.

65) 『조선일보』, 1948년 10월 1일.

66) "Memorandum of Conversation by the Officer in Charge of Korean Affairs (Emmons), Jan.17, 1951", FRUS, 1951, Vol.VII, pp.94~98.

67) "Memorandum by the Conversations, by Mr. Robert a. Fearey of the Office of Northeast Asian Affairs", FRUS, 1950, Vol.VI, p.817.

68) 『동아일보』, 1951년 1월 29일.

으로서 대일강화회의에 참가하는 길이 서서히 열리고 있었던 것이다.

한편 미국은 한국의 대일강화회의 참가를 긍정적으로 생각하고 있었다. 미국 국무성은 1949년 11월 23일에 존 J. 무치오(John J. Muccio) 주한대사에게 한국의 대일강화회의 참가에 관한 의견을 물었다.69) 무치오 주한대사는 1949년 11월 10일에 있었던 한국기자와의 회견에서 한국대표가 대일강화회의에 참가하도록 한국정부를 지지한다고 말했다.70) 이와 같은 견해가 미국 국무성에 대한 답변에 포함되었다. 무치오 주한대사는 조선인 부대가 중국군과 함께 대일전쟁을 치룬 점, 만주에서 조선인 게릴라가 일본군과 교전을 벌였던 점, 최고통치권을 가진 임시정부가 중국에 존재하고 있었던 점을 들어 한국이 일본과 교전상태에 있었다는 한국인들의 주장을 보고하면서, 한국정부의 위신과 조선에 대한 일본의 주권 포기를 명확하게 하기 위해서도 한국을 대일강화회의에 참가시킬 필요가 있다고 권고했다.71)

1949년 12월 29일에 작성된 대일강화회의 관련 미국 초안에는 한국이 서명국으로서 처음 명기되었다. 그리고 덜레스 국무장관고문은 1950년 6월 7일에 국무장관에 보내는 각서에 한국을 예비강화회의 참가국으로 명기했다.72) 한국의 대일강화회의 참가와 관련한 이와 같은 미국의 인식이 1951년 1월 26일에 덜레스 국무장관고문을 통해 장면 주미대사에게 공식적으로 전해진 것이었다.

그러나 대일강화조약을 위해 1951년 5월에 열린 미국과 영국의 회담을 계기로 한국의 대일강화회의 참가는 물거품이 되었다. 그 이유는 영국의 반

69) "The acting Secretary of State to the Embassy in Korea, Nov.23, 1949", FRUS, 1949, Vol.VII, p.904.
70) 『서울신문』, 1949년 11월 12일.
71) "The Ambassador in Korea (Muccio) to the Secretary of State, Dec.3, 1949", FRUS, 1949, Vol.VI, p.911.
72) "Memorandum by Sonsultant to the Secretary (Dulles) to the Secretary of State, June.7, 1950", FRUS, 1950, Vol.VI, p.1211.

대와 미국의 방침 전환이 있었다.[73] 영국은 중국 대표권 문제를 둘러싼 영미 양국의 대립으로 인해 중화인민공화국이 대일강화회의에 참가할 수 없을 가능성이 높아지자 한국의 단독 참가가 중화인민공화국을 자극시킬 수 있다는 점을 피하려고 했다. 그리고 한국이 일본의 영토였다는 점을 인정하고, 한국이 연합국의 법적지위가 없다는 점에서 한국의 대일강화회의 참가를 반대했다.[74] 한편 한국의 대일강화회의 참가에 찬성하고 있었던 미국은, 그것이 자국의 국익과 정책에 도움이 되지 않는다고 인식하자 반대 입장을 취하기 시작했다. 즉 한국이 대일강화조약의 서명국이 되면 북한의 대일강화조약 배제에 따른 사회주의 국가들과 중립 국가들의 반발, 그리고 대일교섭에서의 식민지 지배 관련 책임 규정에 대한 한국정부 요구와 대일배상 증액요구 등이 발생할 우려에서 한국을 대일강화회의에 참가시키지 않기로 했던 것이다.[75]

결국 1951년 6월 14일에 개정된 대일강화조약 관련 영미공동초안에는 5월 3일에 작성된 초안에 괄호를 치는 형태로 명기되었던 '(한국)'이 완전히 삭제되었다. 그리고 덜레스 국무장관고문은 7월 9일에 양유찬 주미대사에 대일강화조약의 초안을 건네면서 "일본과 전쟁 상태에 있었고 1942년 1월의 연합국 선언에 서명한 국가만 대일강화조약에 참가할 수 있기 때문에 한국은 조약의 서명국이 될 수 없다"는 미국의 방침을 통고했다.[76] 양유찬

---

73) 일본은 1951년 4월 23일에 열린 요시다 - 덜레스 회담에서 한국이 전쟁 상태에 있지 않았다는 점, 한국이 서명국이 될 경우 100만 명의 재일조선인이 연합국 국민으로 배상의 권리를 취득하게 되어 일본이 곤란해진다는 점을 이유로 한국의 대일강화회의 참가를 반대했다. 이에 대해 미국은 한국의 위신 향상, 그리고 보상 문제는 일본이 항복했을 당시의 교전국에 한정하는 것으로 해결할 수 있다고 설명했고, 일본은 이 의견을 받아들이면서 재일조선인의 법적지위 문제가 일본의 요구대로 해결될 경우에 한국의 대일강화회의 참가를 찬성한다고 대답했다. 이원덕, 앞의 책, p.32.

74) 金民樹, 「対日講和条約と韓国参加問題」, 『国際政治』 第131号, 2002, p.143.

75) 선행연구는 미국이 영국의 반대로 인해 어쩔 수 없이 한국을 서명국에서 배제했다는 분석보다는 미국도 적극적으로 자국의 입장을 전환했다고 해석하는 것이 더 설득력이 있다고 논했다. 이에 관한 자세한 내용은 장박진, 앞의 책, pp.218~235 참조.

주미대사는 7월 19일에 덜레스 국무장관고문을, 8월 16일에는 데이비스 D. 러스크(David D. Rusk) 국무차관보를 차례로 방문하여 한국의 대일강화회의 참가를 재차 요구했지만, 그 요구도 받아들여지지 않았다. 이로 인해 한국정부는 예상하고 있었던 대일강화회의 참가가 불가능해졌고, 대일강화조약을 통한 과거사 청산도 대일배상문제도 해결할 수 없게 되었다.

2. 대일강화조약의 한국관계조항 문제

한국정부는 대일강화회의 참가가 불가능해졌을 뿐만 아니라, 미국이 7월 9일에 제출한 '한국관계조항'도 한국에 유리하지 않았기 때문에 국내에서 이에 대한 큰 반발이 일어났다. 변영태 외무장관은 7월 16일에 한국관계조항을 비판했고, 국회는 7월 19일에 대일강화조약을 위한 외교사절단 파견을 결의했다.

대일강화조약의 한국관계조항은 제2조(a), 제4조(a)·(b)·(c), 제9조, 제12조(a), 제21조였다. 먼저 제2조(a)는 일본이 한국의 독립을 승인하는 규정이며, 제4조(a)·(b)·(c)는 일본과의 재산 및 청구권 처리에 관한 규정이었다. 제9조는 일본과의 어업 협정 체결에 관한 규정이고, 제12조(a)는 일본과의 무역, 해운, 통상에 관한 규정이었다. 그리고 제21조는 위와 같은 한국관계조항에 대해 한국이 권리를 가진다는 규정이었다.[77]

한국정부가 가장 충격을 받은 것은 제4조였다. 그 내용은 재한 일본·일본인의 재산 및 한국에 대한 일본의 청구권과 재일 한국·한국인의 재산 및 일본에 대한 청구권은 대일강화조약과는 별개로 한일 양국의 특별협정에

---

76) "Memorandum of Conversation by the Officer in Charge of Korean Affairs in the Office of Northern Asian Affairs (Emmons), July 9, 1951", FRUS, 1951, Vol.VI, pp.1182~1183.

77) 대일강화조약의 한국관계조항과 전문은 外務省, 『サンフランシスコ平和条約 - 調印·発効』, 2008, pp.146~214 참조.

따라 처리한다는 것이었다. 한국정부는 "1945년 8월 9일 현재 및 그 이후에 한국에 있는 일본 및 일본인의 모든 재산은 동년 12월 6일의 미군법령 제33호에 의해 동년 9월 25일에 미군정청에 귀속(VEST)되었고, 군정청은 이를 소유(OWN)하게 된 것이며(동 법령 제2조) 군정청의 그러한 권리는 1948년 9월 11일의 한미 간의 재정 및 재산에 관한 최초협정 제1조에 의해 완전히 대한민국정부로 이양된 것이므로 한국은 일본 및 일본인과는 아무 관련 없이 한국에 있는 모든 일본 재산에 관한 완전한 권리를 취득했다"고 인식하고 있었다.[78] 즉 한국정부는 1945년 12월 6일에 공표된 '조선 내에 있는 일본인 재산권 취득에 관한 건'[79]과 1948년 9월 11일에 체결된 '한미간 재정 및 재산에 관한 최초협정'[80]을 바탕으로 한국에 있는 모든 일본 및 일본인의 재산은 이미 한국의 소유가 되었다고 생각하고 있었던 것이다. "한국

---

78) 『동아일보』, 1951년 7월 29일.

79) 동 법령은 미군정청이 권할하고 있는 남한 지역에 있는 일본의 국유, 공유 재산 및 일본인의 사유재산을 포함한 모든 재산을 9월 25일자로 몰수하고 소유한다는 취지의 법령이며 5개 조항으로 이루어져 있다. 일반적으로 '미군정청 법령 제33호'라고 부른다. 제2조는 "1945년 8월 9일 이후 일본정부, 그 기관 또는 그 국민, 회사, 단체, 조합, 그 정부의 기타 기관 혹은 그 정부가 조직 또는 취체(取締)한 단체가 직접 간접으로 혹은 전부 또는 일부를 소유로 관리하는 금, 은, 백금, 통화, 증권, 은행감정, 채권, 유가증권 또는 본군정청의 관할 내에 존재하는 기타 전 종류의 재산 및 그 수입에 대한 소유권은 1945년 9월 25일 부로 조선군정청이 취득하고 조선군정청이 그 재산 전부를 소유함. 누구를 불문하고 군정청 허가없이 그 재산에 침입 또는 점유하고 그 재산의 이전 또 그 재산의 가치효용을 훼손함을 불법으로 함"이라고 규정하고 있다. 동 법률의 전문은 국사편찬위원회 한국사데이터베이스 홈페이지 (https://db.history.go.kr/item/cons/main.do) 참조.

80) 동 협정은 미군정이 취득한 일본 관련 재산을 한국정부에 이양한다는 취지였으며 14개 조항으로 구성되어 있다. 제5조는 "대한민국정부는 재조선 미군정청이 법령 제33호에 의하여 귀속된 전일본인 공유 又는 사유재산에 관하여 이미 실시한 처리를 승인 且 인준함. 右 협정 제1조 급 제9조에 규정한 바 미국정부에 의한 재산의 취득 급 사용에 관한 보류건을 제외하고는 현재까지 불하치 않은 귀속재산 급 부속재산의 대차 급 불하에 의한 순수입금의 소비되지 않은 금액은 일체 會偺 급 매매계약과 함께 此를 左와 如히 한국정부에 이전함"이라고 규정하고 있다. 동 협정의 전문은 한국현대사료 DB 홈페이지(https://db.history.go.kr/contemp/main.do) 참조.

내 전 재산의 80%가 된다, 90%가 된다 하던 귀속재산의 처리를 일본과 협의해서 결정하다니, 이는 한국의 독립을 일본과 협의해서 결정한다는 것과 다름없는 말이 아닌가"[81]라는 우려도 있었기 때문에 한국은 제4조를 거부하고, 한국이 귀속재산에 관해 완전한 권리를 취득한다는 조문을 대일강화조약에 규정하도록 노력해야 했다.

한국정부는 제4조를 비롯한 대일강화조약 초안을 검토한 후 한국의 요구사항을 덜레스 국무장관고문에게 요청할 것을 양유찬 주미대사에 지시했다. 양유찬 주미대사는 1951년 7월 19일에 덜레스 국무장관고문을 방문하여 일본의 독도 포기(제2조), 재한 일본인 재산의 한국 이양 확인(제4조), 한일 양국의 어업 협정 체결까지 맥아더 라인 유지(제9조)를 대일강화조약에 규정할 것을 요구했다. 미국정부는 이와 같은 한국정부의 요구를 검토하고 제2조와 제9조 관련 요구는 거부하는 한편 제4조를 수정하기로 했다.

수정된 새로운 조항을 포함한 한국관계조항은 제2조(a), 제4조(a)·(b)·(c), 제9조, 제12조(a), 제21조였다. 이는 대일강화조약 체결에 따라 한국정부에 부여되는 이익을 규정한 것이었지만, 한일회담의 대립을 발생시키는 원인이 되어버린다. 특히 제2조(a)와 제4조(a)는 식민지 지배의 부당성을 밝히고 청구권을 통해 그 피해를 해결한다는 한국정부의 방침에 장벽이 되었다.

제2조(a)는 "일본은 조선의 독립을 승인하고 제주도, 거문도 및 울릉도를 포함한 한국에 대한 모든 권리, 권원 및 청구권을 포기한다"는 내용인데, 한일 간의 구조약과 식민지 지배의 합법성 여부에 대한 판단기준이 없고, 단순히 일본이 한국의 독립을 승인한다고 되어 있다. 따라서 일본은 조선에 대한 식민지 지배가 정당하고 합법적이었다는 해석이 가능해지게 되었고, 실제로 일본은 한일회담에서 이와 같은 취지의 의견을 시종일관 주장했다. 이와 같은 주장은 식민지 지배가 불법·부당했다는 한국의 주장과 상충했기 때문에 한일회담에서 이를 둘러싼 한일 간의 대립으로 이어지게 된다.

---

81) 유진오, 앞의 책, p.10.

제4조(a)는 "이 조항의 (b)의 규정[82])에 따라, 일본의 부동산 및 제2조에 언급된 지역의 일본 국민들의 자산 처분 문제와, 현재 그 지역들을 통치하고 있는 당국자들과 그곳의 (법인을 비롯한) 주민들에 대한 (채무를 비롯한) 그들의 청구권들, 그리고 그러한 당국자들과 주민들의 부동산 처분과 일본과 그 국민들에 대한 그러한 당국자들과 주민들의 채무를 비롯한 청구권들의 처분은 일본과 그 당국자들 간에 특별한 협의의 대상이 된다. 그리고, 일본에 있는, 그 당국이나 거류민의 재산의 처분과, 일본과 일본국민을 상대로 하는 그 당국과 거류민의 청구권(부채를 포함한)의 처분은 일본과 그 당국 간의 별도 협정의 주제가 될 것이다. 제2조에서 언급된 지역에서의 어떤 연합국이나 그 국민의 재산은, 현재까지 반환되지 않았다면, 현존하는 그 상태로 행정당국에 의해 반환될 것이다"라는 내용이다. 이는 단순히 청구권과 특별협의만을 규정했을 뿐이며 그 원칙이나 내용은 명시되지 않았다.

이로 인해 한일회담에서 청구권을 둘러싼 대립이 벌어지게 된다. 문화재 반환 문제로 예를 들어보면, 한국 측은 일본에 문화재 반환을 청구할 수 있는 법적 권리가 있다고 주장했고, 반면에 일본 측은 한국에는 그와 같은 권리가 없으며, 일본 측은 문화재를 반환할 법적의무가 없다고 주장했다. 후술하는 바와 같이 이와 같은 문화재 반환을 둘러싼 법적의무 문제로 인해 한일 양국은 첨예하게 대립한다. 그리고 특별협의 당사자를 '시정 당국'이라고 명시했기 때문에 한국정부가 한반도를 관할한다는 주장을 약화시키기도 했다. 일본정부는 한일회담에서 북한을 염두에 두면서 한국정부가 실질적으로 관할하고 있는 지역에 대해서만 이 규정이 적용된다고 주장했고, 이로 인해 한일 양국은 대립을 하게 된다.

---

82) 제4조(b)는 "일본은 제2조와 제3조에 언급된 지역에 있는 일본과 일본 국민 자산에 대해, 미군정의 지침이나 이에 준해서 제정된 처분권의 적법성을 인정한다"는 내용이다.

제4절 한일회담 개최 이전의 문화재 반환 인식에 대한 평가

해방 이후 한국정부는 대일강화회의에 서명국으로 참가하여 불법적이고 강제적인 식민지 지배에 대한 배상을 일본정부에 요구하려고 했다. 대한민국정부 수립 이후 한국정부는 1949년에 대일배상 자료로써 '대일배상요구조서'를 작성했다. 이 조서는 제1부 현물피해목록, 제2부 확인채권지부, 제3부 중일전쟁 및 태평양전쟁에 기인한 인적·물적 피해지부, 제4부 일본정부의 저가수탈에 의한 피해지부로 구성되었고, 일본이 조선을 식민지 지배하면서 발생한 여러 피해에 대해 보상하는 일은 당연한 것이라고 강조했다. 문화재 반환에 관한 내용은 제1부에 있었으며, 서적 212종, 미술품과 골동품 등 827종으로 총 1,039종의 문화재가 약탈재산으로 규정되었다. 한국 측은 문화재 반환 관련 내용을 포함한 조서의 내용들을 정리하여 제1차 회담에서 '한일 간 재산 및 청구권협정 요강 한국 측 제안'으로 제출한다.

한국정부는 대일강화회의에 참가할 수 없게 되자 일본정부와의 양자 간 교섭을 해야 했고, 한일회담 준비를 위해 일본현지조사를 실시한다. 당시 일본에 파견되었던 유진오는 출장보고서를 작성하면서, 문화재 반환에 대해서는 '한국이 약탈재산으로써 문화재를 반환받을 수 없지만, 한일 관계는 조정이 필요하기 때문에 이 문제는 청일전쟁까지 소급할 수 있다'고 보고했다. 한편 당시 일본정부는 문화재 반환에 대해 직접적인 준비를 하고 있지는 않았지만, 일본 패전 후 정부부처가 발행한 식민지 관계자료 등을 보면, 조선에 대한 일본의 식민지 지배는 정당하고 합법적이었으며, 당시 이루어진 문화재의 발굴이나 보존 등도 정당하고 합법적이라고 인식하고 있었다.

이와 같이 조선에 대한 일본의 식민지 지배는 불법적이었고, 그와 같은 상황에서 불법·부당한 방법으로 문화재 약탈이 이루어졌기 때문에, 일본정부가 이를 반환해야 한다고 생각하고 있었던 한국정부의 인식과 조선에 대한 일본의 식민지 지배는 합법적이었고, 문화재 발굴과 보존 또한 정당하게 이루어졌다는 일본정부의 인식은 한일회담의 문화재 반환 문제 논의에서도 그대로 나타났다. 이와 같은 문화재 반환을 둘러싼 한일 양국의 큰 괴리는 이미 한일회담 이전부터 형성되어 있었던 것이다.

한편 미국을 중심으로 한 GHQ는 일본이 다시는 전쟁을 일으키지 못하도록 강력한 대일점령정책을 실시했으며, 그 일환으로 문화재 반환 정책도 실시했다. 그러나 미국과 소련을 중심으로 한 냉전의 격화로 인해 대일점령정책이 약화되었고, 이로 인해 문화재 반환 정책도 축소된다. 이후 미국은 한국정부의 대일강화회의 참가를 인정하지 않았고, 한일 양국 간의 식민지 지배로 인한 피해보상 문제는 한일 양국이 해결하도록 했다.

이와 같이 한일회담 개최 이전의 한일 양국의 문화재 반환에 관한 인식 차이와 미국의 문화재 반환에 관한 인식을 살펴봤을 때 이 시기에 이미 한일회담의 문화재 반환 문제가 간단하게 해결될 수 있는 문제가 아니었다는 점을 알 수가 있다.

제3장 제1차 회담~제3차 회담의 교섭 과정

제1절 제1차 회담의 문화재 반환 교섭

1. 한국 측의 정치적 해결 요구

한국정부는 1951년 7월 9일에 대일강화회의에 참가할 수 없다는 통고를 받은 후 일본정부와의 양자 회담을 준비한다. 한국정부는 주일대표부에 회담을 위한 자료 준비와 회담 개최를 위해 GHQ 및 일본정부와 교섭할 것을 지시했다. 한일 양국은 GHQ의 알선을 통해 제1차 회담을 개최하기로 합의했다. 제1차 회담은 예비회담(1951년 10월 20일~1952년 2월 14일)과 본회의(1952년 2월 15일~4월 15일)로 진행되었다.

문화재 반환 문제가 처음으로 제기된 것은 예비회담 시기였다. 1952년 1월 9일에 열린 비공식회담에서 본회담 개최일, 친선사절 파견, 선박 문제, 그리고 문화재 반환 문제 등이 언급되었다. 한국 측은 2월부터 개최될 본회의의 분위기를 좋게 하기 위한 방안으로 일본이 반출한 고미술품, 서적 등의 문화재 반환을 요청하면서, 그것이 실현될 경우 "그 자체의 금전적 가치에 비교할 수 없을 큰 효과가 없을 것이라고 생각한다. 같은 종류의 것은 약탈재산으로 다른 나라에게는 반환되고 있다고 알고 있는데, 일본이 큰 희생을 치르는 일 없이 선처할 수 있을 것으로 생각한다"고 설명했다.[1]

문화재 반환 문제는 이어진 본회의에서 제1회 청구권위원회부터 제3회 청구권위원회까지 논의되었다. 제1회 청구권위원회(1952년 2월 20일)에서 한국 측은 다음과 같은 '한일 간 재산 및 청구권 협정 요강 한국측 제안'(이

---

1) 日本外交文書, 「金公使との会談要旨」, 1952年1月9日, No.396.

하, 대일청구권 8항목)을 일본 측에 제출한다.

〈표 3〉 한일 간 재산 및 청구권 협정 요강 한국측 제안[2]

항 목	내 용
제1항	한국으로부터 가져온 고서적, 미술품, 골동품 기타 국보, 지도원판 및 지금(地金)과 지은(地銀)을 반환할 것
제2항	1945년 8월 9일 현재 일본정부의 대(對) 조선총독부 채무를 변제할 것
제3항	1945년 8월 9일 현재 한국으로부터 이체 또는 송금된 금원(金員)을 반환할 것
제4항	1945년 8월 9일 현재 한국에 본점 또는 주(主) 사무소가 있는 법인의 재일재산을 반환할 것
제5항	한국법인 또는 한국자연인의 일본국 또는 일본국민에 대한 일본 국채, 공채, 일본 은행권, 피징용 한인 미수금, 기타 청구권을 변제할 것
제6항	한국법인 또는 한국자연인 소유의 일본법인의 주식 또는 기타 증권을 법적으로 인정할 것
제7항	전기 제 재산 또는 청구권에서 생(生)한 제 과실을 반환할 것
제8항	전기 반환 및 결제는 협정 성립 후 즉시 개시하여 늦어도 6개월 이내에 종료할 것

'대일청구권 8항목' 중 문화재 반환 문제와 관련 있는 항목은 제1항목 '한국에서 가져온 고서적, 미술품, 골동품, 기타 국보·지도 원판 및 지금과 지은을 반환할 것'이었다. 한국 측은 이를 통해 문화재 반환을 요구하게 되는데, 구체적인 목록은 아니었지만 한국 측이 문화재 반환 문제에서 무엇을 요구할지가 큰 틀에서 처음으로 제시되었다는 점에 그 의의가 있다.

한국 측은 제2회 청구권위원회(2월 23일)에서 '대일청구권 8항목'의 취지와 그 법적근거를 각 항목별로 개략적으로 설명했다. 문화재 반환 문제와 관련된 제1항목에 대해서는 "고서적, 미술품, 골동품 등 국보에 대한 문화

---

2) 日本外交文書,「日韓会談第1回財産請求権問題委員会議事録」, 1952年2月20日, No.1174 및 한국외교문서, 『제1차 한일회담(1952.2.15 - 4.21) 청구권 분과위원회 회의록, 제1 - 8차. 1952.2.20. - 4.1』(이하, 『제1차 회담 청구권위원회 회의록』), 프레임 번호: 289~290을 바탕으로 작성. '대일청구권 8항목'은 일본외교문서에는 일본어와 한국어, 한국외교문서에는 영어로 기재되어 있다.

적·정치적 견지에서 한국에게 반환할 것을 희망한다. 원래 이와 같은 재물은 부자연스러운, 즉 탈취 혹은 한국의 의사에 반해 가져온 것인 바 그 법적근거는 후에 설명하겠으며, 이 점을 잘 인식하고 대국적 견지에서 자진하여 반환해 달라는 것이다"라고 설명했다.3) 또한 한국 측은 반환의 법적근거로 대일강화조약 제4조를 들 수가 있지만, 이를 근거로 한 법적요구 보다는 정치적인 해결을 희망한다고 말하는 한편 일본이 패전 이후 대일기본정책을 통해 여러 국가들에게 많은 재산을 반환하고 있는 것과 같이 일본이 조선에서 수탈한 국보나 문화재들을 한국에 반환할 것을 요구한다고 설명했다.4) 즉 한국 측은 자국의 의사에 반해 수탈당한 문화재를 권리를 통한 반환이 아닌 정치적인 해결을 통한 반환을 일본 측에게 요구했던 것이었다. 법적의무를 통한 반환이 아닌 정치적 해결이라는 이와 같은 한국 측의 입장은 제2차 회담까지 이어진다.

이후 '대일청구권 8항목'의 토의 원칙에 대한 논의가 이루어졌다. 한국 측은 일본 측이 동 항목에 관한 기본적인 입장을 정하지 않은 채 동 항목의 구체적인 수치를 제시하는 것은 무의미하다고 주장했고, 반면에 일본 측은 먼저 한국 측이 구체적인 수치를 제시하고 그것을 일본 측이 검토한 후에 논의할 것을 주장했다. 이와 같은 논의와 관련하여 한국 측은 제1항목에 관해 문화재 반환 의사가 일본 측에 있는지 물었고, 일본 측은 반출 시기, 문화재 항목, 반환 근거를 설명해달라고 요구했다.5)

한국 측은 이와 같이 일본 측의 요구에 대해 제3회 청구권위원회(2월 27일)에서 '한일 간 청구권 협정 요강 한국측 제안의 상세'(이하, 대일청구권 상세안)를 제출한다. 제1항목과 관련한 자료를 정리하면 아래와 같다.

---

3) 한국외교문서, 『제1차 회담 청구권위원회 회의록』, 프레임 번호: 294.
4) 한국외교문서, 위의 자료, 프레임 번호: 297~298 및 日本外交文書, 「日韓会談第二回請求権問題委員会会議録」, 記入なし, No.1176.
5) 위와 같음.

〈표 4〉 '한일 간 청구권 협정 요강 한국측 제안의 상세' 중 제1항목[6]

반환 대상	소재지	소유자
고서적 다음 문고에 소장된 한국 서적	도쿄도(東京都)	도쇼료(図書寮)
		호사 문고(蓬左文庫)
		내각 문고(内閣文庫)
		국립도서관(国立図書館)
		손케카쿠 문고(尊経閣文庫)
		세키도 문고(成簣堂文庫)
		세카도 문고(静嘉堂文庫)
	미토시(水戸市)	쇼코칸 문고(彰考館文庫)
		도쿠가와가 문고(徳川家文庫)
	요네자와시(米沢市)	요네자와 도서관(米沢図書館)
	하기시(萩市)	도슌지 문고(洞春寺文庫)
	센다이시(仙台市)	다테가 문고(伊達家文庫)
미술, 공예품 다음 박물관에 소장된 것 또는 개인 소유의 한국 출토품 (가져 온 것)	·	도쿄제실박물관(東京帝室博物館)
	·	나라제실박물관(奈良帝室博物館)
	·	교토대학 진열관(京都大学陳列館)
	·	도쿄대학 진열관(東京大学陳列館)
	·	개인 소유

〈표 4〉에서 확인할 수 있는 바와 같이 한국 측은 '대일청구권 상세안'을 통해 도쇼료, 내각 문고, 국회도서관 등 12곳의 문고와 도서관에 소장된 고서적들, 도쿄국립박물관, 나라국립박물관 등 4곳의 박물관과 개인이 소장하고 있는 미술품·공예품을 반환의 대상으로 인식하고 있었음을 알 수 있다.

제1항과 관련하여 고서적에 관한 논의가 먼저 이루어졌다. 일본 측은 각 문고들이 소장하고 있는 한국 서적은 무엇인지, 가능한 한 어떤 서적인지, 되도록 완전한 것을 제시해야 한다는 점 등 구체적인 목록의 제시를 계속

---

6) 日本外交文書, 「日韓会談第三回請求権委員会議事要録」, 記入なし, No.1177을 바탕으로 필자 작성.

요구했다.[7] 한국 측은 이에 대해 법적인 주장을 하기 전에 일본이 다른 국가들에 약탈재산을 반환한 것과 같이 한국에게도 자발적으로 문화재를 반환할 것, 구체적인 문화재 목록은 나중에 논의할 것, 정치적인 반환이라는 원칙을 결정할 것을 요구했다.[8] 즉 한국 측은 제2회 청구권위원회에서 주장한 것처럼 반환 여부에 대한 기본적인 원칙을 먼저 정한 후에 고서적 등 반환 대상이 되는 구체적인 목록을 논의하려고 했고, 반면에 일본 측은 구체적인 목록의 제출을 계속 요구했던 것이다. 이어서 다음과 같이 문화재의 반출 시기에 대한 논의가 이어졌다.[9]

일본 측
  '옮겨 갔다'라는 시기는 언제부터 언제까지 인가?

한국 측
  제안 요강에 시기를 한정하지 않은 것은 국보 반환에 있어 한일 양국의 친선관계를 확립하겠다는 일본 측 성의에 기대하여 의식적으로 규정하지 않은 것이다. 따라서 또한 한국 측도 이를 권리로써 요구하는 것이 아니라 정치적 고려를 부탁하는 것이므로 우리들의 의사에 반해 옮겨 간 것을 현상으로 돌려 한일친선에 도움이 되기를 바라는 것이기 때문에 시기에 집착하지 않은 것이다.

일본 측
  각각에 대해 구체적인 시기를 생각하고 있는 것인가?

---

7) 日本外交文書, 「日韓会談第三回請求権委員会議事録」, 記入なし(이하, 「第1次日韓会談第3回請求権問題委員会会議録」), No.1178.
8) 한국외교문서, 앞의 자료, 프레임 번호: 316~317.
9) 한국외교문서, 앞의 자료, 프레임 번호: 318 및 日本外交文書, 「第1次日韓会談第3回請求権問題委員会会議録」, No.1178.

한국 측

구체적인 시기는 알고 있지만, 아무튼 전쟁 중에 옮겨 갔는지 어떤지 등이라는 것을 문제삼고 싶지 않다. 그것을 문제삼는다면, 한일 간의 전쟁상태가 있었는지 없었는지가 법률적 논의가 된다고 생각하기 때문에 그와 같은 논의는 하지 않고 정치적으로 얘기하고 싶다.

한국 측이 반출시기를 일부러 정하지 않았던 것은 일본 측의 한일친선에 대한 성의, 즉 문화재 반환 문제에 대한 일본 측의 정치적 결단을 통해 문화재를 반환받는다는 일본 측의 성의를 기대하기 때문이라고 말했는데, 이는 결국 동 문제에 대해 법적 논의가 아닌, 정치적인 해결을 도모하려는 한국 측의 기본 입장이 반영된 것이었다.

다음으로 문화재 반출의 강제성에 대한 논의가 이루어졌다. 일본 측은 '의사에 반해'라는 표현에 대해 취득 형태는 어떠한 방법을 생각하고 있는지를 묻자 한국 측은 다음과 같이 답했다.[10]

대일기본정책요강에 의하면 탈취 혹은 강박에 의한 취득으로 그 취득 형식을 규정하였으나, 여기서는 법률적으로 보다 정치적으로 한국에서 일본으로 운반된 것을 전면적으로 표현한 것이니 간혹 유효·합법적으로 취득한 것도 있을 것인 바 개인 소유 등은 그 대가를 지불하고 반환할 수도 있을 것이며, 될 수 있으면 취득 형식에 대해서는 언급하지 말고 반환 방법은 이제부터 쌍방 교섭에 의하기로 하고, 그냥 반환해 달라는 것이다.

이상에서 알 수 있는 바와 같이 한국 측은 문화재 반환 문제를 법적 논의를 통한 해결보다는 정치적 절충을 통한 해결을 요구하고 있었다. 일본 측이 구체적인 자료 제시를 요구하거나 반출시기를 질의한 것에 대해 한국 측은 관련 자료를 서로 제출해서 공동으로 문화재를 조사할 것, 반출 시기

---

10) 한국외교문서, 앞의 자료, 프레임 번호: 319~320.

를 명시하지 않은 것은 의식적인 것이라고 주장하면서 정치적인 해결을 수차례 요구했다. 한국 측이 문화재 반환 문제를 정치적으로 해결을 하려고 한 이유는 초기 한일회담에서 문화재 반환 목록을 정확하게 파악할 수 없었던 점, 제2차 세계대전 중에 일본이 취득한 모든 약탈재산을 즉시 반환한다는 규정이 한국에게 그대로 적용되지 않았던 점이 그 이유였다.[11] 일본 측은 한국 측의 반환을 통한 정치적 해결 요구에 대해 명확한 의견을 제시하지 않고 있었다. 후술하는 바와 같이 일본 측은 문화재 반환의 선례를 조사하고, 제3차 회담에서 의무로써 반환할 문화재는 없다고 주장하는데, 제1차 회담 시기에는 문화재 반환 선례를 조사하고 있었던 단계였거나, 또는 조사조차 시작되고 있지 않은 단계였기 때문에 문화재 반환 문제에 대한 명확한 입장을 개진하지 않았던 것으로 추측된다. 이와 같은 이유로 인해 제1차 회담 시기에는 반환의 원칙 문제가 주로 부각되었으며, 문화재 목록에 대한 구체적인 논의에는 들어갈 수 없었다.

2. 외무성과 문화재보호위원회의 움직임

1) 문화재보호위원회의 우려

일본 측 교섭 담당자였던 외무성은 문화재 반환 문제에 대해 문화재보호위원회와의 논의를 중심으로 여러 차례 내부논의를 진행하면서 일본 측의 입장을 정리해 나갔다. 문화재보호위원회는 문부성의 외국(外局)으로 1950년 8월에 문화재의 보호·관리·조사를 목적으로 설치되었고, 1968년 6월에

---

11) 류미나, 「일본의 문화재 '반환'으로 본 식민지 지배의 '잔상', 그리고 '청산'의 허상 - 1958년 일본의 제1차 문화재 반환까지의 교섭과정을 사례로 - 」, 『일본역사연구』 제32집, 2010, p.238. 이 연구에 따르면 일본 측도 문화재 목록에 대한 구체적인 조사가 되어 있지 않았기 때문에 일본 측이 이를 적극적으로 제시하지 않았고, 오히려 한국 측이 제시한 내용을 검토하려는 태도를 취했던 것이었다. 즉 초기 한일회담 시기 당시 한일 양국 모두 문화재 반환 문제에 대한 준비가 제대로 되어 있지 않은 상황에서 동 문제 논의를 했던 것이다.

는 문부성 문화국과 함께 문화청으로 통합되었다. 동 위원회는 문부성의 조직이었지만, 독립적인 기관에 가까웠고 문화재 반환 문제에 관한 실질적인 권한을 가지고 있었다.[12]

외무성은 제1회 청구권위원회가 열리기 직전인 2월 18일에 문화재보호위원회의 혼마 준지(本間順治) 예술공예과장을 외무성으로 초청하여 조선 관계 문화재에 관한 문화재보호위원회의 의견을 물었다. 혼마는 먼저 고고학적 출토품에 대해 낙랑 관련 유물과 같이 공적으로 발굴한 것은 당시의 법령에 따라 조선의 박물관에 보관했고, 일본으로 보낸 것은 극히 적었으며 도굴이나 매매된 도굴품은 조사가 불가능하다고 설명했다. 또한 조선 관계 중요미술품 일람표와 같은 것은 작성되지 않았고, 이를 작성하는 일도 쉬운 일이 아니라는 점, 개인 소유 문화재도 그 소유자를 파악하기가 힘들다는 점을 지적했다. 한편 박물관 소장품 목록 작성과 학술 소장품에 관해서는 각각 문화재보호위원회와 문부성에 공식문서로 의뢰할 것을 권고했다. 그리고 회의가 끝날 즈음 문화재를 "조선에게 반환하는 것은 가능한 한 회피하고 싶다"고 말했다.[13] 혼마는 이상과 같이 조선에서 발굴된 문화재는 당시 법령에 의해 합법적으로 발굴되었고, 그 대부분이 조선에 남겨졌으며 일본에 있는 조선 관계 문화재의 조사도 어렵다는 점을 밝혔던 것이었다.

7월 29일에 열린 외무성과 문화재보호위원회의 회의에서 문화재보호위원회는 외무성이 7월 19일에 의뢰한 '한국 서적, 미술공예품 조사 의뢰 건'에 대해 설명했다. 외무성은 한국 측이 권리로써 문화재 반환을 주장하는 것이 아니라 한일 양국의 친선을 위해 일본 측이 자발적으로 문화재를 반

---

12) 외무성은 1953년에 문화재 반환 문제와 관련된 기관을 조사했는데, 문부성은 발언권이 별로 없고, 학계, 미술계의 유력자들이 전문위원으로 다수 포진한 문화재보호위원회의 발언권이 상당히 강하다고 판단했다. 문화재보호위원회의 성격과 이들의 문화재 반환 문제에 대한 입장은 류미나, 「한일회담 외교문서'로 본 한·일 간 문화재 반환 교섭」, 『일본역사연구』 제30호, 2009, pp.134~139.

13) 日本外交文書, 「文化財保護委員会本間氏との会見報告」, 1952年2月20日, No.583.

환할 것을 희망하고 있다고 설명하자 문화재보호위원회는 "외무성 측이 외교상의 수단으로써 중요한 문화재를 양여하기에 이르지 않을까 매우 우려되며, 목록 작성을 좀처럼 수락할 수 없다"고 경계심을 드러냈다.[14] 외무성은 이와 같은 문화재보호위원회의 우려에 대해 목록의 전부를 한국 측에 건네는 것이 아니며, 반드시 사전에 회의와 연락을 할 것이라고 설명하면서 문화재보호위원회에 문화재 목록 조사와 작성을 요청했다.[15]

2) 외무성의 문화재 반환 선례 조사

한편 외무성은 제1차 회담이 종료된 이후 '세습적 문화재에 대해서'라는 조사를 실시하여 문화재 반환 선례와 한국 측의 주장 분석, 그리고 일본정부의 입장을 정리했다. 외무성은 먼저 타국의 영토를 영유하거나 식민지로 삼은 국가가 여기에서 분리된 국가에 대해 문화재를 반환 또는 양도한 선례를 다음과 같이 정리했다.[16]

〈표 5〉 외무성 조사를 통한 문화재 반환 선례표

항목	베르사유 조약 (1919년)	이탈리아 평화조약 (1947년)	오스트리아 평화조약 (1919년)	불가리아 평화조약 (1919년)	인도네시아 – 네덜란드 평화조약(1950년)
반출 방법	탈취	무상(無償)	불문(不問)	불문	사법(私法) 이외의 방법
반출 시기	프랑스 - 프로이센 전쟁·제1차 세계대전 중	이탈리아 지배 중	전시 중	전시 중	네덜란드 지배 중

---

14) 日本外交文書, 「韓国書籍・美術工芸品調査依頼の件」, 1952年7月29日, No.583.

15) 외무성은 이 의뢰서에서 ① 서적명(또는 미술공예품명), ② 학술적(미술적) 가치의 간단한 설명, 평가예상액, ③ 현소유자(공사 구별), 입수경위 및 입수일자, ④ 한국에서 일본으로 도래한 경위 조사를 의뢰했다. 日本外交文書, 「韓国書籍, 美術工芸品調査依頼の件」, 1952年7月19日, No.583.

16) 日本外交文書, 「世襲的文化財について」, 1953年2月17日, No.1117을 바탕으로 작성.

현소유자	불문	국유 또는 공유(公有)	일체	불문	국유
품목의 특정성	프랑스 제출 목록에 따름	일체(一切)	일체	일체	불문
피반출 지역	군사점령지	영유지 (할양지)	군사점령지	군사점령지	식민지
반환 방법	반환	이전(移轉)	환부(還付)	환부	이전

'군사점령지'에서 반출된 문화재의 경우는 반환의 범위가 극히 넓고 반출 방법이나 현소유자의 성격에 대해 일체 불문으로 한다고 되어 있다. 그이유는 군사점령지에서의 점령국의 권력이 강력하고 특수하기 때문에 문화재 반출이 불법적이라고 간주되었기 때문이라고 해석했다. 또한 문화재 반환을 요구한 국가에 반출 경위를 입증할 책임은 없으며, 반출 방법은 '반환' 또는 '환부'라고 간주했다. 한편 '영유지' 또는 '식민지'에서 분리된 지역의 문화재 반환의 범위는 반출 방법에서 무상 또는 사법 이외의 방법에 의한 것에 한정되어 있으며, 현소유자는 국가 또는 국립단체가 소유하고 있는 것에 한정된다고 해석되었다. 그리고 반환 방법은 '이전'이고, 그 이유는 "분리하는 지역에 수립되어 있던 권력이 일단 평화적인 것이었기" 때문이며, 이에 따라 "일반적으로 반출의 불법성이 추론되지 않고, 개별적인 경우에 대해 정상적인 방법에 따른 것이 아님을 입증할 책임이" 분리된 지역에 있다고 해석되었다.[17]

외무성은 이상과 같은 내용을 바탕으로 한국을 분리지역으로 간주하고 '삼한 정벌'과 '도요토미 히데요시의 조선 정벌'에 관해서는 '군사 점령', 그리고 '일한병합 이후'에 관해서는 '평화적 영유'가 된다고 판단을 했다. 즉 조선에 대한 일본의 식민지 지배가 합법적이었다는 인식은 문화재 반환 문제에서도 드러나고 있었다.

---

17) 위와 같음.

한편 외무성은 제1차 회담의 문화재 반환 문제에 관한 한국 측의 주장을 분석하고, 일본정부의 입장을 정리했다. 먼저 외무성은 제3회 청구권위원회에서 한국 측이 제출한 '대일청구권 8항목' 중 제1항목 '한국으로부터 가져온 고서적, 미술품, 골동품 그 외 국보, 지도원판 및 지금과 지은을 반환할 것'에 대해 '가져온'과 '반환'이라는 의미가 명확하지는 않지만, 한국 측의 다음과 같은 주장을 통해 한국이 마치 '군사점령지'에 해당하는 듯한 광범위한 문화재 반환을 주장하고 있다고 추측했다.[18]

> ① 권리로서 주장하는 것이 아닌, 양국의 친선에 이바지하는 재산을 일본 측이 자발적으로 반환할 것을 희망하는 것으로⋯정치적으로 고려해 주길 바란다.
> ② 가져온 시기나 재물 취득의 형태는 묻지 않지만, 점령지에서 옮긴 재물을 연합국으로 반환한 것에 준해서⋯해 주길 바란다.
> ③ 정당한 매매에 따라 취득된 재물은 대가(代價)를 지불해도 좋다.

외무성은 먼저 한국 측이 '가져온' 시기를 특정하지 않은 것은 국제법상에서도 선례가 없기 때문에 권리를 통한 반환은 성립할 수 없다고 생각했다. 한국 측이 이를 주장하기 위해서는 적어도 그 시기를 한일병합 이후로 규정해야 하며, 정치적인 고려가 될 경우는 문화재의 품목이나 범위 등은 일본 측이 자유롭게 선택할 수가 있다고 했다. '재산 취득의 형태는 묻지 않지만'에 대해서는 일본이 한국을 '평화적으로 영유'했었기 때문에 한국 측이 그와 같은 주장을 할 수도 없고 권리도 없다고 판단했다. 또한 한국 측은 그 재산이 '정당한 매매'에 따라 취득되었는지에 대해 일본 측이 이를 입증할 책임이 있다고 주장했지만, 그 책임은 한국 측에게 있으며 그 재물도 국유 또는 공유의 것에만 한정된다고 판단했다. 즉 문화재 반환 문제에

---

18) 위와 같음.

관한 외무성의 입장은 한국은 합법적인 식민지 지배를 통한 '평화적 영유지'에 해당하기 때문에 한국 측이 '군사점령지'의 성격으로 문화재 반환을 권리로 주장하는 일은 부당하며, '평화적 영유지'의 성격으로 주장할 경우에는 한국 측이 반출 경위 등을 입증한 후에 해당 문화재를 청구해야 한다는 것이었다.[19]

위와 같은 조사 내용을 바탕으로 일본 측은 문화재 반환 문제에 대해 반환의 의무가 아닌 일본 측이 적당한 문화재를 선택하여 증여를 통해 그것을 한국 측에 제공하는 것이 타당하다고 결론지었다. 이와 같은 결론을 통해 일본 측은 이후 문화재 반환 교섭에서 한국 측의 문화재 반환 요구에 대해 계속해서 반론하게 된다.

3. 기본관계문제 교섭

이하에서는 '문화재 반환 문제의 구조'의 속성에 하나인 '기본관계 속성'을 분석하기 위해 기본관계문제를 둘러싼 한일 양국의 논의를 검토하기로 한다.

한일 양국은 제2회 본회의(1951년 2월 16일)에서 일본 측이 제출한 '일본국과 대한민국 간의 우호조약 초안'(이하, 우호조약안)과 제4회 기본관계위원회(3월 5일)에서 한국 측이 제출한 '대한민국과 일본국 간의 기본조약안'(이하, 기본조약안) 등을 바탕으로 기본관계문제를 논의한다.[20]

제1회 기본관계위원회(2월 22일)에서 일본 측은 대일강화조약을 통해 일본이 한국의 독립을 승인하면서 발생한 재일한국인의 문제, 재산 및 청구권

---

19) 위와 같음.
20) 한일 양국이 제출한 각 안의 전문은 日本外交文書, 「日韓会談重要資料集(統)」, 1962年7月1日(이하, 「日韓会談重要資料集(統)」), No.526 및 한국외교문서, 『제1차 한일회담(1952.2.15. - 4.21) 기본관계위원회 회의록. 제1 - 8차. 1952.2.22 - 4.2』(이하, 『제1차 회담 기본관계위원회 회의록』), 프레임 번호: 593~601 참조.

에 관한 문제 등을 해결하고, 새로운 한일 관계를 구축하기 위해 우호조약
을 체결할 필요가 있다고 말했다.[21] 한국 측은 제2회 기본관계위원회(2월
27일)에서 조약의 명칭은 '우호'보다 더 의미가 있는 '평화'라는 의미를 가
지는 명칭이 좋다고 주장했다. 그 이유는 과거에서 연유한 문제, 즉 1910년
부터 36년 동안 있었던 여러 문제를 일소하기 위해서이며, 실질적으로는 평
화조약이 되는 조약을 체결하려고 했던 것이다. 일본 측은 우호조약을 체결
하면 결과적으로 과거의 문제가 해결되고, 일본은 대일평화조약을 체결했
기 때문에 '평화조약'이라는 표현은 받아들이기 힘들다고 답했다. 또한 '양
국 간 새로운 관계 발생에 유래하는'이라는 표현에 대해 한국 측은 "우리
생각으로는 과거의 현안도 해결해야 한다고 생각하기 때문에, 그 의미도 포
함시키는 편이 좋지 않을까 생각한다" 등 식민지 지배라는 과거의 역사에
서 발생한 문제 해결을 강조했지만, 일본 측은 "이 초안의 정신에 따라 조
약이 만들어지면 결과적으로 종래의 것도 일소될 수 있다고 기대하고 있
다" 등 한국의 독립에 따라 발생한 문제 해결에 중점을 두고 있었다.[22] 이
와 같은 기본관계문제에 관한 한일 양국의 인식 차이는 기본관계위원회에
서 대립을 반복한다.

　한국 측은 제4회 기본관계위원회에서 기본조약안을 제출했는데, 조약의
명칭을 기본조약으로 했고 한국 측이 주장한 과거사 청산이라는 의미에서
평화조약의 성격을 띠고 있는 것이었다. 조약의 내용은 일본을 독립한 주권
국가로 승인할 것, 1910년 8월 22일 이전에 체결된 한일 간의 모든 조약과
협정은 무효였다는 점, 재일한국인의 국적·처우문제, 선박 문제, 청구권 문
제, 어업 문제 등의 현안 문제는 현재 진행되고 있는 각 위원회의 결과를
이 조약에 삽입할 것 등이었다.[23]

---

21)　日本外交文書, 「日韓会談第一回基本関係委員会議事録」, 記入なし, No.973.
22)　日本外交文書, 「日韓会談第二回基本関係委員会議事録」, 記入なし, No.974.
23)　日本外交文書, 「日韓会談第四回基本関係委員会議事録」, 記入なし, No.976.

이와 같은 기본조약안에 대해 가장 큰 쟁점이 되었던 것은 과거사 청산과 관련한 제3조, 즉 '구조약의 무효확인 문제'였다. 한국 측은 '대한민국과 일본국은 1910년 8월 22일 이전에 구대한제국과 일본국 간에 채결된 모든 조약이 무효임을 확인한다'라는 조문을 제3조에 규정하고,[24) 외교권 박탈과 보호국화가 이루어진 1905년의 '제2차 한일협약' 등 한일병합조약 이전에 있었던 조약과 협정이 무효라는 점을 명확하게 하려고 했던 것이다.

이에 대해 한국 측은 "당시의 사정은 민족의 총의에 반한 병합이었고, 민국은 한반도에는 없었지만 해외에 있었고, 3·1 선언에도 있는 바와 같이 민족으로서 계속하고 있었던 사실이 있다. 일본 측에서는 이 규정을 넣으면 국민감정을 자극한다고 말하지만, 이를 넣어 과거의 잘못을 인정하는 것이 양국민의 장래를 위해 좋다고 생각한다. 제3조는 일본 측에서 어떻게 생각하더라도 한국으로서는 절대로 넣을 필요가 있다"고 주장했다. 반면 일본 측은 "(국가 간의 조약은, 개인 간의 계약과 달리: 필자 주) 강박이 가해지더라도 성립해서 유효하다고 여겨지는 것은 알려진 바와 같다. 일한병합조약도 성립 당시의 사정은 자세히 말하지 않겠지만, 국가 간의 유효적법한 조약이었다는 점은 의문의 여지가 없으며, 귀국의 국민감정은 여하튼 간에 현재 우리 일본인은 적법한 병합이었다고 생각하고 있다"고 주장했다.[25) 구조약의 무효확인 문제로 인해 식민지 지배를 둘러싼 한일 양국의 인식 차이는 더욱 부각되어 갔다.

제6회 기본관계위원회(3월 22일)에서 일본 측은 '일본국과 대한민국 간

24) 해당 조문은 한국외교문서에서 "The Republic of Korea and Japan Confirm that all treaties or agreemants concluded between the Government of the Empire of Korea and the Government of Imperial Japan on and before August 22, 1910 are null and void", 일본외교문서에서 "大韓民国及び日本国は, 1910年8月22日以前に旧大韓民国と大日本帝国間との間に締結されたすべての条約又は協定が無効であることを確認する"로 기술되어 있다. 한국외교문서, 앞의 자료, 프레임 번호: 593 및 日本外交文書, 「日韓会談重要資料集 (続)」, No.526.

25) 日本外交文書, 「日韓会談第五回基本関係委員会議事録」, 記入なし, No.977.

의 우호조약(안)'을 제출한다. 일본 측은 한국 측의 입장을 고려해서 구조약의 무효확인 문제를 '일본국과 구대한제국 간에 체결된 모든 조약 및 협정이 일본국과 대한민국의 관계를 규제하는 것이 아님을 확인한다'라고 표현하고, 이를 동 조약안의 전문에 삽입했다.[26]

한일 양국은 제7회 기본관계위원회(3월 28일)와 제8회 기본관계위원회(4월 2일)에서 일본 측이 주장한 우호조약이라는 정신을 배제한 것이 아님을 확인한 후에 한국 측이 주장한 기본조약으로 조약의 명칭을 합의했다.[27] 한편 구조약의 무효확인 문제에 대해 일본 측은 한국 측이 주장하는 무효라는 표현은 받아들일 수 없지만 '이미 효력을 잃었다', '현재 효력을 가지지 않는다', '효력을 잃어버렸다'라는 표현을 제안했고, 한국 측은 이에 대해 '무효이다', '효력을 가지고 있지 않다'라는 표현을 주장했다. 이와 같은 논의 끝에 한일 양국은 '일본국과 구대한제국 간에 체결된 모든 조약 및 협정이 일본국과 대한민국 관계에서 효력을 가지지 않음을 확인한다'라는 표현으로 일단 해 두고, 최종적인 결정은 보류하기로 했다.[28]

제7회·제8회 기본관계위원회에서 논의되었던 구조약의 무효확인 문제에서 나타난 특징은 어느 쪽으로도 해석할 수 있는 표현을 찾았다는 점을 들 수 있다. 한국 측이 "사실상 문제는 일어나지 않으므로 표현 방법만의 문제이다",[29] 일본 측이 "'무효를 확인한다'라는 자구가 포함되어 있으면, 이 조약을 국회에 부탁할 때 쓸데없는 논의가 발생할 우려가 있고, 그와 같은 논의에서 생기는 반향을 방지하고자 하는 고심의 결과 '규제하는 것은 아니

---

26) 해당 조약안 전문은 日本外交文書,「日韓会談第六回基本関係委員議事録」, 記入なし, 1952年3月22日, No.978 참조.

27) 日本外交文書,「日韓会談第八回基本関係委員会議事録」, 記入なし, No.980.

28) 日本外交文書,「日韓会談重要資料集」, No.525. 일본어 원문은 "日本国と旧大韓帝国との間に締結されたすべての条約及び協定が日本国と大韓民国との関係において効力を有しないことを確認する"이다.

29) 日本外交文書, 위의 자료, No.525.

다'라는 표현을 취했다'[30]고 말한 바와 같이, 한일 양국은 어느 쪽으로라도
해석할 수 있는 표현을 찾았고, 그 결과 '일본국과 대한민국 관계에서 효력
을 가지지 않음'이라는 표현으로 일단 결정했던 것이다. 제7장에서 검토하
는 바와 같이 제7차 회담에서 이 표현은 그대로 합의되지 않았고, 또 다른
표현으로 수정되어 합의되었는데, 그 표현 또한 애매모호한 표현이었다. 즉
식민지 지배라는 과거사 청산을 의미하는 구조약의 무효확인 문제는 제1차
회담부터 공동화되기 시작했던 것이다.

한편 제1차 회담은 제5회 청구권위원회(3월 6일)에서 일본 측이 제출한
'일한 간에 결정해야 할 재산 및 청구권 처리에 관한 협정의 기본요강'을
둘러싼 대립으로 인해 중단되고 말았다. 이 안은 미군정 제33호를 승인한다
는 규정을 삽입하고, 한국 내에 있는 일본의 국유·공유 재산을 한국에 위양
한다는 점을 인정했다. 그러나 민간 재산에 대해서는 한일 양국의 논의에
따라 정한다는 규정을 삽입하면서, 한국에 대한 일본의 청구권, 이른바 '역
청구권'을 일본 측이 주장했다. 이를 둘러싼 대립은 해결되지 않았고, 결국
제1차 한일회담은 1952년 4월에 종료되었다.[31]

---

30) 日本外交文書, 「日韓会談第七回基本関係委員会議事要録」, 記入なし, No.979.

31) 선행연구는 일본 측이 역청구권을 주장한 이유로 한국 측의 대일청구권 주장을 상
    쇄하기 위한 하나의 수단으로써, 조선에서 귀환한 50만 명에 달하는 귀환인들이 조
    선에 있는 재산을 일방적으로 몰수되는 것을 부당하게 생각하고 있기 때문에, 미국
    정부가 역청구권에 대해 명확한 태도를 표명하지 않았다는 점을 들었다. 이에 관한
    자세한 내용은 이원덕, 앞의 책, pp.53~58 참조.

제2절 제2차 회담의 문화재 반환 교섭

1. 한국 측의 문화재 목록 제시

제1차 회담이 청구권 문제 대립으로 결렬된 이후 한일 관계는 평화선을 침범한 일본 어선 나포 문제 등으로 악화되었다. 미국은 당시 한국 전쟁 등 동북아시아의 안보를 위해 한일 관계가 정상화되기를 원하고 있었는데,[32] 미국의 중개를 통해 1953년 1월 6일에 이승만 대통령과 요시다 시게루 총리의 회담이 열렸고, 이어서 4월 6일에는 김용식 주일공사와 오카무라 가쓰조(岡村勝藏) 외무차관의 회담이 열렸다. 그 결과 한일 양국은 4월 15일에 제2차 회담((1953년 4월 15일~7월 23일)을 개최하기로 합의했다. 한일 양국은 각각 역 청구권의 철회와 평화선 철회 등을 기대하면서 제2차 회담에 임했다.[33]

제2차 회담에서 문화재 반환 교섭은 비공식회담에서 한 번, 청구권위원회에서 두 번이 이루어졌다. 먼저 5월 14일에 열린 청구권 문제 관련 비공식회담에서 한국 측은 청구권 문제에 대해 문화재 반환 문제와 군인군속 문제, 징용한국인 관련 미지불금 문제를 우선적으로 해결하기를 요구했다. 일본 측은 문화재 반환 문제에 대해 문화재가 일본으로 도래한 경위는 다양하며 아주 오래 전에 들어온 것도 있고 정당하게 구입한 것도 있으므로 이를 모두 망라하여 거론하는 것은 곤란하다고 지적했다.[34] 한국 측은 직접 조사한 문화재 목록이 있으며, 여기에는 이승만 대통령이 상당한 관심을 보인 것도 있다고 언급한 후에 '한국 국보 고서적 목록 일본 각 문고 소장', '일본 소재 한국 국보 미술공예품 목록'을 일본 측에 제출했다.[35] 첫 번째

---

32) 李鐘元, 앞의 책, p.171.

33) 高崎宗司, 앞의 책, p.44

34) 日本外交文書, 「日韓会談問題別経緯 (6) (文化財問題)」, 1962年7月1日, No.535.

목록에는 도쇼료, 내각 문고, 국회도서관 등에 소장되어 있는 고서적들의 상세한 목록이 조사되어 있었고, 두 번째 목록에는 도쿄국립박물관, 나라국립박물관, 개인 소유 등의 미술품·공예품에 대한 상세한 목록이 조사되어 있었다. 그리고 이 목록들은 '단 일부 조사 미완료', '단 일부 조사 미완료·추가 보충 필요'라고 표시된 미완성 자료들이었는데, 한국 측이 문화재 목록을 계속해서 조사할 것이라는 점을 추측할 수 있다.

제2회 청구권위원회(5월 19일)에서 한국 측은 상기 목록에 대해 일본 측의 조사 현황을 물었다. 일본 측은 해당 목록들을 다방면으로 조사하고 있지만, 그 양이 방대하기 때문에 상당한 시간이 걸린다고 답했다. 이에 대해 한국 측은 전쟁 직후 조사한 것, 재일 한국 학생과 한국인 학자가 조사한 것이 있고, 국보에 대해서는 일본 측이 정치적으로 고려할 여지가 있으며 한국의 학자들과 이승만 대통령도 국보에 대해 상당한 관심을 가지고 있다고 말했다.[36)]

한국 측은 제3회 청구권위원회(6월 11일)에서 정식회담에서 문화재의 사실관계 확인 작업을 하는 일은 능률적이지 않기 때문에, 전문가들 간의 비공식회담을 열어 사실관계를 확인하는 작업이 필요하다고 설명했다. 이어서 한국 측은 일본 측의 국보에 대한 조사 상황을 물었고, 일본 측은 "고서적에 대해서는 담당자를 불러 조사를 의뢰하고 있지만, 방대한 양이기도 하고 책을 한 권씩 확인해 가는 일은 지금으로써는 예산이나 입수 관계에서 도저히 불가능하다며, 개괄적인 조사가 된다고 했다. 아무튼 개괄적으로 조사할 것을 의뢰하고 있는데, 가까운 시일 안에 회담이 있을 것"이라고 답변했다. 한국 측은 문화재 반환 문제에 특수한 관심이 있으므로 이에 관한 그

---

35) 목록의 자세한 내용은 日本外交文書, 「韓国国宝古書籍目録日本各文庫所蔵(但一部調査未了)」, 記入なし, No.379 및 日本外交文書, 「日本所在韓国国宝美術工芸品目録(但一部調査未了·要追補)」, 記入なし, No.381 참조

36) 日本外交文書, 「日韓交渉会議議事要録(一二) 第二回請求権関係部会」, 1953年5月19日, No.693.

룹을 만들어 설명해 줄 것을 요청했고, 한일 양국은 '한국관계문화재조사'
에 관한 비공식회담 개최에 합의했다.37) '한국관계문화재조사'에 관한 비공
식회담은 제3차 회담이 끝날 때까지 열리지는 않았지만, 전문 담당자, 담당
사무관들이 참가하여 문화재의 사실관계 확인 작업을 위해 개최하려고 했
던 것에서 볼 때 제5차 회담부터 개최되었던 '전문가회의'와 같은 성격의
회의였다고 추측된다.

전문가회의는 한일 양국의 전문가들이 문화재의 반출 경위와 소재 파악
등 문화재의 사실관계를 논의하는 회의였다. 일본 측은 한국 측의 전문가회
의 개최 요구에 소극적인 태도를 보였지만, 결국 그 요구를 받아들였고 전
문가회의를 통해 문화재 목록에 대한 구체적인 논의가 진행되었다. 이와 같
은 논의를 바탕으로 일본 측이 한국 측에 건넬 문화재 품목을 작성할 수
있었다. 즉 한국 측은 제2차 회담부터 문화재의 사실관계 파악을 위해 전문
가회의를 구상하고 있었고, 이를 통해 구체적인 문화재 반환 목록을 작성하
려고 했었던 것이다.

이상에서 살펴본 바와 같이 제2차 회담에서는 한국 측이 일본 측에 문화
재 목록을 제출했고, 이에 대해 일본 측이 조사 현황을 간단하게 설명하는
논의가 이루어졌다.

2. 일본 측 문화재 관계자의 견해

제2회 청구권위원회가 끝난 직후 외무성은 문화재보호위원회, 도쿄국립
박물관과 문화재 반환 문제에 관한 논의를 가졌다. 외무성은 먼저 한일회담
의 간단한 경위와 문화재 반환 문제에 대한 한국 측의 관심을 설명한 후에
동 문제에 대한 양측의 협력을 요청했다. 이에 대해 관계자들은 반박을 위
해서라도 시급히 관련 자료들을 정비할 필요가 있으며, 도쿄국립박물관은

---

37) 日本外交文書,「日韓交渉会議議事要録(二二) 第三回請求権関係部会」, 1953年6月11日, No.693.

박물관 관계 문화재를, 문부성과 문화재보호위원회는 서적과 학술보존 문
화재에 대한 조사에 합의했다.38) 도쿄국립박물관은 회의가 끝날 무렵 "만
일 문화재를 한국 측에 인도한다면, 그 전에 문화협정 체결에 대해 협력했
으면 한다"고 말하고, 일본 측도 '오타니 컬렉션'을 한국 측에 요구할 것을
요청했다.39)

　한편 6월 11일자 '일한교섭 처리방침에 대해서(관계각료양해안)'에서 일
본정부는 한일회담의 각 현안에 대한 방침을 세웠다. 문화재 반환 문제에
대해서는 "우리나라가 보유하고 있는 한국 관계 문화재의 약간을 한국에
증여한다"는 방침이 세워져 있었다.40) 이 방침을 바탕으로 구보타 간이치
로(久保田貫一郎) 수석대표는 제3차 회담에서 문화재 반환 문제에 대해 "법
률 문제를 떠나 한국 측의 독립을 축하한다는 견지에서 일본정부가 적당한
것을 드리게 된다"고 한국 측에 제안한다.41)

　외무성은 한국 측이 제출한 '일본 소재 한국 국보 미술공예품 목록'에 대
한 설명을 듣기 위해 6월 23일에 도쿄예술대학의 후지타 료사쿠를 방문했
다. 후지타는 데라우치 마사타케(寺内正毅) 총독이 조선의 고미술품이나 골
동품 등이 흩어질 것을 우려하여 총독박물관을 설립하고 그것들을 수집하
여 총독박물관에 보관했다고 설명했다. 그 후에도 조선 출토 문화재 보호정
책이 이어졌는데, 1931년에 제정된 '고적명승보존령'을 통해 일본의 국보에

---

38) 日本外交文書, 「韓国関係文化財調査に関する打合」, 1953年5月20日, No.584.

39) 오타니 컬렉션은 오타니 고즈이(大谷光瑞)를 중심으로 한 오타니 탐험대가 서역(西
　域) 지방을 탐험하면서 발굴한 유물이다. 오타니 탐험대의 서역 탐험은 1902~1904
　년, 1908~1909년, 19010~1914년 세 번에 걸쳐 이루어졌다. 해당 유물은 효고현의
　니라쿠소(二楽荘)에 있었으나, 건물 채로 매각되면서 1919년에 데라우치 마사타케
　총독에게 기부되었고, 그 후 조선총독박물관에 보존되었다. 日本外交文書, 「韓国関係
　文化財追加参考資料」, 1958年2月28日, No.567. 오타니 컬렉션은 일본의 패전 이후 조
　선에 남겨졌고 현재 국립중앙박물관에 보관되어 있다.

40) 日本外交文書, 「日韓交渉処理方針について(関係閣僚了解案)」, 1953年6月11日, No.1053.

41) 日本外交文書, 「再開日韓交渉議事要録請求権部会第二回」, 1953年10月15日(이하, 「第3次日
　韓会談第2回請求権委員会」), No.173.

해당하는 고미술품을 국보로 지정하여 이들이 흩어지는 일을 방지했다고 설명하고, 그와 같은 것들은 일본에 거의 들어와 있지 않다고 말했다. 그리고 다나카 미쓰아키(田中光顯) 백작이 반출한 경천사지 10층 석탑이 데라우치 총독에 의해 조선으로 돌아왔다는 일화를 설명하기도 했다.[42]

3. 기본관계문제 교섭

제2차 회담에서 기본관계위원회는 두 번 열렸다. 그 이유는 기본관계문제 관련 논의가 제1차 회담에서 이미 거의 다 끝난 것 같았고, 특별히 내세워서 논해야 할 문제도 없었기 때문이었다.[43]

제1회 기본관계위원회(1953년 5월 15일)에서 일본 측은 "양국의 새로운 국교를 여는 데 있어서 필요한 기본적 문제에 대해 서로 얘기를 나누려고" 한다는 인사를 전했다. 한국 측도 "이 기본관계문제는 양국 간에 껴 있는 과거의 모든 현안을 확실히 청산하고, 그 기초 위에 장래 명예로운 우호관계를 수립할 것을 과제로 하고 있다. 그러므로 과거의 관계에 대한 기탄없는 반성을 전제로 하여 그 후에 장래의 '대등하며 명랑한' 우호관계가 설정되어야 한다"고 말했다.[44] 한국 측은 이전부터 주장해 왔던 바와 같이 기본관계문제를 통해 과거의 역사를 청산하고, 이를 기반으로 한일 양국의 새로운 관계를 수립하고자 했는데, 이와 같은 입장을 상기 인사말에서도 확인할 수가 있다. 이후 한일 양국은 제1차 회담의 기본관계위원회에서 의견이 일치하지 않았던 사항부터 논의하기로 했다.

제2회 기본관계위원회(5월 25일)에서 한일 양국은 제1차 회담에서 기본관계문제 논의가 거의 끝난 것 같고, 기본협정은 가능한 한 간단한 표현으

---

42) 日本外交文書,「朝鮮の美術品, 骨董について」, 1953年6月23日, No.585.

43) 日本外交文書,「日韓会談問題別経緯(1) (基本関係問題)」, 1962年7月1日, No.528.

44) 日本外交文書,「日韓交渉報告(一〇) 基本関係部会第一回会議状況」, 1953年5月15日, No.692.

로 빨리 정리하자는 데에 동의했다.[45] 이후 한일 양국은 다른 위원회의 진행 상황에 맞춰 필요할 때 기본관계위원회를 재개하기로 하고 일단 휴회하기로 합의했다. 이와 같이 제2차 회담에서 기본관계문제 관련 논의는 이론적인 진전의 낌새조차 보이지 않은 채 다른 의제의 논의와 비교하여 주변화된다.[46]

한편 일본 측은 한국전쟁과 한반도 통일문제를 논의하는 제네바 회의(Geneva Conference)를 지켜보기 위해 제2차 회담 휴회를 제안했고, 이로 인해 제2차 회담은 막을 내렸다.[47]

제3절 제3차 회담의 문화재 반환 교섭

1. 반환의 법적의무를 둘러싼 대립

한국정부는 제2차 회담 중단 이후 평화선을 침범하는 일본 어선에 대한 나포를 강화했다. 일본 국내에서는 한국정부의 강경 조치에 대한 비난의 목소리가 높아졌고, 일본정부는 한국정부에 이 문제를 논의하기 위해 제3차 회담 개최를 요청했다. 한국정부는 평화선 문제 이외의 현안들도 논의할 것을 조건으로 일본정부의 요청을 받아들였고, 제3차 회담(1953년 10월 6일~10월 21일) 개최가 합의되었다.[48]

제3차 회담에서 문화재 반환 문제는 제2회 청구권위원회(10월 15일)에서 논의되었다.[49] 먼저 한국 측은 5월 14일에 제출한 '한국 국보 고서적 목록

---

45) 日本外交文書, 「日韓交涉報告(一五) 基本關係部会第二回会議狀況」, 1953年5月25日, No.692.
46) 장박진, 앞의 책, pp.282~285.
47) 외무부 정무국, 『한일회담약기』, 1960, p.22.
48) 高崎宗司, 앞의 책, p.49.
49) 제3차 회담에서 청구권위원회가 두 번 개최되었다. 제3차 회담은 구보타 발언으로

일본 각 문고 소장'의 추가분으로 '한국 국보 고서적 목록(제2차분)'을 일본 측에 제출했다.[50] 일본 측은 한국 측이 제출한 자료들을 조사해 본 결과 대부분이 메이지 시대 이전에 구입한 것으로 정당한 수단을 통해 일본으로 들어온 것이라고 설명했는데, 이를 계기로 다음과 같이 반환의 법적의무를 둘러싼 논의가 시작된다.[51]

구보타 수석대표

사견이지만, 목록에 소장된 것을 전부 반환하라는 것은 보스턴 박물관 소장 우키요에(浮世絵) 목록을 제시하고 전부 반환하라는 것과 마찬가지라고 어림잡아 생각한다. 강권 그 외의 것으로 말하는 약탈품과 같은 것이 있으면 문제없이 반환한다. 오늘 받은 목록에 대해서도 조사는 하겠지만, 내 생각으로는 (약탈품: 필자 주)과 같은 것은 없다고 생각한다.

유태하 참사관

내 얘기를 하자면, 우리 집은 소위 양반가로 보물이 많았는데, 어렸을 때 총독부의 중추원에서 한국의 보물을 조사, 연구한다고 하면서 경찰을 통해 전부 제출하게 했다. 우리 집 뿐만 아니라, 그 지역 양반가는 모두 제출을 요청받았다. 그 후 반환을 진정했지만, 조사 중이라는 회답으로 반환받지 못했고 결국 종전 후 사방을 찾아봤지만 그 행방을 전혀 몰랐다. 이는 내 체험이지만, 이 외에도 경찰이나 관리는 국보를 그냥 취했었다.

구보타 수석대표

내가 들은 바로는 제시한 목록의 입수경로를 조사한 바 부당한 것은 없고, 통치 이전에는 전부 한국에 남아 있었다는 것이다. 요약하면 일본은 의무로써 반환하는 것이 아니라, 청구권 문제와는 별개의 기초로 생각할

인해 모든 의제들의 논의가 제대로 진행되지 않은 채 2주 만에 종료되었다.

50) 동 목록의 자세한 내용은 日本外交文書, 「韓国国宝古書籍目録(第二次分)」, 記入なし, No.380 참조.

51) 日本外交文書, 「第3次日韓会談第2回請求権委員会」, No.173.

수 있다는 것으로 이 문제는 문화협력의 내용이 되는 일이라고 생각하고
있다.

유태하 참사관
  그와 같은 애기는 한국 측에서 생각하고 있는 바와 다르다.

홍진기 대표
  지금까지 이 분과위원회에서는 한국 측에서도 반환 요구의 근거를 밝히
지 않고 아무튼 고서적과 미술품에 한하여는 일본 측에서 자발적으로 반
환하겠다는 분위기로 작업을 시작하였던 것이다. 만일 일본 측에서 이제
새삼스레 이 문제에 대한 태도를 고쳐 의무적으로 반환할 것은 전혀 없다.
전부가 합법적으로 취득한 것이다라고 주장한다면, 여기서 한국 측으로서
도 법적 견해를 분명히 주장하겠다.[52]

  이와 같은 논의에서 확인할 수 있는 바와 같이 문화재 반환의 의무는 없
다는 일본 측의 주장에 대해 한국 측은 법적 요구를 하지 않고, 정치적 해
결을 통해 일본 측의 자발적인 문화재 반환을 요구한 지금까지의 입장을
변경하여, 법적 요구를 할 것이라고 반박했다. 즉 법적 요구에 대한 반환 의
무를 둘러싼 한일 양국의 입장이 제3차 회담에서 부각되었던 것이다. 외교
문서 상에서 일본 측이 제1차 회담부터 제2차 회담까지 한국 측의 입장에
동의한다는 기록은 없었지만, 제3차 회담과 같이 명확하게 반환 의무가 없
다고 말한 적도 없었다. 한국 측은 이에 대해 일본 측의 그와 같은 태도가
자신들의 입장에 대해 적어도 반대하지는 않고 있었을 것이라고 추측하고
있었을지도 모른다. 그러나 일본 측에서는 제1차 회담이 끝난 후부터 문화
재 반환 문제에 대한 외무성의 조사나 문화재보호위원회의 의견 등을 정리
하면서, 한국 측의 문화재 반환 주장이 부당하다고 생각하고 있었고, 그와

---

52) 한국외교문서, 『제3차 한일회담(1953.10.6 - 21) 청구권위원회 회의록, 제1 - 2차, 1953.10.9 -
    15』, 프레임 번호: 1391.

같은 입장을 제3차 회담에서 명확하게 밝힌 것이다. 이와 같이 문화재 반환 문제의 핵심 사안이었던 반환의 법적의무 문제가 제3차 회담에서부터 부각되기 시작했던 것이다.

한편 제3차 회담은 이른바 '구보타 발언'으로 인해 중단되었다. 제2회 청구권위원회에서 문화재 반환 문제 관련 논의가 끝난 후 연합국의 전후처리에 관한 논의가 이어졌는데, 이 때 일본 측의 구보타 수석대표가 "한국 측에서 대일청구권에 있어서 새로운 고려, 즉 배상을 요구한다면 일본은 그동안 한인에게 입힌 은혜 즉 치산, 치수, 전기, 철도, 항만 시설에 대해서까지 그 반환을 청구할 것이다", "당시 외교사적으로 볼 때 일본이 (조선에: 필자 주) 진출하지 않았더라면 러시아 또는 중국에게 점령되어 현재의 북한같이 더 비참했을 것이다",[53] "연합국은 전시 흥분상태에서 그러한 것(노예상태: 필자 주)을 말했으며, 그것은 오히려 연합국 스스로 품위를 손상시킨 것이라고 생각한다. 지금이라면 연합국이 그러한 것을 말하지 않았을 것이다"[54] 등 한국 측을 분규시켰던 발언을 했다.[55] 한국 측은 일본 측에게 해당 발언을 철회하지 않는 한 한일회담을 계속할 수 없다고 강하게 항의했지만, 구보타 수석대표는 발언 철회를 거부했고 결국 제3차 회담이 결렬되기에 이르렀던 것이다.[56]

---

53) 한국외교문서, 위의 자료, 프레임 번호: 1394~1395.

54) 日本外交文書,「再開日韓交渉議事要録 請求権部会第二回」, 1953年10月15日, No.174.

55) 구보타 발언을 둘러싼 한일 양국의 논의는 이원덕, 앞의 책, pp.65~77; 太田修,『日韓交渉 - 請求権問題の研究』, 2003, pp.101~112; 박진희,『한일회담 - 제1공화국의 대일정책과 한일회담 전개과정』, 2008, pp.178~190; 吉澤文寿, 앞의 책, 2005, pp.54~58; 장박진, 앞의 책, pp.288~306; 유의상, 앞의 책, pp.188~196 등 참조.

56) 제3회 본회의 종료 후 주일대표부는 일본에 도착한 변영태 외무장관에 구보타 발언에 대한 "자초지종을 설명하고, 따라서 구보타 대표가 정식으로 사과하지 않는 한 회의를 더 이상 진행시킬 수 없다"는 의견을 전달했다. 이승만 대통령도 주일대표부에 "그런 고약한 말을 입에 담는 자들과는 더불어 이야기할 필요가 없으니 대표 전체회의의 결론을 승인한다"고 했다. 한국 측은 제4회 본회의를 끝으로 제3차 회담을 중단하기로 했다. 김동조, 앞의 책, pp.61~23. 한편 기본관계위원회는 1953

2. 문화재보호위원회의 증여 반대

외무성은 '일본 소재 한국 국보 미술공예품 목록'에 대한 조사를 문화재보호위원회에 의뢰했다. 문화재보호위원회는 목록을 조사한 후 10월에 회답을 보낸다. 문화재보호위원회의 조사에 따르면, 해당 목록에는 도쿄국립박물관이 소장하고 있는 468건의 한국 출토품과 나라국립박물관이 소장하고 있는 2건의 한국 출토품이 포함되어 있는데, 후자에 해당하는 것은 없었다. 또한 전자에 대해서는 모두가 구입 또는 기증을 통한 정규 절차를 밟아 입수한 것들이며, 학술상 귀중한 자료로 필요한 것이라고 보고했다.[57]

한편 외무성은 10월 17일자로 약간의 한국 관계 문화재를 한국 측에 증여하는 일을 문부성에 문의했다. 그러나 문부성은 문부사무관, 문화재보호위원회 위원장 명의로 이를 찬성하기 어렵다고 외무성에 회답했다. 제2차 회담 당시 '일한교섭처리방침에 대해서(관계각료양해안)'에는 한국 측에 약간의 문화재를 기증한다는 것이 문화재 반환 문제의 방침이었다. 이 방침이 한일회담과 관계된 각료들의 양해안인 것을 생각했을 때 당시 문부성도 문화재 반환 문제의 방침을 양해하고 있었다고 판단된다. 그러나 10월 17일의 회답에서는 그 입장을 변경했다. 그 이유는 한국 측이 요구한 문화재들을 조사한 결과, 그 양이 방대하고 학술적으로 필요한 것들이었기 때문에 문부성과 문화재보호위원회가 그 입장을 변경했을 것으로 추측된다.

문화재보호위원회는 제1차 회담 이전부터 문화재 반환 문제에 대해 외무성이 한국 측에 문화재를 반환 또는 기증할 것을 우려하고 있었고, 그것을 회피하고 싶다고 말해왔다. 이와 같은 문화재보호위원회의 입장과 약간의 문화재를 기증하려는 외무성의 입장은 대립하지 않을 수 없었다.[58] 전술한

년 10월 12일에 한 번 개최되었고, 기본관계문제에 관한 실질적인 논의는 없었다.

57) 日本外交文書, 「日韓会談に伴う韓国関係文化財の問題について」, 1958年6月6日(이하, 「日韓会談に伴う韓国関係文化財の問題について」), No.569.

바와 같이 외무성은 한국 측에 일부 문화재를 기증한다는 방침을 세우고 있었지만, 문화재보호위원회는 이에 반대했다. 그로 인해 외무성은 문화재의 "증여에 대해 관계부처 간에 사무적 연락을 취하고 있지만, 아직 완전한 양해를 얻기에 이르지 않고 있다"고 생각하고 있었다.59)

제4절 제1차 회담~제3차 회담의 문화재 반환 교섭에 대한 평가

본장에서는 제1차 회담부터 제3차 회담까지에 해당하는 초기 한일회담 시기를 대상으로 당시 문화재 반환 문제가 어떻게 논의되었는지에 대해 검토해 보았다. 이하에서는 이 시기의 문화재 반환 문제 관련 논의를 요약·정리하고, 각 시기의 특징이 어떠했는지, 이 시기의 논의가 문화재 반환 교섭에서 어떠한 의미가 있었는지에 대해 논한다.

제1차 회담 시기에 이루어졌던 문화재 반환 교섭의 특징은 한국 측이 문화재 반환 문제에 대해 정치적인 해결을 요구했다는 점과 문화재 목록이 처음으로 제출·논의되었다는 점이다. 당시 한국 측은 반환의 대상이 될 문화재 목록을 정확하게 파악할 수 없었고, 제2차 세계대전과 관련된 일본 취득 약탈재산의 반환 규정이 한국에 적용되지 않았기 때문에 '대일청구권 8항목'과 '대일청구권 상세안'의 제1항목을 설명하면서 법적 요구가 아닌 정치적인 해결을 통해 문화재 반환 문제를 해결하고자 했다. 그러나 일본 측이 이에 대한 명확한 태도를 취하지 않았기 때문에, 정치적인 해결이라는

---

58) 선행연구는 문화재 반환 교섭에서 일본 측이 보였던 소극적이고 부정적인 태도는 한국 측과의 문제라기 보다 외무성과 문부성, 특히 문화재보호위원회 간의 마찰에 의해 동 문제의 협의가 이루어지지 않았다고 지적했다. 문화재 반환 문제를 둘러싼 외무성과 문화재보호위원회의 대립은 류미나, 「한일회담 외교문서로 본 문화재 반환 교섭」, 『일본역사연구』 제30집, 2009, pp.127~134 참조.

59) 日本外交文書, 「韓国文化財の提供について」, 1953年10月23日, No.567.

한국 측의 제안은 제2차 회담까지 이어졌다. 제3차 회담에서 일본 측이 문화재 반환에 대한 법적의무가 없다는 주장을 내세웠고, 이를 계기로 한국 측이 법적 해결을 주장하면서 문화재 반환을 둘러싼 법적의무 문제가 부각되기 시작한다. 한편 이 시기에 문화재 목록이 처음으로 제시·논의되었다. 일본 측은 반환의 여부라는 원칙 문제를 논의하기 전에 한국 측이 먼저 문화재 목록을 제출하고 일본 측이 이를 검토하는 방식을 주장했다. 이에 대해 한국 측은 문화재 목록을 제출했고, 한일 양국은 이를 논의하기 시작했다. 한국 측은 제2차 회담에서 '한국 국보 고서적 목록 일본 각 문고 소장', '일본 소재 한국 국보 미술공예품 목록'을, 제3차 회담에서는 '한국 국보 고서적 목록(제2차분)'을 제출했고, 제4차 회담 이후에도 제출된 문화재 목록은 문화재소위원회와 전문가회의에서 구체적으로 논의되었다. 한국 측이 문화재 목록을 제출하고 이를 논의하는 방법이 제1차 회담 때 처음으로 등장했던 것이다. 이와 같이 제1차 회담 시기에 문화재 반환 문제를 둘러싼 반환의 법적의무 문제의 이전 단계로써 한국 측의 정치적인 해결 요구가 있었고, 제4차 회담부터 구체적으로 진행되었던 문화재 목록의 제출·논의라는 방법이 이 때 처음으로 등장했다.

제2차 회담에서 이루어진 문화재 반환 교섭의 특징은 전문가회의의 전신이라고 할 수 있는 '한국관계문화재조사'에 관한 비공식 회의가 합의되었다는 점이다. 한일 양국은 문화재의 반출 경위와 소재 파악을 비롯한 사실 관계를 논의하기 위해 제5차 회담부터 문화재 전문가들이 참가하는 전문가회의를 개최했는데, 이를 통해 문화재의 사실 관계가 심도 있게 논의될 수 있었다. 비록 제2차 회담에서 합의된 비공식 회의는 개최되지 않았지만, 문화재소위원회와 함께 문화재 반환 교섭 논의의 틀이었던 전문가회의의 전신이 이미 제2차 회담 때 합의되었던 것이다. 한편 당시 일본 측은 한국 측에 문화재 목록을 요구하면서도 적극적인 태도를 취하지만 않았지만, 내부에서는 문화재 반환에 관한 선례를 조사하면서 자신들의 입장을 정리하고 있었다. 그 결과 한국은 합법적인 식민지로서 평화적 점유지에 해당하기 때문에 일본이 문화재를 반환할 의무는 없고, 자발적으로 약간의 문화재를 기증할 수 있다는 결론을 내렸다.

　제3차 회담에서 이루어진 문화재 반환 교섭의 특징은 반환의 법적의무 문제가 부각되었다는 점이다. 한국 측은 제2차 회담까지 정치적 해결을 요구했지만, 일본 측은 자신들의 입장을 정리하고 있었기 때문에 이에 대해 명확한 태도를 취하지 않았다. 제3차 회담이 접어들자 일본 측은 문화재를 반환할 의무는 없지만, 약간의 문화재를 기증할 수 있다는 입장을 한국 측에 설명했다. 이에 대해 한국 측은 강하게 반발하면서 법적 요구를 통한 문화재 반환을 주장하기 시작했다. 반환의 법적의무 문제는 문화재 반환 교섭에서 과거사 청산을 상징하는 핵심적인 문제였다. 한국 측이 일본 측의 주장대로 문화재를 기증받게 될 경우 문화재 반환을 통해 과거사를 청산하려고 했던 목표가 불가능해지고, 반대로 일본 측이 한국 측의 주장대로 문화재를 반환할 경우 일본 측은 문화재를 불법·부당하게 일본으로 반출한 일을 인정하게 되기 때문에, 한일 양국은 자신들의 입장에서 한치도 물러서지 않으려고 했다. 한일 양국은 회담 중단기와 제7차 회담 때 이 문제를 인도라는 표현으로 합의했지만, 이는 형식적인 표현이었고 인도라는 방식을 통한 반환과 기증이라는 근본적인 입장에는 변함이 없었다. 이와 같이 문화재 반환 문제의 핵심인 반환의 법적의무 문제가 제3차 회담에서 본격적으로 부각되기 시작했고, 이후 이를 둘러싼 논의가 이어지게 된다.

　한편 한일 양국은 기본관계문제 관련 논의에서 이 문제를 해결하기 위해 각각 조약안을 제출하고 이를 논의했다. 한국 측은 과거사를 청산하고 이를 바탕으로 새로운 외교 관계를 수립하고자 했고, 반면에 일본 측은 기본관계문제를 통한 새로운 외교 관계 수립에 중점을 두었다. 당시 논의에서 가장 큰 쟁점이 된 내용은 구조약의 무효확인 문제였다. 한국 측은 당시 조선의 의사에 반해 맺어진 불법적인 조약·협정으로 인해 일본의 식민지 지배를 받았기 때문에 일련의 조약·협정은 모두 무효였다고 주장했다. 그러나 일본 측은 구조약은 합법적으로 진행되었기 때문에 모두 유효했다고 주장했다. 이와 같은 구조약의 무효확인 문제는 해결되지 않은 채 제7차 회담에 접어들어 다시 본격적으로 논의되기 시작한다.

초기 한일회담에서 문화재 목록의 제출과 이를 둘러싼 논의가 시작되었고, 문화재 전문가들이 문화재의 사실 관계를 논의하는 전문가회의의 전신인 '한국관계문화재조사' 관련 비공식 회의가 합의되었다. 또한 반환의 법적의무 문제가 부각되기 시작했다. 이와 함께 구조약의 무효확인 문제를 중심으로 기본관계문제가 논의되었다. 이와 같이 초기 한일회담에서 문화재 반환 문제의 주요 쟁점들이 드러났고, 이후의 문화재 반환 교섭에서 이와 같은 쟁점들을 중심으로 논의가 진행된다. 즉 초기 한일회담 시기에 반환의 법적의무 문제를 둘러싼 청구권 속성과 문화재 목록을 둘러싼 역사적 가치 속성, 그리고 구조약의 무효확인 문제를 둘러싼 기본관계 속성이 나타나면서 '문화재 반환 문제의 구조'가 표면화되었던 것이다. 이후 문화재 반환 문제는 이 시기에 표면화된 '문화재 반환 문제의 구조' 속에서 논의가 진행된다.

제4장 회담 중단기의 교섭 과정

제1절 구두전달사항을 둘러싼 교섭

1. 한국 측의 인도 제안과 일본 측의 기증 제안

　제3차 회담 결렬 이후 한일 양국은 구보타 발언의 철회, 일본 측의 대한 청구권 철회, 억류자 석방문제 등에 관한 교섭을 진행하면서 한일회담 재개를 위한 타협점을 모색했다. 이와 같은 상황 속에서 문화재 반환 문제가 처음으로 논의된 것은 1956년 10월 30일에 열린 비공식 회담에서였다. 이 회담에서 한국 측이 보물, 즉 문화재 반환 문제에 관해 언급하자 일본 측은 "앞선 회담 선에서라면 문제가 없을 것이다. 즉 한국 독립의 축하로 약간의 고미술품을 기증하겠다"고 대답했다.[1] 일본 측은 1957년 2월 12일에 열린 회담에서도 "의무가 아닌 한국 독립의 축하로 국유의 조선 고미술품을 선물해도 좋다고 생각한다"며 문화재의 기증 의사를 밝혔다.[2]

　이와 같은 일본 측의 태도는 제3차 회담 결렬 직후에 재차 확인된 문화재 반환 문제 관련 방침에서 나온 것이다. 일본 측은 동 문제에 대해 "청구권 문제와는 전혀 별개로, 한국의 독립을 축하하는 의미에서 이와 같은 문화재 중 국유 문화재에서 적당한 것을 약간 선택하여, 이것을 증여"할 것을 고려하고 있었다.[3] 이를 통해 한국의 국민감정에 어필할 수 있고, 한일 양국의 우호 관계 수립에 이바지 할 수 있다고 생각하고 있었던 것이었다.

　한편 한국 측은 동년 2월 20일에 열린 회담에서 억류자 석방문제와 한일

---

1) 日本外交文書,「金公使と会談の件」, 1956年10月30日, No.1431.
2) 日本外交文書,「金公使と会談の件」, 1957年2月12日, No.680.
3) 日本外交文書,「韓国文化財の提供について」, 1953年10月23日, No.567.

회담 재개에 관한 한국 측의 방침이 결정되었음을 일본 측에 전하면서, 문화재 반환 문제에 대해 언급했다. 즉 한국 측은 회담이 재개될 때 이를 원만하게 진행하기 위해 일본 측이 호의적인 제스처를 취해줬으면 하는데, 일본 측이 자발적으로 고미술품의 반환을 제의해 준다면 한국 측에서도 문화재 반환 문제에 대해 이런저런 트집을 잡기가 어려워지기 때문에, 일본으로서는 이 문제에 대해 유리한 입장이 될 것이라고 설명했다. 이에 대해 일본 측은 한국 출토 문화재를 조사하는 데에 상당한 시간이 걸릴 뿐만이 아니라 문부성을 설득시킬 필요가 있다고 대답했다. 한국 측은 문화재 조사에 시간이 걸린다면 추상적인 방침이라도 좋으니, 이를 제의해 주길 바란다며 재차 자발적인 문화재 반환을 제안했다.4)

한국 측은 2월 21일에 열린 회담에서도 문화재 반환 문제에 관해 언급했다. 일본 측은 기시 노부스케 외무대신이 김용식 주일공사와 회담을 할 때 "한국 독립을 축하하는 일본 국민의 기분을 표명하기 위해 일본정부가 소유한 약간의 한국 출토 고미술품을 기증할 용의가 있다"는 내용을 언급할 생각이 있지만, 이를 위해 문부성을 설득할 필요가 있다고 덧붙였다. 이에 대해 한국 측은 기증은 곤란하며 반환할 것을 제안했지만, 일본 측은 반환은 곤란하며 일본 측에는 반환의 의무가 없다고 응수했다. 한국 측은 다시 인도라는 형식으로 문화재를 받고 싶다고 말하자, 일본 측은 'hand over'라면 고려해 볼 수 있을지도 모른다고 대답했다.5) 이후 한국 측은 일본 측의 제안에 대해 '약간'을 보다 구체적인 표현으로 할 것, 형식은 구두가 아닌 "회담의 의제와는 별도로 일본정부가 소유한 한국 출토 고미술품으로써 한국에 인도할 수 있는 것에 대해 목록이 작성되는 대로 가능한 한 빨리 건네줄 용의가 있다"라는 의사록을 작성할 것을 제안했고, 일본 측의 견해에는 동의하지만 일본 국민이 한국의 독립을 축하한다는 것을 언급하는 것에는

---

4) 日本外交文書,「金公使と会談の件」, 1957年2月20日, No.680.

5) 日本外交文書,「金公使と会談の件」, 1957年2月21日, No.680.

강하게 반대했다.6) 이와 같이 당시 한국 측의 인도 제안7)과 일본 측의 구두를 통한 기증 제안은 제4차 회담 개최 직후 106점의 문화재 인도가 이루어진 계기, 즉 구두전달사항의 시발점이 된다.

일본 측은 2월 22일에 열린 회담에서 일본의 국내 사정을 설명하면서 국교정상화 시에 축하의 의미로 문화재를 건네는 것은 괜찮지만, 지금 당장은 시기상조이기 때문에 문화재를 건네는 일은 당분간 보류하기로 하고 전날 회의에서 언급한 구두사항을 언명하는 것을 제안했다. 이에 대해 한국 측은 문제없다고 답했다.8)

일본 측은 2월 23일에 열린 회담에서 한국 측의 의견을 반영한 구두전달사항을 제안하면서, 문부성의 반대가 있기 때문에 당장 문화재를 건네기는 어려우며 문부성의 동의 여부는 모르겠지만, 기시 외무대신이 "한일회담의 의제와는 별도로, 양국 간의 정식국교수립 시 일본 국민의 축의를 표명하기 위해, 일본정부는 정부가 소유한 한국 출토 고미술품에 대해 한국에게 인도할 수 있는 것을 한국정부에게 건넬 것을 고려한다"라는 안을 생각하고 있다고 설명했다. 이에 대해 한국 측은 정식국교수립이나 일본 국민의 축의 등과 같은 표현은 필요없으며, "한일회담의 의제와는 별도로, 일본정부는

---

6) 日本外交文書,「日韓会談問題別経緯 - 文化財問題」, 1962年10月1日(이하,「日韓会談問題別 経緯 - 文化財問題」), No.535.

7) 김용식은 인도라는 표현에 대해 "'일본이 한국에 문화재를 인도(hand over)한다'고 표현할 것을 제의하여 쌍방이 가까스로 합의했다"라고 회고하고 있다(김용식, 앞의 책, p.250). 그러나 한일회담 관련 일본외교문서를 검토해 보면, 한국 측이 먼저 인도를 제안했다는 것을 확인할 수가 있다. 한국 측은 제1차 회담에서 제3차 회담, 그리고 회담 중단기인 1957년 2월 20일의 회담 때까지 일본 측의 자발적인 문화재 반환을 요구했지만, 2월 21에서 먼저 인도를 제안했다. 종래의 문화재 반환 문제에 대한 이와 같은 한국 측의 입장을 생각해 봤을 때, 한국 측의 방침이 반환에서 인도로 전환된 것은 매우 흥미로운 일이다. 외교문서 상에서 확인되지는 않지만, 회담 중단기 때 한국정부가 문화재 반환 문제에 관한 논의를 진행하면서 그 방침을 반환에서 인도로 변경했다고 추측할 수 있다.

8) 日本外交文書,「金公使と会談の件」, 1957年2月22日, No.680.

정부가 소유한 한국 출토 고미술품에 대해 한국에게 인도할 수 있는 것을 한국정부에게 건네려고 한다'라는 표현을 제안했다.[9]

이 시기 일본 측은 문부성의 반대가 있었지만 일단 구두로 문화재를 건네는 것으로 문화재 반환 문제를 타협하려고 했고, 한국 측은 반환이 아닌 인도를 제안했지만, 일본 측이 일방적으로 문화재를 건넨다는 인상을 불식시키기 위해 일본 측의 안을 수정하려고 했다.

2. 일본 측의 구두전달사항 제출

일본 측은 2월 25일에 열린 회담에서 "한일회담의 의제와는 별도로, 적당한 시기에 일본정부는 소유하고 있는 한국 출토 고미술품 중에서 한국에게 인도할 수 있는 것을 한국정부에게 건네기로 했다"라는 구두전달사항을 한국 측에 제출했다. 이는 2월 21일부터 논의된 구두전달사항에 대한 한일 양국의 의견을 바탕으로 작성된 것이었다. 이에 대해 한국 측은 '적당한 시기'는 '되도록 빠른 시기'로 수정할 것을 요구했고, 일본 측은 구두전달사항을 구상서로 발표하는 것이 아닌 공동성명안에 넣을 것을 제안했다.[10] 이후의 문화재 반환 문제를 둘러싼 논의는 구두전달사항의 수정과 합의에 초점이 맞춰져 진행되었다.

2월 28일의 회담에서는 인도와 증여에 대한 논의가 이루어졌다. 일본 측은 구두전달사항에 대한 문부성의 정식 견해를 아직 받지 못했지만, 비공식적으로는 상당히 곤란하다고 하며 문부성이 구두전달사항에 대해 동의하더라도 인도라는 표현에 대해서는 강한 반대가 예상되기 때문에, 기증이나 양여라는 표현을 사용할 필요가 있다고 설명했다. 이에 대해 한국 측은 기증이나 증여는 곤란하며, '인도한다' 또는 '건넨다'라는 표현을 주장했다.[11]

---

9) 日本外交文書, 「金公使と会談の件」, 1957年2月23日, No.680.

10) 日本外交文書, 「金公使と会談の件」, 1957年2月25日, No.680.

한편 일본 측은 3월 2일에 열린 회담에서 구두전달사항에 대해 문부성과 논의했지만 "취지에는 찬성하기 어려우나 어쩔 수 없는 경우에는 고려한다"라는 반대가 있었던 사정을 설명하면서,[12] "한일회담의 의제와는 별도로 양국 간의 국교정상화 시, 일본정부는 정부가 소유한 한국 출토 고미술품으로 한국에게 할애할 수 있다고 인정하는 것을 한국정부에게 기증하기로 한다"가 최대한 가능한 표현이라고 설명했다. 이에 대해 한국 측은 "고미술품을 반환해 준다면, 한국의 대일 감정을 상당히 누그러뜨리고 이후의 재산 문제의 절충도 편해질 것으로 생각하여, 이와 같은 안을 생각한 것"이라며 문화재 반환 문제를 다음주에 타결하고 싶다고 말했다.[13]

일본 측은 문화재를 관리하는 문화재보호위원회와 대학 측의 반대가 있고, 그것이 여론을 자극하면 수습하기 어려워진다는 우려를 설명하면서 구두전달사항을 그만둘 것을 제안했다. 이에 대해 한국 측은 억류자 석방 때가 아닌 그 시기를 약간 늦춰 본회담이 시작되기 전에 구두전달사항을 받아도 되지만, 반드시 한국 측에 해 줄 것을 약속해 주었으면 하고, 그 내용은 "한일회담의 의제와는 별도로, 되도록 빠른 시기에, 일본정부는 정부가 소유한 한국 출토 고미술품 중 한국에게 인도할 수 있는 것을 한국정부에게 인도하기로 한다"로 할 것을 제안했다.[14]

한편 김용식 주일공사는 총리에 취임한 기시와 3월 9일에 회담을 가지면서, 기시 총리가 문화재를 인도하겠다는 취지를 언급해 준다면 교섭이 잘 진행될 것이라며 문화재 반환 문제를 언급했고, 기시 총리 또한 이 문제가 해결될 수 있도록 노력하겠다고 답변했다.[15] 기시 총리의 이와 같은 답변

---

11) 日本外交文書, 「金公使と会談の件」, 1957年2月28日, No.680.
12) 日本外交文書, 「韓国関係文化財参考資料」, 1958年2月6日(이하, 「韓国関係文化財参考資料」), No.567.
13) 日本外交文書, 「金公使と会談の件」, 1957年3月2日, No.680.
14) 日本外交文書, 「金公使と会談の件」, 1957年3月6日, No.680.
15) 日本外交文書, 「岸総理金公私と会見の件」, 1957年3月9日, No.682.

으로 문화재 반환 교섭이 순조롭게 진행될 것처럼 보였다.

3. 구두전달사항의 첫 합의

일본 측은 3월 18일에 전면회담 재개를 위한 합의문서 원안을 한국 측에 제출했다. 그 내용은 억류자 상호석방에 관한 각서, 석방될 재일한국인의 처우에 관한 부속양해, 재개될 전면회담의 의제를 정하는 합의의사록, 구보타 발언과 대한청구권 철회에 관한 구상서, 그리고 문화재 반환 문제에 관한 구두전달사항이었다.16) 한일 양국은 5월부터 이 합의문서 원안을 바탕으로 한일회담 재개를 위한 교섭에 박차를 가하게 된다. 이하에서는 구두전달사항을 둘러싼 문화재 반환 문제 관련 논의 과정을 살펴보기로 한다.

일본 측이 제출한 구두전달사항의 합의문서안은 다음과 같다.17)

Oral Statement

Apart from the agenda of the Japan‐Korea talks, the Japanese Government would like to hand over to the Korean Government, at an early possible date, those objects of ancient art of the Korean origin which are in the possession of the Japanese Government and which it finds practicable to deliver to Korea.

한국정부도 일본 측이 제출한 합의문서안과 관련하여 한국 측이 제시할 원안과 그에 관한 훈령을 작성했다. 구두전달사항에 관한 한국 측의 원안은 다음과 같았고,18) 이 안을 관철시킬 것이 지시되었다.19)

---

16) 회담 중단기의 교섭 과정에 대해 장박진, 앞의 책; 박진희, 앞의 책; 유의상, 앞의 책; 吉澤文寿, 앞의 책; 金恩貞, 앞의 책 등에서 검토했지만, 구두전달사항을 둘러싼 교섭 과정에 대한 분석은 이루어지지 않았다.

17) 한국외교문서, 『제4차 회담 예비교섭, 1956‐58(V.2 1957)』, 프레임 번호: 1748.

Aside from the agenda of the formal Conference, the Japanese Government will turn over to Korea, as soon as possible, Korean art objects now in its possession whose immediate transfer is possible.

한편 1957년 5월 1일에 주일대표부대사에 취임한 김유택은 본격적인 교섭에 들어가기에 앞서 기시 총리와 6월 7일에 회담을 열고, 전면회담 재개를 위해 한일 양국이 노력할 것을 확인했다. 기시 총리는 이 회담에서 "문화재 문제의 반환이나 전시 중의 급료 지불, 그 외에 대해서도 생각하고 있지만, 한국 측도 우리가 여러 주장을 철회한다는 점을 고맙게 생각해 주었으면 한다"고 말하고,[20] 6월 11일에 열린 회담에서도 "우호관계를 수립하기 위해 문화재와 같은 것도, 정부의 힘으로도 어떻게 되지 않는 것은 별개로 하되 되도록 반환"[21]한다면서 문화재 반환 문제를 언급했다.[22]

문화재 반환 문제에 대한 일본 측의 이와 같은 자세를 바탕으로 한일 양국은 구두전달사항을 포함한 합의문서안에 대해 본격적인 교섭을 진행했다. 김유택 주일대사와 기시 총리의 회담 이후 6월 13일에 두 번에 걸친 교섭이 이뤄졌는데, 그 목적은 억류자 석방문제와 전면회담 재개에 관한 합의문서 원안을 작성하는 것이었다. 이 교섭의 합의내용을 바탕으로 6월 16일의 합의문서 원안이 작성된다.

문화재 반환 문제에 대해서는 3월 18일에 일본 측이 제출한 구두전달사

---

18) 한국외교문서, 위의 자료, 프레임 번호: 1754.
19) 한국외교문서, 위의 자료, 프레임 번호: 1750.
20) 日本外交文書,「岸総理, 金韓国大使会談要領」, 1957年6月7日, No.687.
21) 日本外交文書,「岸総理, 金大使会談要領」, 1957年6月11日, No.687.
22) 당시 기시 총리는 미일안보조약 개정을 가장 큰 과제로 생각하고 있었고, 취임 후 아시아 지역을 중심으로 순방을 한다. 그 이유는 순방국가들과의 관계 강화에 중요한 의의가 있었고, 미일안보조약 개정에 대해 일본의 입장을 강화하는 것이 목적이었다. 기시 총리가 한국을 방문할 수는 없지만, 문화재 반환 문제 등 한일회담에 적극적으로 임한 것도 이와 같은 관점에서 이해할 수 있다. 北岡伸一,「岸信介 - 野心と挫折」, 渡辺昭夫編,『戦後日本の宰相たち』, 中公文庫, 2001, pp.155~161.

항을 바탕으로 이를 수정하는 논의가 이루어졌다. 한국 측은 먼저 인도 의
사를 나타내는 표현인 'would like to hand over'를 'will turn over'로 수정할
것을 주장했다. 그러나 일본 측은 문화재 반환 문제와 관련하여 어려운 국
내 절차가 필요하기 때문에 한국 측과 논의 끝에 'would like to hand over'
로 정한 것이었고, 'would like to'로도 일본 측의 견해가 충분히 드러나기
때문에 원안대로 하겠다고 응수했다. 한국 측은 이에 대해 동의하지 않았는
데, 일본 측은 'will'에도 'would like to'와 같은 의미의 용법이 있기 때문에,
그와 같은 측면에서 'will'로 해도 된다면서 최종적으로 한국 측의 의견을
받아들였다.[23]

다음으로 인도 시기와 관련된 표현인 'at an early possible date'에 대해
한국 측은 그 의미가 약하기 때문에 'as soon as possible' 또는 'as soon as
practicable'로 수정할 것을 주장했다. 그러나 일본 측은 이에 대해 강하게
반대했고, 한국 측이 이를 받아들여 원안 그대로 하게 되었다. 또한 한국 측
은 'which it finds practicable to deliver to Korea'를 'of which the immediate
transfer is possible'로 수정할 것을 요구했고 일본 측은 이에 동의했다[24].

문화재의 원산지와 관련된 표현인 'those objects of ancient art of the
Korean origin'과 문화재 소유자와 관련된 표현인 'in the possession'에 관한
논의에서 한국 측은 전자를 'those Korean art objects'로 수정할 것과 후자
의 앞에 'now'를 표기할 것을 주장했고 일본 측은 이에 동의했다. 이상과
같은 논의를 거쳐 합의된 구두전달사항은 다음과 같았다.[25]

23) 日本外交文書, 「六月十三日, 大野次官, 金韓国大使会談要領(その二)」, 1957年6月13日 (이
하, 「大野 - 金大使会談, その二」), No.686.
24) 위와 같음.
25) 위와 같음.

Oral Statement

Aside from the agenda of the overall talks between Japan and the Republic of Korea, the Government of Japan will turn over to Korea, at an early possible date, those Korean art objects now in its possession of which the immediate transfer is possible.

이 교섭에서 한국 측은 일본 측의 인도 의사를 보다 명확하게 하고 인도 시기도 가능한 한 빠른 시기가 되도록 했으며, 원소유자가 한국이었다는 점을 보다 부각시키려고 했다. 즉 한국 측은 제1차 회담부터 주장해 왔던 반환은 아니지만, 한국 출토의 문화재를 현소유자인 일본 측이 구두전달사항을 통해 가능한 한 빠른 시기에 한국 측에 인도하겠다는 내용을 부각시켜, 한국 측에 유리한 표현으로 만들려고 했던 것이었다.

한편 일본 측은 'hand over'를 'turn over'로 'would like to'를 'will'로 하는 등 한국 측의 의견에 대체로 동의했다. 인도 시기와 관련한 두 번째 표현에 관해서는 한국 측이 "무엇이든 빠르다거나 즉시라는 글자가 많으면 좋다고 생각하고, 욕심에 눈이 어두워져 생각나는 대로 수정을 제안했다"[26]고 추측하면서, 구두전달사항의 내용에 실질적인 영향이 없는 표현에 대해서는 한국 측의 요구를 받아들였다. 그러나 인도 시기와 관련한 첫 번째 표현은 강하게 반대했다. 그 이유는 먼저 문화재 인도에 대한 문부성의 반대인데, 이들은 처음부터 문화재 인도에 대해 반대 의견을 견지해 왔다. 1953년 10월 17일에 외무성은 한국과 관련된 약간의 문화재를 한국에 기증할 것을 문부성과 논의했지만, 문부성은 찬성하기 어렵다고 반대했다. 또한 1957년 2월에 구두전달사항을 한국 측에 전달한다는 것을 논의했는데, 문부성은 그 취지에는 찬성하기 어렵지만 어쩔 수 없을 경우에는 고려한다고 대답했고, 그 이후의 논의에서는 별다른 진전이 없었다.[27] 이와 같이 당시

---

26) 日本外交文書, 「日韓会談問題別経緯 - 文化財問題」, No.535.

문부성은 문화재를 한국에 인도하는 일에 대해 반대 입장을 견지하고 있었던 것이다. 다음으로 일본 국내 여론을 고려할 필요가 있었다. 전술한 바와 같이 일본 측은 문화재 인도로 인해 여론의 비판이 수습되지 않을 것이라는 점을 우려했다. 이와 같은 이유에서 일본 측은 한국 측에게 유리하게 해석될 여지가 있는 'as soon as possible'이라는 표현을 피하고 싶었던 것이었다.

6월 15일과 6월 16일에는 6월 13일에 합의된 내용을 바탕으로 각 합의문서의 최종적인 수정 논의가 이루어졌다. 문화재 반환 문제에 관한 논의는 6월 15일에 이루어졌다. 한국 측은 먼저 구두전달사항의 일본어 표현인 '되도록 빠른 시기에'를 '되도록 빨리'로 수정할 것과 그 표현의 앞에 '한국에게'를 넣을 것, '즉시 인도하는 것이 가능한 것'을 '직접 인도하는 것이 가능한 것'으로 수정할 것을 요구했다. 일본 측은 일본어를 정문(正文)으로 할 것을 조건으로 한국 측의 요구에 동의하려고 했지만, 한국 측은 일본어는 필요하지 않다고 응수했다. 일본 측은 외무대신이 일본어로 전달하는 말에 권위가 있으며, 영문은 어디까지나 번역에 지나지 않는다고 주장했지만, 한국 측은 응하지 않았다. 한편 일본 측은 'immediate'의 가장 적당한 말은 '즉시'라고 설명했고, 한국 측도 이에 동의했다.[28]

이어서 일본 측은 같은 날 밤에 열린 회담에서 합의문서의 공개 여부 문제와 발표 일자 문제에 대해 한국 측이 일본 측의 주장을 받아들인다면, 기시 총리가 구두전달사항을 발표하고, 한국 측에 영문의 구두전달사항을 전달하겠다고 제안했다. 이에 대해 한국 측은 일본어는 한국과는 관계가 없으며, 한국 측이 알 필요도 없다는 것을 전제로 하여 일본 측의 제안에 동의한다고 대답했다.[29]

27) 日本外交文書, 「韓国関係文化財参考資料」, No.567.
28) 日本外交文書, 「三宅参事官, 崔参事官会談要領」, 1957年6月15日, No.111.
29) 日本外交文書, 「中川アジア局長, 三宅参事官と崔参事官会談要領」, 1957年6月15日, No.112.

제2절 구두전달사항의 최종 합의

1. 구두전달사항에 대한 한국 측의 수정 요구

6월에 이루어진 여러 교섭을 통해 구두전달사항을 비롯한 8개의 합의문서가 작성되었고,[30] 제3차 회담 이후 중단되었던 한일회담이 재개되는 듯 보였다. 일본 측은 1957년 6월 16일로 예정되어 있었던 기시 총리의 방미 때까지 합의문서를 작성·서명하려고 했지만, 한국 측이 최종 확인을 하지 않았기 때문에 한일 양국은 합의문서 수정에 대한 교섭을 다시 진행했다. 6월 17일에 김유택 주일대사는 국무회의에서 합의문서를 심의하고 있지만, 최종 결정까지는 시간이 필요하고 한국정부도 기시 총리의 방미 전까지 이를 처리하지 못한 것에 대해 유감으로 생각한다면서, 오노 가쓰미(大野勝巳) 외무차관에게 한국 측의 사정을 설명한다.[31] 김유택 주일대사는 6월 25일에 열린 비공식 회담에서 합의문서가 아직 허가되지 않고 있는 이유를 다시 설명하면서, 합의문서 수정을 요구했다.[32] 한국 측이 합의문서 수정을 요구한 것은 한국정부가 주일대표부에 보낸 6월 22일자 훈령에 따른 것이었다. 6월 25일의 비공식 회담에서 문화재 반환 문제에 대한 논의는 이루어지지 않았지만, 6월 22일자 훈령에는 다음과 같이 수정된 구두전달사항이 담겨져 있었다.[33]

---

30) 이 교섭을 통해 '구두전달사항', '전면회담의 의제를 정하는 합의의사록', '석방될 재일한국인의 처우에 관한 부속양해', '억류자 상호석방에 관한 각서', '전면회담 재개에 관한 각서', '구보타 발언과 대한청구권 철회에 관한 구상서', '공동 커뮤니케' 등 8개의 합의문서 원안이 작성되었다. 이와 함께 한일 양국은 앞의 세 가지 합의문서를 비공개로, 나머지 문서는 공개하기로 합의했다.

31) 日本外交文書,「六月十六日 大野次官と金韓国大使との会談要領等」, 1957年6月17日, No.686.

32) 김유택 주일대사는 그 이유를 "이승만 대통령에게 제출되기 전에 관계부처(특히, 군부) 및 여당에서 강경론이 있었고, 이를 외무부가 밀어붙이지 못하는 상태에 이르렀다"라고 설명했다. 위와 같음.

33) 한국외교문서,『제4차 회담 예비교섭, 1956 - 58(V.2 1957)』, 프레임 번호: 1778.

Oral Statement

The Government of Japan will turn over to Korea, at an early possible date, those Korean art objects now in its possession of which the immediate transfer is possible, <u>and for the later transfer of the said objects discussion and settlement will be made at the formal talks.</u>

이 훈령은 그 내용에서 알 수 있는 바와 같이 합의문서의 내용과 비교해 보았을 때 상당히 수정된 것이었다. 합의문서의 첫 부분인 'Aside from the agenda of the overall talks between Japan and the Republic of Korea'가 삭제 되었고, 마지막 부분에는 'and for the later transfer' 이하의 문장이 새롭게 삽입되었다. 한국정부는 마지막 부분을 삽입하여 앞으로 재개될 전면회담 에서 문화재 반환 문제를 논의하겠다는 의지를 일본 측에 강조함과 동시에 일본 측에게도 이를 동의시킴으로써 전면회담에서 문화재 반환 문제를 계 속 논의해 나가겠다는 것이 그 목적이었다.

한국 측이 요구한 6월 25일의 추가 수정에 대해 일본 측은 응하지 않았 고 교섭은 약 한 달 간 중단되었다.[34] 이후 7월 23일부터 여섯 번의 비공식 회담이 열리면서 한국 측의 추가 수정 요구에 관한 논의가 이루어진다.

합의문서 수정에 관한 교섭은 7월 31일부터 본격적으로 이루어졌다. 한 국 측은 6월 22일자 훈령을 바탕으로 구두전달사항의 수정을 요구했지만, 일본 측은 "미술품 인도에 관한 Oral Statement에서 Aside from 이하를 삭제

---

34) 일본 측은 비공식 회담의 재개 경위에 대해 "(한국 측이: 필자 주) 수정을 요구한 점들 중에는 단순한 자구 수정에 그치지 않고, 결정된 실질적인 내용에 손대는 점 도 있었기 때문에, 우리 측은 그와 같은 수정에 응할 수 없다는 태도를 취했다. 그 후 7월 16일에 한국 측은 사무당국과 기술적인 자구의 수정만을 얘기하고 싶다는 취지를 제안해 왔기 때문에, 우리 측은 그 점을 이해하고 7월 23일에 사무절충을 재개"했다고 말했다. 이를 통해 한국 측의 수정 요구에 응하고 싶지 않다는 일본 측의 입장을 알 수가 있다. 日本外交文書, 「総理訪米後の日韓交渉の経緯」, 1957年9月4日, No.1522.

한 이유는 무엇인가", "이 문제도 김 - 나카가와 회담에서 여러 가지 경위가
있었으나 원안과 같이 된 것이다", "미술품 문제는 agenda에 없다. 지금까
지의 경위로 말한다면 그 점은 큰 변경이 된다. 귀측의 수정으로 이 문제는
정식 회담의 의제가 되는 것이다"라며 한국 측에 따졌고, 한국 측은 "(Aside
from 이하를: 필자 주) 삭제하는 대신에 그와 같은 의미를 for later transfer
이하의 자구를 삽입하여 표현했다. 이것은 (청구권 문제로써: 필자 주) agenda
에 들어있다" 등으로 응수했다.[35] 한국 측은 재개될 전면회담에서 문화재
반환 문제를 의제로써 논의할 것을 일본 측에 요구한 것이었다. 그러나 일
본 측은 그와 같은 자구의 수정에 강하게 반대했다. 유태하 주일공사도 이
표현에 대해 "이 문제는 사실 외무장관이 까다롭게 주장하고 있는 점인데,
솔직히 말해서 무엇을 위해 수정하는지 나 자신도 의문을 품었다. 그러나
장관은 이를 주장하고 물러서지 않는다"라고 일본 측에 솔직히 말했다.[36]
8월 20일에 열린 교섭에서 한국 측이 이 표현을 다시 설명한 것을 생각해
본다면, 한국정부가 주일대표부에 지시했던 해당 표현에 대한 설명이 부족
했던 것으로 보인다. 아무튼 한국 측은 문화재 반환 문제를 전면회담에서
의제로 논의하려고 했던 점은 확실하다.

　한편 일본 측에서는 한국 측의 구두전달사항 수정 요구에 대해 이미 반
대하는 방침을 정해 놓고 있었다. 한국 측이 요구한 Aside from 이하의 문
장 삭제에 대해 "이와 같은 미술품들은 본래 한국이 소유했고, 현재 일본이
불법으로 가지고 있는 것들이기 때문에 반환은 당연한 것이라는, 청구권의
1항목에 들어있는 종래의 그들의 견해이기 때문에 우리들로서는 동의할 수
없다"고 생각하고 있었다.[37] 이와 같은 방침을 정해 놓고 있었던 일본 측이
한국 측의 수정 요구를 받아들이지 않았던 것은 당연했다.

---

35) 日本外交文書,「板垣アジア局長, 三宅参事官と柳公使, 崔参事官会議要領」, 1957年7月31日,
　　No.108.
36) 위와 같음.
37) 日本外交文書,「韓国側再修正案に対する対応要領案」, 1957年6月25日, No.1521.

8월 20일에는 두 차례에 걸쳐 교섭이 진행되었다. 한국 측은 오전에 열린 첫 번째 교섭에서 7월 31일의 회담에서 제출한 구두전달사항 중 정확한 의미를 몰랐던 "and for the later transfer of the said objects discussion and settlement will be made at the overall talks"에 대해 그 의미는 "…, and for the later transfer of <u>other Korean art objects</u> discussion and settlement will be made at the overall talks"라고 설명했다.[38] 즉 즉시 인도되는 문화재 이외의 것들도 전면회담에서 논의한다는 점을 명확하게 밝힌 것이다. 그러나 일본 측은 이 수정안에 대해 다음과 같이 반대했다.[39]

> 6월 12일에 우리가 동의한 원안에는 단순히 "일본국 정부가 인도 가능하다고 인정하는 것"으로 되어 있었는 것을, 그 후 귀측이 "즉시 인도 가능한 것"으로 고칠 것을 주장해서, 우리가 그에 동의했던 바인데, 귀측은 이와 같은 수정이 자국에게 오히려 불리하다는 것을 발견하고 곤란해지자, 지금과 같은 재수정안을 만들어 온 것이라고 추측된다. 그렇다면 6월 12일의 원안을 그대로 부활시키는 것이 좋겠으나, 어쨌든 귀측의 이번 재수정안은 김 - 나카가와 회담과 그 이외의 경위를 거쳐 결정된 취지와 다르고, 그 범위를 일탈하는 것이기 때문에 우리로서는 그대로 수락할 수 없으며, 우리 측에서 적당한 안을 작성하여 제안하고자 한다.

일본 측은 이후 오후에 열린 두 번째 교섭에서 다음과 같은 수정안을 제시하면서, 이 이상의 수정은 할 수 없다고 말했다.

Oral Statement

Aside from the agenda of the overall talks between Japan and the Republic of Korea, the Government of Japan will turn over to the Republic of Korea,

38) 日本外交文書,「板垣アジア局長, 柳公使との会談要領」, 1957年8月20日, No.114.
39) 위와 같음.

at an early possible date, those Korean art objects now in its possession
<u>which it find spracticable to deliver to Korea.</u>

한국 측은 이 수정안을 받아들이지 않았고 이를 둘러싼 논의가 다음과
같이 이루어졌다.[40]

한국 측
즉시 인도되는 것은 가능한 한 빨리 건네받은 후, 그 이외의 것들에 대
해서는 전면회담에서 토의한 후 결정하는 것이 한국 측의 강한 희망이므
로, 귀측의 이 수정안으로는 만족할 수 없다.

일본 측
원래 이와 같은 고미술품은 일본정부가 돈을 지불하고 정당하게 가져온
것이며, 한국 측의 청구권 대상이 될 수 있는 일이 아니다. 그러나 특히
우리의 호의적인 제스처로 일본정부가 인도 가능하다고 인정하는 것만을
가능한 한 빨리 적당한 기회에 한국에 선물한다는 것이 본래의 취지이며,
김공사도 이것을 양해했고 또한 원안과 같은 구두전달안을 희망했던 바이다.

한국 측
그러나 인도 가능 여부를 일본정부가 주관적으로 마음대로 인정하는 것
은 곤란하다. 객관적인 인정이 필요하다. 또한 의사록에는 다음 전면회담
의제의 5항목 중의 하나로 재산청구권 문제가 포함되어 있고 한국 측은
이전의 전면회담에서 제출한 청구권을 다음 전면회담에도 제출할 것이며,
일본 측은 그 해결을 위해 성의를 가지고 토의를 한다는 취지가 쓰여져
있다. 따라서 한국 측이 이전의 전면회담에서 제출한 청구권 중에는, 고미
술품 인도가 들어있었던 것이었기 때문에 일본 측은 당연히 다음 전면회
담에서 고미술품과 관련된 토의에 응해야 하지 않겠는가.

---

40) 日本外交文書, 「昭和三十二年八月二十日 三宅参事官と崔参事官会談録」, 1957年 8月20日,
No.111.

일본 측

구두전달사항안의 말머리에 고미술품 인도 문제는, 다음 전면회담의 의제와는 별개로 취급한다는 취지가 특히 쓰여 있고, 김공사는 그것으로 괜찮으니까 이와 같은 구두전달을 아무쪼록 해 달라고 고집했기 때문에, 우리의 관계 성청에서 강한 반대가 있었음에도 불구하고, 기시 총리의 정치적 판단에 따라 최종적으로 그것을 승낙한 바 있다. 만약 귀측이 이 원안에 만족하지 않고 전면회담에서 토의하자고 말한다면, 우리로서는 구두전달은 원래 하고 싶지 않았기 때문에 원안을 철회하고 즉시 인도가 가능한지 아닌지를 떠나 모두 다음 전면회담에서 토의하기로 해도 좋다.

인도받을 문화재 이외의 것들도 재개될 전면회담에서 논의하기 위해 이미 합의된 구두전달사항을 더 수정했던 한국 측은, 6월의 합의문서와 일본 측 수정안의 의미가 거의 다르지 않았고, 한국 측의 수정 요구가 모두 배제되어 있었기 때문에 일본 측의 수정안을 받아들일 수 없었다. 또한 한국 측은 전면회담의 의제로 논의될 청구권에는 고미술품, 즉 문화재 반환 문제도 포함되어 있기 때문에, 일본 측이 한국 측의 수정안을 받아들일 것을 요구했다. 그러나 일본 측은 구두전달사항은 전면회담의 의제와는 별개의 문제로 문화재 반환 문제를 취급해야 하며, 한국 측이 계속해서 수정을 요구한다면 구두전달사항을 철회하자고 한국 측에 강력하게 응수했고, 결국 구두전달사항 수정 논의는 합의에 이르지 못했다.

한편 김유택 주일대사는 외무장관에 보낸 10월 2일자 보고서에서 6월 22일자 훈령을 바탕으로 일본 측과 교섭했지만, 교섭의 진전을 기대하기 어렵고 문화재 반환 문제에 대해서도 두 개의 수정 요구에 대해 일본 측이 거부했다고 보고했다.[41] 한국정부는 전면회담의 신속한 재개를 위해 11월 11일자 최종수정안을 주일대표부에 보냈는데, 그 내용은 청구권 문제에 관한 구상서는 일본 측의 안을 수용하고 다른 문서는 한국의 수정안대로 합의한다

41) 한국외교문서, 『제4차 회담 예비교섭, 1956 - 58(V.2 1957)』, 프레임 번호: 1823 및 1826.

는 것이었다.[42]

2. 12월 31일에 합의된 구두전달사항

구두전달사항 등 6월의 합의문서 수정을 둘러싼 논의가 진전되지 않는 상황 속에서 김유택 주일대사와 후지야마 아이이치로(藤山愛一朗) 외무대신의 회담이 11월 27일에 열렸다. 이 회담의 결과는 최종 합의에 이르는 12월 29일 회담의 토대가 된다.

이 회담에서 한일 양국은 서로의 입장에서 한 발씩 물러서면서도 문화재 반환 문제와 청구권 문제 등에서 각자의 입장을 관철시키려고 했다. 한국 측은 "일본 측이 문화재 및 퇴거강제에 관한 한국 측의 수정안을 그대로 받아들인다면, 청구권 수정안에 대해서는 약간의 자구의 수정을 생각해도 괜찮다"고 제안했고, 일본 측은 "청구권에 대해서는 한 개, 두 개의 작은 자구 수정 이외에는 일절 응할 수 없다. 그러나 한국 측이 청구권에 관한 6월의 원안을 받아들인다면, 문화재 및 퇴거강제에 관한 자구의 수정을 생각해도 된다"고 제안했다.[43]

이와 같은 타협의 여지를 바탕으로 한일 양국은 12월 29일에 열린 회담에서 상기 방침에 동의하고, 일본 측은 청구권 문제를 제외한 억류자 석방 문제와 전면회담 재개에 관한 6월의 합의문서에 대해 한국 측의 수정 요구를 모두 받아들였고, 한국 측은 청구권 문제에 관한 구상서와 합의 의사록 제4조, 공동 발표를 받아들이기로 했다.[44]

일본 측은 한국 측의 수정 요구에 대해 계속 강경한 입장을 취했지만, 결국 청구권 문제 이외의 문제에 대해 한국 측의 요구를 모두 받아들이기로

---

42) 한국외교문서, 위의 자료, 프레임 번호: 1840.
43) 日本外交文書, 「十一月二七日の藤山外務大臣と金大使との会談要領」, 1957年11月29日, No.115.
44) 한국외교문서, 앞의 자료, 프레임 번호: 1730. 합의문서 전문은 日本外交文書, 「日韓会談重要資料集」, 1960年4月1日(이하, 「日韓会談重要資料集」), No.525 참조.

했다. 그 이유는 억류자 석방문제를 해결하기 위해서였다. 즉 "억류된 일본 어부 중에는 3년 이상이나 억류되고 있는 자도 있고, 어부와 그들의 귀국을 기다리고 있는 가족들의 심정을 생각한다면 다소 문제가 있더라도 정치적·인도적 견지"에서 한국 측의 수정 요구에 응했던 것이었다.[45]

그러나 일본 측은 청구권 문제에 관한 수정에는 응하지 않았고, 6월에 합의된 내용을 그대로 실행할 것을 주장했다.[46] 그 이유는 한국 측의 청구권 금액 요구가 명확하지 않았고 미국의 '한일 청구권 해결에 관한 일본국의 평화조약 제4조 해석에 대한 미합중국의 견해 표명'이라는 구상서에는 한국의 대일청구권을 상쇄시킬 수 있는 내용이 포함되어 있었기 때문이었다. 그 구상서의 취지는 "일본은 대한청구권을 주장 할 수 없지만, 한국정부가 조선에 있는 일본인 재산을 취득함으로써 한국의 대일청구권은 어느 정도 채워졌다. 따라서 한일 양국은 이 점을 고려하여 한국의 청구권 문제를 논의한다. 다만 미국이 이 문제에 대해 의견을 말하는 것은 적절하지 않다"는 것이었다.[47] 즉 한국 측은 구상서의 내용이 대일청구권에 영향을 끼친다고 해석했기 때문에 일본 측이 청구권 금액의 상쇄 요구를 할 것을 예상하고 그에 대한 수정을 원했던 것이었지만, 일본 측은 이에 응하지 않고 일본의 대한청구권 철회가 한국의 대일청구권에 영향을 끼친다는 해석을 한국 측이 받아들이도록 했던 것이었다.[48]

---

45) 日本外交文書,「日韓交渉の経緯と現状(アジア太平洋地域館長会議におけるアジア局長説明資料)」, 1958年3月10日, No.1535.
46) 청구권 문제 관련 문서는 '구상서'와 '합의의사록 제4조'가 있었는데, 일본 측의 요구대로 6월의 합의문서 원안으로 최종 합의되었다. 구상서는 일본이 대한청구권을 철회한다는 내용이며, 합의의사록 제4조는 쟁점이 된 제3항목의 날짜만을 바꿔, "일본국 외무대신 본대신은, 1957년 12월 31일자로 '한일 청구권 해결에 관한 일본국의 평화조약 제4조 해석에 대한 미합중국의 견해 표명'에 대해, 대한민국정부도 그 표명에 같은 의견이라는 것으로 이해한다. 또한 본 대신은, 이 미합중국의 표명이 재산청구권의 상호폐기를 의미하는 것이 아니라는 것으로 이해한다"고 합의되었다.
47) 미국의 구상서 전문은 日本外交文書,「日韓会談重要資料集」, No.525 참조.
48) 이에 관한 자세한 내용은 장박진, 앞의 책, pp.315~337 참조.

한편 문화재 반환 문제에 관해서는 한국 측의 요구가 받아들여지고, 아래와 같은 최종 합의문서가 작성되었다.[49]

구두전달사항

가능한 한 빠른 시기에, 일본국정부는 현재 소유하고 있는 한국 미술품으로 즉시 인도가 가능한 것을 대한민국에 건네고자 하며, 그 외의 한국 미술품의 향후 인도에 대해서는 전면회담에서 토의 및 처리하기로 한다

한일 양국은 6월에 합의문서를 작성한 이후 약 6개월에 걸친 교섭 끝에 최종 합의에 이르렀다. 12일 31일에 김유택 주일대사와 후지야마 외무대신은 합의문서에 정식으로 서명을 하고 한일공동성명도 발표되었다. 이 서명에 따라 제3차 회담을 결렬시킨 구보타 발언과 일본의 대한청구권 문제가 해결되었으며, 한일 양국의 감정을 더욱 악화시킨 억류자 석방문제도 해결되었다. 또한 1953년 10월 말부터 중단되었던 전면회담을 1958년 3월 1일에 재개하기로 했다. 문화재 반환 문제에 관해서는 구두전달사항을 바탕으로 일본 측이 한국 측에 문화재를 인도하기로 했다.

한국 측이 다른 의제의 실질적인 해결이 아닌 문화재 반환 문제 해결을 제안한 이유는 무엇이었을까. 이승만 대통령이 문화재 반환 문제에 큰 관심

---

49) 한국외교문서에서 구두전달사항은 "The Government of Japan will turn over to the Republic of Korea, at an early possible date, those Korean art objects now in its possession of which the immediate transfer is possible, and for the later transfer of the said objects discussion and settlement will be made at the overall talks"로, 일본 외교문서에는 "なるべく早い時期に、日本国政府は、現在その所有に係る韓国美術品で直ちに引き渡すことがが可能なものを大韓民国に渡すこととしたく、その他の韓国美術品の後日の引き渡しについては、全面会談において討議及び処理することとする"로 되어 있다. 한국외교문서, 『제4차 한일회담 예비교섭, 1956 - 58(V.3 1958.1 - 4)』(이하, 『제4차 회담 예비교섭, 1956 - 58(V.3)』), 프레임 번호: 1977 및 日本外交文書, 「日韓会談に伴う韓国関係文化財の問題について」, No.569.

을 가지고 있었기 때문이다. 김용식은 이승만 대통령이 한일회담 개최 이전
에 문화재 반환 문제를 가장 중시했고, 제1차 회담 때 제출한 '대일청구권
8항목' 중 제1항인 문화재 반환을 조기에 실현시킬 것을 지시했다고 회고
했다.[50] 한국 측은 회담 중단기에 이 지시에 따라 문화재 반환 문제가 한일
양국의 과거사를 청산하는 의미에서도, 그리고 한국 측이 제1차 회담부터
몇 차례 언급한 바와 같이 우호적인 분위기를 만들기 위해서도 일본정부가
이 문제를 빨리 해결하기를 원했던 것이었다.

　이와 함께 반일적이었던 이승만 대통령이 문화재의 반환이 아닌 인도로
문화재를 돌려받기로 한 이유는 무엇이었을까. 일본정부는 이승만 대통령
이 4·19 혁명으로 퇴진했을 때 "일한 양국 간의 암이 사라졌다"라고 평가
할 정도로 이승만 대통령의 반일적인 태도가 한일회담 진행에 장애가 되었
다고 인식하고 있었다.[51] 또한 이승만 대통령은 일본의 문화재 기증 제안
에 대해 "강제로 빼앗겼던 우리 것을 되찾아 오는데 그런 말은 결코 용납될
수 없으며 일본이 기증이란 말을 고집하는 한 받아 와선 안돼"라고 비판하
기도 했다.[52] 이와 같이 반일적이고 문화재를 반환으로 돌려받고 싶었던
이승만 대통령은 회담 중단기 때 일본 측에 문화재의 인도를 먼저 제안하
고, 106점의 문화재를 인도받았던 것이었다.

　외교문서상에서 그 이유를 확인할 수는 없지만, 한국 측이 문화재를 돌
려받기 위해서는 반환이라는 표현보다 인도라는 표현을 사용할 수 밖에 없
었기 때문이었다고 생각된다. 전술한 바와 같이 일본 측은 기증을 계속해서
주장했기 때문에, 한국 측은 이를 해결하기 위해 "외교상 혼돈상태를 극복
하기 위한 한 방편"으로 인도라는 표현을 제안했던 것이다.[53] 한국정부 내
에서도 반환과 기증, 인도라는 표현에 대한 논의가 있었을 것이고, 결과적

---

50) 김용식, 앞의 책, p.249.
51) 日本外交文書, 「国際問題シリーズ 第27号 日韓交渉 - その経緯と問題点 - 」, No.644.
52) 김동조 앞의 책, p.98.
53) 김용식, 앞의 책, p.251.

으로는 인도라는 방법으로 반환을 받자는 결론이 내려진 것으로 생각할 수 있다. 일본 측도 한국 측이 기증이라는 표현을 받아들이지 않았지만, 반환이라는 표현을 고집하지 않았기 때문에,54) 반환과 기증의 중간인 인도라는 표현을 받아들였을 것이다. '문화재 반환 문제의 구조' 측면에서 본다면, 구두전달사항을 둘러싼 교섭에서 한일 양국은 반환과 기증이라는 주장에서 한 발씩 양보함으로써 청구권 속성이 약화되었던 것이다.

제3절 106점의 문화재 인도와 한일 양국의 인식

1. 문화재 반환 교섭에 관한 한국정부의 방침

1957년 12월 31일에 이루어진 합의 이후 한일 양국은 1958년 1월부터 2월까지 합의 사항의 이행과 전면회담 재개 준비를 위한 실무위원회를 개최한다. 한국정부는 이에 관한 훈령에서 문화재 반환 문제에 대해서는 '구두전달사항에 따라 가능한 한 빨리 일본정부가 소유한 미술품을 한국에 인도한다', '일본 측은 우리가 만족할 미술품 목록을 곧바로 제시할 의무가 있다'는 취지의 내용을 전했다.55)

1월 7일에 열린 제1회 실무위원회에서 한국 측은 구두전달사항과 이에 관한 전반적인 것, 그리고 반환할 수 있는 목록 제출을 일본 측에 요구했는데, 일본 측은 시간이 걸린다고 답했다.56) 문화재 반환 문제를 포함한 주일대표부의 보고를 받은 한국정부는 1월 10일자로 다음과 같은 방침을 보낸다.57)

---

54) 参議院, 『第28回国会参議院外務委員会会議録』, 1958年5月31日.
55) 한국외교문서, 『제4차 회담 예비교섭, 1956 - 58(V.3)』, 프레임 번호: 1923.
56) 한국외교문서, 위의 자료, 프레임 번호: 1936.
57) 한국외교문서, 위의 자료, 프레임 번호: 2041~2042.

2. 한국예술품 반환 문제

(ㄱ) 일본이 구상서약에 의하여 반환할 한국예술품의 목록을 1958년 2월 1일까지 확보하도록 하되 그 범위는 일본정부가 소유하고 있는 전 해당 예술품에 미치는 것으로 주장한다.

(ㄴ) 전 (ㄱ)항의 예술품의 실제반환에 있어서도 1958년 2월말까지를 제1차 기한으로 하되 잔여분(전기 목록 중 미합의된 분과 실제반환이 연기된 분)의 반환 문제에 대하여서는 전면회담에서 토의결정한다. 따라서 전면회담에서 구성될 "한국의 대일청구권위원회"(가제)에서 이 문제를 제1차적인 토론제목으로 주장하고 여기서 현재 진행중인 한일실무자회의의 이방면의 노력을 계속하도록 한다.
이 방침은 전면회담 각 분과위원회 특히 청구권 문제 분과위원회에 있어서 과거에 있었던 '전면적 해결방법'을 지양하고 '가능한 것부터 받아둔다는 방식'으로 교섭을 진행한다는 근본방침을 전제한다는 것이다.

상기 방침에서 주목해야 할 내용으로 반환 대상이 되는 문화재는 일본정부가 소유하고 있는 모든 문화재라는 점, 전면회담에서 청구권 문제 중 문화재 반환 문제를 가장 우선시해서 논의하고 반환이 가능한 문화재부터 돌려받기로 했다는 점을 들 수가 있다. 한국 측은 일본 측에 문화재를 반환받으면서, 일본정부가 소유하고 있는 모든 문화재 목록을 받고 이를 청구권 문제 논의에서 가장 우선적으로 교섭을 하려고 했던 것이다. 한국 측은 이와 같은 문화재 반환 문제 관련 방침을 바탕으로 제4차 회담에서 동 문제를 적극적으로 논의하려고 했다.

그렇다면 왜 한국 측은 청구권 문제 중에서 문화재 반환 문제를 우선적으로 논의하려고 했던 것일까. 1957년 12월 31일에 합의된 구두전달사항에 따라 '되도록 빠른 시기에 일본정부는 현재 그 소유에 관계한 한국미술품으로 즉시 인도가 가능한 것을 대한민국에' 건네기로 되어 있었기 때문이다. 한국 측은 이를 바탕으로 문화재를 먼저 돌려받은 후에 일본 측이 제출할 문화재 목록을 논의해서 다른 문화재들도 받을 수 있는 가능성을 생각하고 있었던 것이다. 즉 청구권 문제나 선박 문제 보다 구두전달사항이라는 원칙을 바탕으로 '가능한 한 것부터' 받아두는 것이 가능한 문화재 반환 문제가 해결 가능성이 높았기 때문에, 이를 가장 우선적으로 논의하려고 했던 것이다. 제5장에서 검토하는 바와 같이 한국 측은 제4차 회담에서 문화재 반환 문제를 해결하기 위해 문화재소위원회 설치를 제안하고, 이에 반대하는 일본 측을 설득시켜 동 위원회를 설치하는 한편 일본 측에 문화재 목록 제출을 계속해서 요구한다.

그리고 한국정부는 당시 일본에 소재한 한국 문화재 관련 목록도 작성하고 있었다. 외무부는 문화교육부에 일본에 소재한 한국 문화재 조사를 의뢰했고, 문화교육부는 관련 조사를 실시한 후 '피탈미술품목록'의 일부를 제출했다.[58] 외교부는 이 목록을 계속 작성할 것을 문화교육부에 다시 의뢰하고, 주일대표부에는 '피탈미술품목 그 1'을 송부했다. 이 목록은 문화교육부가 작성한 목록으로 한국정부는 이를 극비로 취급할 것, 정부의 지시없이 일본 측에 이를 제시하지 말 것을 주일대표부에 지시했다.[59]

문화교육부가 작성하고 있었던 '피탈미술품목록'의 완성 여부나 해당 목록의 전부를 외교문서에서 파악할 수는 없지만, 문화교육부가 1월 15일자로 외무부에 보낸 '피탈문화재 중 일부의 설명서'에서 반출 경위와 소재지가 확인된 일부 문화재, 즉 '피탈미술품목 그 1'을 확인할 수가 있다. 해당 설명을 정리하면 아래의 〈표 6〉과 같다.

---

58) 한국외교문서, 『제4차 한일회담(1958.4.15. - 60.4.19) 문화재 소위원회 회의록 및 문화재 반환교섭, 1958』(이하, 『제4차 회담 문화재소위원회 회의록』), 프레임 번호: 113.
59) 한국외교문서, 위의 자료, 프레임 번호: 110.

〈표 6〉 '피탈문화재 중 일부의 설명서'에 제시된 문화재 목록[60]

목 록	내 용
양산부부총	· 경남양산군 양산면 북정리 소재 · 삼국시대 신라의 금동관 외 다수 · 1920년 발굴 후 조선총독부가 1938년 3월 31일에 도쿄국립박물관에 기증
낙랑 왕우묘 발굴품	· 평양 대동군 대동강면 석암리 · 도쿄대학이 1925년에 발굴하고 동 대학으로 반출 · 이 이외에도 경주 황오리 16호 고분 등의 발굴품이 동 박물관에 있음
경주 석굴암 대리석 사리탑 1기와 감불 2기	· 야나기 무네요시(柳宗悦)의 '조선의 미술'(「朝鮮の美術」), 모로가 히데오 (諸鹿央雄)의 '경주유적'(「慶州遺跡」)에 따르면, 1909년경 소네(曾彌) 통 감에 의해 반출되었다고 함
오대산 사고 소장 조선왕조 한질	· 1915년이나 1916년경 총독부에 의해 반출되어 도쿄대학 도서관에 보관 되었지만, 1923년 도쿄 지진 당시 소실되었음 · 동양문고(東洋文庫)에 대출 중이었던 23여 책이 남아 있다.
고려자기 약 120점	· 한일병합 전인 1910년 도쿄에서 개최된 전시회에 출품된 것 · 동 전시관 도록 '고려자기'에 사진이 게재되어 있음 · 이 자기는 확실하게 병합 전에 도굴, 반출된 것임
오구라 다케노스케 (小倉武之助) 소장품	· 오구라가 대구에서 거주할 때 입수한 것으로 그 대부분이 도굴품임 · 창녕 출토 황금관두 및 고려자기 등이 일본으로 반출되어, 국보, 중요 예술품, 중요문화재로 지정됨 · 예를 들어 개인소장이라고 해도 그 가치의 중요성에 비추어 당연히 반 환되어야 함

외교부는 이 설명서에 대해 앞으로도 문화재 조사를 실시할 예정이며 피탈 경위와 소재지가 확인되는 대로 이에 관한 설명서를 수시로 보낼 것을 문화교육부에 요청했다.[61] 한국정부는 '피탈문화재 중 일부의 설명서'에 설명되어 있는 문화재들 이외에도 적어도 이 시기부터 일본에 소재한 문화재 조사를 구체적으로 실시하고 있었을 것으로 추측된다.

---

60) 한국외교문서, 위의 자료, 프레임 번호: 115~119를 바탕으로 작성.
61) 한국외교문서, 위의 자료, 프레임 번호: 122.

2. 일본 측의 문화재 목록 제출

한국 측은 제2회 실무자위원회(1월 14일)에서 일본 측에 문화재 목록 제출을 요구했는데, 일본 측은 "즉시 건네기가 가능한 것과 그렇지 않은 것을 좀처럼 구별할 수 없다"라고 답했다.[62] 제2회 실무위원회 종료 후 주일대표부는 일본 측이 구두전달사항의 첫 부분에 따라 문화재 목록을 준비하고 있다는 취지의 보고를 하고,[63] 일본 측이 제출할 문화재 목록을 검토하기 위해 문화재 목록을 송부해 줄 것을 요청했다.[64] 한국정부는 주일대표부의 요청에 따라 1월 16일자 답신에서 문화교육부가 작성 중인 '피탈미술품목그 1'을 보낸다.

제3회 실무위원회(1월 20일)에서 일본 측은 한국 측이 요구한 문화재 목록을 제출할 준비가 되었다고 설명했고,[65] 제4회 실무위원회(1월 27일)에서 이를 제출했다. 해당 목록은 도쿄국립박물관이 소장하고 있는 97점의 미술품 목록이었다. 한국 측은 이 문화재 목록에 증여라고 쓰여진 것에 대해 반환으로 수정해 줄 것을 제안했지만, 일본 측은 이에 응하지 않았다. 그러나 일본 측은 "우리로서는 이대로 '증여'라고 해 두고 싶지만, 세세한 논의를 해도 별수 없기 때문에 '인도'라고 해 두자"고 제안했고, 한국 측은 이에 동의했다.[66]

주일대표부는 제4회 실무자위원회의 논의 내용에 대해 "일본 측이 도쿄국립박물관이 소유한 97점의 미술품을 포함한 목록을 제1단계로써 우리에게 주었다"라고 한국정부에 보고했다.[67] 여기에서 주목할 점은 '제1단계'라

---

62) 日本外交文書,「抑留者相互釈放実施計画に関する日韓間第二回打合せ会議」, 1958年1月14日, No.411.
63) 한국외교문서, 『제4차 회담 예비교섭, 1956 - 58(V.3)』, 프레임 번호: 2072.
64) 한국외교문서, 위의 자료, 프레임 번호: 2075.
65) 한국외교문서, 위의 자료, 프레임 번호: 2083.
66) 日本外交文書,「抑留者相互釈放実施計画に関する日韓間第四回打合せ会議」, 1958年1月27日, No.413.

는 표현이다. 이 표현은 문화재를 인도받은 이후 또다른 문화재 인도에 대한 제1단계인지, 일본정부가 소유하고 있는 문화재 목록을 받을 이전 단계로서의 제1단계인지 그 의미가 명확하지는 않다. 그러나 적어도 문화재를 인도받고 후 다른 문화재를 교섭할 것을 한국 측은 생각하고 있었을 것이다. 즉 한국 측은 문화재를 여러 번 돌려받음으로써 문화재 반환 문제의 해결 가능성이 높다고 생각하고 있었던 것이다.

한편 외무부는 문화교육부에 일본 측이 제출한 97점의 문화재 목록에 대한 가치 평가와 함께 해당 미술품을 받는 것이 문화재 반환 문제에 어떠한 영향을 미칠지에 대한 검토를 의뢰했다.[68] 체신부는 외무장관에 보낸 서류에서 도쿄체신박물관에 진열되어 있는 한국 체신 관계 문화재 목록을 첨부하면서 이에 대한 반환을 요청했다. 체신부가 외무부에 제출한 '한국 체신 문화재 대일현물반환요구 품목'에는 표찰, 마패, 우편 등 총 37건, 총 281점의 체신 관계 문화재가 수록되어 있었다. 그리고 그 반출경위와 현소재지는 1905년 7월에 "일본의 강압으로 체결된 한일통신업무합동협정의 결과로 한국통신관서로부터 탈취한 체신 관계 문화재가 일본 동경에 있는 체신박물관에 소장(동경 진재시 약간 소실)"되어 있다고 설명했다.[69] 한국에서는 이와 같이 1957년 12월 31일부터 제4차 회담이 개최되기 전에 외무부의 의뢰에 따라 문화재를 담당하는 문화교육부를 비롯하여, 체신부와 같은 다른 관청에서도 일본에 소재한 한국 문화재 조사가 이루어지고 있었다.

제5회 실무위원회(1월 28일)에서 한국 측은 일본 측이 제출할 문화재 목록은 일본정부가 소유한 모든 미술품을 포함해야 하며, 이를 2월 14일까지 제출할 것을 요청했다. 일본 측은 문부성 관계자에게 한국 측의 요구를 보고할 것이라고 말하는 한편 '미술품의 의미', '이에 해당하는 미술품의 종

---

67) 한국외교문서, 앞의 자료, 프레임 번호: 2119. 본문에는 '제1단계'가 'AS A FIRST STEP'으로 표기되어 있다.
68) 한국외교문서, 『제4차 회담 문화재소위원회 회의록』, 프레임 번호: 125.
69) 한국외교문서, 위의 자료, 프레임 번호: 133.

류', '한국미술품이 한국에서 반출된 시기의 범위', '대상이 되는 미술품의
제작 시기'에 관한 한국 측의 견해를 요청했다.[70)]

한편 외무부는 2월 6일에 재외공관들을 대상으로 한일회담의 현황을 보
고했는데 문화재 반환 문제에 대해서는 다음과 같이 설명했다.[71)]

> 예비교섭의 종결에 있어 일본 측은 우리에게 즉시 반환이 가능한 일본
> 정부 소유 한국 예술품을 조속한 시기에 한국으로 반환할 것을 약속했는
> 데 일본 측의 요구에 의해 이 합의문서는 발표되지 않았다. 1958년 1월 28
> 일에 일본 측은 자기들이 즉시 반환이 가능하다고 생각하는 것으로 보이
> 는 97점의 한국 예술품 "리스트"를 우리에게 수교했으나 동 "리스트"는
> 아측에 만족할 만한 것이 되지 못하므로 우리는 객년말 한일예비교섭 종
> 결시 합의된 사항의 시행에 있어서 어떠한 예술품이 즉시 반환이 가능한
> 것인가를 결정하기 위하여 일본 측에 대하여 반환 예술품 전부를 포함한
> 완전한 "리스트"를 제출하도록 압력을 가하고 있다.

이와 같은 보고에서 확인할 수 있는 바와 같이 한국 측은 일본정부가 소
유한 모든 예술품을 원하고 있었고, 일본 측이 제시한 문화재 목록은 만족
할 만한 것이 아니었다. 당시 한국 측이 생각하고 있었던 또는 일본 측에
요구하고 있었던 문화재의 총수량은 정확하게 파악할 수는 없지만, 제2차
회담 당시 한국 측이 제출한 '한국 국보 고서적 목록 일본 각 문고 소장',
'일본 소재 한국 국보 미술공예품 목록'을 바탕으로 생각해 보면, 97점의
문화재는 상당히 적은 수였다. 특히 후자의 경우 도쿄국립박물관, 나라국립
박물관 소장 한국 출토품과 도쿄대학, 교토대학 소장 한국 출토품, 개인 소
유 고미술·공예품 등 그 수량도 상당히 많았고, 제4차 회담 이후 한국 측이
계속 요구했던 양산부부총 출토품 등 국보급 문화재도 있었기 때문에, 한국

---

70) 한국외교문서, 『제4차 회담 예비교섭, 1956 - 58(V.3)』, 프레임 번호: 2127.
71) 한국외교문서, 위의 자료, 프레임 번호: 2139~2140.

측은 일본 측이 제출한 97점의 문화재 목록에 대해 불만을 드러낸 것은 당연했다. 문화재보호위원회도 한국의 신문기사를 바탕으로 한국 측이 요구할 수 있는 문화재에 관해 도쿄국립박물관 소장품과 조회를 했는데, 향후 교섭에서 난항을 겪을 것으로 예상하기도 했다.[72] 아무튼 일본 측이 제출한 97점의 문화재 목록은 한국 측이 만족할 만한 것은 아니었지만, 일단 가능한 문화재부터 돌려 받은 후에 앞으로 교섭을 더 진행하겠다는 한국 측의 적극적인 자세를 다시 한 번 확인할 수 있다.

제8회 실무위원회(2월 12일)에서 한국 측은 일본 측이 문의한 미술품의 정의를 "한국미술품은 모든 고서적, 좁은 의미의 예술품, 수집품과 그 외 국보를 의미한다"[73]고 설명한 후 일본 측이 소유하고 있는 모든 한국예술품이 기재된 목록을 신속하게 제출할 것, 97점의 문화재를 받을 준비가 되어 있지만, 이는 한국 측이 만족한다는 의미는 아니라고 설명했다.[74]

제9회 실무위원회(2월 24일)에서 한국 측은 문화재 목록 제출을 다시 요구했다. 일본 측은 이에 대해 외무성이 이 문제를 논의하기 위해 문부성과 접촉하고 있으며, 외무성 당국자가 도쿄국립박물관에 소장된 미술품 목록을 확인하기 위해 도쿄국립박물관을 방문했다고 설명했다.[75]

실무위원회는 이후 억류자 석방문제로 인해 개최되지 않았다. 한국 측은

---

72) 日本外交文書, 「韓国関係文化財参考資料」, No.567. 문화재보호위원회가 조사한 결과는 동 외교문서에 '별지 1. 東京国立博物館所蔵韓国関係文化財一覧'과 '별지 2. 東京国立博物館保管の朝鮮古墳出土美術品のリスト(昭和33年2月6日)'로 수록되어 있다. 별지 1은 총 10페이지로 역사부, 미술부, 미술공예부, 미술품부로 나뉘어져 있고, 품목, 점수, 수리 연월일, 수리 구분, 비고 항목으로 해당 문화재의 정보를 나타내고 있지만, 수리 연월일, 수리 구분, 비고 항목이 모두 먹칠되어 있다. 별지 2는 총 4페이지이지만, 제목만 있을 뿐 첫 페이지는 모두 먹칠이며 나머지 3페이지는 비공개 상태로 어떤 문화재가 있는지 전혀 알 수 없다.

73) 한국외교문서, 『제4차 한일회담, 교섭 및 훈령, 1958 - 58』(이하, 『제4차 회담 교섭 및 훈령』), 프레임 번호: 15.

74) 한국외교문서, 『제4차 회담 예비교섭, 1956 - 60』, 프레임 번호: 2141~2142.

75) 한국외교문서, 위의 자료, 프레임 번호: 2147.

실무위원회를 통해 97점의 문화재 목록을 받았을 뿐 2월 14일까지 일본정부가 소유하고 있는 모든 미술품 목록을 받거나 2월 말까지 미술품을 실제로 돌려받을 수는 없었다. 그러나 위에서 살펴본 바와 같이 한국 측은 구두 전달사항이라는 기본원칙을 바탕으로 일본 측에 문화재 목록 제출을 요구하는 등 문화재 반환 문제를 해결하기 위해 적극적인 태도를 보였다. 그리고 이는 제4차 회담 개최 이후 문화재 반환 문제만을 논의하는 문화재소위원회 설치로도 연결된다.

3. 106점의 문화재 인도와 439점의 문화재 목록 제출

한일 양국은 1958년 4월 15일에 제4차 회담을 개최했다. 다음날 열린 유태하 주일공사와 이타가키 오사무(板垣修) 아시아 국장 간의 회담에서 일본 측은 106점의 문화재 인도와 함께 489점의 문화재 목록[76]을 한국 측에 제출한다. 489점의 문화재 목록은 실무위원회에서 한국 측이 계속 요구했던 일본정부 소유 문화재 목록에 해당하는 것이었다. 한국 측은 동 목록의 문화재도 인도할 것을 요청했다. 그러나 일본 측은 "아직 이와 같은 품목의 인도에 대해 전혀 약속한 적이 없다. 관계 당국을 설득하는 일도 크게 곤란하고, 이를 위해 꽤나 고생하고 있음에도 불구하고 그런 말을 늘어놓는 것은 매우 의외다", "이 목록에 기재된 품목의 인도 여부는 전혀 결정되지 않았기 때문에 그렇게 알아주길 바란다"며 반발했다.[77]

일본 측은 4월 16일 오후 4시에 106점의 문화재를 한국 측에 인도한다. 한국 측에서는 진필식 서기관과 불교미술사학자 황수영이, 일본 측에서는 도쿄국립박물관 관계자가 참가했다.[78] 해당 문화재의 목록을 정리하면 아

---

76) 동 목록은 日本外交文書, 「韓国関係文化財に関する大臣説明要領」, 1958年4月14日, No.1118에 수록되어 있다.
77) 日本外交文書, 「第三次漁夫送還するアジア局長柳公使会談要旨」, 1958年4月16日, No.345.
78) 황수영은 중학교를 졸업하고 일본으로 건너가 고등학교와 도쿄제국대학 경제학부

래의 〈표 7〉과 같다.

〈표 7〉 일본정부가 한국정부에 인도한 106점의 문화재 목록[79]

품 목	수 량	품 목	수 량
금제이식(金製耳飾)	2개	도제장경호(陶製長頸壺)	2개
철제도자잔결(鉄製刀子残欠)	5개	도제각부완(陶製脚付盌)	2개
철기잔결(鉄器残欠)	일괄	도제개(陶製蓋)	24개
은제경(銀製鏡)	2개	도제심완(陶製深盌)	10개
벽옥제대롱옥(碧玉製管玉)	1개	도제고배(陶製高坏)	50개
유리제소옥(琉璃製小玉)	7개	·	·
합계 106점			

이 문화재는 조선총독부의 고적조사위원회가 1918년에 경상남도 창녕군 창녕면 교동에 있는 제31호 고분에서 발굴했고, 제2차 회담 때 한국 측이 제출한 '일본 소재 한국 국보 미술공예품 목록'의 도쿄국립박물관 소장 한국출토품 중 15건에 해당하는 것이기도 했다. 이 문화재는 발굴 이후 조선 총독부 박물관에 보관되었고, 1938년 9월 5일에 제실박물관(帝室博物館)에 기증되었는데, 그 이유는 당시 일본정부가 문화재 발굴 관련 조사비를 많이 기부한 것에 대한 답례와 도쿄에서 조선에 대한 인식을 넓힐 필요가 있기 때문이었다.[80]

를 졸업했다. 해방 후 개성상업중학교 교감으로, 1948년부터는 국립박물관에 근무 하면서 고고미술사학 연구에 헌신했다. 한국 전쟁 이후 서울대, 고려대, 연세대에 출강하는 한편 1956년에 동국대 교수로 임용되었고, 1971년부터 3년간 국립중앙박 물관장을 역임하기도 한다. 한국 미술사학계의 태두로 불교미술 연구의 기반을 마 련했다(한국민족문화대백과사전 홈페이지〈https://encykorea.aks.ac.kr/〉). 한편 황수 영은 한일회담에 참가하면서 문화재 목록을 수정·제작하는 역할을 담당하기도 했 다. 이와 함께 한일회담 이후 일본으로 반출된 문화재를 중심으로 『일제기 문화재 피해자료』를 간행했다.

79) 日本外交文書, 「日韓会談重要資料集」, No.525의 「日本国政府より大韓民国政府に引渡す美 術品目録」를 바탕으로 작성.

80) 日本外交文書, 「韓国関係文化財追加参考資料」, No.567.

문화재보호위원회는 106점의 문화재에 대해 1921년 이후에 이와 비슷한 유물들이 다량으로 발굴되어 한국에서 그 가치는 이류가 되었다고 평가했다. 한편 하나의 고분에 대한 보고서가 빠짐없이 작성되었다는 점, 출토품이 모두 모여 있다는 점, 같은 시기의 일본의 유물과 비교연구가 가능하다는 점 등으로 일본에서는 상당히 귀중한 가치가 있는 문화재라고 평가했다.[81]

이와 같은 106점의 문화재는 25개의 나무상자에 담겨져 주일대표부 2층 응접실로 운반되었다. 도쿄국립박물관 관계자는 106점의 문화재가 일본에 오게 된 경위를 설명했고, 황수영은 한국에서 가져온 문화재 목록을 보면서 왜 97점이 아니라 106점인지 등에 대해 물었다.[82] 이에 대해 도쿄박물관 관계자가 설명을 하고, 이를 이해한 황수영은 대표적인 것이 담겨진 4개의 나무상자를 확인한 후에 이것으로 충분하다고 말했다. 유태하 주일공사는 도제(陶製) 뚜껑을 보면서 "이런 건 한국의 야시장에 가면 얼마든지 살 수 있다"라며 불만을 드러내기도 하고, 금귀걸이의 순금 여부 확인한 후 그 무게를 손으로 재보면서 만족스러운 모습을 보이기도 했다.[83] 이후 한국 측이 일본어로 된 수령증을 영어로 번역해서 일본 측에 제시했고, 이를 일본 측이 확인한 후 한국 측에 건네는 것으로 106점의 문화재 인도가 종료되었다.[84]

---

81) 日本外交文書,「日韓会談重要資料集」, No.525.

82) 일본외교문서에는 일본 측이 한국 측의 질의에 대해 "명확한 답변을 했고, 고고학자인 황수영도 납득했다"고 기록되어 있을 뿐 한국 측의 질의에 대한 상세한 답변은 기록되어 있지 않다.

83) 日本外交文書,「文化財引渡しに関する件」, 1958年4月17日(이하,「文化財引渡しに関する件」), No.1118.

84) 수령증의 내용은 "This is to acknowledge the receipt of 106(one hundred and six) articles of Korean art objects as shown in the attached list which were turned over to the Republic of Korea by the Government of Japan"였다. 日本外交文書,「文化財引渡しに関する件」, No.1118.

4. 106점의 문화재 인도에 관한 한일 양국의 인식

한일 양국은 구두전달사항과 106점의 문화재 인도에 대해 어떻게 인식하고 있었을까. 먼저 한국정부는 106점의 문화재 인도에 대해 반환받았다고 생각했다. 전술한 바와 같이 한국정부는 구두전달사항 등 1957년 12월 31일의 합의사항 이행과 전면회담 재개를 위한 실무위원회 개최를 주일대표부에 지시했다. 문화재 반환 문제에 관해서는 "일본이 구두언약에 의하여 반환할 한국예술품의 목록을 1958년 2월 14일까지 확정하도록 하되", "실제 반환에 있어서는 1958년 2월말까지를 제1차 기한"으로 할 것을 지시했다.[85] 한국 언론도 "97종의 문화재, 일본측서 반환",[86] "문화재 일부 반환",[87] "일본, 4백종의 목록도 한국에 전달 - 문화재 97종 우선 반환"[88] 등 구두전달사항을 통한 문화재의 인도를 반환으로 보도했다.

이와 같은 인식이 극명하게 드러난 것은 1958년 6월 13일에 열린 외무부 관계자의 기자회견에서였다. 외무부 관계자는 기자들의 질문에 대해 '한일 양국이 한국미술품의 반환에 대해 구두로 합의했다', '일본 측의 요청으로 인해 그것을 공표하지 않았다', '106점의 미술품은 주일대표부에 보관되어 있다', '일본 측이 제출한 489점의 미술품 리스트를 포함한 문화재 반환 문제는 전면회담에서 논의된다'는 취지의 답변을 하는 한편 "일본 측은 한국의 미술품을 '기증'으로 한국에 인도했고 앞으로도 그렇게 한다고 말하고 있다. 한국정부는 이 의견을 인정하는가"라는 질문에 대해 "아니다, 우리가 소유한 권리로 요구하고 있다"고 답변했다.[89] 즉 한국정부는 106점의 문화재를 반환받을 권리로 인도받았던 것이었다.

---

85) 한국외교문서, 『제4차 회담 예비교섭, 1956 - 58(V.3)』, 프레임 번호: 2041~2042.
86) 『동아일보』, 1958년 4월 18일.
87) 『경향신문』, 1958년 4월 18일.
88) 『조선일보』, 1958년 4월 18일.
89) 한국외교문서, 『제4차 회담 교섭 및 훈령』, 프레임 번호: 29~31.

반면 106점의 문화재 인도에 대한 일본정부의 해석은 기증 또는 증여였다. 1957년 12월 30일에 열린 임시각료회의에서 마쓰나가 도(松永東) 문부대신은 구두전달사항에 대해 "'인도'는 '증여'의 의미로 해석한다. 따라서 증여 품목, 수령 등은 일본 측이 선택·결정하는 것으로 해석한다"고 발언했다. 대장성도 동일한 인식이었다. 문화재보호위원회가 문화재 목록을 작성하면서 국유 물품을 기증하는 절차에 관해 대장성에 문의를 했는데, 대장성은 "증여해야 할 국유 한국미술품은, 물품의 무상대부 및 양여 등에 관한 법률 제3조 제3호의 '표본용물품'에 해당하는 것으로 해석해도 문제없다"고 답했다.[90]

이와 같은 인식은 일본 국회의 논의에서도 확인할 수가 있다. 이타가키 아시아국장은 106점의 문화재가 인도된 이후 1958년 5월 31일에 열린 참의원 외무위원회에서 문화재 인도에 대해 "일본 측은 호의적인 제스처로 약간의 것을 상대방에 증여한다는 것으로 구두의 신사협정을 맺은 것인데…", "한국이 독립을 했고, 그에 대한 하나의 선물로 일본 측은 호의로 약간의 것을 증여한다는 의사결정이 내려졌던 것이었다"라고 답변했다.[91] 즉 외무성, 문부성, 대장성 등 일본정부는 106점의 문화재를 기증의 의미로 한국에 인도한 것이었다.

이처럼 한일 양국은 구두전달사항을 통해 인도된 106점의 문화재에 대해 각각 반환과 기증이라는 상반된 해석을 했던 것이었다. 이와 같은 인식은 이후 문화재 반환 교섭에서도 계속 견지되었다.

---

90) 日本外交文書, 「韓国関係文化財参考資料」, No.567. 관련 법률은 '1947년 법률 제229호(물품의 무상대부 및 양여 등에 관한 법률)'로 '표본용물품'에 관한 내용은 "제3조 물품을 국외로 양여 또는 시가(時價)보다도 낮은 대가(對價)로 양도할 수 있는 것은, 다른 법률에서 정하는 경우 외, 다음에서 드는 경우에 한한다. 3. 교육, 시험, 연구 및 조사를 위해 필요한 인쇄물, 사진, 그 외 이에 준하는 물품 및 견본용 또는 표본용물품을 양도할 때"이다. 관련 법률의 전문은 e - Gov法令検索 홈페이지(https://elaws.e - gov.go.jp/) 참조.
91) 参議院, 『第28回国会参議院外務委員会会議録』, 1958年5月31日.

제4절 회담 중단기의 문화재 반환 교섭에 대한 평가

본장에서는 한일회담이 중단된 시기에 구두전달사항을 둘러싼 교섭 과정을 중심으로 문화재 반환 문제를 검토해 보았다. 이하에서는 동 문제를 둘러싼 논의가 어떻게 진행되었는지 요약·정리한다. 이와 함께 회담 중단기 교섭의 특징과 구두전달사항이 문화재 반환 교섭에서 어떠한 의미가 있는지에 대해 논한다.

한국 측은 재개될 한일회담을 원활하게 진행하기 위해 일본 측에 문화재 반환을 제안했고, 일본 측은 '한국 독립을 축하하는 일본 국민의 기분을 표명하기 위해 일본정부가 소유한 약간의 한국 출토 고미술품을 기증할 용의가 있다'라는 취지를 당시 기시 외무대신이 구두로 전달할 것을 제안했다. 이에 대해 한국 측은 기증이 아닌 인도로 할 것, 약간을 구체적인 표현으로 할 것, 형식은 구두가 아닌 의사록으로 할 것을 제안했다. 일본 측은 구두전달을 통한 문화재 기증은 일본 측의 일방적인 발언이며, 문부성 등의 반대도 있기 때문에 기증 또는 증여라는 표현을 사용해야 한다고 계속 주장했지만, 한국 측은 인도를 재차 주장했다. 결국 일본 측은 한국 측의 의견을 받아들여 "한일회담의 의제와는 별도로, 적당한 시기에 일본정부는 소유하고 있는 한국 출토 고미술품 중에서 한국에게 인도할 수 있는 것을 한국정부에게 건네기로 했다"라는 구두전달사항을 제출했다. 한국 측은 구두전달사항 수정 작업에서 인도받을 문화재 이외의 것들도 재개될 회담에서 논의한다는 표현의 삽입을 요구했다. 일본 측은 이를 거부하면서, 한국 측이 이를 계속 요구할 경우 구두전달사항 자체를 철회해도 좋다고 응수했다. 그러나 한국 측은 이를 계속 요구했고, 결국 일본 측도 그 요구를 받아들이면서 '가능한 한 빠른 시기에, 일본국정부는 현재 소유하고 있는 한국 미술품으로 즉시 인도가 가능한 것을 대한민국에 건네고자 하며, 그 외의 한국 미술품의 향후 인도에 대해서는 전면회담에서 토의 및 처리하기로 한다'라는 구두전달사항이 최종 합의되었다.

한국 측은 문화재를 돌려받기 위해 반환이라는 기존의 입장에서 인도로 그 입장을 바꾸었고, 일본 측이 일방적으로 문화재를 인도한다는 의미를 불식시키기 위해 구두전달사항의 표현을 수정하려고 노력하는 한편 재개될 전면회담에서 문화재 반환 문제를 논의하겠다는 입장을 관철시켰다. 일본 측은 구두전달사항에 대한 한국 측의 요구를 대부분 받아들이기는 했지만, 인도 시기와 관련된 표현에 관해서는 문부성 등의 반대와 국내 여론을 의식하여 자신들의 의견을 관철시켰다. 이와 같은 논의를 통해 구두전달사항이 합의되었고, 제4차 회담의 개최 직후 일본 측은 106점의 문화재를 한국 측에 인도했다.

한국 측은 이승만 대통령이 문화재 반환 문제를 조기에 해결하라는 지시도 있었고, 반환이라는 방법으로 문화재를 돌려받기 어려웠기 때문에, 일본 측에 인도라는 방법을 제안하면서 기증을 계속 주장하던 일본 측을 설득했다. 일본 측도 일본어부의 억류문제 해결이나 한일회담의 우호적인 분위기를 조성하기 위해 한국 측의 인도 제안을 받아들였다. 이와 같이 한일 양국은 구두전달사항을 통해 반환과 기증이라는 주장에서 한 발씩 물러나 인도로 합의했다. 이와 같이 회담 중단기에는 '문화재 반환 문제의 구조' 중 청구권 속성이 약화되었다.

한편 구두전달사항은 문화재 반환 문제와 한일회담에 있어서 다음과 같은 의미를 지니는 중요한 합의였다. 첫째 구두전달사항은 회담 중단기 이후의 문화재 반환 교섭에서 결정적인 역할을 했다. 본문에서 검토한 바와 같이 한국 측의 강한 요구에 의해 "그 외의 한국 미술품의 인도에 대해서는 전면회담에서 토의·논의하기로 한다"라는 표현이 구두전달사항에 삽입되었고, 이를 바탕으로 제4차 회담에서 문화재소위원회가 개최되었다. 문화재소위원회는 이후에도 계속 개최되었으며, 이외에도 제5차 회담 때부터 개최된 전문가회의, 그리고 실제로 그 개최가 무산되기는 했지만 제6차 회담 때 합의된 특별위원회 또한 같은 의미에서 해석할 수가 있다. 그리고 한국 측이 제6차 회담에서 인도를 제안한 것도 이 구두전달사항을 바탕으로 한 것이 었다. 한국 측은 제4차 회담에서 제5차 회담까지 다시 반환을 주장했지만, 제6차 회담을 진행하면서 인도를 제안했다. 한국 측은 제6차 회담 개최 이전에 문화재 반환 문제의 해결 방안 중 반환의 방법으로 인도를 상정하고 있었고, 제2차 정치회담(1961년 11월 12일)과 예비교섭(같은 해 12월 21일)에서 구두전달사항에 명시된 인도를 명목으로 문화재를 반환함으로써 이 문제를 해결하자고 일본 측에 제안하기도 했다. 이후 인도는 문화재를 돌려받는 방법으로써 한국 측의 문화재 반환 문제 해결의 기본적인 방침이 된다. 이와 같이 구두전달사항은 문화재 반환 문제를 해결하는 방법의 기반이 되었다는 점에서 문화재 반환 교섭에서 매우 중요한 의미를 지닌다.

둘째 구두전달사항은 이후의 한일회담에서 한일 양국이 각각 자국의 입장을 유리하게 설명할 수 있는 해결 방식에 관한 최초의 공식합의였다. 한일회담의 큰 특징 중에 하나로 위와 같은 해결 방식을 들 수가 있는데, 기본관계문제의 큰 쟁점이었던 제2조 구조약 무효확인 문제에 대해 한국 측은 모든 조약이 처음부터 무효라고 해석한 반면 일본 측은 과거의 조약들은 합법이며 한국이 독립한 시점부터 무효가 되었다고 해석했다. 청구권 문제에 관해서는 일본 측이 제공한 5억 달러에 대해 한국 측은 청구권 문제를 해결하기 위해 받은 자금이라고 해석한 반면 일본 측은 5억 달러는 청구권과는 관계없으며 경제협력자금으로 제공한 것이라고 해석했다. 문화재 반환 문제와 관련해서도 1,400여점의 문화재 인도에 대해 한국 측은 반환이라고 해석한 반면 일본 측은 기증이라고 해석했다. 이와 같이 한일회담의 조약과 협정의 내용을 자국에게 유리하게 해석하는 해결 방식에 관한 최초의 공식합의가 바로 구두전달사항이었던 것이다.

제5장 제4차 회담~제5차 회담의 교섭 과정

제1절 문화재소위원회 설치를 둘러싼 논의

1. 제4차 회담 개최와 위원회 설치 논의

1958년 3월 1일 개최 예정이었던 제4차 회담은 억류자 석방문제로 인해 연기되었다.[1] 한일 양국은 1월부터 2월까지 동 문제를 논의했는데, 일본 측이 오무라 수용소(大村收容所)에서 석방되는 한국인 중 북한행 희망자를 북한으로 송환하겠다는 것이 문제가 되었고, 한국 측은 이를 반대하면서 제4차 회담 대표단 파견을 중지시켰다. 기시 총리는 이승만 대통령에 "일본은 종래의 주장에 구애됨이 없이 한일 간의 우호 관계수립에 노력하고 싶다"는 취지의 서간을 보냈고, 기시 총리를 만난 유태하 주일공사도 이승만 대통령에 "회담을 4월 중에 무조건 열자고 제의했을 뿐만 아니라 가능하면 자신이 이 대통령과 만나 허심탄회하게 양국 현안을 협의할 뜻을 비쳤다"고 전했다.[2] 이승만 대통령도 "나는 기시 총리가 회담 재개에 대한 마음을 갖고 있다고 생각한다. 기시 총리는 우리가 지금까지 교섭해 온 일본의 어떠한 외교관 보다도 진지하다"고 평가했다.[3] 이를 계기로 한일 양국은 4월 15일에 제4차 회담을 개최했고, 4월 16일에는 일본정부가 106점의 문화재를 주일대표부에 인도하는 한편 억류자 석방문제와 관련하여 일본정부가 4월 22일에 251명, 한국정부가 4월 26일에 300명을 각각 석방했다.

---

1) 억류자 석방문제에 관해서는 吉澤文寿, 앞의 책, pp.63~70; 박진희, 앞의 책, pp.220~239; 최영호, 「1957년 한일 억류자 상호석방 각서의 경위와 결과」, 『한일민족문제연구』 제32호, 2017 참조

2) 김동조, 앞의 책, p.114

3) 岸信介・矢次一夫・伊藤隆, 『岸信介の回想』, 文芸春秋, 1981, p.222.

제1회 본회의 이후 한일회담의 절차 등을 논의하기 위한 실무위원회가 4월 17일부터 열렸다. 동 위원회의 목적은 현안 문제들에 대한 실질적인 논의에 들어갈 것, 회담이 우호적이고 지장없이 진행되기 위해 회담에 관한 절차를 정하는 것이었다.4) 그러나 동 위원회에서 현안 문제를 논의하는 위원회의 구성을 둘러싼 대립이 발생했다.

제1회 실무위원회(4월 17일)에서 전면회담의 절차에 관한 의제, 용어 문제, 신문발표 문제, 위원회 구성 문제, 제2회 본회의의 의제에 대한 논의가 이루어졌다.5) 한국 측은 위원회의 구성과 명칭에 관해 기본관계 분과위원회, 한국의 대일청구권에 관한 분과위원회, 재일한인의 법적지위에 관한 위원회, 어업 문제 및 평화선위원회 등 4개의 위원회를 설치할 것과 선박 문제를 청구권위원회에 넣어 선박반환문제소위원회, 한국문화재반환문제소위원회, 그 외 청구권에 관한 소위원회를 각각 설치하자고 제안했다. 일본 측은 이를 검토한 후에 의견을 제시하겠다고 답했다.

4월 18일에 열린 제2회 실무위원회에서 일본 측은 위원회의 구성과 명칭에 대해 기본관계위원회, 청구권위원회, 어업위원회, 국적 및 처우 위원회, 선박위원회 등 5개의 위원회 설치를 제안하면서, 소위원회는 필요할 경우 위원회의 위원장이 검토할 것을 제안했다. 한국 측은 이 제안에 대해 선박 문제는 일반청구권 문제에 속해 있으며, 청구권위원회의 소위원회로 설치하는 것이 타당하다고 주장했다.6) 제3회 실무위원회(4월 19일)와 제4회 실무위원회(4월 21일)에서도 위원회의 설치와 명칭에 관한 논의가 있었지만 합의에 이르지 못했다. 네 번의 실무위원회 이후 열린 제2회 본회의(4월 22일)에서 한일 양국은 1957년 12월 31일에 합의한 합의문서의 내용을 의제로 삼기로 동의하는 한편 한국 측은 현안 문제에 관한 위원회, 소위원회 설

---

4) 日本外交文書, 「第四次日韓全面会談の手続問題打合会」, 1958年4月17日, No.50.
5) 위와 같음.
6) 한국외교문서, 『제4차 회담 예비교섭 1956 - 58(V.3)』, 프레임 번호: 2174~2175.

치와 그 명칭을 제안했다. 위원회 문제에 관해서는 제1회 실무위원회 당시
제시한 4개의 위원회와 청구권위원회에 3개의 소위원회 설치를 다시 제안
했다. 일본 측은 실무위원회에서 이를 검토하자고 답했다.[7]

4월 23일에 열린 제5회 실무위원회에서 한일 양국은 기본관계위원회, 재
일한인의 지위 및 처우위원회의 설치, 그리고 선박 문제를 소위원회로 설치
하기로 합의했다. 그러나 다른 위원회의 구성과 선박 문제를 어떠한 위원회
의 소위원회로 설치하는가에 대해서는 본회의에서 결정하기로 했다.[8] 5월
6일에 열린 제6회 본회의에서 위원회의 구성과 명칭에 관한 문제가 합의되
었다. 사와다 렌조(沢田廉三) 수석대표는 일본 측의 위원회, 소위원회 구성
과 그 명칭을 제안하면서 "1957년 12월 31일의 일한예비회담 타결 때 합의
되었던 사항에 변경을 요하는 것은 아니다"라고 설명했고, 한국 측도 이 제
안을 받아들였다.[9]

실무위원회와 본회의에서 논의된 위원회의 구성과 명칭에 관한 한일 양
국의 제안을 정리해 보면 아래의 〈표 8〉과 같다.

---

7) 日本外交文書, 「第四次日韓全面会談の本会談第二回会合」, 1958年4月22日(이하, 「第四次会
   談の第二回本会談」), No.2 및 한국외교문서, 『제4차 한일회담 본회의 회의록, 제1 -
   15차, 1958.4.15 - 60.4.15』(이하, 『제4차 회담 본회의 회의록』), 프레임 번호: 12.
8) 한국외교문서, 『제4차 회담 예비교섭, 1956 - 58(V.3)』, 프레임 번호: 2183~2187.
9) 日本外交文書, 「第四次日韓全面会談の本会談第六回会合」, 1958年5月6日(이하, 「第四次会談
   の第六回本会談」), No.6 및 한국외교문서, 『제4차 회담 본회의』, 프레임 번호: 43.

<표 8> 제4차 회담의 위원회 구성 및 명칭에 관한 한일 양국의 제안[10]

한국 측 제안	일본 측 제안
1. 기본관계 분과위원회	1. 기본관계위원회
2. 한국의 대일청구권에 관한 분과위원회 ① 선박반환문제소위원회 ② 한국문화재반환문제소위원회 ③ 그 외 청구권에 관한 소위원회	2. 한국청구권위원회 ① 청구권소위원회 ② 선박소위원회
3. 재일한인의 법적지위에 관한 위원회	3. 어업 및 평화선 위원회
4. 어업 문제 및 평화선 위원회	4. 재일한인의 법적지위에 관한 위원회

<표 8>을 통해 한일 양국이 제안했던 위원회의 구성과 명칭을 비교하면, 전체적인 위원회의 구성과 명칭에는 큰 차이가 없지만, 청구권위원회의 소위원회 구성에는 큰 차이가 있다는 점을 확인할 수 있다. 바로 문화재 반환 문제를 논의하는 소위원회의 존재 여부였다.

한국 측은 왜 제1차 회담부터 제3차 회담까지 청구권위원회에서 청구권 문제와 함께 논의되었던 문화재 반환 문제를 독립된 소위원회로 설치하고 논의하려고 했을까. 그 이유는 구두전달사항에 있었다. 구두전달사항은 제4장에서 검토한 바와 같이 "가능한 한 빠른 시기에, 일본국정부는 현재 소유하고 있는 한국 미술품으로 즉시 인도 가능한 것을 대한민국에게 건네기로 하고, 그 외의 한국 미술품의 인도에 대해서는 전면회담에서 토의 및 논의하기로 한다"라고 합의되었는데, 한국 측은 후반부 내용을 바탕으로 문화재 소위원회를 설치하고 문화재 반환 문제를 집중적으로 논의하려고 했던 것이었다. 그러나 일본 측은 문화재소위원회 설치에 동의하지 않았다.

주일대표부는 문화재 반환 문제를 위한 소위원회가 설치되지 않은 것에 대해 청구권소위원회에서 논의될 것으로 예상된다고 한국정부에 보고했다.[11] 이 보고 이전에도 외무부가 문화교육부에 보낸 아래와 같은 보고에

---

10) 日本外交文書, 「第四次会談の第二回本会談」, No.2 및 日本外交文書, 「第四次会談の第六回本会談」, No.6을 바탕으로 작성.

서도 주일대표부와 동일한 인식을 확인할 수 있다.[12]

> 일본이 과거 우리나라에서 탈취해 간 예술품에 관해서는 작년 12월 31
> 일 한일예비교섭 종결 때 조인된 합의사항에 따라 일본정부는 즉시 이전
> 이 가능한 아국 예술품을 조석한 기일에 반환하기로 되어 있음은 이미 귀
> 하도 아는 사실로 그후 전기 협의사항의 시행을 위해 개최된 한일 실무자
> 회의에서 이와 같은 예술품의 반환문제가 토의되어 방금 그 시행단계에
> 있으며, 또한 지난 4월 15일에 재개된 한일회담 제4차 회담에서도 계속 이
> 문제가 의제로서 채택·토의될 것인 바 금번 일본정부는 지난 4월 16일 당
> 부 관하 주일대표부에 106점의 예술품을 인도해 오는 동시 498점의 목록
> 을 교부해 왔기에…(후략)….

즉 한국 측에서는 문화재소위원회를 따로 설치하지 않아도 구두전달사항
을 근거로 제4차 회담에서 문화재 반환 문제가 당연히 논의될 것으로 생각
하고 있었던 것이다. 그러나 한국 측의 예상과는 달리 5월에 세 차례에 걸
쳐 이루어진 청구권소위원회에서 문화재소위원회 설치에 관한 논의가 이루
어졌을 뿐 문화재 반환 문제에 관한 실질적인 논의는 이루어지지 않았다.

2. 문화재소위원회 설치 합의

한국 측은 한국청구권위원회에서 문화재 반환 문제에 관한 실질적인 논
의가 이루어지지 않았기 때문에 문화재소위원회 설치를 다시 주장했고, 이
에 한일 양국은 그 설치 여부를 논의하기로 한다.

1958년 5월 27일에 열린 제2회 한국청구권위원회에서 한일 양국은 문화
재 반환 문제를 어떻게 취급해야 할지를 논의했다. 한국 측은 "청구권소위

---

11) 한국외교문서, 『제4차 회담 본회의』, 프레임 번호: 37.
12) 한국외교문서, 『제4차 회담 문화재소위원회 회의록』, 프레임 번호: 163 - 1.

원회는 크게 문화재 문제와 그 외 청구권 두 개를 포함하고 있으며, 청구권 소위원회에서 양쪽 모두 토의해야 할 것으로 이해하고 있다"고 주장했지만, 일본 측은 문화재 반환 문제는 "두 개의 소위원회 어느 쪽에서도 토의를 하지 않지만, 본 문제를 어디에서 토의해야 할지는 보류가 되었다고 생각하고 있기 때문에 이 점을 상담해서 결정하고 싶다"고 주장했다.13)

문화재 반환 문제를 청구권위원회에서 논의하지 않는다는 일본 측의 입장은 한국 측에게 이해할 수 없는 일이었다. 원래 한국 측은 제6회 본회의 당시 청구권위원회에서 '한국문화재반환문제소위원회' 설치를 제안했지만, 청구권위원회에는 문화재 반환 문제 관련 소위원회를 설치하지 않고 청구권소위원회와 선박소위원회만을 설치하자는 일본 측의 제안을 받아들인 바 있다. 임병직 수석대표가 일본 측의 제안에 동의하면서 "한일예비회담 타협 때 합의된 사항을 기초로 하여 원활하고 효율적으로 운영되기를 희망한다"14)고 말한 것도, 구두전달사항의 '그 외의 한국 미술품의 인도에 대해서는 전면회담에서 토의 및 논의하기로 한다'라는 내용을 염두에 두었기 때문이다. 한국 측은 문화재 반환 문제와 그 외 청구권 문제를 논의할 청구권소위원회에서 첫 번째로 거론할 의제는 문화재 반환 문제라고 이해하고 있었기 때문에 일본 측의 주장은 상당히 의외였던 것이다.15)

그러나 일본 측은 한국 측이 "문화재 반환 문제를 중요시하고 있다는 것은 본회의에서의 임 수석대표 제안으로도 잘 알고 있다. 그러나 본 문제를 어떠한 석상에서 토의할지는 결정되지 않았다고 생각하고" 있으며, "일본 측에게 확실한 것은 문화재 문제를 소위원회에서 하지 않고, 다른 방법으로 논의한다고 한다면 어떠한 멤버로 토의할지 시급히 상담해야 한다는 점이

13) 日本外交文書, 「第四次日韓全面会談における韓国請求権委員会の第二回会合」, 1958年5月 27日(이하, 「第4次日韓会談第2回請求権委員会」), No.444.
14) 日本外交文書, 「第四次会談の第六回本会談」, No.6.
15) 日本外交文書, 「第4次日韓会談第2回請求権委員会」, No.444.

다'라고 설명했다. 반면에 한국 측은 청구권소위원회와 선박소위원회가 "모든 문제를 커버하는 것으로 생각하고" 있으며, 문화재 반환 문제를 "종래의 경위에서 볼 때 문화재는 선박문제소위원회에 들어가지 않기 때문에, 논리적으로 문화재 문제는 청구권소위원회에 들어가야 하며 일본 측이 말한 문화재 문제를 다른 방법으로 토의한다는 제안은 의외의 발언이다"라고 반박했다.[16]

이와 같은 논의에서 알 수 있는 바와 같이 일본 측은 문화재 반환 문제 관련 소위원회가 공식적으로 설치되지 않았기 때문에 소위원회에서 논의할지의 여부는 결정되지 않았고, 청구권위원회에서 논의할 경우는 어떠한 방법으로 논의할지를 정해둘 필요가 있다고 생각했다. 반면에 한국 측은 동 문제는 선박 문제에 들어가지 않기 때문에 당연히 청구권소위원회에서 논의해야 한다고 생각하고 있었다. 결국 이 문제를 둘러싼 대립은 청구권위원회에서 해결되지 않았고 한일 양국은 이를 논의하기 위해 별도의 회의를 개최하기로 했다.

제2회 한국청구권소위원회가 끝난 후 한국 측의 최규하 참사관과 일본 측의 다카노 도키치(高野藤吉) 외무참사관이 문화재 반환 문제 관련 논의와 진행 방법을 정하기 위한 교섭을 진행했다. 최규하 참사관은 일본 측의 의견은 회담에서 정한 합의에 반하는 것이며, 사와다 수석대표도 청구권소위원회에서 문화재 반환 문제를 논의한다는 한국 측의 제안에 반대하지 않았다고 지적하고, 일본 측이 본회의의 합의에 따를 것을 강하게 요구했다. 그러나 의견의 일치를 보지 못한 채 이 회의도 종료되었다.[17]

다음날 한국 측은 일본 측의 주장을 철회시키기 위해 사와다 수석대표와 이타가키 아시아국장을 찾아갔다. 유태하 주일공사는 이타가키 아시아국장

---

16) 위와 같음.
17) 한국외교문서, 『제4차 한일회담(1958.4.15 - 60.4.19) 청구권위원회회의록, 제1 - 3차, 1958.5.20 - 12.17』(이하, 『제4차 회담 청구권위원회 회의록』), 프레임 번호: 564.

에게 일본 측이 왜 그와 같은 새로운 의견을 주장하는지 이해하기 어렵다
고 항의하면서, 이를 철회할 것을 요청했다. 임병직 수석대표는 사와다 수
석대표에게 이 문제를 제기했는데, 사와다 수석대표는 청구권위원회에서
이 문제를 논의하는 것이 논리적이라면서 한국 측이 처음에 제안했던 문화
재소위원회 설치에 동의했다.[18] 그 결과 5월 29일에 열린 제3회 한국청구
권위원회에서 한국 측이 제시한 바와 같이 소위원회에서 문화재 반환 문제
를 논의할 것과 그 위원회 대표로 한국 측에서는 유태하 주일공사가, 일본
측에서는 이타가키 아시아국장이 임명되었다.[19]

　일본 측은 왜 청구권위원회에서 문화재 반환 문제를 논의하려고 한 한국
측의 제안을 반대한 것일까. 그 이유는 1957년 12월 31일 합의 이후의 방침
에 있었다. 후지야마 외무대신은 1958년 1월 6일에 있었던 차관회의에서
한일회담에 관해 설명했는데, 문화재 반환 문제에 관해 "겉치레든 진짜든
문제를 남기기 때문에 이 점은 향후 교섭 또는 공작을 통해 적당한 범위에
서 그치도록 여러 노력을 하겠다"고 말했다.[20] 이는 문화재 반환 문제 논의
에는 적극적으로 응하지 않겠다는 의미로, 일본 측이 4월 17일에 있었던 한
국 측의 제안에 대해 곧바로 응하지 않았던 것도 이 방침에 따른 것이었다.

　일본 측은 4월 17일에 열린 실무위원회가 끝난 후 한국 측의 제안을 검
토했는데, 이 때도 위와 같은 방침이 나타났다. 위원회 구성에 관해서는 문
화재 반환 문제와 선박 문제에 대한 방침이 결정되었는데, 선박 문제 관련
위원회 설치와 5개 위원회의 설치를 결정하는 한편 문화재 반환 문제에 대
해서는 소위원회 설치에 반대했다. 그 이유는 구두전달사항이 발표되고 있
지 않았기 때문이었다. 한국 측이 이 제안을 받아들이지 않을 경우는 본회
의의 결정을 따르기로 했다.[21]

---

18) 한국외교문서, 위의 자료, 프레임 번호: 565.
19) 日本外交文書,「第四次日韓全面会談における韓国請求権委員会の第三回会合」, 1958年5月29日,
　　No.444.
20) 日本外交文書,「(日韓交渉) 一月六日次官会議における次官説明要旨」, 記入なし, No.1531.

이상과 같이 일본 측이 문화재 반환 문제를 청구권 문제로 논의하지 않기로 한 방침은 청구권 문제에서 문화재 반환 문제를 분리하려는 생각이 있었기 때문이었다. 일본 측은 국제적인 기준이 국제법 등을 바탕으로 독립한 한국을 '영토 분리' 지역으로 규정하는 한편 조선에 대한 일본의 식민지 지배는 '평화적 영유'였고, 문화재 취득도 불법성이 추론되지 않기 때문에 한국 측의 반환 주장도 부정했었다. 즉 이와 같은 법리론에 기초한 일본 측의 인식은 동 문제를 청구권 문제와 별개의 문제로 규정하는 형태로 표면화되었던 것이다.[22]

한편 한국 측은 청구권위원회를 문화재소위원회와 그 외 청구권에 관한 소위원회 두 개로 나누어 각각 논의하려고 했다. 한국정부는 5월 22일자 훈령에서 제1회 실무위원회에서 제안한 청구권위원회를 두 개의 소위원회로 나눌 것을 지시했다. 또한 이 훈령에는 그 외 청구권에 관한 소위원회는 문화재소위원회가 만족할 만한 합의에 이른 후에 열려야 한다고 지시했다. 그 이유는 회담 중단기의 논의에서 이미 구두전달사항 합의를 통해 문화재 반환 문제를 해결하기로 했기 때문이었다.[23] 즉 한국 측은 구두전달사항을 바탕으로 106점 이외의 문화재를 받기 위해 문화재소위원회를 설치하고 동 문제를 먼저 논의하려고 한 것이었다.

청구권 문제에서 문화재 반환 문제를 분리하려는 일본 측의 방침에 대해 이를 청구권 문제로 청구권위원회에서 논의하려는 한국 측의 방침이 충돌한 것은 당연한 결과이며, 그것이 문화재소위원회 설치를 둘러싼 대립으로 표면화된 것이었다. 결국 일본 측이 한국 측의 제안을 받아들여 문화재소위원회가 청구권위원회에 설치되기에 이르렀고, 6월 4일에 제1회 문화재소위

21) 日本外交文書,「第四次日韓全面会談の手続問題打合会」, 1958年4月17日, No.50.
22) 長澤裕子,「日韓会談と韓国文化財の返還問題再考 - 請求権問題からの分離と『文化財協定』」, 李鐘元・木宮正史・浅野豊美編,『歴史としての日韓国交正常化Ⅱ - 脱植民地化編』, 法政大学出版局, 2011, pp.215~217.
23) 한국외교문서,『제4차 회담 교섭 및 훈령』, 프레임 번호: 14.

원회가 개최되었다. 그러나 일본 측은 문화재소위원회에서도 문화재 반환 문제는 청구권 문제가 아니라는 입장을 바탕으로 권리 또는 의무를 주장하는 한국 측의 입장을 계속 부정했다. 이와 같은 한일 양국의 대립은 제4차 회담 내내 이어지면서 문화재 반환 문제는 난항을 거듭하게 된다.

제2절 문화재소위원회 개최와 '제1차 반환청구 한국문화재 항목'

1. 문화재소위원회 개최

1) 문화재 반환 교섭에 관한 한국정부의 방침

전술한 바와 같이 제4차 회담이 시작되자 한국 측은 주요 의제와 관련한 위원회 구성 교섭에서 구두전달사항을 근거로 문화재소위원회 설치를 요구했다. 그러나 일본 측이 이에 응하지 않았고, 결국 문화재소위원회 설치가 계속 연기되고 있는 상황이었다.

한국정부는 문화재소위원회 설치를 둘러싼 논의가 이루어지고 있는 상황 속에서 문화재 반환 교섭의 원칙이 담긴 '1958년 5월 21일자 훈령'을 작성한다. 동 훈령에는 문화재 반환 문제에 대한 한국 측의 명확한 요구와 향후 교섭 계획이 제시되어 있다는 점에서 중요한 의미를 가진다. 동 훈령의 내용을 정리하면 다음과 같다.

〈표 9〉한국정부의 문화재 반환 교섭 관련 1958년 5월 21일자 훈령[24]

항 목	내 용
1. 의제 우선 사항	이 소위원회의 의제는 a) 한국 미술품의 반환, b) 그 외의 청구권 두 개로 나뉘어져 있다고 생각한다. 이것은 아측이 본래 한국 미술품에 대한 소위원회 설치를 제안했던 이유이다. "그 외의 청구권"은 "한국 미술품의 반환"이 만족스럽게 처리된 이후 논의되어야 하는데, 그 이유는 후자의 문제가 예비회담 이래로 이미 그 합의가 정해졌기 때문이다.
2. 예술품 반환에 대한 초기 조치	한국 미술품 반환 논의에 있어서 다음의 원칙을 따라야 한다. 1) 소위원회의 첫 회의에서 아측은 106점과 498점 이외에, 일본 측이 우리에게 반환할 준비가 된 한국 예술품의 완전한 목록을 제출할 것을 요구한다. 소유하고 있는 한국 미술품을 먼저 명확하게 하는 것은 일본 측이다. 일본 측이 아측에게 건넬 준비가 된 최종적인 목록 제출을 정부가 확인하기 전에, 한국 예술품에 대한 우리의 목록을 절대 일본 측에게 건네지 않는다. 2) 다음 단계에 대한 아측 교섭자의 대응은 나중에 지시된다. 그러나 정부는 일본의 목록에 포함되지 않은, 우리의 미술품 목록을 제시한다는 것을 비밀리에 통지할 것이다. 이와 같은 경우에도 아측은 준비한 미술품 목록을 일본에게 건네지 않기로 한다.
3. 파견위원의 미술품 조사	아측의 파견위원, 특히 미술품 전문가는 일본 소유 미술품에 대한 우리의 목록 연구하기 위해 노력해야 하고, 미술품의 가치, 생산 연도와 언제, 어떻게 미술품이 한국에서 반출되었는지 등에 관해 조사한다. 그리고 정부에게 수시로 보고한다.
4. 개인 소유의 미술품	아측 교섭자는 일본정부 소유의 한국 미술품뿐만이 아니라 일본 국민 혹은 단체가 사적(私的)으로 소유한 것들도 정부가 파악하려고 한다는 점을 명심한다.
5. 한국 미술품의 정의	한국 미술품의 의미는 이전의 PS/9 지시에서 이미 정의되었다.

이 훈령의 첫 번째 특징은 한일회담에서 가장 중요하게 여겨졌던 청구권 문제 보다 문화재 반환 문제를 먼저 해결하려고 했다는 점이다. 그 이유는 '예비회담 이래로 이미 그 합의가 정해'져 있었기 때문이다. 여기에서 말하

24) 한국외교문서, 『제4차 회담 문화재소위원회 회의록』, 프레임 번호: 171~172를 바탕으로 작성.

는 '합의'란, 회담 중단기 때 합의된 구두전달사항을 말하는데, 교섭 당시 한국 측은 '그 외의 한국 미술품의 인도에 대해서는 전면회담에서 토의 및 논의하기로 한다'는 문장을 구두전달사항에 삽입하도록 강하게 요구했고, 반대하던 일본 측도 결국 이를 받아들였다. 한국정부는 인도받은 106점의 문화재 이외의 다른 문화재의 인도를 논의한다는 원칙이 구두전달사항을 통해 이미 합의되었기 때문에 동 문제를 먼저 해결한 후에 청구권 문제를 논의하려고 했었고, 이를 위해 초기 한일회담 당시 청구권위원회에서 청구권 문제와 함께 논의되었던 문화재 반환 문제를 따로 분리해서 논의할 수 있도록 문화재소위원회를 설치하려고 했던 것이다.

두 번째 특징은 문화재 목록과 조사에 상당한 관심을 보이고 있다는 점이다. 그 이유 또한 106점 이외의 다른 문화재들도 논의한다는 원칙이 구두전달사항으로 정해져 있었기 때문이다. 이와 관련하여 먼저 일본 측에 대한 문화재 목록 제출 요구가 있는데, 이는 일본 측이 한국 측에 건넬 준비가 된 최종 문화재 목록을 받은 후에 그것을 한국 측이 조사한 문화재 목록과 비교하려고 했을 것으로 추측된다. 양측의 문화재 목록을 비교한 후에 일본 측 목록에는 있지만 한국 측 목록에 없는 것은 일본 측 목록을 근거로 돌려받고, 그 반대의 경우에는 한국 측 목록을 근거로 반환을 요구하는 것이다. 다음으로 기존 문화재 목록 검토와 문화재 반출 경위 등의 조사, 그리고 국유 및 개인 소유 문화재 관련 조사가 있는데, 문화재 반환 문제 원칙이 정해진 상황에서 106점 이외의 문화재를 돌려받으려면, 어떠한 문화재를 돌려받을지를 조사해야 하고, 이를 목록으로 작성해서 일본 측에 제출할 필요가 있었던 것이다. 한국정부는 이와 같은 인식을 바탕으로 문화재 목록과 조사에 대한 지시를 내렸던 것이다.

이상의 논의를 정리해 보면, 한국정부는 구두전달사항이라는 문화재 반환 문제의 원칙이 이미 합의되었기 때문에, 청구권 문제보다 문화재 반환 문제를 먼저 해결하려고 했다. 이를 위해 기존의 문화재 목록 검토와 함께 일본현지조사를 통해 문화재 목록을 작성하고, 이 목록을 일본 측이 제출한 문화재 목록과 비교하면서 어떠한 문화재를 돌려받을 것인가를, 문화재 반환 문제만을 논의할 수 있는 문화재소위원회에서 결정하려 했다고 볼 수 있다. 초기 한일회담 당시 문화재 반환 문제가 청구권 문제와 함께 다뤄져 구체적으로 논의되지 못했다는 점, 구두전달사항을 통한 문화재 반환 문제 해결의 실마리가 마련되었다는 점에서 볼 때 제4차 회담 당시 한국정부는 보다 체계적인 계획과 그 실행을 기반으로 문화재 반환 문제를 본격적으로 해결하려고 생각하고 있었다고 볼 수 있다.

2) 한국문화재의 정의와 반출시기 논의

전술한 바와 같이 한일 양국은 문화재소위원회 설치에 합의를 했고 6월 4일에 제1회 문화재소위원회가 열리게 되었다. 이 회의에서는 한국문화재의 정의와 문화재가 일본으로 반출된 시기에 대한 논의가 이루어졌다. 일본 측이 새로운 정부 방침을 받지 않았기 때문에 한국 측의 견해를 듣고싶다고 말하자, 한국 측은 문화재 반환 문제의 중요성에 대해 설명한 후 한국미술품의 정의와 반출시기에 대한 설명과 함께 일본 측에 반환할 용의가 있는 문화재 목록 제출을 요청했다.25)

한국미술품의 정의와 반출시기는 다음과 같았다.26)

> A. 한국미술품이란 고서적, 미술품, 골동품, 그 외 문화재 및 지도원판을 포함한다.

---

25) 유태하 주일공사는 "청구권에 관한 문제 중에서 문화재 문제가 가장 중요하다고 생각하고 있다. 문화재는 일국의 발전에서 필수적 역할을 가지는 것으로 독립한 한국에게 있어서 특히 필요한 것이다. 일본이 문화재를 반환하는 일은 한국의 문화 및 국민감정에 큰 영향을 끼친다"라고 설명하면서, 문화재 반환 문제의 중요성을 강조했다. 위와 같음.

26) 日本外交文書, 「第四次日韓全面会談における請求権小委員会の第一回会合」, 1958年6月4日, No.445.

B. 한국으로서는 국내에 여러 가지 다른 의견도 있지만, 1905년 이후
한국에서 일본으로 가져간 한국문화재의 반환을 요구한다. 한국 국
내에는 1905년 이전에 일본이 가져간 것도 많아 이에 대한 반환을
요구해야 한다는 의견도 있지만, 본 소위원회의 원만한 해결을 위해
일단 1905년 이후로 한다. 따라서 일본 측에서 한국에게 반환할 용
의가 있는 한국문화재의 전 목록을 제출해 주실 것을 요구한다.

일본 측은 이에 대해 1905년은 통감부 설치와 관계가 있는지에 대해 묻
자 한국 측은 "1905년이라는 것은 통감부 설치와 관련있는 것이 사실이지
만, 몇 월 몇 일이라는 것은 일단 확인한 후에 알리겠다"고 답했다. 이에
일본 측은 한국이 독립을 하고 문화재를 모으고 싶다는 심정은 이해하고
있다고 말하면서 "문화재의 범위에 관한 명확한 제안이 있지만, 문화재 반
환에 대한 법률·형식 등의 기본적 문제도 있으며, 정부로부터 새로운 훈령
을 받지 않았기 때문에 지금 대답할 수는 없다"는 입장을 설명했다.[27]

한편 주일대표부는 회의 종료 후 반출시기와 관련하여 1905년 몇 월 며
칠인지에 대해 설명해 줄 것을 한국정부에 요청했다. 한국정부는 몇 월 며
칠이 중요한 것이 아니라 왜 1905년이 기준이 되었는지가 중요하다면서, 그
이유를 설명한 'Memo Randum'을 주일대표부에 보낸다.[28] 이 문서는 한국
측이 반환을 요구하는 문화재의 반출시기가 1905년이 되었다는 것을 명확
하게 설명한 점, 이를 통해 한국 측이 조사한 문화재와 일본 측에 요구한
문화재의 범위가 정해졌다는 점에서 중요한 의미를 가진다. 이 문서는 조선
에 대한 일본의 침략 과정과 그 예를 설명하면서 아래와 같이 문화재 반환
의 시점을 1905년으로 규정했다.[29]

---

27) 위와 같음.
28) 한국외교문서, 『제4차 회담 문화재소위원회 회의록』, 프레임 번호: 178.
29) 한국외교문서, 위의 자료, 프레임 번호: 174~175.

1905년부터 1910년까지 일본은 일련의 제국주의 정책과 위협으로 한국에 대한 지배력을 강화하고, 결국 1910년 8월 22일에 합병조약에 서명하기에 이르렀다. 따라서 일본의 한국 점령 역사는 1905년부터 기록되어야 한다.

1907년에 일본 황실에서 다나카(田中) 자작이 한국황태자 결혼식에 참가하기 위해 왔을 때 그는 풍덕(개성 남쪽에 위치했던 경기도 풍덕군: 필자 주)에 있는 아름다운 오래된 탑(경천사지 10층 석탑: 필자 주)을 선물로 요구했다. 왕이 분개하여 거절하자 다나카는 무장한 일본군을 보내 탑을 분해하고 배로 일본에 보냈다. 이것은 일본이 한국에서 함부로 국보를 뒤적이며 찾았던 방법을 예로 든 것이며, 1910년의 합병 이전에도 그러했다. 1905년 이후 일본인 침략자에 의해 많은 국보가 일본으로 반출되었다. 반출된 한국미술품의 반환 시기는 1905년으로 설정해야 한다.

주지하다시피 일본은 청일전쟁과 러일전쟁을 통해 조선에 대한 침략을 더욱 강화했고, 1905년 11월 17일에 체결된 제2차 한일협약으로 조선을 보호국화하면서 조선은 실질적으로 국권을 상실했다. 'Memo Randum'은 이와 같은 일본의 침략 과정에서 다나카 미쓰아키의 탑 해체·반출과 같이 일본인들이 마음먹은 대로 무엇이든 할 수 있었고,[30] 일본이 조선의 문화재를

---

30) 다나카 미쓰아키는 사도번(土佐藩) 출신으로 메이지(明治) 시기의 정치가였다. 육군 소장, 경시총감, 궁내고문관, 궁내차관, 궁내대신을 역임했다(デジタル版日本人名大辞典+Plus⟨https://kotobank.jp/dictionary/nihonjinmei/⟩). 한국외교문서에는 다나카가 황족, 자작이라고 되어 있지만, 그는 백작이 되었고 황족은 아니었다. 다나카는 데라우치 통감이 불법을 지적하면서 반환을 요구했지만, 이를 받아들이지 않고 10여 년간 그의 집 정원에 경천사지 10층 석탑을 보관했다. 그 후 1916년에 새로운 총독으로 부임한 하세가와 요시미치(長谷川好道)가 재차 반환을 요구했고 1918년 11월 15일에 동 석탑은 다시 조선으로 돌아왔다. 동 석탑은 해제된 상태로 경복국 근정전 회랑에 방치되었고, 해방 후 1960년이 돼서야 복원되었다. 그 후 1995년부터 2004년까지 다시 해체·보수·복원 작업을 거쳐 현재에 이르고 있다. 경천사지 10층 석탑에 대한 자세한 내용은 국외소재문화재재단, 『우리품에 돌아온 문화재』, 눌와, 2013, pp.238~251 및 문화재청, 『수난의 문화재 - 이를 지켜낸 인물이야기』, 눌와, 2008, pp.30~47 참조.

반출하기는 쉬운 일이었다고 지적하면서 반출시기를 1905년으로 설정한 것이었다.

2. 주일대표부의 일본현지조사

제4차 회담은 7월에 발생한 북송문제로 인해 7월 말부터 약 두 달 간 일시적으로 중단되었고, 이에 따라 문화재소위원회도 6월 4일 개최 이후 중단되었다. 이 시기 주일대표부는 그 동안 실시해 온 일본현지조사에 대한 결과를 한국정부에 여러 차례 전송하는데, 당시 한국정부가 문화재 목록 검토와 일본현지조사를 어떻게 진행하고 있었는지를 엿볼 수 있다는 점에서 중요한 의미를 가진다.

일본현지조사는 전술한 5월 21일 훈령에 따라 본격적으로 실시된 것으로 생각된다. 제4차 회담에서 문화재 반환 문제 전문위원으로 활동하고 있었던 황수영이 이를 담당했는데, 그는 일본에서 수집한 자료 등을 바탕으로 한국정부가 작성한 기존의 문화재 목록에 대해 의견을 개진하고 수정하는 한편 인도받은 106점의 문화재와 양산부부총 관련 489점의 문화재를 평가하는 등 문화재 목록 검토와 일본현지조사에서 중요한 역할을 한다.

주일대표부는 황수영이 작성한 '제1차로 반환된 문화재 106점의 평가에 대하여', '대일청구한국문화재목록 검토의 건', '도쿄국립박물관 소장 우리 문화재의 종별 수량에 관하여'에 관한 7월 7일자 보고서를 전송한다. 먼저 '제1차로 반환된 문화재 106점의 평가에 대하여'에서 106점의 문화재에 대해 학술적인 가치가 인정되지만 그 가치가 크지는 않다는 점, 금전적인 가치는 20만 내지 30만 엔 정도가 된다고 평가했다.[31] 이와 같은 평가는 제4장에서 검토한 일본 측의 평가와 확연하게 차이가 난다. 한일 양국 모두 106점의 문화재가 학술자료로 가치가 있다고 평가한 점은 동일했지만, 문

---

31) 한국외교문서, 앞의 자료, 프레임 번호: 196~199.

화재로써의 가치 평가는 달랐다. 한국 측은 "문화재로서의 가치는 별반 없는 것뿐"[32]이라고 평가했고, 반면에 일본 측은 하나의 고분에 관한 보고서가 빠짐없이 작성된 점, 출토품이 모두 모아져 있다는 점, 같은 시기 출토된 일본의 유물과 비교연구가 가능하다는 점에서 상당히 귀중한 가치가 있는 문화재라고 평가했다. 즉 106점의 문화재에 관해 일본 측은 가치 있는 문화재를 한국 측에 기증했다고 인식했고, 반면에 한국 측은 가치가 별로 없는 문화재를 반환받았다고 인식하고 있었던 것이다.

다음으로 '대일청구한국문화재목록 검토의 건'을 통해 "1945년 이전의 문서 또는 간행물과 같은 문헌자료를 주요한 근거로 하여 재일본문화재 전반에 대해 작성된 만큼 자료적 성격"을 띄고 있으며, 일본 패전 이후 개인 소유 문화재를 비롯한 문화재의 소유자와 소재지의 변동이 크다는 점, 문화재 반출 시기를 1905년 이후로 했기 때문에 임진왜란 때 약탈당한 문화재들은 제외해야 한다는 점, 문화재 목록 작성 당시 누락된 것이 있었기 때문에 새롭게 조사할 문화재가 상당수 있다는 점 등을 지적하면서 기존의 문화재 목록을 수정할 필요가 있다고 설명했다. 그리고 이와 같은 이유로 문화재 목록을 수정하기 위해 자료들을 수집하고 있지만, 단기간에 혼자 목록을 작성하는 일은 곤란하다고 토로했는데, 특히 개인 소유 문화재는 범위가 넓고 종류도 많으며 전문적 지식도 필요하고 일본 각지에 분산되어 있기 때문에, 고서적과 개인 소유 문화재 조사를 담당할 전문가 파견을 요청했다.[33]

'도쿄국립박물관 소장 우리 문화재의 종별 수량에 관하여'에서는 기존의 '대일청구한국문화재목록'[34] 중 1항목, 2항목에 수록된 도쿄국립박물관 소

---

32) 한국외교문서, 『제4차 회담 교섭 및 훈령』, 프레임 번호: 159.

33) 한국외교문서, 『제4차 회담 문화재소위원회 회의록』, 프레임 번호: 200~203.

34) '대일청구한국문화재목록'은 외교문서 상에서 발견되지 않기 때문에 현재 그 상세한 내용을 확인할 수가 없다. 해당 목록이 초기 한일회담에서 제출된 '한국 국보 고서적 목록 일본 각 문고 소장', '일본 소재 한국 국보 미술공예품 목록', '한국 국보 고서적 목록(제2차분)'들을 포함하고 있을 가능성은 존재하지만, 여러 가지 문화재

장 목록은 일제강점기 시기의 자료로 작성된 것이기 때문에, 새롭게 간행된 '도쿄국립박물관 소장품 목록'을 바탕으로 수정할 필요가 있으며, 조사 결과 도쿄국립박물관에는 고고자료 3,038점, 금속공예품 797점, 도자기 386점 등 총 5,617점의 한국 문화재가 소장되어 있다고 보고했다.[35]

주일대표부는 이후에도 황수영이 작성한 '문화재 489점(양산부부총 발굴품)의 평가에 대하여'라는 7월 14일자 보고서와 '도쿄국립박물관 소장 고려자기에 관하여', '오구라 다케노스케 소장품 신목록에 관하여'라는 7월 21일자 보고서를 전송한다. 7월 14일자 보고서에서는 양산부부총과 관련된 문화재들에 대해 물품의 성질, 발굴연대와 원소재지, 발굴경위, 유물의 종류, 고고자료로서의 가치와 시가에 대해 설명하면서 문화재와 학술자료로서 중요하다고 평가했다.[36]

7월 21일자 보고서에서는 도쿄국립박물관에 소장된 고려자기 386점 중 98점이 최우수품이며, 이토 히로부미(伊藤博文)가 1907년에 통감으로 부임한 후 우수한 고려자기를 일본으로 가져갔다는 반출경위를 설명했다. 다음으로 오구라의 소장품은 개인이 소유한 한국 문화재 중 양적·질적인 면에서 상당히 우수하고, 정부가 작성한 목록의 오구라 소장품은 1945년 이전의 자료를 바탕으로 한 것인데, 새로운 자료에 따르면 오구라 소장품에는 1,000점의 한국 문화재가 있다고 보고했다.[37]

목록들을 총칭해서 부르는 것인지, 혹은 또 다른 별개의 목록으로 존재하고 있는지는 확인할 수가 없다. '대일청구한국문화재목록'의 내용과 그 외의 문화재 목록과의 관계 등에 대해서는 앞으로의 연구과제로 삼기로 한다.

35) 한국외교문서, 앞의 자료, 프레임 번호: 204~206.

36) 한국외교문서, 앞의 자료, 프레임 번호: 208~212.

37) 한국외교문서, 앞의 자료, 프레임 번호: 214~217. 한편 한국정부는 문교부에 주일대표부의 보고서를 전달하여 문교부의 의견을 구하는 한편, 1905년이라는 반출시기와 도쿄국립박물관 소장 문화재 추가 목록을 바탕으로 문화재 목록의 수정을 요청했다. 또한 전적 전문가 파견에 대한 의견을 구하기도 했다. 한국외교문서, 앞의 자료, 프레임 번호: 223.

오구라 다케노스케는 '조선의 전기왕'으로 불릴 만큼 유명한 재조일본인
이었다. 그는 대구 지역에서 부동산과 고리대금을 통해 부를 축적하고, 전
기회사, 증권회사, 투자회사도 설립하는 한편 경북도회 위원, 대구상공회의
소 회장을 역임하면서 대구 지역에서 큰 영향력을 행사한 인물이었다. 그는
1920년대 조선에 불었던 발굴붐·도굴붐 시기에 낙랑, 가야, 신라 관련 유물
들을 수집했고, 1931년에는 도쿄의 사택에 수장고를 만들어 조선에서 수집
한 유물의 일부를 보관하기도 했다. 일본 패전 후에는 조선에서 수집한 유
물들을 일본으로 반출하여 1956년에 오구라 컬렉션 보존회를 만들기도 했
다. 오구라의 사망 이후 그의 아들이 1981년에 이 컬렉션을 도쿄국립박물관
에 기증하면서 국유 문화재가 되었다.[38]

한편 한국정부는 상기 보고서들을 검토한 후 문화재 반환 시기의 기점을
1905년으로 할 경우 기존 문화재 목록에서 수정해야 할 부분을 명시할 것,
개인 소유 문화재 보다는 일본정부 소유 문화재를 먼저 철저히 파악할 것
등 계속적인 조사를 지시하고,[39] 문화교육부에 상기 보고서를 전달하면서
문화재 목록 수정을 의뢰했다. 이와 함께 주일대표부에 '대일문화재 청구촉
구에 관한 건'이라는 훈령을 통해 아래와 같이 지시했다.[40]

> 아국 문화재 106점은 이미 반환받은 바 있으나 그 명단에 수교가 있는
> 지 오래되는 489점에 대해서는 현재 현물의 실제 반환이 지연되고 있음은
> 심히 유감으로 생각하는 바이며, 동 489점이 물론 아국이 만족할 만한 점
> 수가 아님은 더 말할 것도 없으니 앞으로 계속하여 일본 측이 가지고 있
> 는 아국 모든 문화재의 목록을 조속히 아측에 수교하도록 촉구할 것이나
> 이에 앞서 전기한 489점의 문화재 현물을 일본 측이 즉시 아측에 반환하
> 도록 최선의 노력을 다하시기 바랍니다.

38) 이에 관한 자세한 내용은 이형식, 「'조선의 전기왕' 오구라 다케노스케(小倉武之助)
　　와 조선사회」, 『동양사학회』 제145호, 2018 참조.
39) 한국외교문서, 앞의 자료, 프레임 번호: 221~222.
40) 한국외교문서, 앞의 자료, 프레임 번호: 224.

상기 훈령을 살펴보면, 당시 한국정부는 4월 17일에 106점의 문화재와 함께 받은 489점의 문화재 목록에 해당하는 문화재, 즉 양산부부총 관련 문화재를 돌려받을 수 있는 것으로 인식하고 있었다. 하지만 일본 측이 이를 돌려주지 않고 있었기 때문에 주일대표부에 이에 대한 신속한 처리를 지시했던 것이다. 489점의 양산부부총 관련 문화재는 이와 같은 한국정부의 인식과 함께 전술한 바와 같이 중요한 가치가 있었기 때문에 한국 측은 이후의 문화재 반환 교섭에서 동 문화재의 반환을 계속해서 요구한다.

당시 한국 측의 문화재 목록은 일제강점기 당시 작성된 자료를 바탕으로 작성되었기 때문에 수정할 필요가 있었으며, 문화재의 범위와 종류 등이 상당하여 해당 조사를 진행하는 데에도 큰 어려움이 있었다. 이와 같은 상황 속에서도 한국 측은 제4차 회담에서 문화재 반환 문제를 해결하기 위해 기존의 문화재 목록 검토와 일본현지조사를 본격적으로 실시하고 있었고, 이는 문화재 목록 작성의 중요한 밑거름이 되었다.

3. 한국 측의 '제1차 반환청구 한국문화재 항목' 제시

북송문제로 인해 일시 중단됐던 제4차 회담이 1958년 10월 1일부터 재개되면서, 문화재소위원회도 다시 열리게 되었다. 문화재소위원회는 첫 번째 회의 개최 이래 약 4달 만에 개최되었지만, 논의 자체에는 큰 진전이 없었다. 한국 측은 구두전달사항을 통해 문화재 반환 문제의 원칙이 정해졌다는 점, 그리고 이를 바탕으로 한 일본현지조사와 문화재 목록 작성을 통해 적극적으로 문화재 반환 교섭에 임하려고 했지만, 일본 측이 계속해서 소극적인 태도를 보였기 때문이다.

제2회(10월 4일), 제3회(10월 11일), 제4회(10월 18일) 문화재소위위원회와 두 번에 걸친 비공식회담(10월 10일, 10월 20일)에서 한국 측은 489점의 문화재를 신속하게 건네줄 것, 일본 측의 문화재 목록을 제출할 것 등을 요구했지만, 일본 측은 아직 문화재 반환 문제에 관한 기본방침이 결정되지 않았다는 점, 정부의 훈령을 받지 않았다는 점, 문부성과 문화재보호위원회를 설득해야 한다는 점 등을 들면서 한국 측의 요구에 응하지 않았다. 특히 한국 측은 문화재소위원회에서 논의가 진전되지 않자 문화재 반환 문제 관련 비공식 회의를 열어 동 문제를 논의하려고 했지만, 일본 측의 태도는 전혀 변함이 없었다. 한국 측은 이와 같은 상황을 타개할 행동을 취해야 했다.

이를 위해 한국 측은 제5회 문화재소위원회(10월 25일)에서 '제1차 반환청구 한국문화재 항목'(이하, '제1차 반환청구항목')을 제시한다. 한국 측이 동 항목을 제시한 이유는 문화재 반환 문제에 관한 지금까지의 추상적인 논의는 동 문제 해결에 도움이 되지 않는다고 생각하고 이를 실질적으로 해결하기 위해서였다.[41] 여기에는 아래와 같은 한국정부의 9월 22일자 훈령이 있었다.[42]

> 우리 대표단은 일본 측에게 489점의 문화재를 지체없이 건넬 것과 함께 한국에게 건넬 수 있는 목록을 제출할 것을 요구한다. 만약 일본 측이 모든 목록을 제출하기를 주저할 경우에 대표단은 일본의 답변을 위해서 대표단이 결정한 적어도 1,000점이 포함된 목록을 제출하고 앞으로 추가 목록도 제출한다는 조건을 추가한다.

즉 한국정부는 문화재 반환 문제에 대해 기본방침이 결정되지 않았다는 일본 측의 소극적인 태도에 대해 '제1차 반환청구항목'을 제시하고 이를 논의하면서, 일본 측을 구체적인 논의로 끌어들이려고 한 것이다.

'제1차 반환청구항목'은 〈표 10〉과 같이 다섯 개의 항, 1,015개의 문화재가 포함되어 있었으며, 반출 시기는 1905년 이후로 설정되어 있었다. 그리

---

41) 日本外交文書, 「第四次日韓全面会談における請求権小委員会(文化財)の第五回会合」(이하, 「第4次会談第5回文化財小委員会」), 1958年10月25日, No.445.

42) 한국외교문서, 앞의 자료, 프레임 번호: 15.

고 이미 인도받은 106점의 문화재와 489점의 양산부부총 문화재는 동 항목
에 포함되어 있지 않았다.

〈표 10〉 제1차 반환청구 한국문화재 항목[43]

항목	내용	수량
제1항	지정문화재(「중요미술품」을 포함)	81
제2항	소위 조선총독부(「조선고적연구회」)에 의해 반출된 것	201
제3항	소위 통감·총독 등에 의해 반출된 것	104
제4항	경상남북도 소재 분묘 그 외 유적에서 출토된 것	434
제5항	고려시대 분묘 그 외 유적에서 출토된 것	195
합계: 1,015개		

'제1차 반환청구항목'은 황수영이 문교부 원안을 재구성한 것이다. 문교
부 원안은 ① 한국문화재로서 일본 '국보' 또는 '중요미술품'으로 지정된
것, ② 경상북도 경주시 노서리 25번지 소재 고분 유물, ③ 경상북도 경주시
황오리 16호 고분 유물, ④ 평안남도 대동군 대동강면 정백리 127호·227호
고분 유물, ⑤ 평안남도 대동군 대동강면 석암리 201호 고분 유물, ⑥ 평안
남도 대동군 대동강면 남정리 116호 고분 유물, ⑦ 평안남도 대동군 대동강
면 왕우묘 유물, ⑧ 소위 통감·총독에 의해 반출된 미술공예품, ⑨ 경상남
북도 소재 고분 그 외 유적 출토 유물, ⑩ 고려시대 고분 그 외 유적 출토
유물 등 10개의 항목으로 구성되어 있었다.

황수영은 10월 23일자 보고서에서 먼저 제1항목을 수정한 이유를 다음과
같이 설명했다.[44]

일본에서 '국보', '중요문화재'라는 명칭이 현재 사용되고 있으며, 또

---

43) 日本外交文書,「第4次会談第5回文化財小委員会」, 1958年10月25日, No.445를 바탕으로 작
성. 한국 측이 일본 측에 제시한 목록에는 수량은 적혀있지 않고 항목만 적혀 있었다.
44) 한국외교문서, 앞의 자료, 프레임 번호: 242~243.

'중요미술품'이라는 명칭은 그에 해당되는 법률이 폐지되었음에도 불구하고 계속 사용되고 있다. 따라서 이상의 신구(新舊) 명칭들을 총괄하여 '지정문화재'라고 부르고 있으므로 이와 같은 표현을 선택하고자 한다. 이 같은 명칭 사용의 또 하나의 이유로서 일제시기에 우리 문화재가 일본에 반출되어 지정될 당시에는 '국보' 또는 '중요문화재'라는 두 가지 명칭이 사용되었으나, 해방 후 일본에서 새로운 법률이 제정됨에 따라서 종전의 '국보'가 전부 '중요문화재'로 개칭되었으므로 이 같은 점도 고려했다.

다음으로 문교부 원안의 제2항목부터 제7항목까지를 제2항목으로 통합한 이유는 조선고적연구회(제2항목~제6항목)와 도쿄대학(제7항목)이 발굴·반출한 동일한 성질의 것이기 때문이라고 설명했다. 이와 함께 황수영은 문교부 원안의 10개 항목을 5개 항목으로 재구성한 후 각 항목을 설명하는 자료도 작성했다.[45] 이와 같이 한국정부는 기존의 문화재 목록 검토와 일본현지조사를 통해 문화재 목록을 보다 현실성 있게 수정하면서 그 완성도를 높여 가고 있었다.

제5회 문화재소위원회에서 한국 측은 황수영의 설명 자료를 바탕으로 '제1차 반환청구항목'의 다섯 항목을 개략적으로 설명한 후에 본격적인 논의에 들어가서 구체적인 품목을 설명할 예정이며, 고서적과 그 이외의 문화재에 관한 제2차, 제3차 반환 요구 목록을 제출할 것이라고 말했다.[46] 또한

---

45) 한국정부가 황수영의 수정안에 대해 논의한 내용은 외교문서에서 찾을 수 없다. 황수영의 수정안이 일본 측에 그대로 제시된 것을 볼 때, 해당 수정안이 한국 내에서 그대로 받아들여졌을 가능성이 높고, 논의가 있었다고 하더라도 크게 문제가 되지 않았을 것으로 추측된다. 한편 황수영의 보고서 등 주일대표부가 제출한 일련의 보고서에 대해 한국정부가 어떻게 검토를 했고, 그 결과를 주일대표부에 제시했는가에 대한 자료는 지금까지 발견되지 않았다. 주일대표부와 한국정부 간의 보고서 등에 관한 논의는 위와 같은 이유로 인해 현재 검토할 수가 없다.

46) 제2차, 제3차 반환 요구 목록을 제출하겠다는 한국 측의 발언과 제5차 회담에서 한국 측이 제출한 '문화재 반환의 7항목'을 볼 때, '제1차 반환청구항목'은 당시 한국 측의 요구하려던 문화재들을 모두 포함하고 있지는 않았다. 하지만 동 항목이 제4차 회담부터 본격적으로 실시된 문화재 목록 검토와 일본현지조사를 바탕으로 작

한국 측에는 문화재 전문가가 있으므로 언제든지 문화재에 관해 설명할 용의가 있다고 말했다.47) 일본 측의 소극적인 태도와는 달리 문화재 반환 문제에 임하는 한국 측의 적극적인 자세를 확인할 수 있는 대목이다.

하지만 한국 측의 기대와는 달리 일본 측은 여전히 소극적인 태도를 취한다. 한국 측은 제6회(11월 1일)부터 제12회(12월 13일)까지의 문화재소위원회와 비공식회담(11월 7일)에서 일본 측이 적극적으로 논의에 임할 것을 촉구했지만, 일본 측은 정부 방침이 결정되지 않았다는 점 등을 이유로 여전히 소극적인 태도를 보였다.48) 일본 측은 제12회 문화재소위원회에서 일본 측의 사정을 설명하면서 동 위원회를 잠시 휴회하고, 내년에 다시 개최할 것을 제안했다. 그러나 한국 측은 문화재소위원회가 정체되고 있는 것은 일본 측이 여러 가지 이유를 들어가며 답변을 피하고 있기 때문이며, 일본 측이 논의에 적극적으로 임한다면 연내에 문화재 반환 문제를 해결할 수가 있다고 반박했다.49)

성되었다는 점, 그리고 실제로 일본 측에 제출되었다는 점에서 볼 때 당시 한국 측이 문화재 반환 문제 해결을 위해 문화재 목록의 완성도를 높여가고 있었다는 점을 확인할 수 있는 상징적인 자료라고 평가할 수 있다.

47) 日本外交文書,「第4次会談第5回文化財小委員会」, 1958年10月25日, No.445.

48) 한국 측은 비공식회담에서 문화재 반환 문제에 대한 한국 국내 상황을 "상하를 막론하고 관심을 가지고 있는 것은 문화재 문제이며, 한국 측에서는 예비협정에서 결정된 것을 왜 받지 못하는가로 당황하고 있다. 정말 곤란한 일이다. 하루라도 빨리 실행해 주기 바란다"라고 전하면서, 진전이 없는 교섭에 대해 불만을 드러냈다. 日本外交文書,「第二十一次澤田林会談要旨」, 1958年11月7日, No.316. 한편 일본 측은 한국 측과의 논의에는 소극적이었지만, 내부적으로는 '제1차 반환청구항목'에 대한 조사를 진행했다. 외무성은 문화재보호위원회에 동 항목의 조사를 의뢰했는데, 해당 문화재들은 도쿄국립박물관 등이 소장한 국유 문화재와 그 외 개인이 소유한 문화재로 구성되었으며, 모두 합법적으로 발굴 또는 정당한 취득절차를 통한 것이므로 반환할 필요가 없다는 결과가 보고되었다. 日本外交文書,「第四次日韓全面会談請求権小委員会五回(33.10.25)における韓国側の要求に対する意見」, 1958年10月, No.445.

49) 日本外交文書,「第四次日韓全面会談における請求権小委員会(文化財)の第一二回会合」, 1958年12月13日, No.445.

4. 일본 측의 문화재 인도 제안

야마다 히사나리(山田久就) 외무사무차관이 유태하 주일공사와의 회담을 요청하면서 1958년 12월 19일에 문화재 반환 문제, 어업 문제, 선박 문제 관련 논의가 이루어졌다.

야마다 외무사무차관은 한국 측에 평화선 철폐를 강하게 요구하는 한편 한국 측이 이에 응할 경우 1905년 이후 한국에서 반출 일본정부가 소유하고 있는 모든 문화재를 대국적 견지에서 인도하겠다고 제안했다. 그러나 한국정부가 요구했던 개인 소유 문화재를 넘기는 일은 불가능하며, 그 이유로 개인 소유 문화재의 소재를 완전하게 파악할 수 없다는 점, 대장성이 그 문화재를 사들이기 위한 예산을 책정해 주는 일도 불가능하다는 점을 들었다. 유태하 주일공사는 이 제안에 대해 외무성 사무차관으로서 공식적으로 언급하고 있는지를 물은 후 개인 소유 문화재도 반환할 것, 일본 측이 이에 대한 반환을 희망한다면 한국 측이 그 소재 파악을 위해 도울 것이라고 말했다. 그러나 야마다 외무사무차관은 전술한 이유를 들면서 개인 소유 문화재는 불가능하다고 다시 설명했다.[50] 한편 일본 측은 유태하 주일공사가 이 회담에서 이루어졌던 문화재 반환 문제 논의에 관해 야마다 외무사무차관이 일본정부 소유 문화재를 무조건 인도하겠다고 합의한 것처럼 한국정부에 보고했다는 소식을 듣고, 이는 유태하 주일공사가 문화재 반환 교섭을 위해 기만적인 행동을 한 것이라고 간주했다.[51]

한일 양국은 연말연시에 제4차 회담을 중지하기로 했는데, 대표 간 비공식 회담은 해를 넘겨 곧바로 이루어졌다. 일본으로 돌아간 유태하 주일공사는 사와다 수석대표와 1959년 1월 6일에 회담을 갖는다. 사와다 수석대표

---

50) 한국외교문서, 앞의 자료, 프레임 번호: 102~104 및 日本外交文書,「山田事務次官, 柳公使会談要旨」, 1958年12月19日(이하,「山田事務次官, 柳公使会談要旨」), No.321.

51) 日本外交文書,「山田事務次官, 柳公使会談要旨」, No.321.

는 일본 정계의 사정으로 인해 일본정부에 한일회담 관련 결정을 촉구하기
가 어려운 상태라는 사정을 설명했다. 이에 대해 유태하 주일공사는 진전이
없는 한일회담을 결렬시키자는 의견이 강해지고 있는 한국 사정을 설명하
면서, 일본정부가 문화재 반환 문제나 선박 문제를 어업 문제와 연관시키는
것은 타당하지 않으며 "무엇보다도 문화재의 문제는 작년 예비교섭 이래
돌려받을 수 있는 것처럼 국민들도 믿고 있으므로 역시 이것부터 타개하지
않으면 곤란하다. 그것을 다른 문제에 연관시킨다거나 하는 것은 모두가 인
정하지 않는다"고 지적했다. 사와다 수석대표는 이에 대해 문화재 반환 문
제만을 먼저 해결하기는 곤란하다고 말했다.[52]

이후 유태하 주일공사는 1월 12일에 열린 비공식 회담에서 개인 소유 문
화재에 관해 중요한 것만이라도 추가해 주기를 바란다고 말했다. 사와다 수
석대표는 일본정부가 사유재산에 손대기 시작하면, 사회가 불안정해질 위
험이 있기 때문에 정부로서는 그렇게 할 수 없다는 점을 한국정부에게도
전해주길 바란다고 답했다.[53] 주일대표부는 이와 같은 비공식 회담의 내용
에 대해 사와다 수석대표에 따르면 현재의 분위기에서 일본정부가 정부와
정부기관이 소유하고 있는 문화재를 한국에 반환할 것이라고 보고했다. 또
한 선박 문제에 관해서는 조선적(朝鮮籍)만을 반환한다는 일본 측의 입장을
한국 측이 받아들인다는 해결책을 제시하고, 이 이상의 해결은 불가능하다
고 하면서 한일 양국의 대표가 두 문제를 이 정도 선에서 처리하도록 노력
할 것을 요청했다고 보고했다.[54]

제4차 회담에서 한국 측은 문화재 반환을 요구했다. 1957년 12월 31일에
합의된 구두전달사항을 바탕으로 106점의 문화재가 인도되었고 이와 함께
489점의 문화재 목록도 받았으며, 제4차 회담부터 그 외 문화재를 논의하려

---

52) 日本外交文書, 「第二九次澤田, 柳会談要旨」, 1959年1月6日, No.322.
53) 日本外交文書, 「第三十次澤田, 柳会談要旨」, 1959年1月12日, No.322.
54) 한국외교문서, 앞의 자료, 프레임 번호: 105.

고 했다. 그러나 제4차 회담이 시작되자 한국 측의 예상과는 다르게 일본 측은 문화재 반환 문제에 대해 소극적인 태도를 보였다. 일본 측은 106점의 문화재 인도에 관한 국내 여론이나 국회의 비판도 있었기 때문에 문화재를 건넬지에 대한 기본방침이 명확하게 정해지지 않고 있었다. 이로 인해 제4차 회담에서도 문화재 반환 문제는 타결에 이르지 못했다.

5. 기본관계문제에 관한 일본정부의 방침

이하에서는 제4차 회담에서 논의되지 않았던 기본관계문제에 대해 일본 측이 어떠한 방침을 생각하고 있었는지를 살펴보기로 한다. 기본관계문제에 대한 일본 측의 방침은 제1차 회담에서 쟁점이 되었던 구조약의 무효확인 문제 관련 방침이나 향후 논의에서 쟁점이 된 관할권 문제 관련 방침이 있었기 때문에 관련 자료들을 검토해 볼 필요가 있다.

1957년 12월 31일에 이루어진 합의에는 비공식적인 '합의된 의사록'이 있고, 여기에는 제3차 회담부터 논의된 의제를 제4차 회담에서도 이어서 논의한다는 내용이 규정되었다. 기본관계문제에 관해서는 1910년 및 그 이전에 체결된 조약과 협정이 효력을 가지지 않는 사실 확인에 관한 조항, 주권의 존중 및 불간섭이 거론되어 있었다.[55] 제4차 회담 개최 후 한일 양국은 제6회 본회의(1958년 5월 6일)에서 기본관계위원회를 비롯한 현안 문제를 논의하는 위원회 설치에 합의했지만, 기본관계문제는 제4차 회담에서 한 번도 논의된 적이 없었다.[56] 제5차 회담에서도 기본관계위원회가 설치되기는

---

55) 日本外交文書,「日韓会談重要資料集」, No.525.
56) 기본관계문제가 논의되지 않은 이유에 대해 제4차 회담 수석대표였던 김유택은 "여타 위원회가 답보 상태에 있었기 때문"이라고 말했고, 사와다 수석대표는 "다른 위원회의 과제인 현안들이 모두 타결될 때 기본관계문제를 진행한다는 이해가 있었기 때문"이라고 말했다. 한국일보사,『재계회고 10 - 역대금융기관장편 II』, 한국일보사 출판국, 1981, p.173 및 沢田廉三,「日韓国交早期樹立を望む」,『親和』第94号, 1961, p.2

했지만 개최되지는 않았다. 이는 한일 양국이 다른 실질적인 현안 문제들을 해결한 후에 기본관계문제를 논의하려고 했기 때문이었다. 과거사 청산이라는 목적을 가진 기본관계문제가 한일회담에서 공동화되기 시작한 것이다.

한편 이 시기에 일본 측은 기본관계문제에 관한 방침을 검토하고 있었다. 먼저 1958년 2월 14일자 '제4차 일한회담 처리방침안'을 바탕으로 작성된 4월의 훈령에는 기본관계문제를 간단한 조약의 형식으로 해결하고, 조약의 내용으로는 외교관계와 영사관계 설정, 그 외 약간의 필요 사항 규정이 있었다. 그리고 교섭의 전제로 "표면적으로는 조선 전역에 이르는 문제를 한국정부와 교섭하게 되지만, 교섭에서 대한민국정부의 지배가 북한에 미치지 않는다는 현 실태에 비추어, 우리나라가 한국정부와 맺는 조약 중 사항에 따라서는 또는 조선 전역에 걸쳐 한정하는 일이 불가능 또는 부적합한 것이 있으며, 또한 만약 조선 전역에 걸쳐 규정하더라도 당장 현실적으로는 북한에는 적용할 수 없는 사항도 있을 수 있다는 점을 고려하기로 한다"고 하면서, 북한의 존재를 염두에 두는 입장을 드러내고 있었다.57)

이와 같은 방침은 7월 2일에 작성된 '일한회담 교섭방침'에서도 동일하게 나타났다. 이 방침에는 "한국정부를 한반도에서 유일하게 합법한 정부임을 전제로 교섭한다"고 되어 있는데, 이는 유엔결의에 따른 것으로 북한과의 민간무역방지와 같은 합의를 피할 것이라고 되어 있다.58) 즉 일본은 한국정부의 지위에 관해 유엔결의 195(Ⅲ)이 인정하는 의미에서 한반도에서의 한국정부의 지위를 인정하면서도 북한의 존재도 무시하지 않았던 것이다. 한국 측이 강하게 계속 주장해 왔던 구조약의 무효확인 문제에 대해서는 '일한기본조약 및 의정서'의 전문으로 "일본국과 구대한제국 간에 체결된 모든 조약 및 협정이 일본국과 대한민국의 관계에서 효력을 가지지 않는 것을 확인한다"라는 내용이 규정되어 있었는데,59) 한국 측이 강하게 요

---

57) 日本外交文書,「訓令第 号日本国と大韓民国との全面会談における」, 記入なし, No.1536.

58) 日本外交文書,「日韓会談交渉方針」, 1958年7月2日(이하,「日韓会談交渉方針」), No.1538.

구할 경우에는 가능한 한 가벼운 방식으로 인정하는 것이 검토되었다.[60] 이와 같은 일본정부의 관할권 문제와 구조약의 무효확인 문제에 관한 입장은 이후 이를 둘러싼 논의에서 한국 측과 대립을 하게 된다.

제3절 제4차 회담의 중단과 한일 양국의 교섭 준비

1. 한국 측의 문화재 반환 교섭 평가

1958년 10월 1일부터 재개된 제4차 회담은 북송문제가 발생하면서 1959년 1월부터 또다시 중지되었다. 한일 양국은 제11회 본회의(8월 12일) 개최를 계기로 제4차 회담을 재개했지만, 대부분 북송문제 논의에 집중했기 때문에 문화재 반환 문제를 비롯한 다른 주요 의제들은 거의 논의되지 않았다. 이후 한국에서 4·19 혁명이 일어나 이승만 정권이 물러나게 되면서 이에 따라 제4차 회담도 막을 내리게 된다.

한국 측은 제4차 회담이 중단된 시기에 '제4차 한일회담 대표에 대한 설명자료'(1959년 8월 11일)를 작성하고, 주요 의제들과 회담의 전반적인 진행 상황에 대해 평가했다. 먼저 1958년 4월 15일부터 12월 20일까지 열린 제4차 회담은 이렇다 할 성과를 얻지 못했고, 주요 의제들도 실질적인 논의에 들어가지 못했다고 분석하면서 그 원인이 일본 측에 있다고 지적했다. 한국 측은 문화재 반환 문제, 선박 문제 등 다른 의제들에 비해 비교적 단순하게 해결할 수 있는 의제들을 먼저 해결한 후에 복잡하고 많은 시간이 걸릴 것으로 예상되는 청구권 문제와 어업 문제 등을 논의하려고 했는데,

---

59) 日本外交文書,「日韓基本条約及び議定書(第一案)」 및「日韓基本条約及び議定書(第二案)」, 1958年 4月22日, No.1537.

60) 日本外交文書,「日韓会談交渉方針」, No.1538.

이와 같은 전략은 문화재 반환 문제와 선박 문제를 토의하면서 일본 측의 태도를 파악하고, 제4차 회담을 순조롭게 진행하기 위해서였다. 그러나 일본 측은 두 문제에 대해 분명한 의견을 개진하지도 않고 평화선 문제 등 어업 문제에만 관심을 보이면서, 이 문제에서 어느 정도 성과가 얻어야 다른 문제의 토의에 응한다는 지연작전을 취했는데, 이와 같은 한일 양국의 회담 진행의 방법 차이가 북송문제와 함께 제4차 회담의 순조로운 진행을 막았다고 분석했다.[61]

한편 문화재 반환 문제에 대해서는 문화재소위원회가 한국 측의 강한 주장에 따라 설치되었다고 평가하고, 106점의 문화재와 489점의 문화재 목록을 아래와 같이 평가했다.[62]

동 소위원회의 개최에 앞서 1958년 4월 16일 일본정부는 전기 구두성명의 체면상 도합 106점의 우리나라 문화재를 반환했는데, 이것들은 대체로 문화재로서의 가치가 별반 없는 것들 뿐인 것이었다. 이것도 일본 측은 '반환'한 것이 아니고 일본 국내법에 의한 '기증'이라고 말하고 있는 것이다. 이 때에 동시에 일본은 489점의 한국문화재 목록을 우리에게 수교했는데, 이에 대해서도 반환하겠다는 것인지 또는 반환한다면 언제할 것인지에 관해서는 아무런 언질도 주지 않았던 것이다.

전술한 바와 같이 한국정부는 106점의 문화재에 대한 가치를 조사하여 학술자료로서는 가치가 있지만, 문화재로서는 가치가 별로 없다고 평가했다. 즉 106점의 문화재는 한국 측이 원했던 중요한 것이 아니었고, 특히 일본 측이 그것을 기증한 것이라고 한 것에 대해 불만을 나타냈다. 106점의 문화재와 함께 받은 489점의 문화재 목록에 관해서도 일본 측이 아무런 행동을 취하지 않았기 때문에 한국 측이 불만을 드러내지 않을 수 없었다.

---

61) 한국외교문서, 『제4차 회담 교섭 및 훈령』, 프레임 번호: 144~145.
62) 한국외교문서, 위의 자료, 프레임 번호: 159.

문화재소위원회 진행에 관해서는 12번에 걸쳐 문화재소위원회가 열렸음에도 불구하고 일본 측의 지연작전으로 인해 진전이 없었으며, 이 지연작전은 다른 위원회보다도 문화재소위원회에서 특히 두드러졌다고 분석했다. 그리고 문화재소위원회가 구체적인 논의로 들어가지 못한 이유로는 문화재 반환 문제에 대한 정부의 기본방침이 결정되지 않았다는 점, 국내법 규정과 국내 여론에 의해 한국 측 요구에 응하기 어렵다는 점, 동 문제가 다른 의제들과 연관되어 있다는 점을 들었다. 또한 489점의 문화재 반환에 대한 언급이 없었던 점, 문화재 목록 제출에 대한 일본 측의 회답이 없었던 점, 한국 측의 '제1차 반환청구항목'에 대한 구체적인 토의를 거부한 점들을 들면서 "소위원회는 우리에게 반환되어야 할 문화재에 관한 구체적인 토의를 할 단계에도 이르지 못하고 말았다"라고 문화재소위원회 논의를 평가했다. 일본 측이 비공식회담에서 제안한 국유 문화재 인도에 대해서도 "경우에 따라서는 반환할 수도 있다고 말하고 있다는데, 이것도 그들이 과연 타위원회에서 어떤 소득을 얻기 전에 전면회담의 원활한 진행을 돕는 정신에서 그들 정부 소유의 문화재를 반환하겠다고 공언할 용의가 있는지 의심스러운 것이다"라고 부정적으로 평가했다.[63]

이와 같이 한국 측은 제4차 회담이 순조롭게 진행되지 못한 것은 일본 측의 지연작전, 즉 소극적인 태도에 그 원인이 있었으며 문화재 반환 문제에서 그것이 특히 현저하게 나타나 구체적인 논의가 이루지지 못했다고 평가하고 있었다.

2. 한국 측의 문화재 목록 준비

한편 한국정부는 1959년 10월 7일자 훈령에서 일본 측에 청구할 '일본 소재 미술품 및 고고학 자료 누적 목록'을 주일대표부에 송부하고, 해당 문

---

63) 한국외교문서, 위의 자료, 프레임 번호: 159~161.

화재가 되도록 빨리 반환되도록 교섭할 것을 지시했다. 동 목록에는 '미술품 및 고고학 자료 누적 목록', '고서적 누적 목록', '제1차 반환청구 한국문화재 항목,'[64] '개인 소유의 한국문화재 청구품목'이 포함되어 있었는데, 당시 한국 측이 요구하려고 했던 문화재의 종류와 수량 등 한국 측의 요구 규모를 알 수 있다는 점에서 중요한 자료로 평가할 수 있다. 전술한 바와 같이 1958년 5월 22일자 훈령 이후 주일대표부가 일본현지조사를 본격적으로 실시했고 그 결과를 한국정부에 보고하면서 문화재 목록을 수정했는데, 이와 같은 과정에서 볼 때 상기 목록은 기존의 문화재 목록 검토와 일본현지조사를 바탕으로 작성된 것으로 추정된다.

먼저 '미술품 및 고고학 자료 누적 목록'은 일본정부 소유 문화재와 비정부 소유 문화재로 두 부분으로 나누어져 있었는데, 이를 정리하면 〈표 11〉, 〈표 12〉와 같다.

〈표 11〉 일본정부 소유 미술품과 고고학적 자료 누적 목록[65]

소재지	수량(점)	소재지	수량(점)
도쿄박물관	5,617	교토박물관	5
도쿄대학	412	교토대학	345
도쿄예술대학	83	·	·
합계: 6,471			

〈표 12〉 개인 소유 미술품과 고고학적 자료 누적 목록[66]

항목	소유자 및 품목	수량(점)	소유자 및 품목	수량(점)
개인 소유	오구라 다케노스케	1,002	이치다 지로(市田次郞)	292
	야쓰이 세이이치(谷井濟一)	1,863	시바타 레이조(柴田鈴三)	90
	가루베 지온(輕部慈恩)	11	·	·

---

64) 동 항목은 본장 제2절에서 검토한 '제1차 반환청구 한국문화재 항목'이다.
65) 한국외교문서, 『제4차 회담 문화재소위원회 회의록』, 프레임 번호: 251.
66) 한국외교문서, 위의 자료, 프레임 번호: 251~252.

그 외	도자기	744	불화	70
개인	회화	44	거울	120
소유	종	7	·	·
그 외	고고학적 자료	167	석조물	6
	목조물	246	기와	1,338
합계: 6,018				

　한국정부는 일본정부 소유 문화재뿐만이 아니라 개인 소유 문화재에 관
해서도 전부 파악할 수는 없었겠지만, 이를 되도록 상세하게 조사하려고 노
력했을 것이다. 일본정부 소유 문화재는 도쿄국립박물관에 소장된 것이 대
부분을 차지하고 있고, 개인 소유 문화재는 오구라 다케노스케, 야쓰이 세
이이치, 이치다 지로 등이 소유하고 있는 것과 도자기, 목조물, 기와류가 큰
비율을 차지하고 있다.

　한편 한국정부는 일본 측과 교섭을 하면서, 일본 측이 개인 소유 문화재
반환을 거부할 경우 '제1차 반환청구항목' 중 80점의 개인 소유 문화재는
반드시 청구해야 하고, 동 항목 중 개인 소유 문화재 80점을 제외한 935점
의 문화재와 489점의 양산부부총 관계 문화재는 어떠한 상황에서라도 돌려
받아야한다고 지시했다.[67] 한국 측이 일본 측에 동 항목을 제시했을 때는
항목만 있었고 수량이 적혀있지 않았는데, 한국정부가 주일대표부에 송부
한 목록에는 〈표 10〉과 같이 수량도 제시되어 있었다. 이중 개인 소유 문화
재는 제1항목 81점 중, 80점을 차지하고 있었다.[68]

　다음으로 '고서적 누적 목록' 관련 내용을 정리하면 〈표 13〉과 같다.

---

67) 한국외교문서, 위의 자료, 프레임 번호: 248~249.
68) 한국외교문서, 위의 자료, 프레임 번호: 253~254.

<표 13> 고서적 누적 목록69)

소재지	수량(책)	소재지	수량(책)
내각 문고	2,566	요네자와 우에스기가(上杉家) 소장본	10
궁내청 도쇼료	895	난키 문고(南葵文庫)	·
세카도 문고	2,643	요네자와 도서관	253
호사 문고	1,335	도호쿠대학(東北大学) 도서관(정부 소유)	273
손케카쿠 문고	2,708	이시이 세키스이켄 문고(石井積翠軒文庫)	119
세키도 문고	384	이와자키 문고(岩崎文庫)	557
쇼코칸 문고	154	다카기 문고(高木文庫)	9
미토가(水戸家) 소장본	19	류코쿠 대학본(龍谷大学本)	38
동양문고(정부 소유)	4,900	세이슈 문고(青洲文庫)	19
합계: 18,288			

해당 목록에는 내각 문고 2,566책, 궁내청 도쇼료 895책, 동양문고 4,900책 등 18곳의 소재지와 18,288책이 제시되었고, 고서적은 다른 미술품과 함께 해결해야 하며, 1905년 이전에 반출된 내각 문고와 궁내청 도쇼료에 대한 청구가 가장 중요하다고 지시되었다.70) 이 목록은 제1차 회담 제3회 청구권위원회(1952년 2월 27일) 당시 한국 측이 제출한 '한일 간 청구권 협정 요강 한국측 제안의 상세'의 제1항목에 기재되어 있었던 12곳의 소재지 보다 더 조사된 것이었다.71)

마지막으로 '개인 소유의 한국문화재 청구품목'은 <표 14>와 같이 정리할 수 있다.

---

69) 한국외교문서, 위의 자료, 프레임 번호: 252~253.
70) 한국외교문서, 위의 자료, 프레임 번호: 249.
71) 동 자료의 제1항목에는 고서적 소재지 12곳 미술공예품 소재지 5곳이 기재되어 있었다. 상세안의 자세한 내용은 日本外交文書, 「日韓会談第三回請求権委員会議事録要録」, 記入なし, No.1177 참조.

<표 14> 개인 소유 한국문화재 청구품목[72]

항 목	수량(점)	항 목	수량(점)
지정문화재	80	데라우치 마사타케에 의해 반출된 고서적, 회화, 불상	·
오구라 다케노스케 소유 문화재	1,002	이치다 지로 소유 문화재	292
합계: 1,374			

해당 목록에는 지정문화재 80점, 오구라 소장품 1,002점, 이치다 지로 소장품 292점 등 총 1,374점이 제시되어 있었다. 이 목록에서 흥미로운 점은 오구라 다케노스케와 이치다 지로가 다시 거론되었다는 점이다. 전술한 바와 같이 '미술품 및 고고학 자료 누적 목록'의 비정부 소유 문화재에서 이들은 이미 거론되었다. 외교문서에서 이들이 재차 거론된 이유를 찾을 수는 없지만, 한국정부가 개인 소유 문화재 중 이들이 소유하고 있는 문화재가 그 만큼 중요하고 이를 반환 받아야 할 주요 문화재로 인식했다고 추측할 수 있다.

한국 측은 제5차 회담에서 열린 제1회 문화재소위원회(1960년 11월 11일)에서 '문화재 반환의 7항목'을 제출했고, 한일 양국은 제2회 전문가회의(1961년 5월 8일)부터 이에 대해 논의했는데, 여기에서 오구라 소장품을 처음으로 언급했다. 즉 한국 측은 제2회 전문가회의에서 제1항목의 지정문화재는 오구라 소장품이 대부분 차지하고 있다고 지적하고, 그 내용과 입수경위를 설명한 후 경상남도 창녕군에 위치한 고분에서 출토된 문화재를 비롯한 오구라 소장품의 현황 조사를 요구한다. 그 이후에도 오구라 소장품의 반환을 계속해서 제기한다. 이치다 소장품은 제6차 회담의 제4회 문화재소위원회(12월 5일)에서 처음으로 논의되었다. 한국 측은 이치다 지로가 삼국시대의 불상이나 황금장식품을 일본으로 반출했다고 지적하고, 그의 사망으로 인해 수집품이 분산되어 이를 파악하기 어렵기 때문에 일본 측에 이

---

72) 한국외교문서, 앞의 자료, 프레임 번호: 254.

에 대한 조사를 요청한다.

이상과 같이 제4차 회담 당시 한국정부는 기존의 문화재 목록 검토와 함께 일본현지조사를 통해 반환을 청구할 문화재를 적극적으로 조사하면서 문화재 목록들을 작성해 가고 있었다. 해당 목록들은 일본에 소재한 한국 문화재가 모두 조사된 것은 아니었지만, 기존의 문화재 목록 검토와 일본현지조사 등을 통해 그 완성도를 높여 가고 있었음을 확인할 수 있다.

3. 외무성과 문화재보호위원회의 논의

외무성은 1960년 4월 6일에 문화재보호위원회와 박물관, 대학이 소유한 문화재 등 문화재 반환 문제의 쟁점에 관한 회의를 열었다. 외무성은 문화재를 어느 정도 내어줄 수 있는지를 결정할 필요가 있다고 말한 후 관련 대학이 학술 진흥의 견지에서 한국 측에 문화재를 건넬지를 물었다. 문화재보호위원회는 "대학은 정당하게 입수했다는 점과 정치상의 문제로 이용당하고 싶지 않은 점에서 이에 응하지 않을 것이다. 또한 현재 대학의 것은 얘기가 되고 있지 않다"는 반대의 입장을 설명했다. 다음으로 외무성은 도쿄국립박물관이 소장한 문화재가 곤란한 이유와 한국 측이 문화재를 어느 정도 요구할 것인지에 물었다. 이에 대해 문화재보호위원회는 도쿄국립박물관의 문화재는 문화재보호위원회에서 난색을 표하고 있지만, 협정이 체결되면 어쩔 수 없이 협력하게 될 것이라는 점, 한국 측이 어느 정도 만족할지 모르기 때문에 일본 측도 어느 정도 건넬지 밝히지 않고 있다는 점을 설명했다.[73]

이어서 외무성은 어업 문제 등 한일회담이 진행되면 문부성도 문화재 반환 교섭에 참가할 것을 요청하는 한편 도쿄국립박물관의 문화재를 한국 측에 건넬 경우 모든 문화재가 대상이 되는지에 대해 물었다. 이에 대해 문화

---

73) 日本外交文書, 「韓国文化財に関する件」, 1960年4月6日, No.570.

재보호위원회는 "한국 측은 1905년 이후의 것을 목표로 하고 있는 것 같으므로, 입수 연대를 명확하게 할 필요가 있다. 박물관이 한국에서 발굴한 것은 알지만, 고려자기 등 민간에서 받은 것은 연대가 불명확한 것이 있다. 그러나 1905년 이후 가져온 것으로 국립박물관이 소장한 것으로 한정하면 문제는 편해진다"고 답했다. 이에 외무성은 문화재를 돌려줄지에 대한 여부와는 별개로 1905년 이후 가져온 국유 문화재 목록 작성에 협력해 줄 것을 문화재보호위원회에 요청했다.[74)

한편 한일 양국은 10월 25일에 제5차 회담을 개최하기로 합의했고, 한일 회담의 현안 문제를 해결하려는 분위기가 높아지고 있었다. 이와 같은 상황 속에서 외무성과 문화재보호위원회는 9월 9일에 문화재 반환 문제에 관한 회의를 갖는다. 외무성은 문부성과 문화재보호위원회에 협력을 요청했다. 외무성은 한국 측이 의무로서 문화재 반환을 고집하고 있지는 않은 것 같으며, 권리·의무가 아닌 문화협력이라는 기분으로 문화재를 건넬 생각이고, 한국 측이 요구하는 모든 문화재가 아니라 가능한 것을 건네주면서 이 문제를 해결하는 것이 가장 좋은 방법이라고 설명했다. 그러나 문화재보호위원회는 한국 측은 문화재를 돌려받는 일이 당연하다고 생각하고 있는 것 같으며, 그것은 한일병합조약 무효론에 기초한 것이기 때문에, 그렇다면 정당한 절차를 거쳐 입수한 문화재를 건네는 일은 생각해 볼 필요가 있다면서 반대 의견을 개진했다. 또한 도쿄국립박물관의 한국 관계 문화재를 건넬 경우 일본에 그와 같은 문화재가 전혀 없게 된다는 점, 중요문화재가 대상이 될 경우 법률 개정이 필요하다는 점을 설명하면서 한국 측에 문화재를 건네는 일을 반대했다.[75)

다음으로 외무성은 베르사유 조약에 따른 이탈리아의 문화재 반환, 인도

---

74) 위와 같음.

75) 日本外交文書, 「韓国文化財に関する文部省当局との懇談に関する件」, 1960年9月19日(이하, 「韓国文化財に関する文部省との懇談」), No.571.

네시아와 네덜란드 간의 협정과 같은 선례를 들면서 "한국의 경우 일단 문화협력이라는 형태로 어떻게든 되지 않을까"라고 물었다. 문화재보호위원회는 "권리·의무의 관계가 아니라고 말하지만, 적극적으로 반환할 의무도 없고 일본 측이 자발적 의사에 기초한 증여라고 한다면, 건넬 품목도 일본 측이 자유롭게 고르면 된다고 생각한다. 오히려 민간 것들은 사들여서 보내는 것도 하나의 방법이라고 생각한다"고 답변했다. 회의가 끝나갈 무렵 외무성은 한일회담에 문부성과 문화재보호위원회가 참가할 것을 요청했는데, 문화재보호위원회는 "위원회와 같은 곳에 나가는 일은 곤란하지만, 비공식적인 간담회라면 나가도 상관없다"고 말하면서 한일회담 참가를 수락했다.[76] 이후 문화재보호위원회는 제5차 회담에서 문화재 반환 문제를 위한 전문가회의에 참가하게 된다.

제4차 회담이 종료된 이후 외무성은 문화재보호위원회와 회의를 가지면서 문화재 반환 문제에 대해 논의했다. 외무성은 동 문제를 해결하기 위해 어느 정도의 문화재를 한국 측에 건넬 필요가 있다는 입장이었지만, 문화재보호위원회는 기본적으로 이에 반대하는 입장을 견지했고 건네주게 될 경우는 일본 측이 선택한 것을 건네주면 된다는 입장이었다. 이와 같은 외무성과 문화재보호위원회의 입장 차이는 완전하게 해소되지 않았고, 이후의 문화재 반환 교섭에도 영향을 끼치게 된다.

4. 외무성의 문화협정 논의

외무성은 문화재보호위원회와의 논의를 거쳐 10월 6일에 외무성 내의 내부회의를 가졌다. 먼저 마에다 도시카즈(前田利一) 북동아시아과장은 문부성과 문화재보호위원회가 '물품의 무상대부 및 양여 등에 관한 법률'(이하, 법229호)을 통해 문화재를 한국 측에 건네는 일은 무리이며, 한국 측의 반

---

76) 위와 같음.

환 주장에 응하지 않는다는 입장을 설명했다. 그리고 이세키 유지로(伊関佑二郎) 아시아국장이 내린 9월 19일의 지시에 관해 국회 승인을 통한 협정이 필요하고, 국내법과 배치될 경우 국내법의 개정이 필요하다는 조약국의 답변을 전했다. 조약국에서는 문부성과 문화재보호위원회가 법229호를 내세우는 것은 문화재를 "건네고 싶지 않은 구실이지 않은가"라고 말하고, 이 법률을 다시 적용시키는 것은 불가능한지, 그리고 같은 규정에 있는 교육·시험을 위한 "필요한 인쇄물, 사진, 그 외 이에 준하는 물품"을 적용할 수 있는지 그 여부에 대해 물었다. 우라베 도시오(卜部敏男) 참사관은 이 질문에 대해 그 규정을 문화재에 적용시키기는 무리이며, 106점의 문화재를 이 규정에 적용한 것 자체도 이상할 정도라고 답했다. 마에다 북동아시아 과장은 법229호 적용이 절대로 불가능한 것인지에 대해 한 번 더 검토할 것을 법제국에 의뢰했다.[77]

다음으로 문화재 반환 문제 해결을 위해 문화협정의 부속교환공문으로 할지, 부표(附標)와 같은 형태로 할지에 관한 논의가 이루어졌다. 우라베 참사관은 그것이 가장 확실한 형태가 된다고 찬성했지만, 문화교류는 상호적이어야 하며 일방적으로 문화재를 인도한다는 규정은 이상하다는 반대의견도 있었다. 이에 대해 마에다 북동아시아 과장은 한국에 있는 오타니 컬렉션과 교환하면 깔끔한 형태가 된다는 의견을 제시하기도 했다. 이 논의에서 북동아시아과는 조약국에 법229호의 적용 가능성과 문화협정의 선례에 어떠한 내용이 있는지를 조사하도록 의뢰했다. 그 후 우레베 참사관은 "문화협정은 장래의 문제이며 지금까지의 문화재 반환 주장을 반복할 가능성이 있다. 그 경우 일본 측도 종래와 같은 주장을 내놓지 않을 수 없다. 그렇게 한다면 회담의 분위기를 망가뜨리게 된다", "미리 문부성과 함께 한국 측에 건넬 수 있는 문화재의 윤곽을 정해놓을 수 있다면 교섭하기 쉽다"고 말했다. 이에 대해 "그 경우 일본 측은 한국 측이 권리·의무를 주장하지 않는다

---

77) 日本外交文書, 「韓国文化財問題に関する第1回省内打合会に関する件」, 1960年10月6日, No.573.

면 인도를 고려할 용의가 있다는 것으로 설득하는 것 이외에는 방법이 없다", "문부성 측은 원래 인도에 반대했지만, 나라의 방침으로 인도가 결정되면 어쩔 수 없다는 태도를 취하고 있다"는 의견이 나왔다.[78]

이상과 같은 외무성 내의 논의에서 알 수 있는 바와 같이 외무성은 문부성과 문화재보호위원회의 문화재 반환 문제에 대한 반대를 염두에 두면서, 동 문제를 해결할 방법을 모색하고 있었다. 그 방법은 106점의 문화재를 인도했을 당시 적용한 법299호를 다시 적용할 것인지, 또는 문화협정으로 할 것인지 여부였다. 문부성과 문화재보호위원회에 대해서는 한국 측에 건넬 문화재 목록을 작성할 필요가 있다는 점에서 그들의 협력을 요청하는 한편 문화재 반환 문제에 대한 정부 방침이 결정되면, 이에 따를 수밖에 없다고 판단하고 있었다. 또한 외무성은 문화재 인도는 한국 측이 주장하는 권리·의무로써 이행하지 않을 것이라는 종래의 인식을 견지하고 있었다.

회의 종료 후 외무성은 10월 15일에 대장성과 회의를 갖고, 문화재를 한국 측에 인도할 경우 법률문제를 어떻게 할 것인지에 대해 의견을 물었다. 대장성은 106점의 문화재 인도 당시 적용된 법률 해석은 무리였기 때문에 문부성과 문화재보호위원회가 주장한 법률문제를 피하고 문화재 반환 문제를 해결할 수 있다고 말했다. 이후 외무성은 문화재 반환 문제의 해결방법으로 문화협정을 상정하게 되고, 제6차 회담에서 이를 한국 측에 제안한다.[79]

---

78) 위와 같음.
79) 日本外交文書, 「韓国文化財引渡しのための法律問題について大蔵省担当者との打合せに関する件」, 1960年10月15日, No.572.

제4절 제5차 회담의 문화재 반환 교섭

1. 한국 측의 '문화재 반환의 7항목' 제시

1958년 8월부터 재개된 제4차 회담은 1960년 4월 19일에 일어난 4·19 혁명을 계기로 다시 중단되었다. 4·19 혁명은 3월 15일에 자행된 대통령 선거 부정, 이승만 대통령의 독재와 탄압이 그 원인으로 학생들을 중심으로 전국적인 반대 시위가 일어났고, 이승만 대통령은 결국 사임한다.[80] 대통령 권한대행을 맡은 허정 외무장관은 4월 27일에 "한일 관계의 조속한 정상화를 희망한다"고 말했고, 후지야마 외무대신도 "쌍방이 대국적 건설적 입장에서 빠르게 국교정상화를 실현하도록 최선을 다한다"고 답했다.[81] 8월 23일에 출범한 장면 정권은 이승만 정권의 감정적인 외교를 "지양하고, 평등과 상호존중의 원칙 아래서 진지한 회담을 통하여 현안해결에 최선을 다하고자" 한다고 밝혔다.[82]

한편 비슷한 시기에 일본에서도 기시 총리가 물러나고 이케다 하야토(池田隼人)를 수반으로 하는 새 내각이 출범했다. 1957년 2월부터 총리가 된 기시는 헌법개정, 미일안보조약 개정을 실현하고자 했다. 기시 내각은 미일안보조약에 대한 대규모 반대 시위가 있었음에도 불구하고, 이 안을 통과시킨 후 6월 23일에 총사직했다. 이후 총리가 된 이케다는 일본 국내의 한일회담 조기해결 움직임에 따라 기시 내각의 소극적인 태도와는 달리 한일회담에 적극적으로 임하기로 했다.[83] 그 일환으로 고사카 젠타로(小坂善太郎)

---

80) 외무성은 이승만 대통령의 사임에 대해 "일한 양국 간의 암이 사라졌다", "우리나라가 다음에 와야 할 새로운 한국정부에 큰 기대와 관심을 기울이는 일은 당연한 것"이라고 말했다. 日本外交文書,「国際問題シリーズ 第27号 日韓交渉 - その経緯と問題点 - 」, No.644.

81) 鹿島平和研究所,『日本外交史第28巻 - 講和後の外交Ⅰ 対列国関係(上)』, 鹿島研究所出版社, 1973, p.81.

82) 『경향신문』, 1960년 9월 30일.

외무대신을 한국에 파견하기로 하고, 한국정부도 이를 수락했다. 일본의 각료로서 패전 이후 처음으로 방한한 고사카는 윤보선 대통령, 장면 총리, 정일형 외무장관과 차례로 회견을 했고, 한일 양국은 10월 25일에 도쿄에서 제5차 회담(1960년 10월 25일~1961년 5월 16일)을 개최하기로 합의했다.

한일 양국은 11월 2일에 열린 제2회 본회의에서 제4차 회담과 같이 기본관계위원회, 한국청구권위원회, 어업 및 평화선 위원회, 재일한국인의 법적지위위원회를 설치하기로 합의하고, 문화재 반환 문제는 한국청구권위원회의 문화재소위원회에서 논의하기로 했다.

제1회 문화재소위원회는 1960년 11월 11일에 개최되었다. 제4차 회담에서 마지막 문화재소위원회가 1958년 12월에 개최된 이래 약 2년만에 개최되는 회의였다. 문화재소위원회에 참가한 엄요섭 주일공사는 문화재 반환 문제 해결과 관련해 다음과 같이 말했다.[84]

　　한국 문화재 반환 문제는 1957년 12월 31일, 제4차 한일회담 예비회담에서 일본 측이 합의한 "oral statement"에 의하여 어느 정도 원칙이 결정된 바 있으므로 조속한 시일 안에 만족할 만한 결론을 얻을 수 있을 것으로 생각한다.

　　지금까지 일본정부 및 개인이 한국 문화재를 귀중히 여겨 잘 보존해 온 것에 대하여 감사히 생각한다.

　　문화재는 그 원산국에 보존해서 이를 연구케 하자는 것이 작금의 세계적인 추세라고 할 수 있다. 이런 의미에서 한국 문화재를 한국에 반환하는 문제를 논의하는 것은 의의가 깊은 것으로 생각한다.

　　제4차 회담에서 한국 측은 제1차적으로 5개 항목의 문화재를 제시한 바 있는데 이번에는 몇 개 항목 더 첨가하여 제시하고자 한다.

---

83) 이케다 정권의 한일회담 관련 인식과 정책 등에 관한 연구는 이원덕, 앞의 책, pp.117~233 참조.

84) 한국외교문서, 『제5차 한·일회담. 예비회담 문화재소위원회 및 전문가회의 보고, 1960.11 - 61.5』(이하, 『제5차 회담 문화재소위원회 및 전문가회의』), 프레임 번호: 8.

이번 회담에서 여러 현안 문제가 다 잘 해결되기를 바라지만 본인은 특
히 이 문화재 문제가 조속히 해결될 것을 기대하면서 이 회의에 임하였다.

엄요섭 주일공사는 문화재 반환 문제의 원칙, 즉 구두전달사항이 이미 합
의되었기 때문에 동 문제를 신속하게 해결할 것을 기대하고 있었던 것이며,
이와 같은 인식은 제4차 회담 이후 한국 측이 가지고 있었던 인식이었다.

이어서 엄요섭 주일공사는 문화재 반환 문제의 원칙이 이미 합의되어 있
으므로 이를 다시 논의할 필요는 없으며, 처음부터 실질적인 문제를 논의하
자고 제안했다. 이에 대해 일본 측은 먼저 비공식 회의를 열고 이 문제의
진행에 관한 논의를 한 후에 문화재소위원회를 개최하자고 답했다.

다음으로 엄요섭 주일공사는 1905년 이후 일본이 한국에서 반출한 문화
재를 반환받고 싶다고 말하면서, 다음과 같은 '문화재 반환의 7항목'을 제
시했다.[85]

〈표 15〉 문화재 반환의 7항목

항목	내용
제1항목	지정문화재('중요 문화재'를 포함한다)
제2항목	소위 조선총독부('조선고적연구회')에 의해 반출된 것
제3항목	소위 통감·총독 등에 의해 반출된 것
제4항목	경상남북도 소재 분묘 그 외 유적에서 출토된 것
제5항목	고려시대 분묘 그 외 유적에서 출토된 것
제6항목	서화, 전적(고서) 및 지도원판
제7항목	개인 소유 문화재

동 목록은 제4차 회담의 제5회 문화재소위원회에서 한국 측이 제시한
'제1차 반환청구항목'에 제6항목과 제7항목을 추가한 것으로 개인 소유 문

---

85) 日本外交文書, 「第5次日韓全面会談予備会談における文化財小委員会第1次会合」, 1960年11
月11日(이하, 「第5次日韓会談第1回文化財小委員会」), No.48을 바탕으로 작성.

화재가 전면에 등장한 것이 가장 큰 특징이며, 고서적 등이 제6항으로 추가되어 '제1차 반환청구항목' 보다 훨씬 더 많은 문화재가 포함되어 있었을 것이다. 전술한 바와 같이 한국정부는 '미술품 및 고고학 자료 누적 목록', '고서적 누적 목록', '제1차 반환청구 한국문화재 항목', '개인 소유의 한국문화재 청구품목'을 정리했는데, 이 때 정리한 개인 소유 문화재 목록을 '제1차 반환청구목록'의 7항목으로 추가한 것이다.

엄요섭 주일공사는 '문화재 반환의 7항목'을 제시한 후 문화재 반환 문제에 관한 일본의 방침을 물었고, 이에 관해 다음과 같은 논의가 이루어졌다.

엄요섭 주일공사

일본 측에서는 무언가 방침이 정해져 있는가. 오래된 기와 등은 필요 없다. 최근에는 사진기술이 발달하고 있으므로 사진을 찍고 나서 진짜를 돌려줘도 좋을 것이다.

이세키 아시아 국장

이 문제는 다른 문제와 같이 사무적으로 논의할 여지가 거의 없으며, 정치적으로 결단을 내리면 되는 문제라고 생각한다. 단 언제쯤 결단을 내릴지가 문제이며, 우리가 향후 진행 방법에 대해 비공식으로 논의하자. … (중략)… 이 문제는 문부성이 끼지 않으면 결정할 수 없는데, 문부성 측에서는 이 회의에 나가는 것조차 이해하지 않을 정도이기 때문에 먼저 문부성을 설득해야 한다. 아무튼 본건은 결국 상부까지 가져가지 않으면 해결되지 않는다고 생각된다. (일본의: 필자 주) 선거가 끝나고 새로운 문부대신이 정해진 후가 아니면 얘기할 수 없다.[86]

엄요섭 주일공사

문화재 문제는 정치적인 문제가 아니라고 생각된다.

---

86) 日本外交文書, 「第5次日韓会談第1回文化財小委員会」, No.48

이타가키 아시아국장
　역시 정치적인 문제이다. 정치적으로 기본방침을 결정하면 간단하게 처리되는 문제이다.

엄요섭 주일공사
　그러나 먼저 구체적인 목록을 만드는 것이 좋다고 생각한다.[87]

　한국 측은 구두전달사항이라는 원칙이 이미 정해졌기 때문에 실질적인 논의, 즉 반환의 대상이 되는 문화재 목록 작성에 관해 논의하려고 했다. 그러나 일본 측은 아직 일본정부의 방침이 정해져 있지 않다는 점, 그리고 문부성과의 합의가 필요하다는 점을 들면서 실질적인 논의에는 들어갈 수 없다는 입장이었다.

2. 일본 측의 '문화재 문제의 3원칙' 제시

　일본 측의 제안에 따라 11월 14일에 한일 양국은 수석대표간 비공식 회의를 진행했다. 이 자리에서 일본 측은 다음과 같은 '문화재 문제의 3원칙'을 한국 측에 제시했다.[88]

　① 국유 문화재는 원칙적으로 돌려주겠다. 돌려준다는 것은 반환의 뜻이 아니라 기부한다는 뜻이다. 국제선례를 조사해 보았으나 문화재를 반환한 것은 인도네시아에 대해 네덜란드가 행한 것 외에는 없고 인도, 인도네시아, 파키스탄, 월남 등에 전보를 쳐서 알아보았으나 인도한 예는 약간 있으나 반환한 예는 없다. 인도도 하지 않은 국가가 대부분이다. 원칙적으로 돌려준다는 것은 국립대학에서 가지고 있는 것이 약 300점되는데 국립대학은 정부의 말을 잘 듣지 않기 때

문에 돌려주기 극히 어렵기 때문이다.

② 사유 문화재는 인도할 수 없다.

③ 문화재를 돌려주는 것은 어디까지나 정치적, 문화적 고려에서 하는 것이지 법률적 의무로 하는 것은 아니다.

한국 측은 상기 원칙을 듣자 다음과 같이 반론했다.[89]

반환은 반환이지 다른 것이 될 수 없다. 일본정부는 국유 문화재에 대해서는 관리권 밖에 가지고 있는 것이 아니므로 소유자에게 반환하는 것이 당연한 일이다. 문화재 106점을 반환할 때 인도라는 말을 쓴 것을 알고 있으나 그 때는 인도라는 말을 쓴 것은 그것이 반환이 될는지 기증이 될는지 최종적 결정을 짓지 않은 채 행한 것이므로 그러한 말을 쓴 것에 불과하다. 지금은 최종적인 결정을 지으려는 것이므로 반환이라 해야 옳다. 국립대학 운운 문제는 일본정부가 국내적으로 해결할 문제이다.
　사유 문화재 문제에 관해서는 복잡한 문제가 있으므로 앞으로 더 토의되어야 할 것이다.

일본 측이 제시한 '문화재 문제의 3원칙'에서 알 수 있는 바와 같이 일본 측은 이 시점에서 문화재를 돌려주겠다는 기본방침은 정하고 있었다. 그러나 그것은 한국 측이 요구해 왔던 반환이 아닌 기부, 즉 기증이었다. 또한 한국 측은 일본정부가 소유한 모든 한국 관계 문화재 목록을 요구하는 등 문화재 목록을 계속해서 요구했는데, 상기 원칙에서는 국립대학이 소유한 300점이 그 대상이 될 수도 있다는 점에서 한국 측이 반발한 것은 당연한 결과였다. 이와 같은 일본 측의 방침은 문화재 반환 교섭의 난항을 예고하는 것이었다.

---

89) 한국외교문서, 위의 자료, 프레임 번호: 13.

3. 전문가회의 개최

한일 양국은 1961년 2월 1일에 열린 제2회 문화재소위원회에서 전문가회의 개최에 합의했다. 한국 측은 문화재소위원회에 전문위원으로 참가하게 된 황수영을 소개하는 한편 제4회 본회의(1월 25일)에서 이루어진 유진오 수석대표와 사와다 수석대표 간의 논의를 들면서, 문화재 반환 문제를 실질적이고 솔직하게 논의하여 신속하게 해결하자고 말했다.[90] 한국 측은 공식·비공식을 따지지 말고 전문가들끼리 문화재 반환 문제를 논의하자고 제안했다. 일본 측은 "문화재소위원회 업무와는 관계없이 쌍방의 전문가들이 행하는 것은, 간접적으로는 소위원회의 업무를 원활하게 하는 일이다"라고 말하고, 문화재보호위원회에 이를 설명하자 그들도 찬성했다고 답변했다.[91]

제2회 문화재소위원회에서 합의되었던 전문가회의는 3월 7일에 개최되었다. 한국 측에서는 황수영 전문위원이, 일본 측에서는 문화재보호위원회의 마쓰시타 다카아키(松下隆章) 미술공예과장과 사이토 다다시(斉藤忠) 문화재조사관이 참가했다. 황수영 전문위원은 고대 분묘에서 출토된 문화재, 궁전이나 사찰 유적의 석조물, 사찰의 문화재, 회화, 전적에 관한 불법 반출 경위를 설명했다.[92]

---

90) 제4회 본회의에서 사와다 수석대표는 "쌍방의 적극적인 태도에 비추어, 저는 다년간의 제현안을 지금이야말로 빠르게 해결하고, 하루라도 빨리 정식 국교를 수립하고자 하는 열의와 희망에는 양국 정부 간의 차이도 없다고 믿습니다. 그리고 쌍방이 이 기분을 견지하여 각 위원회의 논의에 임한다면, 과거 제현안의 복잡한 경위가 있음에도 불구하고 반드시 소기의 목적을 달성할 수 있다고 확신하는 바입니다"라고 말했다. 이에 대해 유진오 수석대표는 "중요한 제문제가 사무적으로 명백해지면, 하루라도 빨리 예비회담을 본회담으로 바꿔 최종적인 해결에 다다르기를 한국대표로서 생각하고 있는 점은 일본대표단과 동일합니다"라고 말했다. 日本外交文書, 「第5次日韓全面会談予備会談の本会議第4回会合」, 1961年1月25日, No.1193.

91) 日本外交文書, 「第5次日韓全面会談予備会談における文化財小委員会第2次会合」, 1961年2月1日, No.49.

92) 한국외교문서, 앞의 자료, 프레임 번호: 23~24.

　먼저 고대 분묘에서 출토된 것은 국고에 귀속된 것이며, 한국에는 이와 같은 고대 유물이 전래되어 온 일은 거의 없었다고 설명하면, 그 예로 고려 자기를 들었다. 궁전이나 사찰 유적의 석탑, 석등 등과 같은 석조물에 관해서는 이와 같은 것들이 개인이 소유한 토지에 있어도 이전부터 모두 국유물로 보존되어 왔고, 조선총독부도 이에 따라 이와 같은 것들을 모두 국유물로 등록·관리해 왔다고 설명했다. 그리고 사찰의 문화재는 개인이 입수할 수 없는 것이며 그와 같은 것들은 사찰의 문화재로서 처분이 금지되었고, 조선총독부에서도 그 처분은 허가를 필요로 했다고 설명한 후에 사찰의 문화재는 불법밀매 이외에는 입수하거나 반출할 수 없다고 말했다. 회화와 전적에 관해서는 일본 점령 하에서 이루어졌기 때문에 일본의 회화가 미국의 보스톤 박물관에 소장된 경위와는 다르다고 설명했다. 마츠시타 미술공예과장은 황수영 전문위원의 위와 같은 설명을 대해 "반환이냐 증여이냐 하는 용어 문제는 외교회담에서는 매우 문제가 되고 있는데, 그 결정에 따라서 차이가 있을 것이라고 생각한다"고 답했다.[93]

　제2회 전문가회의는 5월 8일에 개최되었다. 한국 측에는 이홍직 전문위원이 파견되어 황수영 전문위원과 함께 전문가회의에 참가했다. 전문위원이 증원된 데에는 주일대표부의 요청이 있었다. 일본 측에서는 2명의 전문가가 전문가회의에 참가하고 있었기 때문에 한국 측에서도 고고학과 전적을 담당할 전문위원이 필요했다. 이홍직은 문화재 반환 문제와 관련하여 제5차 회담부터 전문위원으로 문화재소위원회와 전문가회의에 참가했는데, 제6차 회담 시기인 1962년부터는 문화재소위원회의 수석위원으로도 참가했다. 이홍직은 문화재 조사에서 주로 전적을 담당하게 되는데, 황수영 전문위원이 1958년 7월 7일에 보낸 요청에서도 알 수 있는 바와 같이 자신이 전적에 관한 충분한 지식을 가지고 있지 않다는 점, 한국 측이 반환을 요구할 전적의 양도 많았다는 점에서 한국 측은 문화재 목록 조사나 전문가회

---

93) 위와 같음.

의를 위한 전문가 증원이 필요했던 것이었다.

한국 측은 먼저 제1회 문화재소위원회에서 제시한 '문화재 반환의 7항목' 중 제1항목부터 제3항목에 관한 구체적인 목록을 들면서, 일본 측에 이에 대한 조사를 요청했다. 한국 측은 제1항목인 지정문화재에 관해 정확한 내용과 목록을 일본 측에 문의했는데, 일본 측은 관련 인쇄물이 있다고 답했다. 또한 한국 측은 지정문화재의 대부분을 차지하고 있는 오구라 소장품과 그 입수경위를 설명하고, 경상남도 창녕군 고분에서 출토된 문화재를 비롯한 오구라 소장품의 현황 조사를 요청했다. 제2항목인 조선총독부에 의해 반출된 문화재에 관해서는 도쿄국립박물관과 국립대학에 국유로 소장되어 있다는 한국 측의 설명에 대해 일본 측은 그와 같은 문화재는 박물관 목록 등에 실려있는 것과 같이 각 기관이 소장하고 있다고 답했다. 제3항목인 통감 및 총독에 의해 반출된 문화재에 관해 한국 측은 이토 히로부미가 반출하여 일본 황실에 진상한 고려자기를 그 예로 들면서, 일본인에 의한 고분 도굴을 구체적으로 설명했다. 또한 소네 아라스케(曾禰荒助) 통감이 반출한 전적이 궁내청 도쇼료에 소장되어 있다는 점, 데라우치 마사타케 총독의 문고가 야마구치현(山口県)에 있다는 점을 지적하고 그가 수집한 불상의 소재에 대해 일본 측에 물었다.[94]

한편 한국 측은 일본 측이 문화재를 일방적으로 기증한다고 주장하고 있는 것은 문화재 반환 문제 해결에 도움이 되지 않는다고 지적하면서, 일본 측이 반환한 106점의 문화재는 한국에서 역효과를 가져왔다고 말했다. 이에 대한 일본 측의 답변은 없었고, 한국에는 없는 문화재가 모두 반출되었다는 점, 일본인에 의해 모든 고분이 도굴되었다는 점에 대해서는 향후 논의와 조사가 필요하다고 말했다.[95]

제4차 회담 이후 문화재 반환 문제의 기본방침을 정하지 않았던 일본 측

---

94) 한국외교문서, 앞의 자료, 프레임 번호: 29~31.
95) 한국외교문서, 앞의 자료, 프레임 번호: 30~31.

은 제5차 회담에서 문화재를 돌려주겠지만, 이는 법적 의미가 있는 반환이 아니라 정치적·문화적 고려에서의 기부, 즉 기증이라는 기본방침이 포함된 '문화재 문제의 3원칙'을 한국 측에 설명했다. 그러나 일본 측의 주장을 받아들일 수 없었던 한국 측은 문화재의 반환을 다시 주장했고, 결과적으로 문화재 반환 문제는 타결에 이르지 못했다. 한편 한국 측의 제안으로 개최된 전문가회의에서 '문화재 반환의 7항목'에 관한 논의가 시작되었다. 한국 측은 실질적인 논의를 위해 동 항목을 제출하고 이를 논의하는 전문가회의를 개최하고자 했던 것이다. 일본 측이 전문가회의에 적극적으로 참가하지 않았기 때문에 한국 측이 문화재 반환 문제는 "전문가에 의한 솔직하고 실질적인 토의가 있어야 함은 귀측에서도 이의가 없을 것인바, 과거에 귀측은 이에 응하지 않았다. 앞으로 일주 일회 이상의 회합을 갖고 쌍방의 의견을 충분히 개진하기를 바란다"라는 불만을 드러내기도 했지만,[96] 전문가회의를 통해 양측 전문가들의 의견교환이 이루어지면서 반환이냐 기증이냐와 같은 추상적인 문제가 아닌 한국 측이 어떠한 문화재를 돌려받을지에 대한 실질적인 문제를 논의할 수 있었다.

4. 기본관계문제에 관한 일본정부의 방침

기본관계문제는 제5차 회담에서도 논의되지 않았다. 한일 양국은 제2회

---

96) 황수영 전문위원은 제1회 전문가회의에서 "현안 중의 문화재 문제는 전문가에 의한 솔직하고 실질적인 토의가 있어야 함은 귀측에서도 이의가 없을 것인바, 과거에 귀측은 이에 응하지 않았다. 앞으로 주 일회 이상의 회합을 갖고 쌍방의 의견을 충분히 개진하기를 바란다"고 말했고, 유태하 수석대표는 1961년 4월 25일에 사와다 수석대표를 방문하여 "문부성 측이 도무지 심의에 잘 응하지 않고 있으며, 3월 중순에 약속한대로 빨리 1명 또는 2명의 전문가를 지정하여 우리 측 전문가와 접촉케 하여주기 바란다"고 말하는 등 전문가회의 개최에 소극적인 태도를 보이는 일본 측에 불만을 드러냈다. 한국외교문서, 앞의 자료, 프레임 번호: 24. 및 『제5차 한일회담 예비회담, 본회의 회의록 및 사전교섭, 비공식회담 보고, 1960.10~61.5』 (이하, 『제5차 회담 본회의 회의록, 사전교섭, 비공식회담 보고』), 프레임 번호: 312.

본회의(1960년 11월 2일)에서 현안 문제를 논의하기 위한 위원회의 구성과
명칭을 제4차 회담과 동일하게 하기로 합의했다. 그러나 기본관계위원회는
실제로 개최되지 않았다.[97] 제1차 회담에서 구조약의 무효확인 문제를 중
심으로 논의가 되었던 기본관계문제는 제2차 회담과 제3차 회담에서 주변
화가 되기 시작했고, 제4차 회담과 제5차 회담에서는 결국 논의 자체가 이
루어지지 않게 된 것이다. 이는 이승만 정권 시기에 유지되었던 '선 해결
후 국교' 방침이 제5차 회담에서 해결이 가능한 현안 문제부터 해결해 간다
는 방침으로 변화하기 시작했기 때문이다. 이와 같은 변화는 과거사 청산을
위한 논의가 아닌, 청구권 교섭을 추진하기 위한 준비 작업이었다.[98]

　기본관계위원회가 개최되지는 않았지만, 일본 측에서는 이에 대한 입장
을 계속 정리하고 있었다. 1960년 12월 1일에 작성된 '일한교섭에서의 일본
정부의 입장에 관한 법률상 문제점(토의용자료)'에는 한국정부의 지위와 구
조약의 무효확인 문제에 관한 일본정부의 입장이 검토되고 있었다. 먼저 한
국정부의 지위에 대해 유엔결의 195(III)가 한국정부의 법적·실질적 관할권
이 한반도의 남부에 한정된다는 해석과 실질적 관할권은 남부에 한정되지
만, 법적 관할권은 한반도 전역에 미친다는 두 가지로 해석되는데, 일본정
부는 후자의 해석을 취하기로 했다. 따라서 조약에는 한국정부의 지위를 명
시하는 듯한 조항을 만들지 않고, 조약의 전문에 195(III) 중 '1948년 12월
12월의 유엔총회 결의를 상기하고'라는 표현을 삽입하기로 했다.[99] 즉 일본

---

97) 일본 측은 10월 15일에 기본관계위원회에 대해 "다른 위원회보다 늦춰서 토의할
　　방침"이라고 한국 측에 전했고, 한국 측도 제2회 본회의에서 "지금 기본관계위원회
　　를 담당할 대표가 결정되어 있지 않다. 이것은 순전히 기본관계위원회를 아직 열
　　필요가 없기 때문이고, 앞으로 필요할 때는 곧 임명할 것"이라고 말했다. 한국외교
　　문서, 『제5차 회담 본회의 회의록, 사전교섭, 비공식회담 보고』, 프레임 번호: 157
　　및 45.
98) 장박진, 앞의 책, p.363.
99) 日本外交文書, 「日韓交渉における日本政府の立場に関する法律上の問題点(討議用資料)」,
　　1960年12月1日, No.1841.

정부는 195(Ⅲ)에 따라 '북한에서의 사실상의 권한의 존재를 부정하지 않고' 한국정부가 법적 관할권에서는 한반도의 유일한 합법정부이지만, 실효적 관할권에서는 한국에 한정된다는 점을 명확히 한 것이다.

한편 구조약의 무효확인 문제에 대해서는 먼저 구대한제국과 대한민국 간에는 법적 계속성·법적 승계 관계가 존재하지 않는다는 입장을 취했다. 일본정부는 그와 같은 입장을 바탕으로 구조약의 무효확인 조항이 규정되는 일은 무의미할 뿐만 아니라 '구조약이 당초부터 무효였다'라는 한국 측의 주장에서 생각하면, 구조약은 유효였다는 일본 측의 입장에 반하는 위험을 포함하는 것이기 때문에, 구조약의 무효확인 문제 관련 규정을 삭제하기로 했다.100) 일본 측은 처음에는 이 문제를 다루지 않았지만, 한국 측의 주장에 따라 제1차 회담의 제6회 기본관계위원회(1952년 3월 22일)에서 제출한 '일본국과 대한민국 간의 우호조약(안)'에서 이를 처음으로 전문에 규정하고, 제4차 회담 시기의 방침에서도 전문으로 규정했다. 그러나 구조약의 무효확인 조항을 규정하는 방침이 제5차 화담에서는 사라졌던 것이다. 이와 같이 기본관계문제는 제4차 회담과 제5차 회담에서 논의가 되지 않으면서, 기본관계 속성은 약화되었다.

제5절 제4차 회담~제5차 회담의 문화재 반환 교섭에 대한 평가

본장에서는 제4차 회담과 제5차 회담 시기의 문화재 반환 문제 논의를 살펴보았다. 이하에서는 동 시기의 문화재 반환 교섭의 특징과 '문화재 반환 문제의 구조'가 어떠했는지를 논하면서, 본장의 주요 내용을 요약·정리한다.

---

100) 한국 측은 이 문제에 고집할 경우 한국 측의 주장이 해석할 수 없는 범위에서 조약이 아닌 합의의사록으로 하는 것도 가능하다고 했다. 위와 같음.

한일 양국은 제4차 회담이 시작되자 문화재소위원회 설치를 둘러싸고 대립했다. 한국 측은 회담 중단기에 합의된 구두전달사항을 근거로 문화재 반환 문제만을 구체적으로 논의할 수 있는 문화재소위원회 개최를 요구했지만, 일본 측은 이에 응하지 않았다. 한국 측은 사와다 수석대표 등을 직접 방문하면서까지 문화재소위원회 설치를 요구했고, 결국 문화재소위원회가 개최되기에 이르렀다. 제1차 회담부터 제3차 회담까지 청구권위원회에서 논의되었던 문화재 반환 문제가 문화재소위원회 설치에 따라 이전 보다 더 구체적으로 논의될 수 있게 되었다.

한국 측은 청구권 문제보다 문화재 반환 문제에 적극적으로 임했는데, 이미 인도된 106점의 문화재 이외의 것들도 논의할 수 있다는 구두전달사항이 있었기 때문이었다. 한국 측은 문화재소위원회에서 일본 측에 문화재 반환과 문화재 목록 제출을 계속 요구했고, 일본에 파견된 전문가가 일본의 국유·개인 소유 문화재를 조사했다. 일본 측에서는 문화재 반환 문제에 관한 일본정부의 기본방침이 아직 정해져 있지 않았고, 국내정치 상황이 불안정했기 때문에 구체적인 논의에 들어 갈 수 없었다. 한국 측은 문화재 반환 교섭 과정에서 소극적인 태도를 취해왔던 일본 측에 문화재를 건넬지 말지에 관한 추상적인 논의보다는 대상이 되는 문화재를 실질적으로 논의하기 위해 '제1차 반환청구항목'을 제시하고, 이 논의에 집중하고자 했다. 이후 한국 측은 각 항목을 설명하는 한편 이에 관한 일본 측의 문화재 목록 제출을 지속적으로 요구했다. 그러나 일본 측은 여전히 일본정부의 방침이 결정되지 않았다는 점이나 국내정치 정세를 이유로 문화재 목록에 관한 논의에도 적극적으로 응하지 않았기 때문에 문화재소위원회는 계속 정체되었다. 제4차 회담이 일시적으로 중지되었던 시기에 한국 측은 국유와 개인 소유 미술품, 고고학자료, 고서적 등의 문화재를 계속 조사하고 있었고, 일본 측도 문화협정의 형식으로 문화재 반환 문제를 해결하고자 했다.

한편 장면 정권과 이케다 정권의 수립과 함께 개최된 제5차 회담에서 한국 측은 '문화재 반환의 7항목'을 제출하고, 처음부터 문화재 목록에 관한 실질적인 논의를 위해 각 항목을 설명하면서 문화재 반환을 요구했다. 일본 측은 수석대표 간 비공식 회담에서 국유 문화재는 기부하겠다는 점, 개인 소유 문화재는 대상이 되지 않는다는 점, 법적의무가 아닌 정치적·문화적 고려에서 문화재를 건네겠다는 점 등 '문화재 문제의 3원칙'을 한국 측에 설명했다. 이 원칙으로 인해 반환과 기증 문제의 대립이 재차 부각되었다. 그리고 한국 측은 문화재소위원회와는 별도로 전문가들이 문화재 목록을 실질적으로 논의하기 위한 전문가회의 개최를 일본 측에 요청했고, 이를 일본 측이 받아들이면서 전문가회의가 개최되었다. 한국 측에서는 제2회 전문가회의 때 이홍직이 참가하고 '문화재 반환의 7항목'을 설명하기도 했다. 일본 측은 적극적이지는 않았지만, 문화재보호위원회의 전문가가 전문가회의에 참가하여 문화재 목록을 논의하는 태도를 보이기 시작했다.

이와 같이 제4차 회담과 제5차 회담에서 한일 양국은 반환과 기증을 둘러싼 대립으로 청구권 속성이 강화되는 한편 문화재소위원회 및 전문가회의의 설치, 그리고 한국 측의 문화재 목록 제시, 본격적인 문화재 목록의 조사, 전문가의 증원을 통해 역사적 가치 속성이 강화되었다.

한편 기존의 문화재 목록은 일제강점기 당시의 자료들을 기반으로 작성한 것이기 때문에 수정할 필요가 있었다. 이를 위해 한국정부는 기존의 문화재 목록 검토와 일본현지조사를 본격적으로 실시한다. 그 결과 '제1차로 반환된 문화재 106점의 평가에 대하여', '대일청구한국문화재목록 검토의 건', '도쿄국립박물관 소장 우리 문화재의 종별 수량에 관하여', '문화재 489점(양산부부총 발굴품)의 평가에 대하여', '도쿄국립박물관 소장 고려자기에 관하여', '오구라 다케노스케 소장품 신목록에 관하여' 등 문화재 목록에 관한 보고서들이 작성되었다.

한국 측은 이와 같은 조사를 바탕으로 문교부가 작성한 문화재 목록을 수정하여 '제1차 반환청구항목'을 작성하고, 제5회 문화재소위원회에서 이를 일본 측에 제시하면서 구체적인 문화재 목록 논의를 시도한다. 일본 측의 소극적인 태도로 인해 동 항목에 대한 논의는 큰 진전이 없었지만, 이후에도 한국 측은 기존의 문화재 목록 검토와 일본현지조사를 계속 실시하면서, '일본 소재 미술품 및 고고학 자료 누적 목록'도 작성한다. 이 목록은 상당수의 문화재 수량이 기재되어 있었는데, 이와 같이 한국 측은 제4차 회담 당시 기존의 문화재 목록 검토와 일본현지조사를 통해 문화재 목록의 완성도를 높여갔다.

한국 측이 제시한 '제1차 반환청구항목'은 제5차 회담의 '문화재 반환의 7항목'과 제6차 회담의 '반환청구 한국문화재 목록' 작성의 기반이 되었다. '문화재 반환의 7항목'은 '제1차 반환청구항목'에 고서적과 개인 소유 문화재 등의 2개 항목을 추가하여 작성된 것이고, '반환청구 한국문화재 목록'은 '문화재 반환의 7항목'의 항목들을 재구성한 후 세부 내용을 덧붙인 것이다. 이 문화재 목록들은 제5차 회담과 제6차 회담에서 문화재소위원회, 전문가회의, 문화재관계회의를 통해 구체적으로 논의되었고, 이와 같은 논의는 제7차 회담에서 인도품목목록을 작성하는 기반이 된다.

이와 같이 제4차 회담에서 본격적으로 이루어진 기존의 문화재 목록 검토와 일본현지조사를 통해 새로운 문화재 목록이 작성되었고, 이는 제5차 회담 이후의 문화재 반환 교섭에서 문화재 목록 논의라는 핵심적인 논의 사항의 기반이 되었던 것이다. 즉 제4차 회담 시기의 문화재 반환 교섭은 문화재 목록 작성과 문화재 조사에 있어서 중요한 의미가 있었다고 평가할 수가 있다.

제6장 제6차 회담의 교섭 과정

제1절 '문화재 반환의 7항목'에 관한 논의

1. 문화재 반환 교섭에 관한 한국 측의 방침

1961년 5월 16일에 발생한 군사 쿠데타로 인해 장면 정권이 물러나게 되고, 그에 따라 제5차 회담도 막을 내리게 되었다. 박정희를 중심으로 쿠데타를 일으킨 군사 정권은 한일회담의 재개와 국교정상화에 적극적인 태도를 보였고, 일본정부도 마에다 북동아시아과장의 한국 출장 보고 등을 통해 한일회담 재개에 대한 움직임을 보였다. 이와 같은 움직임 속에서 한일 양국은 10월 10일에 한일회담을 재개하기로 하고, 제5차 회담과 동일한 의제들을 논의하기로 했다.

한국정부는 제6차 회담(1961년 10월 20일~1964년 4월 5일)이 개최되기 전에 각 의제와 회담 진행 관련 방침들을 작성했다. 이 방침들은 한일회담의 조기 타결[1])을 목표로 했던 한국정부의 인식을 확인할 수 있기 때문에 중요한 의미를 지닌다. 대표적인 것이 1961년 7월 12일에 작성된 '한일회담에 대한 정부의 기본 방침'인데, 제1안에서부터 제3안까지 각 의제들에 대한 자세한 방침이 세워져 있었다. 이 중 문화재 반환 문제 관련 방침을 정리해 보면 다음과 같다.

---

1) 박정희 정권이 정권의 기반이 취약함에도 불구하고 한일회담의 조기타결을 추진했던 이유는 정권 기반을 강화함과 동시에 정권의 최대목표인 경제재건을 실현하기 위해 일본의 자금과 기술 도입이 필요하다고 생각했기 때문이다. 이원덕, 앞의 책, p.132.

〈표 16〉 '한일회담에 대한 정부의 기본 방침' 중 문화재 반환 문제에 대한 방침[2]

안	방침 내용
제1안	1. 1905년 이래 일본이 한국으로부터 불법 또는 부당한 방법으로 반출해 간 문화재는 한국에게 반환한다. 2. 양국은 즉시 전문가를 임명하여 반환되어야 할 문화재의 구체적인 목록을 작성하게 한다. 3. 전문가는 임명된 후 3개월 이내에 반환문화재목록을 작성하며, 목록작성 후 1개월 이내에 반환을 완료한다. 4. 반환의 방식은 '반환'으로 한다.
제2안	1. 1905년 이래 일본이 한국으로부터 불법 또는 부당한 방법으로 반출해 간 문화재 중 아래의 문화재는 한국에 반환한다. 　1) 일본 국유물 　2) 일본 사유 문화재 중 일본의 국보 또는 중요미술품으로 지정된 문화재 2. 제1안과 동일 3. 제1안과 동일 4. 반환의 방법은 '인도'로 한다. 5. 반환되지 않은 문화재는 '한국 문화재'로서 특별 진열하여 한일 양국의 전문가가 동등하게 활용한다.
제3안	1. 1905년 이래 일본이 한국으로부터 불법 또는 부당한 방법으로 반출해 간 문화재 중 아래의 문화재는 한국에 반환한다. 　1) 일본 국유 문화재 중 한국이 꼭 필요한 문화재 약 1,000점(양국 전문가가 결정) 　2) 일본 사유 문화재 중 일본의 국보 또는 중요미술품으로 지정된 문화재 80점 2, 3, 4, 5 제2안과 동일

　먼저 위의 방침에서 주목해야 할 점은 반환의 대상이 되는 문화재의 범위가 다르다는 것이다. 각 안의 첫 항은 1905년 이후 불법·부당하게 반출된 문화재가 반환의 대상이 되는 것은 동일하지만, 제1안에는 모든 문화재가, 제2안에는 제1안 보다 적은 문화재가, 제3안에는 제2안보다 적은 문화재가 상정되어 있었다. 한국 측이 제1안과 제2안의 1을 통해 문화재를 어느 정도 요구하려고 했는지 그 정확한 수를 외교문서에서 확인할 수는 없다.

---

2) 한국외교문서, 『제6차 한·일회담 예비교섭, 1961년. 전2권. (V.1 7 - 8월)』, 프레임 번호: 76~79를 바탕으로 작성.

하지만 해당 문화재가 제4차 회담 당시 한국정부가 1959년 10월 7일자 훈령에 첨부한 '일본 소재 미술품 및 고고학 자료 누적 목록'이라고 한다면, 대략적으로 그 수량을 추측할 수가 있다. 제5장 제4절에서 검토한 바와 같이 동 목록은 당시 일본에 소재한 한국관계문화재를 정리한 것으로 '미술품 및 고고학 자료 누적 목록', '고서적 누적 목록', '제1차 반환청구 한국문화재 항목', '개인 소유의 한국문화재 청구품목'으로 구성되어 있었다.

상기 방침의 반환 대상이 되는 문화재가 '일본 소재 미술품 및 고고학 자료 누적 목록'이라고 가정하고 제1안의 반환 대상 문화재를 살펴보면 '미술품 및 고고학 자료 누적 목록'의 국유 6,471점과 사유 6,018점 포함 12,489점과 '고서적 누적 목록'의 국유와 사유 18,288책이 해당한다고 추측할 수 있다. 여기에는 '제1차 반환청구 한국문화재 항목', '개인 소유의 한국문화재 청구품목'이 모두 포함되어 있는 수량일 가능성이 높다. 제2안의 반환 문화재 대상은 '미술품 및 고고학 자료 누적 목록'의 국유 6,471점과 '고서적 누적 목록'의 국유 13,593책이며, 이와 함께 1 - 2)는 모두 파악할 수는 없지만 최소한 제3안의 1 - 2)에 해당하는 80점을 포함한다고 추측된다. '개인 소유의 한국문화재 청구품목' 중 지정문화재 수량이 80개인 것을 봤을 때 제3안의 1 - 2)는 이에 해당하는 것으로 생각할 수 있다. 제3안의 경우 한국 측이 제4차 회담 제5회 문화재소위원회(10월 25일)에서 제출한 '제1차 반환청구항목'의 문화재로 생각된다. 그 이유는 제3안이 제시하는 약 1,000점과 비슷한 수량이기 때문이다. 제5장 제3절에서 검토한 바와 같이 동 항목은 5개의 항목으로 구성되어 있으며 요구하는 문화재의 수는 총 1,015개였다. 제3안의 1 - 2)는 '개인 소유의 한국문화재 청구품목' 중 지정문화재에 해당될 것으로 추측된다. 이와 같이 제1안과 제2안의 반환 대상이 되는 문화재의 수량이 얼마나 되는지 정확하게 파악할 수는 없지만, 제1안은 당시 조사가 진행된 모든 문화재가 해당되기 때문에 그 수량은 3개 안 중 가장 많을 것이며 제2안의 반환 대상 문화재 수량은 제1안 보다는 적지만, 제

3안 보다는 더 많을 것으로 추측된다.

다음으로 반환 방법은 제1안은 반환, 제2안과 제3안은 인도로 상정되어 있었다. 즉 한국정부는 이 시점에서 반환 방법으로 반환을 고집하고 있지 않았다는 점을 확인할 수가 있다. 문화재 목록은 모두 전문가를 임명하여 3개월 이내에 작성하도록 되어 있다. 전문가를 임명한다는 것이 문화재소위원회 또는 전문가회의에 전문가를 참가시킨다는 의미인지는 명확하지 않지만, 문화재 목록 작성을 위해 실질적으로 관련 논의를 진행하려고 했다는 점은 분명하다고 생각된다. 이와 같이 한국정부는 제1안에 해당하는 상당한 수량의 문화재부터 제3안의 약 1,080점의 문화재를 반환의 대상으로 하고, 반환 방법도 반환과 인도를 모두 염두에 두고 있었다.

다음으로 검토해 볼 한국정부의 방침은 '제6차 한일회담의 진행 방법'이다. 이 방침은 제6차 회담이 열리기 직전인 10월 17일에 작성되었으며, 각 의제들에 관한 진행 방법이 설명되어 있었다. 이 중 문화재 반환 문제와 관련해서는 논의의 대상이 될 '문화재 반환의 7항목'과 회의 진행 방법 등이 기술되어 있었다.[3]

> 1) 일본이 1905년 이래 한국으로부터 불법 또는 부당한 방법으로 반출해 간 한국문화재로서 다음 7개 항목을 토의의 대상으로 하여 회의를 진행하도록 한다.
>
> ㄱ) 일본정부에서 중요문화재 또는 중요미술품으로 지정한 문화재
> ㄴ) 소위 조선총독부 또는 조선고적연구소에 의해 반출된 문화재
> ㄷ) 소위 총독 또는 통감에 의해 반출된 문화재
> ㄹ) 경상남북도 소재 분묘 및 기타 유적에서 출토된 문화재
> ㅁ) 고려시대 분묘 기타 유적에서 출토된 문화재

---

3) 한국외교문서, 『제6차 한일회담 본회의 회의록 및 종합보고, 1961 - 62.2』(이하, 『제6차 회담 본회의 회의록 및 종합보고』), 프레임 번호: 114~115.

ㅂ) 서화, 전적 및 지도원판

ㅅ) 일본 개인이 소장하고 있는 각종 문화재

2) 본 위원회에 일본 문부성 관계관을 정식 대표로서 참석시킬 것을 일본 측에 요구하고, 만일 일본 측이 이에 응하지 않을 경우에는 제5차 한일회담 예비회담에서와 같은 전문가회의를 개최하도록 하되, 동 전문가회의를 위원회에서 공식회의로 확인하도록 한다.

단, 일본 측이 위의 두 가지 경우에 대해서도 응하지 않을 시에는 전 회담에서와 같은 성격의 전문가회의를 개최하여 이를 앞으로 계속해 나감으로서 기정사실화 하도록 한다.

3) 전문가회의에 있어서는 앞선 회담에서 토의해 오던 재일 한국문화재의 상태에 관한 실태조사를 계속하도록 한다.

4) 문화재의 반환 범위, 반환 방법 등에 관해서는 앞으로 정치회담에서 토의하기로 미루고 실무회의에서는 오로지 일본 측 전문가로 하여금 우리의 반환 요청이 정당하다는 것을 납득하도록 하는 방향으로 회의를 진행한다.

이 방침을 전술한 '한일회담에 대한 정부의 기본 방침'과 함께 살펴본다면, 당시 한국정부는 문화재소위원회나 전문가회의에서 전문가들의 논의에 권한을 부여하고, 반환의 대상이 되는 문화재 목록을 작성하려고 했다는 점을 알 수가 있다.[4]

---

4) 한국 측은 제4차 회담 제4회 문화재소위원회에서 '제1차 반환청구목록'을 제시하고 설명했지만, 일본 측의 전문가가 참가하지 않았기 때문에 구체적인 논의에 들어갈 수가 없었다. 이에 한국 측은 문화재소위원회에 일본 측의 전문가를 참가시킬 것을 요구했지만, 일본 측이 응하지 않았다. 한국 측은 실질적인 논의를 위해 전문가들 간의 논의를 위한 전문가회의 개최를 일본 측에 요구했고, 제5차 회담부터 전문가회의가 개최되었다. 전문가회의에서는 문화재의 반출 경위, 사실 관계, 현소재지 등에 관한 전문적인 논의가 이루어졌다. 그러나 전문가회의는 권한이 없이 비공식적으로 진행되었기 때문에 여기에서 결정된 사안, 즉 한국에 건넬 문화재가 결정

이상에서 검토한 바와 같이 한국정부는 제1안, 즉 문화재소위원회에 전문가를 참가시키거나 권한이 있는 전문가회의를 통해 결정한 제1안의 문화재를 반환받는 것부터, 제1안과 비교하면 문화재의 수량과 반환 방법이 다른, 즉 단순한 전문가회의를 통해 검토한 제3안의 문화재를 인도받는 것까지 다양한 방법을 염두에 두고 있었다. 이와 같은 방침은 제6차 회담 개최 이후 한국 측의 문화재 반환 교섭의 토대가 된다.

2. 문화재소위원회와 전문가회의 논의

제6차 회담이 개최 이후 문화재소위원회와 전문가회의가 열린다. 한일 양국은 두 회의에서 '문화재 반환의 7항목'에 대한 논의를 중심으로 문화재 반환 문제를 논의한다. 제1회 문화재소위원회(1961년 10월 31일)에서 한국 측은 동 문제를 정치, 경제 문제와 관련시키지 말고 적극적으로 추진·해결해야 하며, 되도록 전문가들도 문화재소위원회에 참가시킬 것을 제안했다.[5] 일본 측은 이에 대해 문부성과 논의한 후 다음 회의 때 답변을 하겠다고 말했다.[6]

된다고 하더라도 그것이 즉시 대상이 될 수 없다는 점이 전문가회의의 한계였다. 한국정부는 전문가회의에 이와 같은 한계가 있었기 때문에 권한이 있는 문화재소위원회에 일본 측 전문가를 참가시키거나, 그것이 안 될 경우 전문가회의의 논의에 권한을 부여하는 방법을 생각했던 것이다.

5) 한국외교문서, 『제6차 한·일회담. 문화재소위원회, 1962 - 64』(이하, 『제6차 회담 문화재소위원회』), 프레임 번호: 7.

6) 日本外交文書, 「第6次日韓全面会談における文化財小委員会第1回会合」, 1961年10月31日, No.267 및 한국외교문서, 위의 자료, 프레임 번호: 9. 한편 한국 측의 전문위원은 전문가회의에 참가했을 뿐만 아니라 문화재소위원회에도 참가했다. 황수영의 경우 제4차 회담부터 문화재소위원회에 참가했고 제5차 회담부터 파견된 이홍직도 황수영과 함께 제6차 회담부터 문화재소위원회에 참가했다. 그러나 일본 측의 문화재보호위원회 전문가들은 "한국과 교섭한다는 성질의 일이 아니"라는 것을 이유로 문화재소위원회에 참가하지 않았다. 문화재보호위원회는 제5차 회담 당시 전문가회의에 참가하는 것조차 거부하고 있었는데, 외무성의 설득을 통해 "일한 간의 위

제2회부터 제4회까지의 문화재소위원회에서는 '문화재 반환의 7항목'을 둘러싼 논의가 중점적으로 이루어진다. 11월 7일에 열린 제2회 문화재소위원회에서는 전문가회의의 공적효력 여부와 제1항목부터 제3항목에 관한 논의가 주로 이루어졌다.7) 일본 측은 한국 측이 제안한 전문가회의 개최를 문부성에 연락했고 그들도 이를 수락했다고 전했다. 한국 측은 "일본 측의 전문가가 정식대표로서 문화재소위원회에 참가하는 것은 어렵겠는가"라고 물었고, 일본 측은 "회담과 직접적인 관련을 가지고 참가할 의사는 없고, 회담과는 별도로 지난번과 같이 전문 지식을 교환하는 것이라면 응하겠다"는 일본 측 전문가들의 의견을 전했다.8) 이에 대해 한국 측은 불만을 나타내면서 외무성을 통해 전문가들과 만나게 해달라고 요청했다. 한국 측은 전문가들의 논의를 통해 돌려받을 문화재들을 공식적으로 확정해 가고 싶었지만, 일본 측 전문가들이 불참하면서 관련 논의를 진행할 수 없었기 때문에 전문가회의에 공적효력을 부여하려고 한 것이었다.

이후 한국 측은 '문화재 반환의 7항목' 중 제1항목부터 제3항목에 대해 설명했다. 한국 측은 각 항목에 대해 1905년 이후 한국에서 반출된 문화재 목록을 제출하고 해당 문화재들은 출토·입수·반출된 경위가 불법이므로 반환할 것, 경주와 평양을 중심으로 한 고대 분묘에서 출토된 제2항목의 문화재 목록을 제출할 것, 이토 히로부미 통감과 데라우치 마사타케 총독이 수집한 고려자기와 미술품 등을 반환할 것 등을 요청했다. 일본 측은 이에 대해 한국 문화 진흥에 협력하는 의미에서 국교정상화의 선물로 일본정부가 소유한 문화재를 자발적·호의적으로 기증할 것이며, 제2항목 관련 목록을

원회와 같은 것에 나가는 일은 곤란하지만, 이와 같은 비공식 간담이라면 나가도 상관없다"라면서 전문가회의에는 참가하기로 했다. 日本外交文書, 「韓国文化財に関する文部省との懇談」, No.571.

7) 日本外交文書, 「第6次日韓全面会談における文化財小委員会第2回会合」, 1961年11月17日 (이하, 「第6次日韓会談第2回文化財小委員会」), No.267.

8) 한국외교문서, 앞의 자료, 프레임 번호: 11~12.

제출할 의사는 없고, 제3항목에 대해서는 "이토씨, 데라우치씨는 모두 훌륭한 사람으로 약탈하거나 훔친다거나 한 것은 아니라고 생각한다. 한국인이 보냈거나 샀거나 했을지도 모르기 때문에 일괄적으로 말할 수 없다"고 반론했다.[9]

　회의 말미에 한국 측은 전문가회의가 공적인 효력을 지니는가에 대해 물으면서, 제5차 회담 당시에 열린 전문가회의는 일본 측 전문가의 불참이 많아 회의 개최 자체가 곤란했었다고 불만을 토로했다. 이에 대해 일본 측은 문부성은 반환의 의무가 있으므로 문화재를 돌려달라고 말하는 것을 싫어하며, 사실 확인에 관한 전문가의 의견을 참고하여 의견이 일치된다면 문화재소위원회에서 토의하자고 답변했다.[10]

　한국 측은 전문가회의에서 합의된 내용을 공식적인 합의사항으로 삼고자 했다. 또한 제5차 회담에서 열린 전문가회의에 관해서도 불만을 품고 있었다. 일본 측 전문가들이 여러 이유를 들면서 전문가회의에 불참했기 때문에 전문가회의가 제대로 개최되지 못했다고 인식하고 있었다. 전문가회의는 제5차 회담에서 두 번(1961년 3월 7일, 5월 8일) 개최되었는데, 위와 같은 한국 측의 인식에서 본다면, 한국 측은 전문가회의를 더 개최하고 싶었다고 추측할 수 있다. 이를 위해 한국 측은 일본 측 전문가가 전문가회의에 참가하도록 외무성이 적극적으로 알선해 주기를 요청했다. 이와 같은 한국 측의 인식에 비해 일본 측에서는 문부성과 문화재보호위원회의 반대도 있었기 때문에 전문가회의의 합의를 공식적인 합의로 하는 일에 반대했다.[11]

---

9) 日本外交文書, 「第6次日韓会談第2回文化財小委員会」, No.267.

10) 한국외교문서, 앞의 자료, 프레임 번호: 18 및 日本外交文書, 「第6次日韓会談第2回文化財小委員会」, No.267.

11) 제2회 문화재소위원회가 끝난 후 한국 측은 "일본 측의 발언을 보면 일본 측의 기본 태도에는 변동이 없음이 분명하나 실질적인 토의 진행에 상당히 탄력적인 태도를 가지고 있음을 엿볼 수 있음. 특히 비공식회의(전문가회의: 필자 주)의 진행이 앞으로 원활히 된다면 상당한 효과를 거둘 수 있을 것 같음" 등의 내용을 한국정부에 보고했다. 한국외교문서, 『제6차 회담 본회의 회의록 및 종합보고』, 프레임 번

제3회 문화재소위원회(11월 15일)에서는 제4항목과 제5항목에 대한 논의가 주로 진행되었다. 먼저 한국 측은 문화재 반환 문제에 대한 입장을 설명했다. 제4차 회담에서 이 문제에 대한 일본 측의 소극적인 태도를 강하게 비판한 일이나 반환을 강하게 주장한 한국 측의 태도는 일본 측에 무리한 요구로 받아들여졌지만, 그것은 전문가가 없었기 때문이라고 설명하고 앞으로는 전문가가 문화재소위원회에 참가해서 전문적인 지식을 바탕으로 논의하게 되었으므로, 앞으로 한국 측은 무리한 요구를 하지 않을 것이라고 설명했다.[12] 즉 한국 측은 전문가의 문화재소위원회 참가를 강조함으로써 일본 측의 전문가들이 문화재소위원회와 전문가회에 참가하기를 간접적으로 요구한 것이다.

이어서 한국 측은 제4항목에 대해 문화재 보호 관련 법률이 없었던 1905년부터 1915년 사이에 일본인들이 관헌의 위력을 배경으로 고분을 도굴하거나 사리탑을 파괴했고, 경주, 창녕, 고령, 동래, 김해 등지에서 출토된 삼국시대의 유물은 도쿄국립박물관과 개인이 소유하고 있으며, 일본인이 고분을 발굴한 것은 확실하다고 지적했다.[13] 제5항목에 대해서는 개성을 중

호: 344. 한편 일본 측에서도 외무성과 문화재보호위원회가 내부회의를 열었다. 외무성은 문화재소위원회의 진행에 따라 문화재보호위원회가 전문가회의에 참가할 것을 요청했고, 문화재보호위원회는 전문가회의에 참가하겠지만, 문화재를 돌려주는 여부에 관한 논의는 하지 않겠다고 답했다. 이와 함께 문화재보호위원회는 한국 측이 설명한 제1항부터 제3항에 대해 국유 문화재는 어느 정도 정보가 있지만, 통감과 총독이 반출한 개인 소유 문화재는 그렇지 못하다고 설명하고, "목록을 낸다는 것은 한국 측에서 마치 그것들을 반환받는 듯 한 착각을 일으킬 가능성이 있기 때문에 내지 않는 것이 좋지 않은가"라는 의견도 제시했다. 日本外交文書, 「韓国文化財問題に関する文部省との打合せに関する件」, 1961年11月14日(이하, 「韓国文化財問題に関する文部省との打合せに関する件」), No.574.

12) 日本外交文書, 「第6次日韓全面会談における文化財小委員会第3回会合」, 1961年11月17日, No.267.

13) 한국 측은 이와 같은 주장의 근거로 "왕조가 바뀌어도 이전 왕조의 왕릉이나 분묘를 망가뜨린 일은 없다는 것이 일본의 학자에 의해서도 지적되고 있다. 고려시대에 들어서도 신라의 왕릉을 축제에 활용했던 정도이며, 이와 같은 분묘에 손을 뻗어

심으로 한 수많은 고분에서 고려자기, 청자 등의 부장품이 한없이 도난되어 일본으로 반출되었다고 설명하면서 "이토 히로부미가 당시 약 네 점밖에 없다고 말해지는 고려자기를 수집하고 있었는데, 이것을 어느 날 이 태왕(고종)에 보여줬는데, 고종이 어디에서 나왔는지 문자 대답에 궁해졌다"는 예를 들었다.[14)

한편 한국 측이 요구했던 전문가회의도 여섯 차례에 걸쳐 열렸으며, 주로 '문화재 반환의 7항목'에 관한 반출 경위와 현소재지에 관한 논의가 이루어졌다. 외무성은 11월 14일의 내부회의에서 문화재소위원회의 진전에 따라 문화재보호위원회가 협력해 줄 것을 요청했고, 문화재보호위원회도 문화재를 돌려준다는 여부는 논의하지 않는 것을 전제로 전문가회의에 참가하기로 했다.[15) 한국 측에서는 이홍직 전문위원과 황수영 전문위원이, 일본 측에서는 마쓰시타 미술공예과장과 사이토 문화재조사관 등이 전문가회의에 참가했다.[16)

11월 17일에 열린 제1회 전문가회의에서 한국 측은 전문가회의의 성격 문제를 제기했다. 일본 측은 이에 대해 문화재 반환에 관한 논의는 하지 않고 오직 문화재 반출 경위 등의 사실 관계를 확인하는 전문적인 내용만을 논의하며, 전문가의 발언에는 구속력이 없고 문화재소위원회에서 전문가회의의 결과를 확인함으로써 비로소 일본 측의 견해로 구속력을 갖게 된다고 설명했다. 한국 측은 전문적인 논의만을 진행하는 일에는 동의하는 한편 전문가회의가 문화재소위원회와는 별개로 진행되지만, 관련 논의 결과가 문화재소위원회에서 재확인된다는 의미에서 전문가회의는 사실상 문화재소위

골동품으로 빼낸 것은 골동품 열기에 들뜬 일본인이 독점적인 관헌의 힘을 배경으로 하여 행한 것이다"라고 설명했다. 위와 같음.
14) 위와 같음.
15) 日本外交文書, 「韓国文化財問題に関する文部省との打合せに関する件」, No.574.
16) 전문가회의에는 한일 양국의 전문가 이외에도 주일대표부 관계자나 외무성 관계자가 참가하기도 했다.

원회와 관련되어 있다는 점을 강조했다.[17]

이어서 한국 측은 '문화재 반환의 7항목' 중 제1항목부터 제5항목에 대해 설명했다. 해당 문화재들은 1905년 이래 일본인들에 의해 도굴된 것이 확실하며, 그 이유에 대해 다음과 같이 설명했다.

> ㄱ. 종래 한국에는 전세 문화재가 거의 없으므로 현존 문화재는 그 대부분이 발굴품인데,
>
> ㄴ. 이것들은 특히 1905년부터 약 10년간 문화재 보호를 위한 법적 조치가 취해지지 않았던 기간 중 일본인에 의해 도굴된 것이 확실하다.
>
> ㄷ. 이 기간에 있어서는(1905년~1915년) 발굴에 대한 학술보고가 1건도 발간되어 있지 않은 것만 보더라도 그것이 학술 발굴이 아니었음을 알 수 있으며,
>
> ㄹ. 도굴 사실을 기록한 당시의 각종 문헌에 의해서도 이를 확인할 수 있고,
>
> ㅁ. 동시에 당시의 도굴 광경을 목격한 증인들도 그러한 사실을 증언하고 있다.
>
> ㅂ. 그런데 고래로 한국인은 선조의 분묘를 존숭하고 이의 발굴을 죄악시하는 풍습이 있었으며, 또 당시의 주민들은 이 같은 지하 매장품에 대해 가치를 잘 인식하고 있지 않았으므로 한국인이 도굴을 했을 리는 없다.

이에 대해 일본 측은 "한국에 이와 같은 종류의 전세품이 없었다는 사실은 지금까지는 잘 몰랐다", "한국 측이 반환 요구한 때를 1905년으로 한 것은 그 근거를 잘 이해할 수 없다", "당시 도굴이 많았음은 인정할 수 있으나 그것이 반드시 일본인에 의한 것 만이었다고는 단정하기 어렵다"고 반론했다.[18] 이후 제2회 전문가회의(11월 21일)와 제3회 전문가회의(11월 28

---

17) 한국외교문서, 앞의 자료, 프레임 번호: 93~94.
18) 한국외교문서, 앞의 자료, 프레임 번호: 94~95.

일)에서는 석굴암 불상, 불국사 다보탑 석사자, 오구라 다케노스케 소장 금
관 등에 관한 논의가 이루어졌다.

　제4회 문화재소위원회(12월 5일)에서는 제6항목과 제7항목, 체신 관계
문화재에 관한 논의가 이루어졌다. 제6항목에 대해서는 통감부 시기 이후
특수한 권력을 배경으로 하여 조선왕조실록, 데라우치 문고, 가와이 문고
등이 일본으로 불법적으로 반출되었다고 설명했다. 제7항목에 대해서는 오
구라가 수집 오구라 컬렉션은 입수와 반출 경위에서 볼 때 가장 유감스러
운 것이라고 지적하고 "오구라씨는 당시 남선전기(南鮮電氣) 사장으로 경찰
서장도 머리를 들어 올리지 못하는 존재였는데, 이 사람의 수집품은 주간지
(5월 주간신초〈週間新潮〉)에도 시가 123억 엔이나 달한다고 기술되어 있고,
최근에는 창고를 만들어 보관하고 있다"고 설명했다.[19] 이와 함께 도쿄국
립박물관에 소장된 체신 관계 문화재는 조선의 우편 사무를 알 수 있는 귀
중한 자료가 많이 포함되어 있고, 한국에는 없는 것이므로 반환해 줄 것을
요구했다.[20] 한편 한국 측은 제4회 전문가회의(12월 5일)에서 소네 아라스
케와 통감부의 전적, 가와이 문고, 체신 관계 문화재, 도쿄국립박물관의 한
국 관계 문화재 등에 대한 반출 경위와 현소재지 조사를 일본 측에 요청했

---

19) 오구라는 조선에서 문화재를 수집한 동기에 대해 "일을 위해 대구에 본거(本據)를
　　두게 되었다. 대구라는 곳은 신라의 옛 수도 경주의 관문인데, 순로(順路)는 대구를
　　거쳐 경주로 들어가게 되는 것이다. 경주는 신라의 옛 수도라서 신라문화의 유물이
　　지상과 지하에 풍부하고, 다른 곳과 크게 다른 것이 있는 곳이다. 게다가 그 예술
　　품은 일본과 밀접한 관계가 있는 조선문화로 일본문화를 연구함에 있어서 필수불
　　가결한 것으로 믿어진다. 그런데 이 신라의 발굴품이 당시 내지(內地) 그 외로 산일
　　(散逸)되는 것이 많다고 생각되어, 경주의 관문인 대구에서 어느 정도의 미술품이
　　산일되는 일을 방지하여, 당시의 문화를 그리워하는 마음으로 모으기 시작한 것이
　　다. 1922년, 23년경부터이다. 이때부터 빠지게 되어 임나, 그 외의 것을 수집하게
　　되어 오늘에 이르렀던 것이다'라고 말했다. 小倉武之助, 「朝鮮美術への愛着」, 『茶わん』
　　10月号第105号, 宝雲舎, 1939.
20) 日本外交文書, 「第6次日韓全面会談における文化財小委員会第4回会合」, 1961年12月5日,
　　No.267.

고, 이에 대해 일본 측은 제5회 전문가회의(12월 12일)에서 답변했다.

이와 같이 한국 측이 제출한 '문화재 반환의 7항목'을 둘러싼 논의가 활발하게 진행되는 가운데 일본 측은 제5회 문화재소위원회(12월 8일)에서 문화재 반환 문제에 관한 기본적인 견해를 설명한다.21) 그 견해는 한국 측의 '문화재 반환의 7항목'에 관한 설명은 근거가 명확하지 않고, 문화재를 출토국에 반환하는 국제법의 원칙이나 관례도 없기 때문에 문화재를 반환할 의무나 권리가 없으며, 문부성 등의 반대가 있지만 문화협력의 의미에서 자발적인 의사로 문화재를 기증하겠다는 내용이었다. 한국 측은 이와 같은 견해를 도저히 받아들일 수 없었고, 해당 문화재들에 대해 전문적이고 구체적인 예를 들었으며 이는 긍정적인 증거라고 반박을 했지만 소용없는 일이었다.

이후 한국 측은 다섯 번에 걸쳐 열린 전문가회의에 대해 '문화재 반환의 7항목'이 보다 구체적으로 논의되었다고 보고하는 한편 "우리가 만족할 만한 회답이나 조사가 반드시 되었다고 볼 수 없는 유감도" 있지만,22) 데라우치 문고나 오구라 컬렉션 등에 관한 사실 확인도 있었고 "여러 전문적인 회답을 받고 싶다고 요청하고 있다"는 등 전문가회의에 대한 진행 상황을 설명했다. 일본 측은 이에 대해 "민간 소유의 것도 나라가 사들이거나 민간인의 자발적 의사로 기증할 수 있도록 길을 열어 놓는 것이 좋지 않은가. 국교가 정상화한다면 국민들의 생각도 변해서 민간인 중에서도 자발적으로 돌려준다는 것도 나올 것이다"라고 말했다.23) 즉 일본 측은 문화협력의 의미에서 개인이 소유하고 있는 문화재를 일본정부가 사들이는 일이나 개인의 기증을 통해 한국 측에 돌려준다는 일도 이 시기에 생각하고 있었던 것이다. 즉 개인 소유 문화재에 관한 방침이 이전에 비해 유연화되고 있었다

---

21) 日本外交文書,「第6次日韓全面会談における文化財小委員会第5回会合」, 1961年12月18日 (이하,「第6次日韓会談第5回文化財小委員会」), No.267.

22) 한국외교문서,『제6차 회담 문화재소위원회』, 프레임 번호: 52.

23) 日本外交文書,「第6次日韓会談第5回文化財小委員会」, No.267.

고 해석할 수 있다.

한편 제6회 전문가회의(12월 21일)에서는 이전까지 논의된 몇 가지 사항에 대한 설명과 질의응답, 그리고 향후 전문가회의의 진행에 대한 논의가 이루어졌다.[24] 일본 측은 전문가회의 진행에 대해, 자신들이 한국 측에 조사 결과를 보고할 수 있을 때 전문가회의를 다시 여는 것이 어떤가라고 물었고, 한국 측은 이를 반대하지는 않았지만 "아직 내용적으로 깊이 들어갔다고 볼 수는 없는 일이니 앞으로는 좀 더 성의를 갖고 본질적인 논의를 진행할 수 있기를 바란다"고 답변했다.[25]

이와 같이 한일 양국은 여섯 번에 걸친 전문가회의를 통해 문화재 반출 경위나 사실 관계, 소재지 파악에 관한 논의를 했다. 해당 논의 등을 통해 확인된 사실 관계를 정리하면 〈표 17〉과 같다.

〈표 17〉 전문가회의를 통해 확인된 사항[26]

항 목	한국 측 조사 요구 문화재	일본 측 조사 결과
제3회 전문가회의 (1961년 11월 18일)	석굴암의 불상, 소석탑	행방불명이며, 일본에 있다는 확실한 증거도 발견되지 않음
	불국사 다보탑의 사자상	
제5회 전문가회의 (1961년 12월 12일)	오구라 컬렉션	문화재보호위원회의 감독 하에 있으며, 소장품은 약 1,002점이 등록되어 있음
	지도원판	전란으로 인해 소실되어 현존하지 않음
	체신문화재	체신박물관에 보관되어 있음
제6회 전문가회의 (1961년 12월 21일)	이치다 컬렉션	불명
	통감본	궁내청 도쇼료에 보관되어 있지만, 목록 그 외 내용은 불명
	가와이 문고	조사 중

---

24) 日本外交文書, 「文化財專門家会合(第6回)」, 1961年12月21日, No.268.

25) 한국외교문서, 앞의 자료, 프레임 번호: 117.

26) 한국외교문서, 앞의 자료, 프레임 번호: 137 및 「日韓会談双方主張の槪要(文化財問題)」, 1962年8月20日, No.577을 바탕으로 작성.

비공식회의 (1962년 4월 3일)	소네본	통감본과 동일
	데라우치 문고	야마구치현 야마구치 여자단기대학에 보 관되어 있지만, 내용은 불명

이상에서 검토한 바와 같이 한국 측은 일본 측 전문가의 문화재소위원회 참가, 전문가회의의 공적효력 요구와 같은 한국정부 방침을 바탕으로 논의에 임했지만, 일본 측 전문들이 문화재소위원회에 참가하지 않거나 참가했을 때도 그 태도가 적극적이지 않았다. 또한 문화재소위원회와 전문가회의에서 반환과 기증을 둘러싼 논의가 아닌 '문화재 반환의 7항목'을 활발하게 논의했지만, 제5회 문화재소위원회에서 나온 한국 측의 발언에서 알 수 있는 바와 같이 한국 측은 충분한 성과를 거뒀다고 생각하지 않았다. 특히 문화재의 사실 관계, 즉 반출된 문화재의 불법성에 관한 입장의 차이가 현저하게 나타났기 때문에 한일 양국의 문화재 반환 문제에 대한 괴리는 여전히 컸다고 볼 수 있다.

제2절 한일 양국의 방침과 특별위원회 설치 논의

1. 특별위원회 설치에 관한 한국 측의 방침

주일대표부는 1961년 10월부터 3개월 간 이루어진 각 의제들의 진행 상황을 바탕으로 1962년 1월 25일에 '회담 운영 방안 건의'라는 문서를 작성했다.[27] 한국정부는 이 방안을 승인했고, 주일대표부는 이를 바탕으로 교섭에 임한다.

해당 방침 중 문화재 반환 문제에 대해서는 수석위원들 간의 비공식회의

---

27) 한국외교문서, 『제6차 회담 본회의 회의록 및 종합보고』, 프레임 번호: 190~192.

를 개최하고, 제5회 문화재소위원회에서 일본 측이 제시한 동 문제 해결의 기본방침에 대해 답변할 것과 특별위원회의 설치가 계획되어 있었다.[28] 여기에서 주목해야 할 점은 특별위원회의 설치이다. 그 이유는 한일회담을 조기 타결하고자 했었던 한국 측의 문화재 반환 문제에 대한 해결 의지를 확인할 수 있기 때문이다.

1. 1월 31일 경 상대방 수석위원과 비공식 회합을 할 것인바 이 기회에

   1) 제5차 회의에서 행한 일본 측의 견해에 대해 보류한 바 있는 아측의 주장을 설명하며 청구요항을 개진할 것임.
   2) 쌍방 간에 상반된 주장이 평행선을 지날 수밖에 없겠지만 상호 성의와 체면을 지킴으로써 실직적인 토의에 있어서 타협선을 발견토록 노력 할 것을 제의하겠음.
   3) 이를 위해 2월 초부터 품목 선정을 위한 특별위원회를 구성하여 매주 1회 내지 2회씩 회담할 것.
   4) 이 특별위원회에는 종래 비공식 전문가회담에 출석한 전문가 2인 이외에 인원을 증가함과 더불어 책임 있는 권한이 부여되어야 할 것이며, 또한 이와 같은 회담에는 일본 측에서는 외무성의 대표도 옵저버로서 참석토록 할 것을 제의하겠음.
   5) 이와 같은 제의가 일본 측에 용납되지 않을 경우에는 종래의 비공식 전문가회의를 계속하여 개최할 것을 요구할 것이며, 여기에서 더욱 사실 확인을 행하여 아측의 청구 방향으로 유도할 것임.
   6) 아측은 7개 항목에 따라서 품목 선정안을 작성하여 일본 측에 제시하고, 측항 선정을 하여 3월 중순까지 이를 논의하고 4월 중순까지 품목 선정을 완료함으로써 협정 초안을 마련토록 할 위계임.

2. 특별위원회가 성립되는 대로 황수영 대표가 도착해야 할 것임.

---

28) 한국외교문서, 위의 자료, 프레임 번호: 191~192.

한국 측이 특별위원회를 개최하려고 한 이유는 권한이 부여된 전문가들이 참가하여 문화재 반환 문제에 대한 실직적인 논의, 즉 문화재 목록 논의를 통해 문화재 목록을 작성하려는 의도에서였다. 전술한 바와 같이 한국 측은 공적효력이 있는 문화재소위원회에 전문가를 참가시킨다거나, 공적효력을 전문가회의에 부여할 것을 일본 측에 요구했다. 그러나 일본 측의 전문가들이 문화재소위원회에 참가하지 않았고, 전문가회의에도 공적효력이 부여되지 않았다. 따라서 한일 양국의 논의가 '평행선을 지날 수밖에 없겠지만', 문화재소위원회와 전문가회의의 성격을 모두 지닌 특별한 회의, 즉 특별위원회를 개최하고 여기에서 문화재 목록 논의를 진행하면서 문화재 목록을 작성하려고 했던 것이었다.

2. 일본 측의 해결 방침 제시와 특별위원회 설치 합의

한국 측은 상기 방침을 바탕으로 일본 측과 1962년 2월 1일에 문화재소위원회 대표 간 비공식회의를 가졌다. 이 회의에서 일본 측이 문화재 반환 문제 해결 방침을 제시했고 특별위원회 설치 관련 논의도 이루어졌다.

먼저 일본 측은 문화재 반환 문제에 대한 견해를 재차 설명했다. 한국 측이 권리·의무의 관계에서 문화재 반환을 계속 요구한다면, 일본 측은 증거가 확실하지 않다는 점, 국제선례가 없다는 점을 통해 문화재 반환 의무가 없다고 반론할 수밖에 없다고 설명하면서, 다음과 같이 문화재 반환 문제를 해결하고 싶다고 말했다.[29]

일본 측은 일한국교정상화 시에 양국의 학술·문화협력의 일환으로써 권리·의무 관계에서 벗어나 국유의 한국 문화재 중 적당한 것을 한국 측에

---

29) 日本外交文書,「日韓会談文化財小委員会主査非公式会談記録」, 1962年2月1日(이하,「日韓会談文化財小委員会非公式会談記録」), No.576.

넘기기로 하며, 또한 민간에게도 권하여 이것이 한국 땅으로 돌아가도록 노력하기로 한다. 이것이 가장 타당한 해결책이라고 생각하고 있으나 한국 측이 이 기본적인 해결 방침을 양해해 준다면, 이를 문부성과 문화재보호위원회에 전달하고 향후 본 문제에 대해 그들의 협력을 얻기가 용이해질 것이라고 생각한다.

즉 일본 측은 권리·의무 문제로는 문화재 반환 문제가 해결되지 않기 때문에 문화협력을 통해 일본정부가 소유한 문화재를 한국 측에 넘기기로 하고, 동 문제를 탐탁하게 여기고 있지 않은 문부성과 문화재보호위원회를 설득해 간다는 것이었다.

여기에서 한 가지 주목해야 할 것은 일본 측이 개인 소유의 문화재에 관해서도 '한국 땅으로 돌아가도록 노력'한다는 내용이다. 제4차 회담에서 열린 유태하 주일공사와 야마다 외무사무차관 간의 비공식회의에서 야마다 외무사무차관은 개인 소유 문화재의 소재를 모두 파악할 수 없다는 점, 대장성이 해당 문화재를 사들이기 위한 예산을 책정할 수 없다는 점을 이유로 들면서, 개인 소유 문화재의 반환은 불가능하다고 설명했다.[30] 또한 제5차 회담에서 열린 유태하 주일공사와 사와다 수석대표 간의 비공식회의(1960년 11월 14일)에서도 일본 측은 '문화재 문제의 3원칙'을 제시하면서 개인 소유 문화재는 인도할 수 없다고 말했다.[31] 이와 같이 일본 측의 개인 소유 문화재에 관한 원칙은 이전 회담과 비교해 봤을 때 제6차 회담 시기에서 유연화되고 있었다.

한국 측은 문화재 반환 문제가 다른 의제들에 비해 진행이 늦어지고 있다는 점을 지적하면서, 일본 측의 태도에 대해 "솔직하게 말한다면 일본 측의 문화재 문제에 대한 기본적인 태도는 어떠한 약속도 하지 않고 지연시켜 놓으면 된다는 것이며, 그 때문에 소위원회에서도 전문가들을 출석시키

---

30) 한국외교문서, 『제4차 회담 문화재소위원회 회의록』, 프레임 번호: 102~104.
31) 한국외교문서, 『제5차 회담 문화재소위원회 및 전문가위원회』, 프레임 번호: 13~14.

지 않고 전문가회합도 소위원회와 분리해서 한다는 이례적인 일을 하고 있지 않은가라고 의심하고 싶은 상황이었다'고 비판했다.[32] '어떠한 약속도 하지 않고'라는 지적은 1957년 12월 31일에 합의된 구두전달사항에 따라 일본 측이 한국 측에 문화재를 건넬지에 대한 여부이다. 제4차 회담 이후 일본 측은 한국 측에 제출한 489점의 문화재 목록 관련 문화재를 비롯하여 문화재를 건넬지에 대해 논의하지 않았고, 일본정부의 방침이 아직 결정되지 않았다는 점 등을 이유로 문화재를 건네지 않았다. 이에 따라 한국 측은 불만을 품게 되고 일본 측을 비판했다. 또한 일본 측 전문가들이 문화재소위원회에 참가하지 않는 점이나 전문가회의에서도 소극적인 태도를 보였기 때문에 한국 측은 계속 불만을 드러냈었다. 이어서 한국 측은 "먼저 한국 측이 받아야할 것을 받고 나서 다음에 장래의 문화, 학술상의 협력을 하고" 싶으며, 일본 측에게 문화재 목록을 받고 전문가회의에서 이를 더욱 검토해야 한다고 주장했다.[33]

한편 한국 측은 일본 측이 설명한 문화재 반환 문제 해결 방침에 대해 "과거에 이미 반환·기증에 관한 문제는 논의가 된 것이며 (return) (donation) 또는 (turn over)라는 말이 나왔던 것으로서 실상 이와 같은 문제는 '그렇게 문제가 되지 않을 줄로 믿는다'"고 답하고, "다른 위원회와 보조를 맞추기 위해 앞으로 문화재 반환 문제도 타결을 위한 구체적인 전망을 세워야 한다'고 말했다.[34] 이와 같은 한국 측의 발언에 대해 일본외교문서에는 "문화재 문제 해결방법에 관한 기본적 양해에 이의는 없으며 그 양해가 성립되었다고 생각해도 문제없지만, 현 단계에서 한국 측이 이를 양해했다고 확실하게 말할 수는 없고, 어디까지나 암묵적인 양해로 받아들여져야 한다"는 해석이 적혀 있다.[35] 반환·기증 문제가 그렇게 문제가 되지 않을 것이라는

---

32) 日本外交文書, 앞의 자료, No.576.
33) 위와 같음.
34) 한국외교문서, 『제6차 회담 문화재소위원회』, 프레임 번호: 54.
35) 日本外交文書, 앞의 자료, No.576.

한국 측의 발언에 대해 일본 측은 '기본적인 양해에 이의는 없으며', '어디까지나 암묵적인 양해'로 해석했다. 아무튼 한국 측은 이 시점에서 반환·기증 문제에 대해 반환을 고집하지 않겠다는, 즉 반환 방법으로 인도도 괜찮다는 입장을 비공식적으로 밝힌 것이다.

일본 측은 이에 대해 한국 측이 일본 측의 해결 방침을 받아들인다면, 한국 측의 주장과 같이 문화재 반환 문제에 대한 해결 전망을 세워보겠다고 말했다.36) 한국 측은 반환·기증 문제에 대해 "당분간 이를 보류하고, 아무튼 한국 측에서 받고 싶은 목록을 준비하고 있으므로 이를 제시"한 후 양측 전문가들이 해당 목록에 관해 "검토를 시작하고 그와 같은 검토의 기한을 정하는 것이 어떤가"라는 제안을 했다.37) 일본 측도 이에 동의하고 다음 문화재소위원회에서 해당 목록을 논의하겠다고 답했다.38)

이와 같이 반환·기증 문제가 그렇게 문제가 되지 않고 당분간 보류하자는 한국 측의 발언은 '문화재 반환 문제의 구조'에서 봤을 때 청구권 속성의 약화가 표면적으로 드러나기 시작한 계기라고 해석할 수 있다. 제4차 회담과 제5차 회담에서 반환을 주장한 한국 측이었지만, 회담의 조기타결을 위해 문화재 반환 문제에서도 일본 측과의 합의점을 찾아야만 했고, 그 합의점은 바로 반환이라는 방법을 고집하지 않는 것이었다. 후술하는 바와 같이 한국 측은 제2차 정치회담에서 공식적으로 인도를 제안하는데, 이를 계기로 청구권 속성이 명확하게 약화된다.

한편 한일 양국은 특별위원회의 설치를 합의했다.39) 전술한 바와 같이 특별위원회는 문화재 반환 문제를 논의하는 공식적인 회의이자 권한이 있는 문화재소위원회와 권한이 없는 전문가회의의 성격을 가진 회의라고 할 수 있다. 즉 문화재소위원회의 권한을 가지고 전문가들 간에 논의된 내용을

---

36) 한국외교문서, 앞의 자료, 프레임 번호: 54.
37) 日本外交文書, 「日韓会談文化財小委員会非公式会談記録」, No.576.
38) 한국외교문서, 앞의 자료, 프레임 번호: 54.
39) 한국외교문서, 앞의 자료, 프레임 번호: 55.

공식적으로 결정하는 회의가 특별위원회인 것이다. 일본 측은 전문가들이 정식대표 또는 위원으로 특별위원회에 참가하도록 하겠다고 말했다. 그리고 한국 측은 문화재 목록의 작성 완료 기간을 3월 말 내지 4월 말로 할 것을 제안했고 일본 측도 이에 동의했다.[40]

주일대표부는 비공식회의가 끝난 후 "'이세키'씨는 꽤 협조적이었으며, 문부성 측은 자기가 설득을 하겠다고 말했음. 연이어 '이세키'씨의 말로는 우선 박물관 소장품을 일차적으로 반환할 것이며 민간 소장품 같은 것은 국교정상화 후에 '문화협력'의 원칙하에 점차 돌려줄 수 있을 것이다"는 내용을 한국정부에 보고했다.[41] 이 보고의 앞부분은 외무성이 문부성과 문화재보호위원회를 설득해서 그들을 특별위원회에 참가시키려고 한다는 의미로, 주일대표부는 이 시점에서 특별위원회 개최가 낙관적이라고 판단했을 것으로 생각된다.

3. 외무성의 해결 방침 검토

외무성은 한국 측과 문화재 반환 문제를 논의하는 한편 그 해결 방법도 검토하고 있었는데, 비공식회의 이후 '문화재 문제 해결 방침에 관한 건(토의용 자료)'를 작성했다. 이 문서에는 동 문제에 관한 한일 양국의 기본적인 입장, 문부성에 대한 견해, 문화재를 건넬 경우의 법률해석문제, 문화재 품목, 동 문제 관련 해결 방식이 검토되어 있다. 이 문서는 당시 문화재 반환 문제에 대한 외무성의 견해를 파악할 수 있는 자료이므로 중요하다고 평가할 수 있다.

먼저 문화재 반환 문제에 관한 한일 양국의 기본적 입장을 다음과 같이

---

40) 한국외교문서에는 비공식회담과 제6회 문화재소위원회 등에서 '특별위원회'로 쓰여 있지만, 일본외교문서에는 이와 같은 표현은 없었고, '전문위원회'로 쓰여 있다. 본서에는 기본적으로 '특별위원회'로 표기한다.
41) 한국외교문서, 앞의 자료, 프레임 번호: 55.

정리했다.[42)

 한국 측은 제1차 일한회담 개시 이래 청구권 문제의 일환으로서 우리나라에 있는 한국문화재의 반환을 주장하고, 국민감정으로서 문화재는 상당히 큰 의의를 가지고 있다는 점, 문화재는 그 출토국에서 보존하고 연구하는 것이 오늘날 세계의 추세라는 점, 조선동란에 의해 한국에 있었던 많은 문화재가 피해를 입은 사정 등을 강조하고 있다.

 제6차 회담에서도 한국 측은 일본으로 반출된 대부분의 한국문화재는 부당·불법한 수단에 따라 입수된 것이라는 점과 문화재는 그 자체의 성질상 당연히 출토국으로 귀속되어야 하는 것이라는 점을 특히 지적하고, 이에 대한 반환을 주장하고 있다.

 이에 대해 일본 측은 한국 측이 지적한 입수의 부당·불법성에 대해서는 확실한 증거를 바탕으로 한 것이라고 인정하기 어렵기 때문에, 비록 그와 같은 사례가 하나 둘 있다고 하더라도 그것은 나라가 책임을 져야한다는 국제법상의 문제가 아니다. 또한 문화재는 당연히 출토국으로 귀속한다는 점에 대해서도 그와 같은 국제법상의 원칙이나 관례는 찾을 수 없고, 이와 같은 이유에서 일본은 이 문제를 일본 측에게 반환할 의무가 있다거나 한국 측에게 반환을 요구할 권리가 있다거나 하는 문제로는 생각하지 않는다는 기본적인 견해를 전달했다. 이와 함께 일한 간의 깊은 역사적, 문화적 관계를 고려하여 장래 양국 간에 국교정상화가 실현되었을 경우 일본 측의 자발적 의사에 따라 어느 정도의 한국문화재를 증여할 것을 고려하고 있다는 취지의 의향도 표명했다. 또한 후자에 대해서는 우리 측이 이번에도 종종 한국 측에 문화협정의 체결을 시사해 왔다.

 문부성과 문화재보호위원회에 대해서는 그들이 한국 측에 문화재를 기증하는 것조차 반대해 왔지만, 한일회담의 진행에 따라 권리·의무로서가 아닌 자발적인 의사에 따른 기증이라면 동의하게 될 것이라고 분석했다.

---

42) 日本外交文書, 「文化財問題の解決方針に関する件(討議用資料)」, 1962年2月14日(이하, 「文化財問題の解決方針に関する件(討議用資料)」, No.576.

다음으로 국유 문화재를 타국에 양도할 경우의 법률해석문제에 관해서는 106점의 문화재를 인도할 당시 적용했던 '1947년 법률 제229호(물품의 무상대부 및 양여 등에 관한 법률) 제3조 3호'를 다시 적용시키기는 곤란하며, 법률 개정이나 국회의 승인을 필요로 하는 협정의 체결이 필요하다고 했다. 문화재보호위원회는 이 법률을 적용하는 데에 있어서 "106점도 강인한 법률해석에 따라 건넸지만, 수 백점의 부부총을 이와 동일한 법률 해석에 따라 건넬 수는 없다. 법률 개정에 따라야 한다"고 지적하면서, 외무성도 이에 대해 검토한 결과 대규모의 문화재 인도를 이 법률로 처리하는 일은 곤란하다고 판단했다.[43]

외무성은 이상과 같은 검토를 통해 문화재 반환 문제를 해결하기 위한 세 가지 안을 작성했는데, 이를 정리하면 〈표 18〉과 같다.

〈표 18〉 외무성의 문화재 반환 문제 해결을 위한 세 가지 안[44]

방식	내용
제1안 단독의 의정서 또는 교환공문	일본국정부는, 일한국교정상화를 경축하는 일본 국민의 기분을 표명하기 위해서, 그리고 한국에 있었던 많은 문화재가 조선동란의 결과 없어져버린 사실, 또한 한국 출토 문화재의 상당수가 현재 일본 국내에 보관되어 있어, 그것들이 한국으로 돌아가는 것을 한국정부 및 국민이 열망하고 있는 사실을 고려하여, 별첨 목록에 기재된 한국 출토 문화재를 가급적 빨리 한국정부에 인도한다.
제2안 문화협정을 체결하고 그 일환으로 인도	일본국정부는, 한편으로는 조인된 일한문화협정의 정신에 비추어, 또 한편으로는 한국에 있었던 많은 문화재가 조선동란의 결과 없어져버린 사실, 또한 한국 출토 문화재의 상당수가 현재 일본 국내에 보관되어 있어, 그것들이 한국으로 돌아가는 것을 한국정부 및 국민이 열망하고 있는 사실을 고려하여, 별첨 목록에 기재된 한국 출토 문화재를 가급적 빨리 한국정부에 인도한다.

---

43) 日本外交文書, 「韓国文化財に関する文部省との懇談」, No.571.

44) 〈표 18〉의 세 가지 방안이 적혀 있는 문서는 「文化財問題の解決方針に関する件(討議用資料)」의 다음에 나오는 문서이다. 하지만 이 문서는 첫 페이지가 미공개로 되어 있기 때문에 문서의 제목과 작성일 등을 파악할 수가 없다. 〈표 18〉은 동 문서를 바탕으로 작성했다.

제3안 일한문화협력에 관한 의정서	〈제1조〉 일한 양국정부는, 양국 간의 역사적, 문화적으로 극히 깊은 관계를 상기하고, 장래에 이 관계를 한층 긴밀하게 하기 위해, 국교정상화 후, 되도록 빨리 문화협정을 체결하기로 한다. 〈제2조〉 일본국정부는, 장래 체결되어야 할 일한문화협정의 토대를 쌓는 것 및 한국에서의 학술, 문화 연구에 기여하기 위해, 그리고 많은 문화재가 조선동란의 결과 없어져버린 사실, 또한 한국 출토 문화재의 상당수가 현재 일본 국내에 보관되어 있어, 그것들이 한국으로 돌아가는 것을 한국정부 및 국민이 열망하고 있는 사실을 고려하여, 별첨 목록에 기재된 한국 출토 문화재를 가급적 빨리 한국정부에 인도한다. 〈제3조〉 일한 양국 정부는 금후 일본국에서 한국으로 인도될 한국 출토 문화재를 포함하여, 한일 양국의 국내에 보관되어 있는 문화재에 관해 학술, 문화 연구의 목적을 위해 상대국 정부 및 국민에 대해 가능한 한 편의를 상호 제공하기로 한다.

제1안은 일본 국민의 기분을 표명하고, 한국전쟁으로 인해 한국의 문화재가 입은 피해 등을 고려하여 문화재를 인도하기 때문에, 일본 측이 일방적으로 부담을 지는 것처럼 되어 있다. 따라서 한국 측이 제1안을 비교적 받아들이기 쉽겠지만, 일본 국내에서는 한국 측 요구에 굴복했다는 인상을 줄 우려가 있어, 이에 대한 검토가 필요한 안이었다. 제2안은 제1안과 비교해 볼 때 첫 부분만 다르고, 그 이외는 제1안과 같은 내용이다. 제2안은 문화협정이라는 표현을 삽입하는 것으로 한국 측 요구에 굴복했다는 인상을 약화시키는 효과가 있지만, 한국 측이 강하게 반대할 가능성이 있는 안이었다. 한국 측은 과거사 청산의 일환으로 문화재 반환 문제를 제기해왔기 때문에, 그러한 성격을 퇴색시키는 문화협정을 수락하지 않을 가능성이 높았다. 제3안은 제1안과 제2안을 제2조로 하고, 제1조와 제3조를 통해 문화협정의 측면을 부각시킨 안이었다. 특히 제3조를 통해 문화협정이 일본 측의 일방적인 부담이 아니라는 것을 나타내고, 문화협정 체결 시 예상되는 국내

의 비난을 피하는 일이 가능했다.

상기 안들의 공통점은 상당수의 한국 출토 문화재가 왜 일본에 보관되어 있고 한국이 왜 이와 같은 문화재들이 한국으로 돌아가기를 열망하고 있는지에 대한 언급은 전혀 없다는 점이다. 일본에 있는 문화재를 돌려받음으로써 문화재 반환 문제를 해결하고, 이를 통해 과거사를 청산하려고 했던 한국 측의 입장과는 달리 과거사 청산과는 전혀 상관없는 문화협정이라는 입장으로 동 문제를 해결하려고 한 의도를 파악할 수 있다.

한편 외무성은 한국 측이 반환 방법에 대해 크게 고집하지 않는다고 상정하고, 그 경우 한국 측에 건넬 수 있는 문화재의 품목을 다음과 같이 정리했다.[45]

1. 도쿄박물관 소장 경상남도 양산군 양산면 북정리 출토품 489점
   (이는 1958년 4월의 제4차 회담 직전 일본 측이 장래 인도 여부는 별도로 결정한다고 말하면서, 비공식으로 한국 측에 목록을 수교한 것이다)

2. 도쿄 박물관 소장 고려자기 약간 및 국유의 지정문화재

3. ■■■■■

4. 체신 관계 문화재
   (현재 도쿄 체신박물관에 소장되어 있는 것으로 우정성 측은 인도에 반대하고 있지 않다)

5. 고서적에 대해서는 주요한 것(한국 측이 특히 관심을 보이고 있는 국내청 서릉부 소장 이른바 통감본, 교토대학의 가와이 문고, 데라우치 문고 포함)을 마이크로 필름으로 수록하여 그 필름을 한국 측에 양여

---

45) 위와 같음. 문화재 품목 3번은 먹칠이 되어 있기 때문에 그 내용을 파악할 수 없다.

한다(경우에 따라 마이크로 필름 쪽을 일본 측에 남기는 것도 생각할
수 있다).

외무성은 문화재 품목을 결정하는 데 있어서 문화재를 직접 관리하고 있
는 문부성과 문화재보호위원회 및 그 외의 관계기관을 설득하는 일이 중요
하다고 인식하고 있었지만, 일단 외무성의 판단으로 건넬 수 있을 만한 문
화재들을 정리하고 있었던 것이다.

이와 같이 외무성은 제6차 회담에서 문화재 반환 문제에 관한 기본적인
입장을 다시 정리하고, 이를 해결할 수 있는 방안을 작성했다. 그 형식은 의
정서, 교환공문, 문화협정이었는데, 그 내용에는 문화협력으로 기증한다는
일본 측의 입장이 반영되어 있었던 반면에 과거사 청산이라는 한국 측의
입장은 여전히 반영되어 있지 않았다. 한편 외무성은 한국에 문화재를 기증
하는 것조차 반대하고 있었던 문부성과 문화재보호위원회가 자발적인 기증
이라면 동의할 것이라는 분석도 하고 있었는데, 외무성이 생각하고 있었던
문화재 목록에는 문부성과 문화재보호위원회와의 대립을 발생시킬 문화재
들도 담겨 있었다. 그것은 439점의 양산부부총 관련 문화재로 한국 측은 문
화재 및 학술상의 측면에서 이를 높게 평가했고 일본 측에 계속해서 반환
을 주장했다. 외무성은 한국 측을 만족시킬 만한 문화재도 고려하고 있었는
데, 489점의 양산부부총 관련 문화재가 그것이었고, 이는 문부성과 문화재
보호위원회와의 대립을 낳는 원인이 된 것이었다.46)

---

46) 「文化財問題の解決方針に関する件」과 「文化財問題の解決方針に関する件(補足資料)」에 쓰
여 있는 외무성의 문화재 품목을 비교할 경우 먹칠이 되어 있는 부분을 제외하면
내용 면에서는 거의 동일하다. 전자에는 세 번째 품목에 "한국 측이 특히 열성적인
모습을 보이는 오구라 컬렉션 중 약간의 것을 정부 매입 또는 오구라씨의 자발적
의사를 통한 기증으로 할 것"이라고 적혀 있다. 두 문서의 내용이 거의 같다는 점
을 감안한다면, 후자의 먹칠된 부분은 '오구라 컬렉션'일 가능성도 있다. 만약 그것
이 '오구라 컬렉션'이라면 당시 외무성은 한국 측이 요구한 개인 소유 문화재도 한
국 측에 넘겨주는 품목으로 생각하고 있었다고 추측할 수 있다.

4. 특별위원회 개최를 둘러싼 대립

제6회 문화재소위원회(1962년 2월 16일)에서는 특별위원회 개최와 관련된 논의가 집중적으로 이루어졌다. 먼저 한국 측은 종래의 전문가회의로는 더 이상의 진전이 없었기 때문에, 일본 측이 권한이 있는 전문가를 출석시켜 특별위원회를 구성해야 한다고 주장했다. 이에 대해 일본 측은 문화재보호위원회와 논의한 결과, 원만하게 일이 진행될 것 같다는 인상을 받았다고 설명한 후에 한국 측의 문화재 목록은 정식적인 것이 아닌, 참고로 받아들일 경우 이를 검토해 보고, 특별위원회 참가에 대해서는 문화재보호위원회를 설득하고 있지만 그들의 주장도 있기 때문에, 먼저 한국 측의 문화재 목록을 검토한 후에 결정을 하겠다는 문화재보호위원회의 견해를 전했다. 그러나 한국 측은 문화재 목록 제출하기 전에 먼저 특별위원회를 설치할 필요가 있으며, 그 후에 목록을 건네고 이를 검토하는 것이 바람직하다고 주장했다.[47]

특별위원회를 둘러싼 대립은 해소되지 않았지만, 회의 막바지에 이르러 한국 측은 "우리 측에서 먼저 목록을 수교하면 다음 회의부터는 귀측의 전문가가 회의에 출석할 수 있는가. 목록은 언제든지 낼 수 있으니, 일본 측 전문가가 회의에 나왔으면 한다"라며 일본 측 의견을 받아들이려고 했다. 일본 측은 될 수 있는 한 전문가가 출석하도록 노력은 하겠으나, 그것이 언제부터 가능할지는 보장할 수 없다고 답했다.[48] 결국 특별위원회와 다음 문화재소위원회 개최에 관한 합의 없이 제6회 문화재소위원회는 종료되었다.

한편 이홍직 수석위원은 특별위원회 개최를 비롯한 문화재 반환 교섭을 위해 2월 22일과 2월 23일에 이세키 아시아국장을 찾아가 문화재소위원회

---

47) 日本外交文書, 「第6次日韓全面会談における文化財小委員会第6回会合」, 1962年2月16日, No.267.
48) 한국외교문서, 앞의 자료, 프레임 번호: 71.

의 개최와 한국 측이 문화재 목록을 제출할 용의가 있다는 말을 전했고, 이세키 아시아국장도 이에 동의했다[49]. 문화재 목록을 먼저 제출하는 일에 대해 반대하고 있었던 한국 측은 기존의 방침을 변경해서라도 특별위원회를 개최하려고 했던 것이다.

그러나 일본 측의 연락이 좀처럼 오지 않았다. 이홍직 수석위원은 2월 26일, 모리타 요시오(森田芳夫) 북동아시아과 사무관을 찾아가, 문부성이 문화재의 반환을 계속 반대하고 있는 것을 비롯하여, 전문가회의에서 보인 소극적인 태도, 특별위원회 개최에 대한 애매한 태도 등 문부성을 비판했다. 그리고 정치회담이 3월 10일에 열릴 예정인데, 문화재 반환 문제도 어느 정도 진행해 둘 필요가 있다고 하면서, 이번 주 중으로 문화재소위원회 개최를 요구하고 문화재소위원회가 개최되면 한국 측이 문화재 목록을 제출하고 자신이 그것을 설명하겠다고 말했다.[50]

이후 한국 측의 요청대로 2월 28일에 제7회 문화재소위원회가 개최되었다. 먼저 일본 측은 제6회 문화재소위원회에서 언급된 한국 측의 견해를 문부성에 전달했지만, 그들이 확실한 대답을 하지 않았다고 설명했다. 한국 측은 모리타 사무관에게 전한 것처럼 '반환청구 한국문화재 목록'을 제시하고 각 항목들을 간단하게 설명했다.

49) 한국외교문서, 『제6차 한일회담 본회의 회의록 및 종합 보고, 1961 - 62.2』, 프레임 번호: 429.
50) 日本外交文書, 題目なし, 1962年2月26日, No.269.

<表 19> 반환청구 한국문화재 목록[51]

항 목	내 용
제1항 조선총독부에 의해 반출된 것	① 경상남도 양산부부총 출토품
	② 경주 노서리 215번지 고분 출토품
	③ 경주 황오리 제16호 고분 출토품
	④ 평안남도 대동군 대동강면 정백리 127, 227호분 출토품
	⑤ 평안남도 대동군 대동강면 석암리 201호분 출토품
	⑥ 평안남도 대동군 대동강면 남정리 116호분 출토품
	⑦ 평안남도 대동군 대동강면 왕우묘 출토품
제2항 통감 및 총독 등에 의해 반출된 것	① 이토 히로부미 고려자기
	② 소네 아라스케 한국 전적, 궁내청 도쇼료
	③ 데라우치 마사타케 전적, 서화, 불상
	④ 통감부 장서 궁내청
	⑤ 가와이 고민(河合弘民) 장서(관부기록)
제3항 일본 국유의 다음 항목에 속하는 것	① 경상남북도 소재 분묘 그 외 유적에서 출토된 것
	② 고려시대 분묘 그 외 유적에서 출토된 것
	③ 체신 관계 문화재
제4항 지정문화재	오구라 다케노스케 소장품 및 그 외
제5항 그 외	① 야쓰이 세이이치 소장품
	② 오구라 다케노스케 소장품
	③ 이치다 지로 소장품
	④ 석조미술품

동 목록에 대한 설명이 끝난 후, 일본 측은 이 목록을 참고자료로써 받고, 문부성에 이에 대한 검토를 부탁할 것이며 다음 회의부터 되도록 문부성의 전문가가 참가할 수 있도록 하겠다고 말했다.[52]

동 목록은 제5차 회담 때 한국 측이 제시한 '문화재 반환의 7항목'을 재

---

51) 한국외교문서, 『제6차 회담 문화재소위원회』, 프레임 번호: 85~86 및 日本外交文書, 「返還請求韓国文化財目録」, 記入なし, No.383을 바탕으로 필자 작성. 한국외교문서에는 문화재 수량이 적혀 있지만, 일본외교문서에는 수량이 없다. 한국 측이 동 목록을 제시할 때 수량을 삭제하고 제시한 것으로 생각된다.

52) 日本外交文書, 「第6次日韓全面会談における文化財小委員会第7回会合」, 1962年2月16日, No.267.

구성하고 좀 더 세분화한 것이다. 한국 측은 동 목록을 끝으로 더 이상 새로운 문화재 목록을 제출하지 않고, 이를 중심으로 돌려받을 문화재들의 반출 경위와 현소재지 등의 문제를 논의하려고 했다. 전술한 바와 같이 한일 양국은 문화재소위원회와 전문가회의에서 '문화재 반환의 7항목'을 논의했고, 이어서 여섯 번 개최되는 문화재관계회의에서 '반환청구 한국문화재 목록'을 논의하는 문화재 반환 교섭 중 문화재 목록을 가장 구체적이고 집중적으로 논의한 시기가 제6차 회담이었다. 그리고 일본 측에서도 이에 관한 논의를 반영하여 한국에 건넬 문화재 목록을 작성하기도 했다. 이와 같은 문화재 목록 관련 논의를 통해 '문화재 반환 문제의 구조' 중 역사적 가치 속성이 강화되었다.

한편 한국 측은 3월 2일에 특별위원회 개최 등 문화재 반환 문제의 원활한 교섭을 위해 일본 측을 만찬회에 초대했다. 그러나 문부성은 한국 측의 문화재 목록을 검토한 후 만찬회에 참가할 생각이 없다면서 그 초대를 거절했다. 주일대표부는 문부성이 만찬회 초대를 거절한 일을 들면서 특별위원회 개최가 어려울 것 같다고 한국정부에 보고했다.[53]

이와 같은 상황 속에서 한국 측은 일본 측 의견을 재차 묻기 위해 이세키 아시아국장과 비공식회의를 가졌다. 일본 측이 특별위원회에 전문가를 지명했다는 통지는 있었지만, 정식으로 소개되지 않았기 때문에, 한국 측은 먼저 이세키 아시아국장의 알선을 통해 일본 측 전문가와 직접 만나려고 했던 것이다. 그러나 이세키 아시아국장은 "다른 위원회에서는 전혀 접촉을 하지 않고 있는 현 단계에서, 비록 비공식적이라고 하더라도 문화재 문제만을 논의하는 것은 시기적으로 아니다"라고 말하면서 비공식회의 개최를 거절했다.[54] 그 후 이홍직 수석위원은 일본 측 전문가와 직접 만나라는 정부의 지시를 받고, 그들과 만나 한국 측 문화재 목록에 대한 의견을 물어보기

---

53) 한국외교문서, 『제6차 회담 문화재소위원회』, 프레임 번호: 75.
54) 한국외교문서, 위의 자료, 프레임 번호: 76.

로 했다.55) 이홍직 수석위원은 4월 3일에 전문가회의 참가로 안면이 있는
문화재보호위원회의 마쓰시타 미술공예과장과 사이토 문화재조사관을 만났
지만, 이 역시 성과는 없었다.56) 결과적으로 특별위원회 개최는 실현되지
않았다. 하지만 제6차 회담 당시 인도 제안과 함께 특별위원회를 통해 문화
재 반환 문제를 조기에 해결하려고 했던 한국 측의 의지를 확인할 수 있다.

제3절 예비교섭에서의 논의

1. 문화재 반환 문제 관련 대조작업

예비교섭은 제2차 정치회담의 전단계로 열리면서 1962년 8월 21일에 제1
회 본회의가 시작된 이후 1964년 2월 6일에 열린 제65회 본회의까지 진행
되었다. 예비교섭의 목적은 한일 양국이 현안 문제에 관해 합의된 사항과
미합의된 사항들을 정리·확인한 후에 예비교섭에서 해당 사항들을 바탕으
로 자유로운 분위기에서 비공식적인 정치 절충을 하면서 미합의 사항을 최
소화하는 것이었다.57)

한국정부는 제2차 정치회담을 앞두고 회담을 원활하게 진행하기 위한 현
안 문제의 합의·미합의 사항에 관한 대조작업을 구상했다. 한일 양국이 한
일회담의 기록을 정리·검토하고 현안 문제들의 합의·미합의 사항을 작성한

---

55) 한국외교문서, 위의 자료, 프레임 번호: 56.
56) 한국외교문서, 위의 자료, 프레임 번호: 76. 이 내용은 일본외교문서에서는 확인되
지 않으나, 한국외교문서에는 이홍직 수석위원이 4월 3일에 마쓰시타 미술공예과
장과 사이토 문화재조사관과 "만찬을 하기로 했다"는 기록이 있다. 한일 양국 외교
문서에서 세 사람이 어떠한 논의를 했는지는 확인할 수는 없지만, 특별위원회가 개
최되지 않은 것을 봤을 때 별다른 성과가 없었다고 추측된다.
57) 한국외교문서, 『제6차 한일회담. 제1차 정치회담 이후의 교섭, 1962.3 - 7』(이하,
『제6차 회담 제1차 정치회담 이후의 교섭』, 프레임 번호: 405~406.

후 이를 바탕으로 예비교섭에서 미합의 사항을 논의하여, 그 결과를 제2차 정치회담에 확인하고 미합의 사항을 절충하는 방식이었다. 한국정부는 이와 같은 대조작업에 관한 훈령을 7월 10일에 주일대표부에 보내 8월 4일까지 이 작업을 완료하도록 지시했다. 주일대표부는 대조작업 관련 보고서를 작성하는 한편 일본 측에 제2차 정치회담의 전단계로서 대조작업 실시를 의뢰했다.[58]

그 후 일본 측도 한국 측의 대조작업에 동의했고 한일 양국은 1962년 8월 8일에 해당 작업을 위한 회합을 가졌다. 한국 측이 준비한 재일한국인의 법적지위 문제 관련 문서를 바탕으로 대조작업을 실시하는 한편 문화재 반환 문제와 선박 문제는 일본 측이, 기본관계문제와 어업 문제는 한국 측이 담당하기로 했다. 한국 측은 일본 측이 청구권 문제를 담당해줄 것을 제안했고, 일본 측은 이를 검토해 보겠다고 답했다.[59]

대조작업을 위한 제2회 회합이 8월 10일에 열렸고, 문화재 반환 문제에 관한 논의가 이루어졌다. 한국 측은 일본 측이 작성한 '한국문화재소위원회'에 대해 한국 측의 법 논리와 주장을 더 상세하게 기술할 것, 특별위원회 구성 문제를 기술할 것, 전문가회의에서 논의된 사실 확인 내용을 기술할 것, 일본 측의 주장에 개인 소유 문화재의 자발적인 기증을 촉구하겠지만 강요할 수 없다는 취지의 내용 등을 추가하도록 요청했고, 일본 측도 이에 동의했다.[60] 이와 같은 논의를 거쳐 〈표 20〉과 같이 '한국문화재소위원회' 대조작업표가 완성되었다.

---

58) 한국외교문서, 『제6차 한일회담. 제2차 정치회담 예비절충: 한일회담 회의록 합의·미합의점 대사작업, 1962.7 - 9』(이하, 『한일회담 합의·미합의점 대사작업』), 프레임 번호: 4~10.
59) 한국외교문서, 위의 자료, 프레임 번호: 27.
60) 한국외교문서, 위의 자료, 프레임 번호: 55.

〈표 20〉 문화재 반환 문제 관련 대조작업표[61]

문제점	한국 측	일본 측	합의 여부
반환의 법적의무 유무	1905년 이후 일본에 반출된 한국 문화재는, 한국 측이 제출한 목록에 의하여, 현품으로 한국에 반환해야 한다.	한국 측이 요구하는 문화재에 대한 일본의 반환 의무, 또는 한국의 요구 권리는 인정할 수 없다. 그러나 역사적으로 오랜 기간 깊은 관계가 있었던 한국의 문화진흥에 가능한 한 기여·공헌을 할 생각이므로, 장래 양국의 국교정상화가 실현될 경우에, 일본 측의 자발적 의사에 의하여, 어느 정도 기증할 생각이다.	미합의
반환의 대상	1905년 이후 부당·불법한 수단으로 일본에 반출된 한국문화재 중 한국 측이 제출한 목록의 문화재를 반환한다.(현재 일본의 국유, 사유를 막론하고)	1. 일본에 소장된 한국문화재 중 약간을 기증한다(현재 일본의 국유물을 의미). 2. 민간인에게도 자발적인 기증을 촉구할 생각이나 강요할 수는 없다.	미합의
반환의 방법	반환하는 것이다.	기증할 생각이다.	미합의
특별위원회 구성	정식으로 임명된 전문가로서 특별위원회를 구성하고 한국 측이 제출한 문화재 반환 청구 목록을 검토케 한다.	정식으로 임명된 전문가로서 특별위원회를 구성하고 한국 측이 제출한 문화재 목록을 검토케하는 데 원칙적으로 동의한다.	원칙적 합의

먼저 '반환의 법적의무 유무'에 관해 한국 측은 반환을 요구하는 문화재는 일본이 불법·부당한 수단으로 도굴·반출한 것이며, 일본으로 반출된 문화재는 1905년부터 1915년 사이에 문화재 보호를 위한 법적조치가 실시되기 전에 일본인이 도굴하여 불법으로 반출한 것이라고 했다. 그리고 그 기간 중에 발굴 관련 학술보고서가 한 건도 발표되지 않았기 때문에, 그것이 도굴이었다는 점은 확실하며 발굴 사실을 기술한 문헌에서 이를 증명할 수

---

61) 한국외교문서, 『제6차 회담 문화재소위원회』, 프레임 번호: 130~136을 바탕으로 작성.

있고, 당시 도굴을 목격한 사람들도 이를 증명하고 있다고 기술했다. 또한 대부분의 문화재는 분묘, 그 외 유적에서 발굴된 것이기 때문에 당연히 국가로 귀속되어야 할 것이었지만, 일본으로 반출되었기 때문에 이를 출토국으로 반환해야 한다고 했다. 한편 일본 측은 한국 측의 주장은 명확한 증거에 따른 것이라고 인정하기 어렵고, 수십 년이 경과하여 현재 확실한 사실파악은 불가능하며, 한국 측의 주장과 같이 당시 일본인이 부당한 행위를 했다고 하더라도 국가가 그 책임을 짊어져야 한다는 국제법상의 규정은 없다고 했다. 그리고 조선총독부가 가지고 온 문화재는 당시의 법률에 따라 합법적으로 입수한 것으로 민사·형사상의 반환의 의무는 없으며, 문화재를 출토국으로 반환해야 한다는 국제법상의 원칙이나 관례는 찾아볼 수 없다고 기술했다.[62]

다음으로 '반환의 대상'에 관해 한국 측은 1905년 이래 일본이 불법·부당한 수단으로 한국에서 반출한 문화재는 약 30,000점으로 추정되고, 먼저 1,000점의 중요한 문화재를 반환받기 위해 '제1차 반환청구 한국문화재 목록'을 제출했으며, 이후 '문화재 반환의 7항목', '반환청구 한국문화재 목록'을 제출했다고 기술했다. 한편 일본 측은 제6차 회담 제5회 문화재소위원회에서 '개인 소유 문화재는 가능하지 않지만, 국가가 소유하고 있는 것만을 기증한다'라고 했는데, 제5차 회담의 유태하 주일공사와 사와다 수석대표 간의 비공식회의에서 '국유의 문화재(국립대학의 것은 제외)는 원칙적으로 돌려주기로 한다'는 발언에서 봤을 때 일본 측이 말하는 '약간의 문화재'는 일본정부가 소유하고 있는 어느 정도의 문화로 추측된다고 설명했다.[63]

마지막으로 '반환의 방법'에 관해서는 제4차 회담 당시 일본 측이 106점의 문화재를 반환할 때 반환·기증 문제를 논의한 결과, 인도라는 용어를 사용하기로 했다고 기술했다.[64] 한일 양국은 이와 같이 문화재 반환 문제를

62) 한국외교문서, 위의 자료, 프레임 번호: 130~132.
63) 한국외교문서, 위의 자료, 프레임 번호: 133~134.

둘러싼 논의사항을 정리하면서, 향후 이를 바탕으로 동 문제를 논의한다.

2. 제2차 정치회담과 한국 측의 인도 제안

한국정부는 기대하고 있었던 제1차 정치회담이 실패하게 되자 제2차 정치회담에 김종필 중앙정보부국장을 참가시키기로 했다.[65] 이 회담에서 청구권 문제가 큰 틀에서 합의되었는데, 이는 이후 한일회담의 진행에 박차를 가하는 계기가 되었다.[66]

한국정부는 제2차 정치회담을 앞두고 각 의제에 관한 방침을 정리했다. 문화재 반환 문제에 관해서는 "이것도 청구권 문제 중, 현물반환요구에 속하는 것으로 1957년 12월 31일자로 이루어진 당시의 한국 주일대사와 일본 외무대신 사이의 Oral Statement로서 합의된 바에 따라 일본정부 및 공공단체가 현재 점유하고 있는 한국의 중요문화재와 일본인 개인 소유 한국 중

---

64) 한국외교문서, 위의 자료, 프레임 번호: 135.

65) 한국 측은 제6차 회담에서 실무자회의 논의가 지지부진해지자, 고위 당국자 간의 정치회담을 열어 의제들을 해결하려고 했다. 그 일환으로 1962년 3월 12일부터 3월 17일까지 최덕신 외무장관과 고사카 젠타로 외무대신 간의 제1차 정치회담이 이루어졌다. 정치회담 개최 배경과 논의 내용 등은 이원덕, 앞의 책, pp.152~159; 太田修, 앞의 책, pp.195~200; 장박진, 앞의 책, pp.411~426 참조. 한편 제1차 정치회담에서 최덕신 외무장관은 문화재 반환 문제에 대해 언급했는데, 일본 측이 이에 대해 반발하며 특별위원회가 설치되지 않은 원인이 한국 측에 있다고 생각했다. 최덕신 외무장관은 1954년 4월에 도쿄에서 열린 유네스코 아시아 지역 회의와 이탈리아 평화조약을 예로 들면서 일본 측에 문화재 반환을 촉구했다. 日本外交文書,「日韓政治折衝最終日会談(3月17日)記録(第5回会談)」, 1962年3月17日, No.723. 이에 대해 일본 측은 "일본에서도 종래 회담 출석을 거부해 온 문부성 사무당국을 설득하는 데 성공했지만, 외상 회담이 좋지 않았기 때문에 그 후 진전이 없었다"고 생각했다. 日本外交文書,「日韓会談文化財問題に関する省内打合会」, 1962年12月19日, No.578.

66) 제2차 정치회담, 즉, 김종필 - 오히라 회담에서의 청구권 문제에 관한 논의 과정은 이원덕, 앞의 책, pp.169~178; 太田修, 앞의 책, pp.201~216; 吉澤文寿, 앞의 책, pp.172~177; 장박진, 앞의 책, pp.439~449; 유의상, 앞의 책, pp.364~386; 金恩貞, 앞의 책, pp.255~279 참조.

요 문화재만을 한국 측으로 인도함으로서 문제는 용이하게 해결될 것이며, 일본 측도 원칙적으로는 동일한 사고를 하고 있는 것으로 보인다"라고 생각하고 있었다.[67] 즉 한국정부는 제4차 회담 때 이루어진 106점의 문화재 인도의 근거였던 구두전달사항을 문화재 반환 문제의 해결 방법으로 생각하고 있었다. 이는 1961년 7월 12일에 작성된 문화재 반환 문제의 해결 방침 제2안과 제3안에도 '반환의 방법은 인도로 한다'는 내용과 동일한 것이다. 구두전달사항을 통해 문화재 반환 문제를 해결하려고 했던 한국정부는 "문화재는 1957년 12월 31일의 Oral Statement에 의거한 문화재(일본정부 및 공공단체 점유 중으로 문화재에 따라 일부 일본인 개인 소유 한국 중요 문화재)를 한국 측에 인도함으로서 해결토록 할 것"이라는 방침을 주일대표부에 지시했다.[68]

제2차 정치회담은 두 차례 개최되었는데, 문화재 반환 문제는 11월 12일에 열린 두 번째 회담에서 논의되었다. 오히라 마사요시(大平正芳) 외무대신은 일본 측이 문화재를 반환할 의무는 없지만, 권리·의무를 떠나 문화교류의 일환으로 국유 문화재를 어느 정도 증여할 용의가 있다는 견해를 설명했다.[69] 이에 대해 김종필 중앙정보부장은 1957년 12월 31일의 Oral Statement의 선례에 따라 문화재 반환 문제를 해결하자고 제안했다.[70]

한국 측이 Oral Statement에 따른 해결, 즉 인도를 공식적으로 제안한 것은 제6차 회담의 제2차 정치회담에서가 처음이었다. 이는 2월 1일에 열린 비공식회의에서 인도를 제안한 일보다 더 큰 무게감이 있었으며, 한국 측이

---

67) 한국외교문서, 『김종필 특사의 일본방문, 1962.10 - 11』(이하, 『김종필 특사의 일본 방문』), 프레임 번호: 15.
68) 한국외교문서, 위의 자료, 프레임 번호: 20.
69) 한국외교문서, 위의 자료, 프레임 번호: 165.
70) 한국외교문서, 위의 자료, 프레임 번호: 178. 이에 관한 한국외교문서에는 문화재 반환 문제 관련 논의가 간단하게 기록되어 있는데, 일본외교문서(日本外交文書, 「大平大臣·金鍾泌韓国中央情報部長第2回会談記録」, 1961年11月12日, No.1826)에는 관련 기록이 없다.

문화재 반환 문제에 대한 해결 의지를 더욱 강조한 것이라고 볼 수 있다. 한국 측이 공식적으로 인도를 제안하면서 반환·기증 문제라는 문화재 반환 문제의 원칙 문제는 큰 대립으로 이어지지 않았고, 이는 앞으로 어떠한 문화재가 인도 대상이 될 것인가라는 문제를 집중적으로 논의하는 계기가 된다.

3. 본회의 논의

예비회담 제20회 본회의(12월 21일)에서 한국 측은 '한일회담의 중요 제문제에 관한 한국 측의 기본적 생각'이라는 문서를 일본 측에 제시했다.[71] 이세키 전 아시아국장이 12월 10일에 방한했을 당시 한국 측에 '일한회담 중요 제문제에 관한 일본 측의 기본적 생각'을 제시했는데, 이는 제2차 정치회담을 통해 청구권 문제 해결의 전망이 선 시점에서 일본 측이 양보할 수 있는 부분은 양보하면서, 각 의제를 일괄적으로 해결하는 것이 그 목적이었다.[72] 한국 측이 제시한 문서는 이에 대한 답변이었다.

문화재 반환 문제에 대해 일본 측이 제시한 해결 방법은 "이전부터 밝힌 대로, 문화재를 반환하는 국제법상의 의무는 없다고 생각하고 있지만, 한국 측의 기분도 이해할 수 있기 때문에 권리·의무라는 관계를 벗어나 양국 간의 문화학술상의 협력 촉진의 일환으로 어느 정도의 국유 문화재를 증여하

---

71) 자세한 내용은 「日韓会談重要資料(3)」, 1963年10月1日(이하, 「日韓会談重要資料(3)」), No.527 참조.

72) 대미외교를 중시했던 이케다 정권은 미국과의 협조를 긴밀하게 유지하기 위해 한일회담에 임할 필요가 있었고, 한국에 대한 경제협력이 일본의 경제발전에도 도움이 되는 측면도 많았으며, 이것이 경제상장을 가장 큰 목표로 하고 있었던 이케다 정권의 인식과도 합치했기 때문에 한일회담에 적극적으로 임했던 것이다. 이원덕, 앞의 책, pp.201~215. 즉 한일회담의 최대 쟁점이었던 청구권 문제가 큰 틀에서 합의가 되었고, 다른 현안 문제들에 대해 일본 측이 양보할 수 있는 범위에서 양보를 하는 것으로 한일회담을 타결시키고자 했던 것이다.

는 것으로 본 문제의 해결을 꾀하고 싶다"는 것이었다.[73] 이는 제6차 회담
에서 일본 측이 반복해서 설명한 견해와 동일한 것이다.

한국 측이 제시한 문서는 한일회담 타결의 분위기가 어느 때보다도 높아
졌기 때문에, 한국 측이 양보할 수 있는 점은 최대한으로 양보하고, 이를 바
탕으로 한일회담을 최종적으로 타결하는 것이 목적이었다. 이를 위해 각 의
제에 관한 한국 측의 견해를 제시했는데, 문화재 반환 문제에 관해서는 "명
목에 있어서는 '반환'과 '기증'으로 재차 대립하고 있고, 이 문제는 1957년
12월 31일자의 '오랄 스테이트멘트'의 표현, 즉 'Turn over'의 명목으로 국
가와 공공기관 및 개인이 점유하고 있는 중요한 문화재를 반환함으로서 해
결할 수 있는 것으로 생각한다"라고 되어 있다.[74] 한국 측은 제2차 정치회
담에 이어 문화재를 인도라는 방법으로 반환받는 것을 다시 한번 공식적으
로 제안했던 것이었다.

일본 측은 예비교섭 제21회 본회의(12월 26일)에서 한국 측의 상기 문서
에 대한 견해를 제시했다. 일본 측이 청구권 문제에 대한 한국 측의 견해를
대부분 받아들였기 때문에, 한국 측도 어업 문제에 대해 양보할 것, 각 의제
를 일괄적으로 해결할 것을 주장했다.[75] 이후 일본 측은 미리 준비해 온
'1963년 12월 25일의 일한 예비교섭 제21회 회합에서의 일본 측의 발언 요
지'를 바탕으로 각 의제들에 대한 입장을 설명했다.[76]

일본 측은 문화재 반환 문제에 대해 자신들의 기본적인 입장을 재차 설
명한 후 그 해결을 위한 구체적인 형식으로 아래와 같은 '일본정부와 대한
민국정부 간의 문화상의 협력에 관한 의정서 요강(안)'을 제시하고, 한국 측
의 검토를 요청했다.[77]

---

73) 日本外交文書, 「日韓会談重要資料(3)」, No.527.
74) 한국외교문서, 『제6차 한일회담. 제2차 정치회담 예비절충: 본회의, 1 - 65차. 1962.
   8.21 - 64.2.6 전5권(V.2 4 - 21차 1962.9.3 - 12.26)』, 프레임 번호: 408.
75) 한국외교문서, 위의 자료, 프레임 번호: 428.
76) 자세한 내용은 「日韓会談重要資料(3)」, No.527 참조.

일본국정부와 대한민국정부 간의 문화상 협력에 관한 의정서 요강(안)

(전문)

일본국정부 및 대한민국정부는, 일한 간의 문화에 관한 전통적인 깊은 관계에 비추어, 상호 간의 문화교류 및 우호관계를 금후 한층 발전시키는 것을 희망하며, 다음과 같이 협정했다.

(제1)

일본국정부 및 대한민국정부는, 양 국민 간의 문화교류를 긴밀히 하기 위해 협정을 체결할 목적을 가지고 교섭을 속히 개시할 것에 동의한다.

(제2)

일본국정부는 대한민국정부에게 있어 학술, 문화 발전 및 연구에 기여하기 위해 대한민국정부가 그 역사적 문화재에 대해 갖는 깊은 관심을 고려하여, 이 의정서의 효력 발생 후, 가능한 한 빨리 부속서에 제시된 일본국정부 소유의 문화재를 대한민국정부에 기증하기로 한다.

(제3)

일본국정부 및 대한민국정부는, 자국의 미술관, 박물관, 도서관 그 외 자료편집시설이 보유한 문화재를 상대국 국민에게 연구시킬 수 있는 기회를 주기 위해 되도록 편의를 제공하기로 한다.

이 의정서안은 1962년 2월 14일에 작성된 제3안과 비슷한 것이었다. 전문으로 시작하는 이 안은 제1조 제2조, 제3조로 구성되어 있는 제3안과 조금 다르지만, 그 취지는 문화협력에 관한 것으로 전체적인 내용은 제3안과 대체로 동일하다. 표현에서는 큰 차이가 있는데, 제3안이 인도로 되어 있지만 이 안은 기증으로 되어 있다.

---

77) 日本外交文書, 「日韓予備交渉第21回会議記録」, 1962年12月26日(이하, 「日韓予備交渉第21回会議記録」), No.651.

일본 측이 작성한 의정서안은 외교문서상에서 1962년 2월 14일과 3월 7일의 안, 3월 7일의 안을 수정한 1962년 12월 26일의 안, 그리고 1965년 6월 15일의 안 네 가지가 확인되며, 각각 '인도→기증→기증→인도'로 그 표현의 변화를 확인할 수 있다. 이와 같은 인도와 기증의 변화가 왜 있었는지 등을 밝힐 수 있는 일본 측 자료는 현재 발견되고 있지 않지만, 제5차 회담의 비공식회담(1960년 11월 14일)에서 일본 측이 제시한 '문화재 문제의 3원칙'에서 생각해 보면, 인도는 기증이라는 의미라고 추측된다. 따라서 위와 같은 표현상의 변화가 있었다고 하더라도 일본 측은 어디까지나 기증의 의미로 인도라는 표현을 사용한 것으로 추측된다.

한편 일본 측은 이 요강안 이외에 구체적인 문화재 품목에 관해서는 한국 측이 희망하는 문화재도 참고하여 결정하고 싶다고 언급하고, 이를 위해 관계자들 간의 회의를 속히 재개하는 것이 좋겠다고 설명했다.[78]

한국 측은 예비교섭 제23회 본회의(1963년 1월 23일)에서 '한일 예비교섭 제23회 회의에서의 한국 측 발언요지'를 일본 측에 제출했다. 이 문서는 일본 측이 앞에서 제시한 문서에 대한 한국 측의 답변이었다. 이 중 문화재 반환 문제에 관한 내용은 다음과 같다.[79]

1. 국교정상화 이후에 양국 간의 문화 협력을 촉진하고자 하는 정신에는 원칙적으로 찬성이나, 이 문제는 한일 간의 현안 문제의 하나로서의 문화재 문제를 해결하는 데 있어서 연결시킬 성질의 것이 아니라고 생각한다.
2. 문화재 문제의 해결에 있어서는 지난번의 한국 측 문서에 제의한 바와 같이 "turn over"란 표현으로 국가, 공공기관 및 개인이 점유하고 있는 중요 문화재를 반환하는 것이 양측의 입장을 동시에 살리는

---

78) 日本外交文書, 「日韓予備交渉第21回会議記録」, No.651.
79) 한국외교문서, 『제6차 한일회담. 제2차 정치회담 예비절충: 본회의, 1 - 65차 1962. 8.21. - 64.2.6 전5권(V.3 22 - 32차 1963.1.11. - 3.28)』(이하, 『제6차 회담 제2차 정치회담 예비절충: 본회의 V.3』, 프레임 번호: 30.

해결 방식이라고 생각한다.
3. 품목의 결정을 위하여 양측 관계자 회담을 속히 재개 하는 데에 대하여는 동의한다.

한국 측은 한일회담 주요 의제로서 문화재 반환 문제를 일본 측에 제기하고 불법·부당한 수단에 의해 일본으로 반출된 문화재의 반환을 일본 측에 계속해서 요구해 왔는데, 그것이 한국 측이 생각하고 있었던 문화재 반환 문제의 '성질', 즉 과거사 청산이었다. 한국 측은 문화재 반환 문제의 의미를 가장 잘 표현하고 있는 반환이라는 표현에 대해 비공식회의(1962년 2월 1일)에서는 이를 고집하지 않겠다는 점을 밝히고, 제2차 정치회담(11월 12일)과 예비회담 제20회 본회의(12월 21일)에서는 인도를 공식적으로 제안했지만, 한국 측은 인도라는 명목으로 문화재를 돌려받기로 생각하고 있었기 때문에, 일본 측이 제시한 '문화협력의 일환으로 문화재를 기증한다'는 취지의 의정서는 당연히 받아들일 수 없었다. 즉 한국 측은 반환이라는 표현을 사용하지 않더라도 과거사 청산의 일환으로 인도라는 명목으로 문화재를 반환 받는다는 문화재 반환 문제의 '성질'을 사라지게 하고 싶지 않았던 것이었다.

예비교섭 제25회 본회의(2월 1일)에서 한국 측은 가능한 한 신속하게 예비교섭을 본회담으로 변경할 것, 본회담이 열리기 전까지 각 의제에 관한 위원회를 개최하여 예비교섭을 계속할 것을 제안했다.[80] 일본 측은 재일한국인의 법적지위 문제와 어업 문제는 곧바로 재개해도 괜찮지만, 문화재 반환 문제, 선박 문제, 청구권 문제는 먼저 예비교섭에서 원칙을 결정한 후에 각각 관계회의를 개최하는 것이 적당하다고 반론했다.[81] 한편 일본 측은 문화재 반환 문제에 대해 "문화협력의 일환으로 할지 반환으로 할지, 국유

---

80) 한국외교문서, 위의 자료, 프레임 번호: 96.
81) 日本外交文書,「日韓予備交渉第25回会合記録」, 1963年2月1日, No.651.

에 한정할지 사유도 포함할지라는 원칙문제에 대해 의견 대립이 있으며, 이 점을 해결하지 않고 전문가회합을 열어도 논의가 곧 막힐 것이다"[82]고 말했고, 반면에 한국 측은 "종전에 한국 측이 목록을 제시한 적이 있으므로, 그 목록 중 일측이 내 놓을 수 있는 문화재의 목록을 만들어 제시해주면 좋겠다. 이리하여, 양측 전문가가 쌍방의 목록을 토대로 토의를 해나가는 중에 합의점을 발견하게 될 것으로 본다"라고 반박했다.[83]

일본 측은 반환·기증 문제를 여전히 의식하고 있었다. 한국 측이 제시한 '인도라는 명목으로 반환한다'에 아직 동의하지 않고 있었기 때문이다. 한국 측은 제1차 회담에서부터 제3차 회담까지는 반환을, 회담 중단기에는 인도를, 제4차 회담에서 제6차 회담의 제2차 정치회담 전까지는 공식적으로는 반환을 주장했지만, 제2차 정치회담부터는 일본 측에 인도라는 표현을 공식적으로 제안하고, 반환이라는 표현을 고집하지 않겠다는 입장을 표명했다. 한국 측이 이 때 인도를 공식적으로 제안한 이유는 한일회담을 조기에 타결시키기 위해서였다. 한국정부는 군사정권 수립 이후 경제발전을 위해 일본정부의 경제협력이 필요했다.[84] 이를 위해 한국정부는 한일회담의 조기타결을 원하고 있었고, 문화재 반환 문제 관련 방침에서도 인도가 제시되고 있었다. 김·오히라 회담에서 청구권 문제에 관한 대강의 합의가 이루어졌고, 한일회담 조기타결의 분위기가 높아짐에 따라 한국 측은 문화재 반환 문제와 관련해서 인도를 제안했던 것이다. 그러나 예비교섭 제21회 본회의에서 일본 측이 제시한 의정서에 기증이라는 표현이 사용되고 있는 것을 본다면, 일본 측은 당시 인도라는 표현도 받아들일 수 없었다고 추측할 수 있다. 일본 측은 이와 같은 인식이 있었기 때문에 반환·기증 문제를 제기했던 것이었다. 그와는 대조적으로 한국 측은 반환·기증 문제 보다는 문화재

---

82) 위와 같음.
83) 한국외교문서, 앞의 자료, 프레임 번호: 99~100.
84) 이원덕, 앞의 책, pp.192~200.

반환 문제 관련 회의를 열어 문화재 목록을 결정하려고 했다. 결국 예비교섭 제25회 본회의에서 재일한국인의 법적지위 문제, 어업 문제, 청구권 문제 관계회의 개최는 합의되었지만, 문화재 반환 문제와 선박 문제 관계회의의 개최는 합의되지 않았다.

주일대표부는 본회의가 끝난 후 한국정부에 회의 내용을 보고했고, 한국정부는 다음 회의에 관한 훈령을 보낸다. 문화재 반환 문제에 대해서는 "문화재 관계회합의 회의 일정을 정하여 조속히 토의를 개시할 것을 일측에 요구할 것이며, 토의를 국유분에만 한정할 수 없다는 입장을 취하시기 바란다. 단 귀하의 판단으로 토의 순서를 국유분부터 시작하는 것이 불가피하다고 생각될 때에는 국유분부터 토의토록 하되, 이 결정을 문화재관계회합에서 내리도록 하시기 바란다"는 지시를 내렸다.[85]

주일대표부는 이와 같은 훈령을 바탕으로 예비교섭 제26회 본회의(2월 7일)에서 문화재 반환 문제를 비롯한 청구권 문제, 선박 문제 관계회의를 신속하게 개최할 것을 일본 측에 제안했다. 문화재 반환 문제에 관해서는 국유 문화재만을 할지, 개인 소유 문화재도 대상으로 할지에 관한 문제는 해결되지 않고 있지만, 먼저 관계회의를 개최해서 국유 문화재부터 토의를 시작하고 그 다음에 개인 소유 문화재를 토의하는 것도 가능하다고 설명했다. 일본 측은 "문부성을 설득시켜 내주부터 문부성 관계자도 참석한 전문가회의를 열고, 우선 국유물부터 시작하여 구체적인 토의를 시작할 수 있게 되었다"고 답했다.[86]

4. 문화재관계회의 논의

한일 양국은 일본 측의 주장대로 예비교섭을 계속하는 한편 각 의제에

---

85) 한국외교문서, 앞의 자료, 프레임 번호: 112.
86) 한국외교문서, 앞의 자료, 프레임 번호: 124.

관한 회의를 개최하기로 했다. 문화재 반환 문제는 문화재관계회의에서 논
의되었다.

일본 측에서는 문화재보호위원회 5명, 도쿄국립박물관 1명 등 총 6명의
전문가가 제1회 문화재관계회의(1963년 2월 13일)에 참가했다. 이는 외무성
의 참가 인원보다 많은 인원으로 종래의 문화재소위원회에 전문가들이 불
참한 일이나 전문가회의에 2명의 전문가가 참가한 일에 비하면 상당히 많
은 전문가가 문화재관계회의에 참가한 것이었다.

일본 측은 권리·의무가 아닌 문화협력의 일환으로 국유 문화재를 어느
정도 기증하겠다는 종래의 견해를 재차 설명하고, 한국 측이 이 문제에 대
해 탄력적인 자세를 보이기를 희망한다고 말했다.[87] 한국 측은 이에 대해
정당한 권리를 바탕으로 문화재를 요구하는 입장은 변함이 없다고 말하는
한편 "전에는 문화재소위원회에는 전문가가 참석하지 않았고 전문가회의를
따로 병행해서 했는데 앞으로도 오늘 회의와 같이 귀측의 전문가들이 계속
참석할 것인가"라고 물었다. 문화재소위원회나 특별위원회 참가에 반대했
었던 일본 측의 전문가가 문화재관계회의에 다수 참가한 것은 한국 측에게
는 이례적인 일이었다. 따라서 한국 측은 문화재관계회의가 그 동안 요구해
왔던 전문가들이 참가하는 공식적인 회의가 되기를 기대했을 가능성이 있
다. 이와 같은 인식이 있었기 때문에 한국 측은 일본 측 전문가의 지속적인
참가를 물었던 것이었다.[88]

이후 문화재관계회의의 성격을 둘러싼 논의가 이루어졌다. 외무성과 문
화재보호위원회, 도쿄국립박물관의 전문가가 문화재관계회의에 참가하기는
했지만, 그것은 한국 측이 이전부터 요구해온 공식적인 회의가 아니라 문화

---

87) 日本外交文書, 「日韓予備交渉文化財関係第1回会合記録」, 1963年2月13日(이하, 「日韓予備
交渉文化財関係第1回会議」), No.1165.
88) 한국외교문서, 『제6차 한일회담(1961.10.20 - 1964.4월) 제2차 정치회담 예비절충:
문화재관계회의. 동경, 1963』, 프레임 번호: 10.

재 목록을 검토하기 위한 전문가회의와 같은 성격을 갖는 회의였다. 일본 측이 "이 회의의 성격을 information 교환의 모임으로 하고 싶다"[89]고 말한 것은 '일한예비교섭 문화재관계회합이 진행방법에 대해서 (시안)'이라는 방침에서 나온 것이었다. 이 방침에는 "일본 측은 (필자 주: 반환청구 한국문화재 목록)을 어디까지나 참고자료로 수령했던 것이며, 문화재 소유의 권리관계는 이로 인해 어떠한 영향도 받지 않는다. 또한 이 목록의 내용에 대해서 이야기하는 것은 단순한 정보교환에 지나지 않고, 일본 측이 증여를 약속하는 성질의 것은 전혀 아니다"라는 문화재관계회의의 성격을 밝히고 있다.[90] 즉 문화재관계회의에 일본 측 전문가가 참가했지만, 합의사항을 결정하는 권한이 주어진 회의가 아닌 종래의 전문가회의와 같은 성격으로 이 회의를 규정한 것이었다. 이와 같은 입장은 특별위원회를 비롯하여 전문가들이 참가한 회의에 공적 권한이 주어질 것을 요구했던 한국 측의 입장과는 차이가 있었던 것이었다. 한편 제2회 문화재관계회의부터 제6회 문화재관계회의까지 한국 측이 제출한 '반환청구 한국문화재 목록'을 중심으로 논의가 이루어졌다.[91]

이상에서 검토한 바와 같이 예비교섭에서 진행되었던 정치회담, 본회의, 문화재관계회의에서 문화재 반환 문제에 관한 한일 양국의 입장 차이는 여전히 줄어들지 않았다. 한국 측은 제2차 정치회담에서 공식적으로 인도를 제안했지만, 일본 측은 이를 받아들이지 않고 문화협력을 취지로 하는 의정서안을 제출하면서 증여 또는 기증을 주장했다. 한국 측도 이에 대해 국교 정상화 이후의 문화협력에는 동의하지만, 현안 문제인 문화재 반환 문제를 문화협력과 연결시키는 일에는 반대하면서 인도를 재차 주장했다. 이와 같은 한일 양국의 입장 차이는 제6차 회담이 끝날 때까지 이어지게 된다.

---

89) 日本外交文書,「日韓予備交渉文化財関係第1回会議」, No.1165.

90) 日本外交文書,「日韓予備交渉文化財関係会合の進め方について(試案)」, 1963年2月9日, No.579.

91) 제2회에서 제6회 문화재관계회의는 각각 1963년 2월 22일, 2월 27일, 3월 15일, 3월 20일, 4월 3일에 개최되었다.

5. 일본 측의 문화재 목록 작성에 관한 논의

일본 측에서는 문화재관계회의를 진행하면서 문화재 반환 문제에 관한 방침을 정하기 위해 외무성과 문화재보호위원회 간의 회의가 몇 차례에 걸쳐 이루어졌는데, 문화재 목록 작성에 관한 논의가 주로 이루어졌다.

1963년 2월 11일에 열린 회의에서 외무성은 문화재 반환 문제가 합의될 경우에 관련 형식, 국내절차, 특별입법조치 그리고 증여할 문화재 목록 작성도 필요하다고 설명했다. 문화재보호위원회는 "지금은 뭐라고 말할 수 없지만, 상식적으로 말해서 증여한다고 말하면서 무엇을 증여할지를 말하지 않을 수는 없으므로 어느 정도를 고려하지 않을 수 없다"고 답했다.[92]

제1회 문화재관계회의(2월 13일)가 끝난 직후 열린 회의에서는 문화재 반환 문제에 대한 향후 방침이 논의되었다. 문화재보호위원회는 동 문제에 대한 문부성의 입장이 아직 정리되지 않았지만, 문화재를 어느 정도 증여하는지도 결국은 청구권 문제와 같이 높은 정치적 레벨에서 결정할 필요가 있다고 말했다. 또한 문화재 목록의 작성에 대해 "국유, 사유를 불문하고 1905년 이후 일본에 도래한 문화재는 모두 반환하라는 강경한 태도를 취한 한국 측이 국유의 문화재를 어느 정도 기증한다는 일본 측의 입장에 크게 다가왔고, 또한 구체적인 반환청구 문화재 목록을 제출하고 있기 때문에 현 단계에서 더 이상 한국 측의 새로운 움직임을 기대하는 것은 무리일 것이다. 이번에는 일본 측에서 증여할 문화재 목록안을 작성해서 한국 측에 제시해야 할 것이다"라고 말했다.[93]

2월 21일에 열린 회의에서 문화재보호위원회는 위원회의 내부회의를 열었으며, 2월 25일과 2월 26일에 도쿄국립박물관 측과 전문가 모임을 갖고 동 박물관이 소장하고 있는 한국문화재에 대해 논의할 것이라고 보고했다.

---

92) 日本外交文書,「文化財関係についての文部省側との打合わせ記録」, 1963年2月12日, No.580.
93) 日本外交文書,「文化財関係についての文部省側との打合わせ記録」, 1963年2月13日, No.580.

그리고 문화재보호위원회 내부에는 일반적으로 한국 측에 문화재를 기증하는 것을 반대하는 분위기가 강하다고 전하는 한편 자신들의 관할이 아닌 궁내청, 도쿄대학, 교토대학, 도쿄예술대학, 야마구치 현립여자단기대학에 전문가를 파견하는 일 등 외무성에 협력하는 자세를 보였다.[94]

문화재보호위원회는 2월 22일에 열린 회의에서 한국 측에 증여할 문화재 목록을 작성하기 시작할 단계가 아니며, 한국 측이 모든 문화재가 아닌 일부 품목으로 만족한다는 전제 하에 경상남북도 소재 분묘 및 그 외 유적에서 출토된 것, 고려시대 분묘 및 그 외 유적에서 출토된 것들을 제시하는 것도 생각할 수 있다고 말했다. 그리고 "현 단계에서는 일본 측이 적극적으로 증여 이야기를 진척시키는 일은 피하고, 한국 측의 말을 들으면서 그들의 요구가 유연해지기를 기다리는 것이 좋을 것"이라고 설명했다.[95]

문화재보호위원회는 한국 측이 요구하고 있는 문화재를 알아보고 그 범위에서 문화재 목록을 작성하겠다는 의향을 보이면서, 일본 측이 증여하겠다는 말을 적극적으로 하지 않을 것을 주장한 것이다. 이와 같은 태도는 한국 측에 문화재를 기증하게 되었지만, 가능한 한 적은 수량을 그 대상으로 하려는 의도에서 나왔다고 추측할 수 있다. 이와 같은 입장은 한국 측의 입장과 다르기 때문에 문화재 목록을 둘러싼 대립으로 이어지게 된다.

한편 외무성은 3월 12일에 열린 회의에서 각 의제들이 정치적 레벨의 결정에 맡겨질 단계에 이르고 있다고 말하고, 다음과 같이 한국 측에 기증할 문화재 목록을 작성할 필요가 있다고 설명했다.[96]

다른 안건에 대해서는 일본 측이 이미 해결에 대한 여러 안을 제시하고 있지만, 문화재에 대해서는 아직도 전혀 그러하지 못하다. 교섭 타결이 목전에 왔을 때 문화재 관계의 실질적 얘기가 늦어지고 있어서 문화재 문제

---

94) 日本外交文書,「文化財関係についての文部省側との打合わせ記録」, 1963年2月21日, No.580.
95) 日本外交文書,「文化財関係についての文部省側との打合わせ記録」, 1963年2月22日, No.580.
96) 日本外交文書,「文部省, 東京博物館との打合わせ記録」, 1963年3月12日, No.580.

가 교섭 전체의 타결에 브레이크를 걸게 되어서는 곤란하다. 따라서 한국
측에 보여주는 일과는 별개로 한 달 정도 안에 우리 측의 제1차 해결안을
작성할 필요가 있다고 생각한다.

문화재보호위원회는 이에 동의하면서 문화재 목록 작성에 관해 다음과
같이 설명했다.

　한국 측의 말로는 예를 들어 경상남북도 유적 출토품이라고 말하는 바
와 같이 극히 대략적이지만, 그 후 상세 내역도 제시하고 있으며 청구품목
은 질적으로 귀중한 것을 포함하고 있지만, 수량은 한정되어 있다. 따라서
향후 품목을 정해서 생각해 갈 수 있다.

외무성은 문화재 반환 문제가 다른 의제들 보다 그 진행이 늦어지고 있
고 이로 인해 한일회담의 진행에 악영향을 끼칠까 우려하고 있었다. 문화재
보호위원회도 동 문제의 논의가 늦어지고 있다는 점을 인식하면서, 한국 측
이 제출한 '반환청구 한국문화재 목록' 논의를 통해 품목을 파악할 수 있게
되었기 때문에 일본 측의 문화재 목록을 작성하기로 했던 것이다.

제5회 문화재관계회의(3월 25일) 직후에 열린 회의에서는 문화재 반환
문제에 대한 방침이 논의되었다. 외무성은 한국 측의 요구에 따라 문화재
목록을 제출하는 일은 불리하며, 회담 타결이 가까워지면 이 문제를 급히
해결해야 하기 때문에 이 때 한국 측의 양보를 얻어 이 문제를 해결하는
일도 생각할 수 있다고 말했다. 한편 문화재보호위원회는 문화재 반환 문제
의 교섭 시간을 벌 수 있는 방법이 무엇인가라는 외무성의 질문에 대해 고
서적에 관한 논의를 2회나 3회 여는 것이 적당할 것 같다고 답했다.[97]

이상에서 확인할 수 있는 바와 같이 한국 측에 문화재를 기증하는 일조
차 반대했던 문화재보호위원회는 각 의제의 진행에 따라 문화재 반환 문제

---

97) 日本外交文書, 「文化財関係日本側との打合わせ記録」, 1963年3月25日, No.580.

해결에 협력적인 자세를 취하게 되었다. 특히 문화재 목록 작성에서도 궁내청의 서적을 조사하기 위해 전문가 파견 등을 제시하는 등 위원회 내부의 반대가 아직 남아있었음에도 불구하고, 문화재 목록을 작성하기로 했다. 이 시기 일본에서는 외무성의 의정서와 문화재보호위원회의 문화재 목록 작성을 통해 문화재 반환 문제를 해결하려고 했다는 점을 확인할 수가 있다.

6. 기본관계문제 교섭

제3차 회담 이후 논의되지 않았던 기본관계문제는 예비교섭 시기에 다시 등장했다. 그 이유는 제2차 정치회담을 통해 청구권 문제가 대략적인 합의에 이르렀고, 현실적으로 회담 타결의 필요성이 높아졌기 때문이다.

기본관계문제는 1962년 11월 12일에 열린 제2차 정치회담에서 논의되었다. 김종필 중앙정보부장은 형식은 한국 측이 주장해 온 조약으로 하고, 한일 양국 간의 과거를 청산할 것, 한국정부가 유일 합법정부라는 점을 명확히 할 것을 주장했다. 오히라 외무대신은 조약의 형식으로 할 경우 그 적용지역은 현재 한국이 지배하고 있는 영역으로 할 것이라는 점을 시사했다. 한국정부가 한반도의 유일 합법정부라는 점을 인정하면서도 그 관할지역은 한국에 한정한다고 생각하고 있었던 일본 측의 입장에서 본다면 당연한 일이었다. 김종필 중앙정보부장은 "현재 행정적 지배하에 있는 지역 및 앞으로 행정적 지배하에 들어올 지역으로 하는" 등의 표현을 논의할 것을 제안했다.[98]

그 후 한국 측은 예비교섭 제20회 본회의(12월 21일)에서 현안 문제에 대해 한국 측의 입장을 정리한 '한일회담의 중요 제문제에 관한 한국 측의 기본적 생각'을 일본 측에 제출했다. 기본관계문제에 관한 한국 측의 입장을

---

98) 日本外交文書, 「大平大臣·金鍾泌韓国中央情報部長第2回会談記録」, 1962年11月12日, No. 1826 및 한국외교문서, 『김종필 특사의 일본방문』, 프레임 번호: 165.

정리하면 다음과 같다.[99]

> 한국 측은 원칙적으로 기본관계조약을 체결할 구상을 가지고 있다. 여기에서 쌍방의 입장을 현실적으로 조절하기 위해서는 영토조항을 '현재 행정지배 하에 있는 지역 및 향후 행정적 지배하에 둘 지역'으로 표현하는 방법이 있다.
>
> 또한 기본조약에서 1910년 이전의 구한국정부와 일본제국정부 간의 모든 조약협정에 대한 무효 선언이 포함되어야 한다. 그리고 대일평화조약 제4조 C항에 따라 한일 양국 간에 있는 해저전선 귀속을 규정해야 한다.
>
> 기본조약에서는 청구권, 어업 및 법적지위 문제에 관해서도 그 해결 원칙을 규정해서 구체적 사항을 개별 협정으로 규정하도록 하는 것이 좋다.

한국 측이 주장한 영토조항은 이전의 논의에서는 나오지 않았고 제2차 정치회담에서 처음으로 등장했다. 당시 영토조항이 처음으로 등장한 이유는 제2차 정치회담에서 청구권 문제를 해결할 기본적인 합의가 이루어지고, 이를 현실적으로 이행하는 문제가 부상할 단계가 되었기 때문이었다. 즉 한일 양국 간에 체결될 조약을 통해 현안 문제 관련 협정의 효력을 한국정부에 완전히 귀속시키는 것이 목적이었던 영토조항을 기본조약에 규정함으로써 향후 일본과 북한의 교섭을 차단하는 것이었다. 이 영토조항은 제7차 회담에서 '유일 합법정부 문제'가 되어 구조약의 무효확인 문제와 함께 기본관계문제 논의의 핵심적인 쟁점이 된다.[100]

제2회 정치회담에서 청구권 문제를 큰 틀에서 합의하는 등 한일회담 타결에 가까워지고 있었던 제6차 회담은 1963년에 접어들자 한국의 정치적 혼란으로 인해 진행되지 못했다. 하지만 5·18 군사 쿠데타를 일으키고 국가재건최고회의장이 된 박정희가 10월 15일에 열린 대통령 선거에서 대통령

---

99) 日本外交文書,「日韓予備交渉第21回会議記録」, No.651.

100) 장박진, 앞의 책, pp.468~469.

에 당선되고, 11월 26일에는 여당인 민주공화당이 국회의원 선거에서 승리하는 등 한국의 국내 정치 상황이 안정되자 한일 양국은 1964년 상반기에 한일회담을 타결하려는 적극적인 자세를 보였다. 이에 한일 양국은 1964년 3월 12일에 제6차 회담을 재개하기로 합의하고, 현안 문제들을 다시 논의하기로 했다.

제4절 재개 제6차 회담에서의 논의

1. 문화재보호위원회의 문화재 목록 작성안

외무성과 문화재보호위원회, 도쿄국립박물관은 제6차 회담 재개를 앞둔 1964년 2월 6일에 회의를 열고 문화재 목록 작성에 관한 논의를 진행했다. 먼저 외무성은 증여 문화재 목록의 작성 방법과 제출 시기에 관한 질문에 대해 최종안에 가까운 안을 준비하고, 한국 측이 더 많은 문화재를 요구할 경우에는 약간의 국유 문화재만을 추가할 것이며, 그 이상의 경우에는 한국 측이 희망하고 있는 개인 소유 문화재 중 우수한 것 두 세 개 정도를 증여하는 것도 고려할 수 있다고 답했다.[101]

이에 대해 문화재보호위원회는 학문적·예술적 가치가 있고 한국에 비슷한 것이 있기 때문에 일본에 남겨두는 A안, 경우에 따라 한국에 넘겨도 되는 것인 B안, 한국에 넘겨도 되는 C안 등 이미 문화재 목록에 관한 복안을 세 개로 나누어 작성했다고 설명했다. C안의 품목은 다음과 같았다.

(1) 조선총독부에 의해 반출된 것
   3. 경주 황오리 제16호분 출토품

---

101) 日本外交文書, 「文化財小委員会日本側関係者打合会」, 1964年2月6日, No.580.

(2) 통감 및 총독 등에 의해 반출된 것
  1. 이토 히로부미 고려자기 103점 중 85점

(3) 일본 국유의 것
  1. 경상남북도 소재 분묘 그 외 유적에서 출토된 280점 중 약 160점
  2. 고려시대 분묘 그 외 유적에서 출토된 것 184점 중 약 80점

(5) 개인 소유의 것
  4. 석조미술품 (ㄱ) 석조다라보살좌상, (ㄴ) 사자상

　문화재보호위원회는 제1항목의 ① 경남 양산부부총 출토품에 대해 "이전에 한국 측에 그 목록을 넘겼는데, 고대 고고학 연구를 위한 좋은 자료이며 한국에 비슷한 것이 있기 때문에 관계자는 절대로 넘기기를 희망하지 않는다"고 설명하면서 이 안에 관한 외무성의 의견을 물었다. 외무성은 C안으로 가치가 없는 문화재만을 주려고 한다면 한국 측을 납득시키기 어렵기 때문에, C안에 훌륭한 것이 많이 있다면 한국 측의 불만을 드러내더라도 자신감을 가지고 설득시킬 수 있다고 말했다. 이어서 문화재보호위원회는 C안에 대해 문화재보호위원회의 위원장에게는 설명했지만, 다른 위원들에게는 아직 설명하고 있지 않다는 점, 한국 측이 C안으로 만족하지 않을 경우 B안으로서 제1항목의 ② 경주 노서리 215번지 고분 출토품을 추가해도 좋다는 점, 북한 출토품과 1905년 이전에 일본에 온 것을 제외하면 문화재의 수량이 약간 줄어들게 된다는 점 등을 설명했다.[102]
　다음으로 외무성은 한국 측에 증여가 가능한 전적에 대해 설명했다. 그 대상으로 생각하고 있는 것은 궁내청에 소장된 소네 아라스케 통감의 한국 전적 및 통감부 저서, 야마구치 현립여자단기대학에 소장된 데라우치 마사타케의 전적이 있으며, 동양 문고의 서적 중 한국 측에 중요하다고 생각되

---

102) 위와 같음.

는 것을 약간 선택하여 사진으로 복사해서 증여하는 것도 생각할 수 있다고 설명했다.[103]

2. 문화재소위원회의 재개

제2차 정치회담을 통해 청구권 문제가 큰 틀의 합의에 이르는 등 예비회담에서 어느 정도의 성과를 올리면서 한일회담 타결의 분위기가 높아졌다. 이와 같은 상황 속에서 한일 양국은 1964년 3월 12일부터 제6차 회담을 재개(이하, 재개 제6차 회담)하기로 합의하고, 4월 말 조약 초안 작성, 5월 초 조인 등으로 한일회담 일정을 계획했다.

제1회 문화재소위원회는 3월 21일에 개최되었다. 한일 양국은 이 회의를 이전과 같은 문화재소위원회로 진행하면서 예비회담에서 논의된 내용을 계속해서 검토하기로 했다. 한국 측은 '반환청구 한국문화재 목록'에 대한 일본 측의 문화재 목록 제출을 요구하는 한편 일본 측 전문가의 회의 참가에 대해 물었다. 일본 측은 문화재보호위원회의 사무국장이 참가하기로 했는데, 이는 큰 진전을 의미하는 것이라고 답했다. 이어서 일본 측은 제46회 중의원 본회의에서 오히라 외무대신이 '일한회담에 관한 보고'[104]을 설명

---

103) 위와 같음. 이와 함께 외무성은 한국에 기증할 서적에 대해 3월 11일에 궁내청을 찾아가 "한국에 기증해도 일본학계로서 아쉽지 않은 책에 한해 기증한다. 또한 기증 서적은 외무성 비용으로 마이크로 필름을 찍는다"라고 설명하기도 했다. 한편 문화재보호위원회의 기증에 여전히 불만을 가지고 있었다. 3월 24일에 외무성의 하리타니 마사유키(針谷正之) 사무관이 문화재보호위원회를 방문했을 때 미야지 시게루(宮地茂) 사무국장은 "현재 개최 중인 중요문화재 지정을 위한 연차심의회 석상에서 교토대 명예교수인 우메하라(梅原) 박사가 1958년 4월에 106점의 문화재를 한국에 인도한 일을 비난했다. 문화재보호위원회 안에서도 호소카와(細川), 야시로(矢代) 씨는 문화재를 한국에 증여하는 일에 강하게 반대하고 있으며, 자신의 일한회담 대표 발령도 비꼬았다. …(중략)… 사견이지만, 한국 측이 요구하는 초점은, 양산부부총 출품품과 이토공의 도자기라고 생각한다. 그러나 한국 측이 이를 구체적으로 지정해서 요구한다면, 그에 절대 응할 수 없다"고 말했다. 日本外交文書, 「5.文化財問題」, 記入なし(이하, 「5.文化財問題」), No.1316.

했다고 말하고, 반환의 의무는 없지만 문화협력의 일환으로 문화재 어느 정도 건네겠다는 문화재 반환 문제 관련 내용을 읽으면서, 일본 측의 기본적인 입장을 재차 설명했다. 일본 측이 이에 대한 한국 측의 견해를 묻자 한국 측은 다음과 같이 답했다.[105]

  결국은 일본 측이 말하는 것처럼 국교정상화와 더불어 문화협정 체결이라는 형태로 될 것이지만,[106] 문화교류 문제보다도 문화재 반환 문제가먼저 해결되어야 할 것이며, 문화재 반환 문제의 진행 여하에 따라 한일양국 간의 전반적 문화협력 문제가 논의될 수도 있을 것이다. 그러므로 무엇보다도 먼저 일측이 문화재 품목 목록을 제시하지 않으면 안 되겠다.[107]

일본 측은 각 의제들의 진행상황을 보면서 특히 어업 문제의 진전이 없는 한 문화재 목록을 제시할 수는 없다고 말하고, 예비교섭 제21회 본회의(1962년 12월 25일)에서 제시한 의정서안에 대한 의견을 물었다. 한국 측은 반환·기증 문제나 문화협정을 통한 해결방법 등을 논의하기 전에, 먼저 일본 측이 문화재 목록을 제시하고 그것을 논의 한 후 품목을 결정할 것을 주장했지만, 일본 측은 먼저 문화협정을 통한 해결방법을 논의한 후에 또는 두 가지를 동시에 논의할 것을 주장했다.[108]

  한편 외무성은 제1회 문화재소위원회가 끝난 후 문화재보호위원회의 미야지 시게루 사무국장을 찾아가 문화재 반환 문제에 관해 논의했다. 먼저

---

104) 衆議院,『第46回国会衆議院本会議会議録』, 1964年5月31日. 오히라 외무대신은 제46회 중의원 본회의에서 '일한회담에 관한 보고'를 통해 한일회담의 경위와 현황의 개요와 현안 문제 쟁점에 관한 일본정부의 견해를 설명했다. 자세한 내용은 第46回国会衆議院本会議会議錄 참조.

105) 日本外交文書, 「再開第6次日韓会談文化財小委員会第1回会合」, 1963年3月21日, No.450.

106) 위와 같음.

107) 한국외교문서,『속개 제6차 한·일본회담(1964.3.12 - 4월) 문화재소위원회 회의, 제1차, 1964』, 프레임 번호: 9.

108) 한국외교문서, 위의 자료, 프레임 번호: 9~11.

미야지 사무국장은 제46회 참의원 예산위원회(3월 23일)에서 있었던 질의
응답에서 나다오 히로키치(灘尾弘吉) 문부대신이 '한국 측이 청구해 오고
있는 문화재의 품목 점수는 약 1,000점이다'라고 답한 것을 말하면서, 이것
은 문화재보호위원회가 직접 관계하고 있는 문화재를 고려하고 대답한 것
이라고 설명했다. 그리고 앞으로 국회에서 답변을 하기 위해서라도 한국 측
이 청구하고 있는 문화재의 수량에 관해 외무성과 논의할 필요가 있다고
말했다. 미야지 사무국장은 이어서 문화재 반환 문제에 관한 문화재보호위
원회의 입장을 다음과 같이 설명했다.109)

> 한국 측이 품목을 지정하고 그 반환을 요구한다는 태도를 취한다고 한
> 다면, 그 청구에는 절대로 응할 수 없다. 그러나 예를 들어 이토공(이토 히
> 로부미: 필자 주)이 지참한 문화재 중에서 선택해 주면 좋겠다는 태도라면
> 우리 측에서 적당히 골라 증여할 용의가 있다.
> 문화재보호위원회로서는 관계하고 있는 문화재 중에서 증여할 수 있다
> 고 생각하는 것은 전체 약 1,000점 중 3분의 1, 그 중에 이토공의 것 중
> 절반 정도를 포함하고 있는데, 이는 거의 최대 한도이다.

외무성도 문화재 반환 문제에 대한 입장을 설명하면서, 반환과 기증을
둘러싼 대립이 남아있지만, '부당·불법하게 가져 간 것을 반환한다라는 형
태로는 절대로 하지 않는다'면서 문화재보호위원회와 같은 입장을 재차 설
명했다. 회의 말미 외무성은 문화재보호위원회의 증여 시안을 언제 볼 수
있는지 문의하자 미야지 사무국장은 "다음주(3월 30일부터 시작하는 주) 초
에 볼 수 있다"고 답했다.

---

109) 日本外交文書,「針谷事務官と宮地文化財事務局長との会談の件」, 1964年3月25日, No.580.

3. 기본관계문제 교섭

1) 기본관계문제에 관한 한일 양국의 방침

한일 양국은 제6차 회담 재개에 맞춰 기본관계문제에 관한 방침을 정리했다. 먼저 한국정부가 1963년 4월 20일자로 작성한 '한일회담 각 현안 문제에 관한 아측의 최종 입장 결정'을 보면, 기본관계문제에 관한 구체적인 방침이 제시되지는 않았지만, 형식은 기본조약으로 할 것, 일본 측이 공동선언을 주장할 경우에는 한국 측의 주장이 규정되도록 할 것을 전제로 일본 측의 견해를 수락하기로 되어 있었다.[110] 기본관계문제를 조약의 형식으로 해결하려고 했었던 한국정부가 공동선언이라는 일본 측의 주장을 검토했던 이유는 '일본 측이 호응할 것 같은 안'[111]을 제시하고, 연말까지 한일회담을 타결하기 위해서였다.[112]

1964년 2월 3일에 작성된 '한일회담의 각 현안 문제에 관한 아측의 최종 입장 결정'에는 기본관계문제 관련 방침이 보다 구체화되어 있었다. 기본조약 체결은 동일했지만, 영토조항 삽입, 구조약의 무효문제, 해저전선 귀속 규정, 그리고 논의되어 온 현안 문제에 관한 해결원칙 규정 등이 조약의 내용으로 제시되었다.[113]

한편 외무성은 기본관계문제를 논의하기 위해 내부회의를 열고, 일본정부의 입장을 검토했다.[114] 형식은 공동선언 또는 교환공문으로 하고, 구조

---

110) 한국외교문서, 『속개 제6차 한일회담. 현안문제에 관한 한국측 최종입장, 1963.4
－64.3』(이하, 『속개 제6차 회담 한국측 최종입장』), 프레임 번호: 32.
111) 한국외교문서, 위의 자료, 프레임 번호: 14.
112) 한국 측은 1963년 초부터 국내 정세가 악화됨에 따라 일본 측이 한일회담을 진행하기 곤란한 태도를 보이고 있다고 판단했다. 1964년에는 일본의 총선거나 올림픽 개최 등의 사정으로 한일회담을 진행할 수 없게 되었고, 결국 이와 같은 사정은 한국 측의 이익에도 영향을 끼치기 때문에 연내 타결을 위해서라도 늦어도 9월까지는 한일회담을 타결 직전의 상태까지 진행시키려고 했다. 한국외교문서, 위의 자료, 프레임 번호: 14.
113) 한국외교문서, 위의 자료, 프레임 번호: 81.

약의 무효확인 문제와 영토조항 문제는 규정하지 않기로 했다. 그리고 관할권 문제에 대해서는 "조항으로 규정하지 않고 한국 독립 승인에 관한 규정에 현재 '지배하는 지역'이라는 표현과 유엔결의 양쪽을 병기"하기로 했다.115)

외무성은 이와 같은 방침을 바탕으로 '일본국과 대한민국의 공동선언(안)'을 작성했다. 이는 제7차 회담에서 열린 기본관계위원회에서 일본 측의 기본관계문제에 관한 방향성을 밝혔다는 점에서 중요한 의미가 있다. 그 내용을 살펴보면 제1항이 평화조약 제2조(a)의 규정과 유엔결의 195(Ⅲ)의 취지 확인 관련 조항이며, 제2항은 외교관계 개설에 앞서 현안 문제가 해결 또는 처리될 것을 확인하는 조항이었다. 그리고 제3항은 "전항의 관계한 협정들의 적용에 있어서 대한민국정부의 유효한 지배 및 관할권이 한반도의 북쪽 부분에 미치지 않고 있는 것을 고려한다"라는 관할권 문제 관련 조항이었다. 그 외에 제4항은 외교·영사 관계의 개설, 제5항은 유엔헌장의 원칙 존중, 제6항은 통상항해관계, 제7항은 분쟁처리 관련 조항이었다.116)

형식을 조약이 아닌 공동선언으로 한 이유는 "국회의 승인을 요구하는 조약으로 하면 관할권 문제나 구조약의 무효확인 문제도 포함해야 한다는 논의가 나오기 쉽고, 한일 양국에게 처리하기 어려운 문제가 파생적으로 일어나는 일을 막는다", "현안 문제의 해결에 관한 협정의 총괄로 그 해결 내용을 조약으로 하는 것은 기술적으로 극히 어렵기" 때문이었다. 즉 일본 측은 기본관계문제를 "양국 간 외교관계의 개설을 규정하는 것 외에 어업, 청구권, 법적지위 등의 협정들의 이른바 커버링 노트와 같은 성격에 그치게" 하려고 했던 것이다.117)

---

114) 재개 제6차 회담의 기본관계위원회를 위한 일본 측의 내부회의는 1964년 4월 11일, 4월 14일, 4월 17일 세 번 열렸다.

115) 日本外交文書, 「日韓会談基本関係問題」, 1964年4月15日(이하, 「基本関係問題の省内打ち合わせ ②」), No.1847.

116) 日本外交文書, 「日本国と大韓民国との共同宣言(案)」, 1964年4月18日, No.1848.

구조약의 무효확인 문제에 관해서는 일본 측의 안을 처음에 제시할 때는 삭제하기로 했는데, 그 이유는 "언제부터 무효가 되었는지라는 것이 나오지 않는다면 상관없지만, 없다면 그보다 좋은 것은 없기" 때문이었다.[118] 즉 일본 측은 구조약의 무효확인 문제 자체를 규정하지 않는 것이 가장 바람직하지만, 제1차 회담부터 한국 측이 강하게 요구해 온 이 문제가 다시 쟁점이 될 것을 상정하고 '언제부터 무효가 되었는지라는 것이 나오지 않는' 범위에서 이 문제를 타결하려 했다고 추측할 수 있다. 실제로 일본 측은 구조약의 무효확인 문제를 기본조약에 규정하기로 동의했지만, 그 표현은 어디까지나 '이미' 등으로 하여 구조약 체결 당시에는 그것이 유효였다는 일본 측의 입장이 반영되도록 했다.

관할권 문제에 관해서는 다음과 같은 의견이 검토되었다. 먼저 일본 측은 관할권 문제와 관련 있는 조항을 피하기로 했는데, '현재의 행정 지배하에 있는 지역 및 향후 행정적 지배하에 놓일 지역으로 한다'는 한국 측의 주장은 관할권을 한국정부에 한정하고 있는 일본 측의 견해와 대립하기 때문에, 이를 조항으로 규정할 수는 없었다. 제2안은 각 협정에서 적용지역을 결정하는 것이었다. 일본 측이 '제 규정은 현재 지배하는 지역에 적용된다'는 규정을 한국 측에 제안했지만, 한국 측이 이를 반대했기 때문에 결국 공동선언에서 그 규정을 삭제하고 각 규정에 적용 지역을 결정하는 방향으로 하려고 했던 것이었다. 제3안은 관할권 문제를 조항으로 규정하지 않고 '현재 지배하는 지역'이라는 표현과 한국 독립을 승인한 규정에 유엔결의를 넣어 간접적으로 그것을 표현하는 것이었다.[119] 이상과 같은 일본 측의 관할권 문제에 관한 견해는 현재의 지배 지역에 한정한다는 일본정부의 방침을 반영한 것이었으며, 실제로 일본은 "북한에 (관할권이: 필자 주) 미치는 것

---

117) 日本外交文書,「日韓会談基本関係委員会における日本側共同宣言案の提示について」, 1964年4月20日(이하,「日本側の共同宣言案の提示について」), No.1848.
118) 日本外交文書,「基本関係問題の省内打ち合わせ ②」, No.1847.
119) 위와 같음.

과 같은 표현이 아니라면, 쓰는 방식은 조절할 수 있다'고 한국 측에 제안하기도 했다.[120]

기본관계위원회가 개최되기 전에 이루어진 마지막 내부회의에서 제3안을 선택하기로 했지만, '일본국과 대한민국 간의 공동선언(안)'에는 제2안의 취지에 가까운 내용이 채택되었다. 일본 측은 제2안을 방침으로 변경한 이유는 외교문서상에서 확인할 수 없지만, 제7차 회담의 기본관계위원회 교섭을 살펴보면 일본 측은 제2안과 제3안의 방침을 통해 교섭에 임하고 있었다고 추측할 수 있다. 일본 측이 제7차 회담의 제2회 기본관계위원회(1964년 12월 10일)에서 제출한 합의초안에는 본문 제3조에 관할권 문제가 규정되어 있었으며, 일본 측의 예상대로 한국 측은 이를 반대했다. 이후 일본 측은 제7회 기본관계위원회(1965년 1월 26일)에서 제출한 제1차 합의초안에서 관할권 문제를 삭제하고, 이 문제를 연상시키는 유일 합법정부 문제에 반대했다. 교섭이 진행된 결과, 한국 측의 강한 요구에 따라 유일 합법정부 조항을 본문에 규정하게 되었지만, 제3안과 같이 유엔결의를 삽입하는 것으로 일본 측의 견해와 같이 해석할 수 있게 되었다.

이상에서 검토한 바와 같이 일본 측은 구조약의 무효확인 문제나 관할권 문제는 '구조약은 체결 당시는 유효였다', '한국의 한반도에서의 관할권은 남부에 한정한다'는 일본 측의 방침을 견지하는 한편 "기본적 입장을 해치지 않는 한도에서 당초의 제안을 어느 정도 손질"[121]하는 것도 염두에 두면서 기본관계문제를 "외교관계 설정을 위한 기술적인 것"으로 삼으려고 했다.[122]

---

120) 日本外交文書, 「第7次日韓全面会談基本関係委員会第6回会合」, 1965年1月22日(이하, 「第7次日韓会談第6回基本関係委員会」), No.1346.
121) 日本外交文書, 「日本側の共同宣言案の提示について」, No.1848.
122) 日本外交文書, 「日韓会談基本関係問題」, 1964年4月20日, No.1847.

2) 기본관계위원회에서의 논의

재개 제6차 회담에서 기본관계문제는 두 번 논의되었다. 제1회 기본관계위원회(1964년 4월 23일)에서 한국 측은 1962년 12월 21일에 제시한 '한일회담의 중요 제문제에 관한 한국 측의 기본적 생각'과 1957년 12월 31일의 합의의사록과 같은 종래의 입장을 견지하고 있으며, "한국 국민 감정에서 보더라도 기본관계 협정은 과거 36년간의 일본 지배를 청산하고, 새로운 한일 관계의 기초가 되는 것이므로 조약의 형식을 취해야"한다고 주장했다. 이에 대해 일본 측은 "청구권 그 외 일한회담 제현안이 해결된 것을 확인하고, 이를 기반으로 외교관계를 설정한다는 방침"이며, 형식은 공동선언으로할 것을 주장했다.[123]

제2회 기본관계위원회(5월 18일)에서 한국 측은 일본 측이 이전에 제안한 것은 모두 조약의 형식을 취하고 있다는 점, 기본관계조약이 현안 문제의 원칙을 결정하고 각 협정의 가장 중요한 부분이 되어야 한다는 점을 지적하면서, 조약의 형식으로 할 것을 재차 강조했다. 일본 측은 이에 대해 공동선언이 조약 보다 가벼운 것은 아니며, 내용은 같기 때문에 명칭은 내용이 정해진 후에 생각하는 일도 가능하다고 말했다. 한편 일본 측은 제1회 기본관계위원회에서 양측의 안을 동시에 제출하고 논의할 것을 제안했는데, 한국 측은 안이 준비되지 않았기 때문에 기본관계문제는 구체적인 논의로들어갈 수 없었다.[124]

제2회 기본관계위원회가 끝난 후 한국정부는 '기본관계문제에 관한 아측의 기본적 방침'과 이를 바탕으로 한 '대한민국과 일본국 간의 기본조약(시안)'를 작성했다. 먼저 기본조약의 목적은 "한일 간의 불행하였던 과거 관계를 청산하고 현안 문제에 관한 해결원칙을 규정함과 동시에 호혜평등의

---

123) 日本外交文書, 「再開第6次日韓全面会談における基本関係委員会第1回会合」, 1964年4月27日, No.448.

124) 日本外交文書, 「再開第6次日韓全面会談における基本関係委員会第2回会合」, 1964年5月11日, No.448.

원칙에 입각한 새로운 장래 관계를 설정"하는 것이었으며, 그 방법으로 현안 문제들의 해결 및 원칙을 본문에 규정했다. 형식은 조약으로 하지만, 일본 측이 공동선언을 고집할 경우 먼저 내용을 논의하기로 했다. 본문 제2조는 구조약의 무효확인 문제 관련 조항이었는데, 무효의 시점은 '당초부터'로 할 수 있도록 노력하고, 어쩔 수 없는 경우는 그 규정을 삽입하지 않기로 했다. 그리고 평화조약 제2조는 명시하지 않고, 영토조항은 규정할 필요가 없다고 했다.125)

이 방침은 기본관계문제에 관한 한국 측의 방향성이 구체적으로 정리된 첫 번째 안이었는데, 주의해야 할 점은 당시 한국정부에게 기본관계문제는 한국 측이 요구해 온 과거사 청산을 위한 문제는 아니었다는 점이다. 일본의 식민지 지배가 불법이었다고 규정하는 것과 같은 법적근거도 없었을 뿐만 아니라, 당시 한일회담을 조기 타결하자는 분위기가 강하게 영향을 주었기 때문이었다. 아무튼 기본관계문제는 '식민지 시대에 일어난 문제의 처리'가 이루어졌던 것을 명시하는 과제에 지나지 않았고, '식민지 지배 자체에 관한 청산'을 실현하기 위해 일본의 식민지 지배에 관한 성격을 규정하는 것으로, 과거사 청산 원칙을 세우려고 했던 문제는 아니었다. 이후의 기본관계문제 교섭은 한국 측의 최소한의 청산 규정 조차 소멸시켜 가는 과정이 되었다.126)

한편 한국에서는 1964년 3월부터 시작된 한일회담 반대 시위와 반정부 시위로 인해 한국의 국내 정세가 불안해졌고, 이로 인해 결국 재개된 제6차 회담은 중단되었다.127)

---

125) 한국외교문서, 『한·일간의 기본관계에 관한 조약 [등] 1964 - 65. 전5권(V.1 교섭 및 서명)』, 프레임 번호: 13~17.

126) 장박진, 앞의 책, pp.472~473.

127) 한일회담 반대 시위에 대한 자세한 내용은 이재오, 『한일회담과 반대운동 1951~1965년』, 파라북스, 2011, pp.186~293 참조. 한편 박정희 정권은 일련의 한일회담 반대운동을 의식하고, 일본 어선과 선원들의 나포·억류나 재한 일본상사 출장소에 대

제5절 제6차 회담의 문화재 반환 교섭에 대한 평가

본장에서는 제6차 회담 시기의 문화재 반환 문제 논의 과정을 검토했다. 이하에서는 문화재 반환 교섭에서 제6차 회담이 어떠한 의미가 있는지, '문화재 반환 문제의 구조'가 어떠했는지에 대해 요약·정리한다.

한국정부는 제6차 회담이 시작되기 전에 한일회담을 조기 타결하기 위한 방침들을 마련했다. 문화재 반환 문제에 관해서는 전문가의 문화재소위원회 참가와 권한이 부여된 전문가회의를 통해 많은 수량의 문화재를 반환받는 안에서부터, 사실 관계만을 논의하는 전문가회의를 통해 약 1,080 여점의 문화재를 인도받는 안까지 여러 방침을 정해두었다. 특히 이전 회담에서 크게 대립하고 있었던 반환·기증 문제에 대해 반환이 되지 않는 경우에는 인도라는 방식을 고려하기로 했다. 한국 측은 문화재소위원회와 전문가회의에서 반환이라는 표현을 사용하기는 했지만, 제4차 회담부터 다시 주장해온 반환이라는 표현을 더 이상 고집하지 않고, 이 문제보다는 문화재 목록에 중점을 둔 논의를 추진해 가고자 했다. 한편 일본정부도 문화재 반환 문제에 관해 불법·부당한 방법에 의해 반출된 문화재에 관한 확실한 증거가 제시되었다고 인정하기 어렵다는 점, 개인이 불법·부당한 방법으로 문화재를 입수했다고 하더라도 국가가 그 책임을 대신 질 필요는 없다는 점, 문화재를 출토국에 반환해야 한다는 국제법의 원칙이나 관례는 없다는 점, 그리고 일본은 문화재를 반환할 의무는 없지만 자발적인 의사에 따라 문화재를

한 과세 조치 등 대일강경정책을 펼쳤지만, 이와 같은 정책도 한일회담 진행에 장애물이 되었다. 일본정부는 10월 2일에 열린 각의에서 "부당한 포획 사건이 행해지는 한 일한회담의 재개에 응하지 않아야 한다"라고 했고, 외무성을 통해 한국정부에 엄중하게 항의하는 방침을 정했다. 한편 외무성은 "한국이 강경한 태도를 취하고 있는 것은 의회가 지금 국정감사를 실시하고 있는 시기이기 때문이다. 박·김 라인이라는 강력한 대일 접근력을 잃어버린 이상, 국내대책 상으로도 대일강경방침을 취하지 않을 수 없다"라는 견해가 많았다. 「日韓会談再開の背景」, 『世界』 1965年2月号, 岩波書店, p.166.

어느 정도 한국에 증여하겠다는 입장을 정리했다.

한일 양국은 이와 같은 방침에 바탕으로 문화재 반환 문제 논의에 임한다. 한국 측은 문화재소위원회, 전문가회의 등의 교섭에서 일본 측 전문가를 문화재소위원회에 참가시킬 것, 전문가회의에 공적인 효력을 부여할 것을 계속 주장했다. 한국 측은 이와 같은 주장이 받아들여지지 않자, 특별위원회를 개최하여 문화재 반환 문제를 해결하고자 했다. 특별위원회는 좀 더 많은 전문가들이 참가하는 권한이 부여 된 회의, 즉 문화재소위원회와 같이 공적효력을 가진 회의로 주 1회에서 2회 회의를 열고, 여기에서 문화재 목록을 논의하여 3개월 안에 해당 목록을 작성하는 것이 그 목적이었다. 한국 측은 특별위원회를 개최하기 위해 '반환청구 한국문화재 목록'을 일본 측에 제시했다. 동 목록은 제5차 회담 당시 한국 측이 제시한 '문화재 반환의 7항목'을 보다 구체화한 것이었다. 원래 한국 측은 특별위원회를 개최한 이후 이 목록을 제출·논의하려고 했지만, 특별위원회 설치 전에 문화재 목록 제출을 요구한 일본 측의 의견을 받아들여 이 목록을 계획보다 먼저 제출했다. 특별위원회는 설치까지 합의가 되었지만, 문화재보호위원회의 불참과 제1차 정치회담에서의 한국 측의 반환 주장으로 인해 결국 개최되지 못했다. 그러나 제6차 회담 당시 특별위원회는 인도 제안과 함께 한국 측의 문화재 반환 문제 해결의 핵심적인 내용이었고, 이를 통해 문화재 반환 문제를 조기에 해결하려고 했던 한국 측의 의지를 확인할 수 있다.

한편 한일 양국은 문화재소위원회와 전문가회의에서 한국 측이 제5차 회담 때 제출한 '문화재 반환의 7항목'을, 문화재관계위원회에서는 '반환청구 한국문화재 목록'을 집중적으로 논의했다. 한일 양국은 문화재 목록들을 논의하면서 여러 문화재들의 반출경위와 현소재지 등에 관한 실태를 파악할 수 있었고, 이는 일본 측이 제7차 회담에서 제출하는 인도품목목록에 기반이 되었다. 이와 같이 제6차 회담에서는 문화재 반환 문제 관련 회의가 다양한 형태로 이루어졌고, 문화재 목록이 가장 구체적이고 집중적으로 논의된 시기였다. 이러한 측면에서 제6차 회담에서는 이전보다 역사적 가치 속성이 강화되었다.

한국 측은 1962년 2월 1일의 비공식회의에서 회담 중단기의 구두전달사항을 언급하며 반환·기증 문제는 그렇게 문제시되지 않을 것이라고 설명했다. 한국 측은 비록 비공식적이었지만, 문화재를 돌려받는 방법으로 인도도 괜찮다는 입장을 비공식적으로 밝힌 것이다. 이후 한국 측은 제2차 정치회담에서 처음으로 문화재 반환 문제를 인도로 해결할 것을 공식적으로 제안했다. 일본 측이 이를 받아들이지 않고 계속 기증을 주장했지만, 한국 측은 예비회담 본회의에서도 인도를 계속해서 제안했다. 제6차 회담 기간 중 일본 측은 인도를 계속 받아들이지 않았지만, 제7차 회담에서 반환·기증 문제가 인도로 합의된 것을 볼 때 제6차 회담에서 한국 측이 계속 제안한 인도가 그 기반이 되었다는 점에서 중요하다고 평가할 수 있다. 그리고 이와 같은 인도 제안은 청구권 속성의 약화로 이어졌다.

일본 측은 제6차 회담 이전부터 견지해 온 권리·의무가 아닌 문화협력의 관점에서 자발적으로 문화재를 기증하겠다는 입장을 바탕으로 의정서나 문화협정을 통해 문화재 반환 문제를 해결하려고 했다. 일본 측은 이와 같은 해결 방식을 정리하여 '일본정부와 대한민국정부 간의 문화상의 협력에 관한 의정서 요강(안)'을 작성하고, 예비회담 제21회 본회의에서 이를 제시했다. 한국 측이 이 요강안을 받아들이지는 않았지만, 이 요강안은 제7차 회담에서 체결된 문화재 협정의 기반이 되었다는 점에서 중요하다고 평가할 수 있다. 일본 측은 문화재 목록 제시는 한국 측의 주장을 거부하면서도 내부적으로는 문화재 목록 작성에 대한 구체적인 논의를 시작했다. 한일회담 타결의 기운이 높아지자 문화재 기증에 반대해 왔던 문부성과 문화재보호위원회도 자발적인 기증에는 찬성한다는 입장으로 바뀌고, 문화재 목록 작성에 협력하기 시작한다. 문화재 반환 교섭에서 일본 측의 태도는 한국 측에 비해 적극적이지는 않았지만, 이전 회담 시기의 태도와 비교하면 보다 적극적인 태도로 이 문제를 해결하려고 했다.

이와 같이 제6차 회담에서 한국 측은 전문가들의 논의에 권한을 부여하고 여기에서 결정된 사항을 바탕으로 문화재 목록을 작성하는 것을 제안하는 한편 이전 회담에서 첨예하게 대립했던 반환·기증 문제에 대해 인도를 여러 차례 제안함으로써 문화재 반환 문제를 해결하려고 했다. 일본 측은 한국 측에 제시하게 될 문화재 목록을 내부적으로 검토하고 문화협력을 통한 기증을 그 취지로 하는 의정서를 통해 동 문제를 해결하려고 했다.

한편 기본관계문제는 제6차 회담에서 구체적으로 논의되지 않았지만, 한국 측이 구조약의 무효확인 문제 관련 조항을 규정해야 한다고 다시 주장하고, 이와 함께 북한 지역도 염두에 두는 영토조항을 새롭게 주장했다. 일본 측은 이에 대해 적극적으로 대응하지는 않았지만, 내부 방침으로 구조약은 체결 당시에는 유효했고, 한국정부의 관할권은 한반도의 남부에 한정한다는 입장을 견지하고 있었다.

이와 같이 한일 양국은 제6차 회담 당시 문화재 반환 문제에 대해 내부적으로 이를 해결하려는 움직임을 구체화 했고, 타결에 이르지는 못했지만 확고한 타결 의지를 보이면서 논의를 이어갔다. 이 시기의 교섭은 제7차 회담 개최 이후 인도라는 표현의 합의, 문화재 협정, 그리고 인도품목목록 작성의 기반이 되었다는 점에서 의미가 있다고 평가할 수 있다. 이와 함께 한국 측이 표면적으로는 반환을 주장했지만, 이미 인도를 고려하고 있었고 제2차 정치회담 등에서 공식적으로 인도를 제안하면서 '문화재 반환 문제의 구조' 중 청구권 속성은 약화되기 시작했고, 문화재소위원회와 전문가회의에서의 '문화재 반환의 7항목'에 대한 논의, 특별위원회 설치 관련 논의, 문화재관계위원회에서의 '반환청구 한국문화재 목록' 논의 등이 진행되면서 역사적 가치 속성이 크게 강화되었다. 그리고 기본관계문제의 구조약의 무효확인 문제와 영토조항 문제가 쟁점이 되면서 기본관계 속성도 강화되었다.

제7장 제7차 회담의 교섭 과정

제1절 기본관계교섭 타결

1. 합의요강안을 둘러싼 논의

박정희 정권은 1964년에 일어난 6·3 항쟁을 탄압하고, 6월 6일에는 민주 공화당 의장이었던 김종필을 해임시키는 등 국내 상황이 점차 안정되자 다시 한일회담 재개를 위해 움직이기 시작했다. 한편 일본정부도 한일회담 재개를 준비했다. 11월 9일에 총리에 취임한 사토 에이사쿠(佐藤栄作)는 다음날 열린 가자회견에서 한일회담이 벌써 10년을 넘어가고 있고 이제는 마무리를 할 시기라는 취지를 말하는 등 한일회담 타결에 적극적인 모습을 보였다.[1] 한일회담 재개에 관한 미국의 협력도 있어서, 한일 양국은 12월 3일에 제7차 회담(1964년 12월 3일~1965년 6월 22일)을 개최하기로 했다.[2]

한국정부는 제7차 회담 개최와 관련하여 11월 30일에 '한일회담 기본관

---

1) 「日韓会談再開の背景」, 앞의 글, p.168.
2) 당시 미국은 한일 양국의 국교정상화를 통해 청구권 자금을 비롯한 일본의 자금과 기술을 한국에 도입하여 한국의 경제회복을 촉진시키기를 기대했다. 한일회담 타결로 한일 관계가 개선되면 동아시아에서 반공전선을 강화하는 데에 가장 기본적인 조건이 되기 때문에, 중단된 한일회담을 조기에 타결시키기 위해 미국이 적극적인 태도를 보였던 것이다. 한편 사토 내각은 미국의 한일회담 타결 요청을 받아들이면서, 일본 내 혁신세력이 주장하는 한일회담 타결의 군사전략적 의미를 부정하고, 일본의 국가이익을 최대한으로 확보하기 위해 한일회담에 적극적으로 임했다. 특히 사토 내각은 한일회담의 조기 타결이 미국의 요청에 따라 자유진영의 단결에도 성의를 보인다는 대미 외교의 측면에서 한일회담을 조기에 타결하고자 했다. 미국의 신뢰를 얻는 것은 대미 외교에서 일본의 재량이 넓어지고, 오키나와 반환 교섭을 유리하게 전개하는 일에도 도움이 된다는 것을 의미했다. 이원덕, 앞의 책, pp.234~255.

계문제에 관한 훈령'을 주일대표부에 보낸다.[3] 이 훈령은 제1차 회담에서 부각된 구조약의 무효확인 문제에 대해 '구한말에 일본과 체결된 모든 조약이 무효임을 규정할 것', '무효의 시점을 당초부터(ad initio)로 하도록 최대한 노력할 것'을 지시했고, 제6차 회담에서 부각된 유일 합법정부 문제에 대해서는 "대한민국정부만이 한반도에 있어서의 유일한 합법정부라는 아측 입장은 어떠한 경우라도 유지하도록 한다. 따라서 '2개의 한국' 또는 북에 별도의 권위(Authority)가 있다라는 개념이 절대로 포함되지 않도록 한다"는 점을 지시했다. 주일대표부는 이를 바탕으로 기본관계문제 교섭에 임한다.

한일 양국은 1964년 12월 3일에 열린 제1회 본회의에서 제6차 회담의 의제와 동일하게 기본관계문제, 대일한국청구권문제, 재일한국인의 법적지위문제, 어업 및 평화선문제를 제7차 회담의 의제로 삼기로 합의하고, 12월 8일부터 기본관계위원회를 먼저 열기로 했다.

1964년 12월 8일에 개최된 제1회 기본관계위원회에서 한일 양국은 기본관계문제가 다른 현안 문제들보다 진전이 늦다는 점, 이에 대한 논의를 진전시켜야 한다는 점에 동의하는 한편 각각 요강안을 제출하고 이를 바탕으로 논의를 진행해 나가기로 했다.

한일 양국은 제2회 기본관계위원회(12월 11일)에서 합의대로 각자의 요강안을 제출한다. 이후 기본관계문제 교섭은 한일 양국이 제출한 아래와 같은 요강안을 바탕으로 각각의 합의초안을 작성하고 보다 구체적인 논의에 들어간다. 이하에서는 조선에 대한 일본의 식민지 지배가 언제부터 무효였는지를 규정하는 구조약의 무효확인 문제와 한국정부가 한반도에서의 유일한 합법정부인지를 규정하는 유일 합법정부 문제를 중심으로 기본관계문제를 살펴보기로 한다.

---

3) 한국외교문서, 『제7차 회담 기본관계위원회 회의록』, 프레임 번호: 8~9.

〈표 21〉 기본관계문제에 관한 한일 양국의 요강안[4]

항목	한국 측	일본 측
형식	조약으로 한다.	·
명칭	'대한민국과 일본 간의 기본조약'으로 한다.	일한관계에 관한 합의는 '공동선언'의 명칭을 사용한다.
전문	특히 아래 사항을 규정한다. (1) 한·일 양국 관계의 과거의 청산 및 상호 주권존중에 기반한 새로운 관계의 수립 (2) 양국 간의 항구적 평화 및 강고하며 지속적 선린우호 관계 유지 (3) 양국의 공동복지 향상 (4) 아시아와 세계의 평화 및 안전의 유지에 대한 기여 (5) 대한민국정부가 한국에서 유일 합법정부라는 사실의 확인	(1) 일한 양국 전권단 간의 교섭이 이루어졌다는 점을 언급하고, (2) 전권명을 기하며, (3) 외교관계 설정에 대한 견해일치가 있었던 것을 언급하고, (4) '…이 교섭의 결과, 다음 합의가 성립했다'고 한다.
본문	특히 아래의 사항을 규정한다. (1) 한국과 일본국 간에 1910년 8월 22일 및 그 이전에 체결된 모든 조약 또는 협정이 무효라는 사실의 확인 (2) 외교 및 영사 관계의 수립 ① 대사급 외교사절 교환 ② 영사관 설치 (3) 양국 간의 무역, 해운 및 그 외 통상 관계를 안전하고 우호적인 기초에 놓기 위한 조약 또는 협정의 체결 (4) 민간항공운송에 관한 조약 또는 협정의 체결 (5) 양국 간의 모든 현안, 즉 한국청구권문제, 재일한인의 법적지위 및 처우문제, 어업 및 평화선문제에 관한 별도의 협정 원칙 (6) 양국 영토를 연결하는 해저전선의 균등 분할	(1) 상항평화조약 제2조(a)의 규정 및 유엔결의 195(III)의 취지를 확인할 것 (2) 외교관계 설정에 앞서 해결 또는 처리가 바람직하다고 인정되는 모든 현안이 관계한 모든 협정에 따라 해결 또는 처리되는 것을 확인 (3) 본 선언 및 전기 제협정의 적용에 있어서 대한민국정부의 유효한 지배 및 관할권은 현실적으로 한반도의 북부에는 미치지 않고 있는 점을 고려해야 할 것 (4) 양국 간에 외교 및 영사 관계를 설정할 것 (5) 양국은 상호 관계에서 유엔헌장의 원칙을 준수할 것 (6) 통상해운관계 (7) 분쟁처리(IJC에 의뢰) (8) 비준 조항

4) 日本外交文書,「第7次日韓全面会談基本関係委員会第2回会合」, 1964年12月10日(이하,「第7次日韓会談第2回基本関係委員会」), No.1345를 바탕으로 작성.

최종
조항
	특히 아래의 사항을 규정한다.
	(1) 비준 절차
	(2) 용어
	  ① 한, 일, 영 3개 국어로 작성
	  ② 해석상의 분규 시에는 영문을 따름
		·

한국 측 요강안의 특징은 전문(1)에서 '한일 양국 관계의 과거의 청산 및 상호 주권 존중에 기반한 새로운 관계의 수립'을 규정한 점, 본문(1)에서 '한국과 일본국 간에 1910년 8월 22일 및 그 이전에 체결된 모든 조약 또는 협정이 무효라는 사실의 확인'을 규정한 점, 그리고 전문(5)에서 '대한민국 정부가 한국에서 유일 합법정부라는 사실의 확인'을 규정한 점이었다. 전문 (1)과 본문(1)은 한국 측이 제1차 회담부터 주장해 온 내용이었는데, 1910년 이전에 체결된 조약과 협정은 강제적으로 체결되었기 때문에 모두 무효이 며, 이로 인해 발생한 문제들, 즉 식민지 지배로 인한 과거사 청산을 요구한 것이었다. 그리고 전문(5)를 통해 한국정부가 북한 지역까지 관할권이 미치 고 있으며 한일회담 타결을 통해 '북한 문제도 모두 해결'되는 것이 한국정 부의 입장이었다.5) 한편 일본 측은 본문(1)에 '상항평화조약 제2조(a) 규정 및 유엔결의 195(III)의 취지를 확인할 것'과 본문(3)의 '본 선언 및 전기 제 협정의 적용에 있어서 대한민국정부의 유효한 지배 및 관할권은 현실적으 로 한반도의 북부에는 미치지 않고 있는 점을 고려해야 할 것'을 통해 일본 이 한국의 독립을 승인하고 "한국의 지배가 현실적으로는 북에 미치고 있 지 않다"라는 입장을 보였다.6)

한국 측은 전문(5)에 대한 일본 측의 입장을 고려하여 'only lawful government'를 강조하면서 관할권의 언급을 피했다고 설명하는 한편 일본 측의 본문(3)에서 한국정부의 관할권이 북한에 미치지 않는다는 명시적인

---

5) 한국외교문서, 앞의 자료, 프레임 번호: 25.
6) 日本外交文書, 「第7次日韓会談第2回基本関係委員会」, No.1345.

표현은 절대로 받아들일 수 없다고 말했다.[7] 일본 측을 고려하여 직접적인 영토조항을 간접적인 유일 합법정부 조항으로 대체한 한국 측은 한국정부의 관할권이 북한 지역에 미치지 않는다는 일본 측의 '노골적인 표현'을 도저히 받아들일 수가 없었던 것이다.[8] 그 이유는 한국 측이 유일 합법정부 조항을 통해 한국정부의 법적 성격만을 강조시키고, 필요에 따라 북한 지역까지 관할권이 미친다는 정치적인 설명할 수 있다는 점, 그리고 북한과 일본 간의 교섭 가능성을 방지할 수 있다는 정치적 고려가 사라진다는 점 때문이었다.[9]

제3회 기본관계위원회(12월 12일)에서도 한일 양국의 요강안에 관한 논의가 이루어졌다. 일본 측은 먼저 한국 측의 요강안 전문(1)에 대해 본문(1)과도 관계되며, 이것을 조약이나 선언으로 언급하는 것은 곤란하다고 말했다. 한국 측은 국내 사정으로 봤을 때 과거 청산은 존치시켜야 하지만, 일본 측을 자극하지 않도록 용어를 검토해 보겠다고 답했다. 한국 측의 요강안 중 본문(1)의 'null and void'라는 표현에 대해 일본 측이 구조약이 강제적이고 불법적인 압박에 의해 위법적으로 체결되었다는 의미라면 동의하기 어렵다고 말하자 한국 측은 한국 국내 사정을 고려해서 그와 같은 취지의 규정을 삽입하고 싶다고 말했다.[10]

이어서 일본 측은 유일 합법정부 문제에 대해 'only lawful government'는 유엔결의에서 강조하고 있는 것과 동일한 취지인지 묻는 한편 유엔결의를 존중한다는 측면에서 대일평화조약과 유엔결의를 함께 인용하고 싶다고 말했다. 한국 측은 이에 대해 한국정부가 유엔결의와 관계없이 한반도에서 유일한 합법정부라는 것은 변함없는 사실이라고 해석하고 있으며, 대일평화

---

7) 위와 같음.
8) 한국외교문서, 앞의 자료, 프레임 번호: 24.
9) 장박진, 앞의 책, p.475.
10) 日本外交文書,「第7次日韓全面会談基本関係委員会第3回会合」, 1964年12月12日(이하,「第7次日韓会談第3回基本関係委員会」), No.1345.

조약 이전에 한국은 이미 독립하고 있었다고 반론하고,[11] 일본 측의 '북에 미치지 않는다'라는 표현은 받아들이기 어려우며 "관할권을 언급하지 않고 한국이 유일 합법정부라고 말하는 기성 사실만을 확인하기 위한 형태로 서로 문제가 될 점은 언급하지 않고, 각각 국내적 설명을 하기 쉽게 하는 것이 제안의 취지"라고 설명했다.[12]

제4회 기본관계위원회(12월 16일)에서 한일 양국은 '기본관계에 관한 한일 양측 요강안 제목 사무레벨 정리표'를 교환했다.[13] 이것은 앞선 회의에서 한국 측의 제안으로 기본관계문제를 보다 효과적으로 논의하기 위해 한일 양국의 요강안 제목을 정리한 것이다. 이 정리표는 논의 내용 중 이의가 없는 14개 항목과 이의가 있는 6개 항목으로 되어 있었다. 이의가 있는 항목은 (8) 과거의 청산과 1910년 8월 22일 이전의 조약과 협정의 무효 확인, (12) 청구권 등 현안 문제 해결에 관한 별도 협정 원칙 또는 협정에 따른 현안 해결 확인, (14) 한국정부가 유일 합법정부인 사실 확인과 평화조약 제2조(a) 규정 및 유엔결의 195(Ⅲ) 관련 취지의 확인, (15) 한국정부의 관할권 문제, (17) 분쟁처리 조항, (20) 합의문서 작성 및 명칭이었다.

먼저 일본 측은 (8)항목에 대해 구조약이 존재하지 않았다는 것이 한국 측의 의도라면 이를 받아들이기 어렵다고 말했다. 한국 측은 구조약이 불법적으로 체결되었기 때문에 당초부터 불법이라는 점이 한국 측의 입장이지만, 일본 측의 입장도 있기 때문에 그 표현을 한일 양국이 받아들일 수 있는 표현으로 했다고 설명했다.[14] 일본 측은 한일 양국이 받아들일 수 있는 표현이라고 하더라도 국내에 대한 설명은 다르게 해석되어 문제가 확대되기 때문에, 이를 받아들일 수 없다고 반론했다. 한국 측은 이에 대해 그와

---

11) 한국외교문서, 앞의 자료, 프레임 번호: 46.
12) 日本外交文書,「第7次日韓会談第3回基本関係委員会」, No.1345.
13) 日本外交文書,「第7次日韓全面会談基本関係委員会第4回会合」, 1964年12月16日(이하,「第7次日韓会談第4回基本関係委員会」), No.1345.
14) 한국외교문서, 앞의 자료, 프레임 번호: 52.

같은 문제는 결단할 필요가 있으며, 한국 국회에서는 "병합조약의 무효 확인을 관철시키라는 결의가 통과했고, 구조약 무효를 철회하는 일은 생각할 수 없다"고 응수했다.[15]

다음으로 정리표 (14)와 (15)에 대해 일본 측은 일본의 전후 현안 처리의 출발점은 대일평화조약이며, 제2조(a) 및 유엔결의 195(Ⅲ)만이 한일 교섭의 대의명분이기 때문에 이를 인용하고 싶다고 주장했다.[16] 한국 측은 이에 대해 1952년에 독립한 일본이 1948년에 독립한 한국을 승인한다는 것은 이상한 일이며, 일본에게 처음으로 독립을 승인받았다는 인상은 좋지 않기 때문에, 한국 국민에게도 그와 같은 인상을 주고 싶지 않다고 반론했다. 또한 국교정상화가 이루어지지 않더라도 관할권 문제에 관한 일본 측의 주장을 수락할 수 없다고 강조했다.[17] 이와 같이 한일 양국은 기본관계문제 요강안을 둘러싸고 대립하기 시작했는데, 주요 쟁점은 제1차 회담에서 제기된 구조약의 무효확인 문제와 제7차 회담에서 제기된 유일 합법정부 문제였다. 이와 같이 제7차 회담의 기본관계문제 논의 초기에 두 문제를 중심으로 '문화재 반환 문제의 구조' 중 기본관계 속성이 강화되기 시작한다.

2. 제1차 합의초안을 둘러싼 논의

한국정부는 제5회 기본관계회의까지 논의된 내용을 바탕으로 기본관계 문제에 관한 조약안을 작성하고, 이를 새로운 훈령과 함께 주일대표부에 송부한다. 그리고 조약안은 최종안이기 때문에 일본 측에 곧바로 제출하지 말고 훈령에 따라 주일대표부가 조약안을 작성하여 이를 먼저 기본관계문제 교섭에 사용할 것을 지시했다.[18]

---

15) 日本外交文書,「第7次日韓会談第4回基本関係委員会」, No.1345.
16) 위와 같음.
17) 한국외교문서, 앞의 자료, 프레임 번호: 57.
18) 한국정부가 작성한 조약안은 한국외교문서, 앞의 자료, 프레임 번호: 79~82 참조.

조약안 중 주요 내용을 살펴보면, 먼저 전문 제1항의 'Considering the historical background of relationship between their peoples…'은 '과거의 청산'이라는 표현을 되도록 간접적으로 나타낸 것이며, 이것이 최종적인 표현이며 교섭 과정에서는 가능한 직접적인 표현으로 제시할 것을 지시했다.[19] 본문 제2조는 유일 합법정부 조항으로 'It is confirmed that the Government of theRepublic of Korea is the only lawful government in Korea as recognized under Resolution 195(Ⅲ) of December 12, 1948 of the United nations General Assembly'였다. 유엔결의 195(Ⅲ)나 대일평화조약 제2조(a)를 인용하지 않는 것이 최선책이지만, 일본 측의 반대도 예상되기 때문에 최선책은 유엔결의 195(Ⅲ)를 '유엔결의 195(Ⅲ)으로 대한민국정부가 유일 합법정부라고 선언한 것에 비추어…'와 같이 내용의 일부만을 인용할 것이 제시되었다. 또한 대일평화조약 제2조(a)가 삽입될 경우 '한국과 관련된 평화조약의 각 조항을 유의하고…'와 같이 동 규정만을 특별하게 인용하는 듯한 인상을 주지 않는 표현으로 할 것을 지시했다.[20] 본문 제3조는 구조약의 무효확인 조항으로 'It is recognized that all treaties or agreements concluded between the Empire of Korea and the Empire of Japan on or before August 22, 1910 are null and void'로 되어 있었는데, '당초부터'라는 표현을 반드시 규정하지 않더라도 'are null and void'라는 표현을 규정하도록 지시했다.[21] 한국정부는 기본관계문제 교섭에서 일본 측의 입장을 받아들이더라도 구조약의 무효확인 조항을 통해 과거를 청산하고, 이와 함께 유일 합법정부 조항을 통해 한국정부가 관할권에 제약받지 않는다는 입장을 관철시키려 했던 것이었다.

한편 한일 양국은 새해가 되어 열린 제6회 기본관계위원회(1965년 1월

---

19) 한국외교문서, 앞의 자료, 프레임 번호: 83.
20) 한국외교문서, 앞의 자료, 프레임 번호: 90.
21) 한국외교문서, 앞의 자료, 프레임 번호: 91~92.

22일)에서 앞선 회의까지 진행된 논의를 바탕으로 양측의 기본관계문제에 대한 기본입장을 설명하고, 다음 회의에서 합의초안을 제출하기로 했다. 제5회 기본관계위원회까지 확인된 한일 양국의 입장을 정리하면 다음과 같다.22)

〈표 22〉 제5회 기본관계문제위원회에서 확인된 한일 양국의 입장

문제점	한국 측	일본 측
형식, 명칭	조약으로 하는 이유는 1910년의 병합조약이 강압적으로 맺어진 것에 비추어 이를 무효로 선언하는 데에는 '조약의 체재(体裁)를 필요로 한다는 국민감정이 있다.	공동선언으로 할지 기본조약으로 할지는 내용 여하에 따르지만 전자를 고집하지 않는다.
구조약의 무효확인	과거의 청산을 전문 내지 본문에 막연하게 표현한다. 이를 통해 구조약이 무효라는 취지는 쓸 경우 그 표현은 검토할 수 있다.	당초부터 무효라는 것은 곤란하기 때문에 현재 효력 없음이라는 선에서 다가갈 수 있는 표현을 만들고 싶다.
과거의 청산	·	전향적인 일본 측 입장에서 봤을 때 반대
유일 합법정부	·	유엔결의에 따른 것이라면 가능
관할권	절대로 양보할 수 없다.	북한에 미치는 것과 같은 표현은 곤란하므로 기술 방법으로 조정할 수 있다.
평화조약 제2조(a) 및 유엔결의 195(III)	한국은 평화조약에 따라 독립한 것이 아니다. 또한 유엔결의는 한국이 유일합법부라는 사실을 확인한 것에 불과하기 때문에 인용은 필요하지 않다.	·

제7회 기본관계위원회(1월 26일)에서 한일 양국은 각각 합의초안을 제출하고 이를 설명하면서 논의를 진행했다. 일본 측이 제출한 제1차 합의초안은 제2회 기본관계위원회에서 제출한 요강안과 비교하면 관할권 관련 내용

---

22) 日本外交文書, 「第7次日韓全面会談基本関係委員会第6回会合」, 1965年1月22日, No.1346을 바탕으로 작성.

이 삭제되었다는 특징이 있었다. 요강안의 본문에는 '대한민국정부의 유효한 지배 및 관할권은 현실적으로 한반도의 북쪽 부분에는 미치지 않는다'라는 취지로 한국정부의 관할권을 명시하고 있었기 때문에 한국 측이 강하게 반대했다. 일본 측은 한국 측이 주장하는 유일 합법정부 조항을 받아들일 수 없기 때문에, 관할권에 관한 직접적인 표현을 삭제했다고 지적하면서, 그 대신에 '국제연합 총회가 1948년 12월 12일에 조선의 독립문제에 관해 결의 195(Ⅲ)을 채택한 것을 상기하여'를 전문으로 옮기고, 한국정부가 유일 합법정부라는 점을 인정하는 형태로 했다고 설명했다. 그리고 구조약의 무효확인 조항에 관해서는 '대일본제국과 대한제국 간의 조약이 이미 효력을 가지지 않는다'라는 취지의 규정을 한국 측이 요청할 경우, 전문 중에 삽입할 것을 검토할 용의가 있다고 말했다. 즉 일본 측은 유일 합법정부 조항에 관해서는 관할권 조항을 삭제하는 대신에 법적 구속력이 약한 전문에 평화조약 제2조(a)를 삽입함으로써 한국 측을 설득하고, 구조약의 무효확인 조항에 관해서는 '이미'(もはや)라는 표현을 삽입하여 구조약이 체결 당시에는 유효했다는 점을 설명할 수 있도록 한 것이었다. 한국 측은 일본 측의 제1차 합의초안이 한국 측의 견해를 충분히 고려했다고 평가하고, 유일 합법정부라는 표현을 직접 넣을 것, 구조약의 무효는 일본 측의 견해도 있기 때문에 표현상의 문제라는 점을 지적했다.[23]

이후 한국 측은 정부 훈령을 바탕으로 작성한 제1차 합의초안에 관해 설명했다. 제1차 합의초안은 한국정부의 조약안과 비교하여 전문 제1항에 'Considering the historical background of relationship between their peoples' 대신에 'Considering the need of liquidating their past relations'라는 표현이 있고, 유일 합법정부를 명확히 밝힌 'It is confirmed that the Government of the Republic of Korea is the only lawful government in Korea'라는 규정이 본문

---

[23] 日本外交文書,「第7次日韓全面会談基本関係委員会第7回会合」, 1965年1月26日(이하,「第7次日韓会談第7回基本関係委員」), No.1346. 합의초안의 전문은 동 문서 참조.

제2조로 새롭게 삽입되어 있었다. 한국 측이 제시한 제1차 합의초안은 제2회 기본관계위원회에서 제출한 요강안을 문장으로 한 형태이며, 그 시점에서 한국 측이 주장할 수 있는 최대한의 내용이 포함되어 있었기 때문에 일본 측이 '새로운 조항마저 들어가 있다'고 생각하게 만드는 안이었다.

한국 측은 유일 합법정부 조항을 전문에서 본문으로 옮겼는데 'It is confirmed that'을 넣어 해당 표현을 부드럽게 했고, 구조약의 무효확인 조항에 관해서는 'are null and void'을 넣어 그 표현을 중성화했다고 설명했다. 즉 한국 측은 요강안의 전문에 있었던 유일 합법정부 조항을 'It is confirmed that'이라는 표현으로 했지만, 조약의 내용을 구성하고 법적 구속력이 강한 본문에 위치하는 것으로 한국정부가 한반도에서 유일 합법정부라는 점을 명확히 하려고 한 것이다. 또한 구조약의 무효확인 조항에 관해서는 'are null and void'이라는 표현으로 일본 측을 설득하려고 하는 한편 내용적으로는 구조약이 당초부터 무효였다는 점을 명확히 하려고 했던 것이다. 일본 측은 한국 측의 제1차 합의초안에 대해 내부의 반대가 있었음에도 불구하고 한국 측의 견해를 받아들여 합의초안을 작성했지만, 한국 측은 "요강안에서 한 발짝도 양보하지 않고, 새로운 조항마저 들어가 있으며, 이것으로는 내부에서도 문제가 된다"며 불만을 드러냈다.[24]

제8회 기본관계위원회(1월 29일)에서는 한국 측의 수정가능한 내용 등에 관해 논의가 이루어졌다. 일본 측은 한국 측의 합의초안이 기대에 반하는 것이라며 재차 불만을 드러내면서, 수정할 수 있는 내용을 설명해 달라고

---

24) 회의 종료 후 주일대표부는 1월 27일자 보고에서 "① 아직 최종적인 언질은 없으나, 초안이 조약의 형태를 취하고 있는 점, ② 요강안에서 제시되었던 소위 '관할권'에 관한 규정을 뺀 점, ③ 초안에 포함시키지는 않았으나, 1910년 이전의 제조약 및 협정의 무효에 관한 규정을 표현 여하에 따라서는 조약 전문에 포함시킬 수 있다는 입장을 취하고 있는 점, ④ 상향평화조약 제2조(a)항 및 UN 결의 195(Ⅲ)의 취지 규정을 본문에서 전문으로 옮기고 있는 점, ⑤ 전문에 아측이 요강으로 제시한 항목을 채택하고 있는 점"을 들면서 일본 측이 한국 측의 입장을 어느 정도 고려하고 있다고 보고했다. 한국외교문서, 앞의 자료, 프레임 번호: 103.

요구했다. 한국 측은 'Basic Treaty를 희망하지만 Treat on Basic Relations까지 양보한다', '과거사 청산이라는 취지가 드러난다면 그 표현에는 탄력적으로 대응한다', '유일 합법정부 조항은 반드시 규정한다', '평화조약 제2조 (a) 인용에는 반대하지만, 유엔결의 195(Ⅲ)이 유일 합법정부를 수식하는 것은 양보한다', '구조약의 무효확인 조항은 "are null and void"라는 표현으로 사용하고 싶다'고 설명했다. 일본 측은 한국 측이 유일 합법정부 문제를 고집한다면 일본 측도 관할권을 언급하지 않을 수 없으며, 구조약의 무효확인 문제는 그 취지를 나타내는 것은 반대하지 않지만 'are null and void'는 검토할 필요가 있다고 설명했다. 회의 말미 일본 측은 한국 측이 제시한 제1차 합의초안에 다시 불만을 드러내면서 한국 측의 입장이 제시된 주석이 달린 초안과 같은 문서를 제출해 줄 것을 강하게 요구했고, 한국 측은 2월 1일에 이를 제출하기로 했다.25)

3. 제2차·제3차 합의초안을 둘러싼 논의

2월 3일에 시이나 에쓰사부로(椎名悦三郎) 외무대신의 방한 일정(2월 17일)이 결정된 후 제9회 기본관계위원회(2월 5일)가 개최되었다.26) 일본 측은 제2차 합의초안을 제출하는데, 이는 한국 측이 2월 1일에 제출한 주석을 참고로 가능한 이를 받아들인 최종안이라고 할 수 있는 것이었다.27) 일본

---

25) 日本外交文書,「第7次日韓全面会談基本関係委員会第8回会合」, 1965年1月29日, No.1346.
26) 日本外交文書,「第7次日韓全面会談基本関係委員会第9回会合」, 1965年2月5日(이하,「第7次日韓会談第9回基本関係委員」), No.1346. 일본 측이 제출한 제2차 합의초안 전문은 동 문서 참조.
27) 한국 측이 제출한 주석은 전술한 한국정부의 조약안과 훈령에 따라 작성된 것으로 명칭, 전문의 제1항과 제2항, 본문의 제2조와 제12조에 관한 내용이 있었다. 전문 제1항은 'Considering the need of liquidating their past relations'가 'Considering the historical background of relationship between their peoples'로 수정되었고, 본문 제2조는 1월 26일에 한국 측이 제시한 요강안 뒤에 'as declared by the United Nations General Assembly Resolution'이라는 표현이 추가되어 있었다. 한국외교문서, 앞의

측이 제출한 제2차 합의초안의 주요한 내용을 정리해 보면 다음과 같다.

〈표 23〉 일본 측 제출 제2차 합의초안 주요 내용

항 목	제1차 합의초안	제2차 합의초안[28]
전문 제1항	양국의 선린관계를 상호 희망할 것을 고려하여,	양국의 역사적, 문화적 및 지리적 관계에 비추어 선린관계를 상호 희망할 것을 고려하여,
전문 제3항	일본국이 1951년 9월 8일에 샌프란시스코시에서 서명한 일본국과의 평화조약 제2조(a)에 따라 조선의 독립을 승인한 것을 고려하여,	1951년 9월 8일에 샌프란시스코시에서 서명된 일본국과의 평화조약 제2조(a) 및 1948년 및 1948년 12월 12일에 국제연합총회에서 채택된 결의 195(Ⅲ)을 상기하여,
전문 제4항	국제연합총회가 1948년 12월 12일에 조선의 독립문제에 관해서 결의 195(Ⅲ)을 채택한 것을 상가하여,	
본문 제3조	.	대일본제국과 대한제국 간에 1910년 8월 22일 이전에 체결된 모든 조약 및 협정이 일본국과 대한민국 간에 효력을 가지지 않는 것이 확인된다.

　일본 측이 제시한 제2차 합의초안의 특징으로 '역사적, 문화적, 지리적 관계'라는 표현이 들어간 점, 전문 제3항에 '조선의 독립'이라는 표현이 삭제된 점, 한국 측이 계속 주장해 온 구조약의 무효확인 조항이 본문 제3조로 삽입된 점을 들 수가 있다. 일본 측은 이상과 같은 제2차 합의초안을 설명하고, 유일 합법정부 조항은 절대로 규정할 수 없다고 주장하면서 한국 측도 동의할 것을 요구했다. 한국 측은 과거 청산이라는 의미를 나타내기 위해 '역사적 배경'이라는 표현을 넣은 것, 평화조약 제2조(a)를 삭제할 것, 유엔결의 195(Ⅲ)을 가져와 유일 합법정부 조항을 삽입할 것을 지적하는 한편 본문 제3조 '일본국과 대한민국 간에'와 '효력을 가지지 않는'에 대한

자료, 프레임 번호: 122.

28) 日本外交文書, 「第7次日韓会談第9回基本関係委員」, No.1346을 바탕으로 작성.

영문 번역을 요청했다.[29]

제10회 기본관계위원회(2월 8일)에서 한국 측은 제2차 합의초안을, 일본 측은 제2차 합의초안의 영문 번역본을 각각 제출하고 이를 논의한다.[30] 한국 측의 제출한 제2차 합의초안의 주요 내용을 정리하면 다음과 같다.

〈표 24〉 한국 측 제출 제2차 합의초안 주요 내용

항 목	제1차 합의초안	제2차 합의초안[31]
전문 제1항	Considering the liquidating their past relations and …	Considering the historical background of relationship between their peoples…
전문 제4항	·	Recalling the relevant provisions of the Treaty of Peace with Japan signed at the city of San Francisco on September 8, 1951;
본문 제2조	It is confirmed that the Government of the Republic of Korea is the only lawful government in Korea	It is confirmed that the Government of the Republic of Korea is the only lawful government in Korea as recognized under Resolution 195(Ⅲ) of December 12, 1948 of the United nations General Assembly.

전문 제1항은 한국정부의 조약안을 그대로 채택한 항목이었고,[32] 평화조

---

29) 위와 같음. 제10회 기본관계위원회에서 일본 측이 제출한 영문 번역에서 '효력을 가지지 않는'은 'have no effect'로 번역되어 있었다.

30) 日本外交文書, 「第7次日韓全面会談基本関係委員会第10回会合」, 1965年2月8日(이하, 「第7次日韓全面会談基本関係委員会第10回会合」), No.1346. 한국 측이 제출한 제2차 합의초안의 전문은 한국외교문서, 앞의 자료, 프레임 번호: 155~156 참조.

31) 한국외교문서, 앞의 자료, 프레임 번호: 155~156을 바탕으로 작성.

32) 주일대표부는 제7회 기본관계위원회가 끝난 후 한국정부에 이 문제에 관한 훈령을 요청했는데, 그 중 하나가 본문에 구조약의 무효 조항이 규정되는 것을 전제로 전문에 '과거의 청산'을 의미하는 표현을 삭제해도 되는지에 대한 여부였다. 한국정부는 이에 대해 기본조약의 목적이 과거의 청산과 장래 관계 설정이므로 실익이 없더라도 국민감정 및 국민에 설명할 수 있도록 최소한의 표현 삽입을 지시했다. 주일대표부는 이 지시에 따라 제1차 합의초안에는 'the liquidating their past relations' 이라는 직접적인 표현을 삽입했지만, 제2차 합의초안에는 'the historical background of relationship'이라는 간접적인 표현을 삽입했다. 한국외교문서, 앞의 자료, 프레임 번호: 104~107.

약 제2조(a)와 유엔결의 195(Ⅲ)의 삽입을 요구한 일본 측을 고려하여, 전자를 제4항으로 신설하는 한편 후자를 유일 합법정부를 수식하는 형태로 수정했다. 한국 측은 이와 같은 수정을 통해 일본 측을 설득하는 한편 일본이 한국의 독립을 승인했다는 점을 부각시키지 않고 유엔결의 195(Ⅲ)이 한국 정부가 한반도에서 유일 합법정부라는 점을 선언한 것처럼 이를 부각시키려고 했다. 일본 측은 본문 제2조의 'only lawful government'라는 표현은 절대로 받아들일 수 없고, 본문 제3조에 대해 "null and void는 당초부터 무효라는 것이 되지 않는가"라며 한국 측이 구조약을 당초부터 무효라고 해석하고 있다는 점을 지적했다. 한국 측은 이에 대해 "Ad initio라는 말이 들어가 있지 않기 때문에 당초부터 무효였다고는 해석할 수 없는 여지도 있지 않은가. 이것은 한국 측의 최종안이라고 할 수 있는 것으로 여기까지 중성화한 것이기 때문에 일본 측도 충분하게 고려해서 한국 측의 희망을 넣어주기 바란다",[33] 즉 "한국 측은 당초부터 무효라고 설명하고, 일본 측은 언제 무효였다고 설명할 수" 있도록 'null and void'라는 중립적인 표현을 사용했던 것이다.[34]

일본 측은 제11회 기본관계위원회(2월 10일)에서 한국 측의 제2차 합의초안을 검토한 후 작성한 제3차 합의초안을 제출했다.[35] 주요 내용을 정리하면 다음과 같다.

---

33) 日本外交文書,「第7次日韓全面会談基本関係委員会第10回会合」, No.1346.

34) 한국외교문서, 앞의 자료, 프레임 번호: 174.

35) 日本外交文書,「第7次日韓全面会談基本関係委員会第11回会合」, 1965年2月10日(이하,「第7次日韓会談第11回基本関係委員」), No.1347. 일본 측이 제출한 제3차 합의초안 전문은 동 문서 참조.

<표 25> 일본 측 제출 제3차 합의초안 주요 내용

항 목	제2차 합의초안36)	제3차 합의초안37)
전문 제1항	Considering their common desire for good neighborliness in view of the historical, cultural and geographical relations between the two countries;	Considering the historical background of relationship between their peoples…
전문 제3항	Recalling the provisions of Article 2(a) of the Treaty of Peace with Japan signed at San Francisco on September 8, 1951 and the Resolution 195(Ⅲ) adopted by the United nation General Assembly on December 12, 1948;	Recalling the relevant provisions of the Treaty of Peace with Japan signed at San Francisco on September 8, 1951 and the Resolution 195(Ⅲ) adopted by the United nation General Assembly on December 12, 1948;
본문 제5조	.	It is confirmed that the Government of the Republic of Korea is a lawful Government in Korea as declared in the Resolution 195(Ⅲ) of the United nation General Assembly.
본문 제6조	(제5조) It is confirmed that all treaties or agreements concluded between the Empire of Japan and the Empire of Korea on or before August 22, 1910 have no effect as between Japan and the Republic of Korea.	(제6조) It is confirmed that all treaties or agreements concluded between the Empire of Japan and the Empire of Korea on or before August 22, 1910 have become null and void.

상기 표를 살펴보면, 전문 제1항은 한국 측이 주장한 '역사적 배경'이라는 표현을 삽입하고, 전문 제3항은 평화조약 제2조(a)를 삭제했다. 그리고 한국 측이 강하게 주장해 온 유일 합법정부 조항을 본문 제5조로 새롭게 규정하고, 구조약의 무효문제에 해당하는 본문 제6조에는 'null and void'라는 표현을 삽입했다.

일본 측은 한국 측의 견해를 거의 전면적으로 반영한 최종안으로 제3차 합의초안을 작성했다고 말한 후 전문 제3항은 평화조약과 유엔결의는 중요한 기초문서이기 때문에 전문에 언급했다는 점, 본문 제5항은 한국 측의 주

---

36) 한국외교문서, 앞의 자료, 프레임 번호: 159~162를 바탕으로 작성.
37) 日本外交文書, 「第7次日韓会談第11回基本関係委員」, No.1347을 바탕으로 작성.

장에 따라 규정한 'only lawful Government'라는 표현은 유엔결의나 다른 국가들과의 조약에도 없기 때문에 'a lawful Government'라고 한 점, 본문 제6조는 'are null and void'는 절대로 받아들일 수 없기 때문에 'have become null and void'이라는 표현을 사용했다는 점 등을 설명했다.[38]

한국 측은 이에 대해 본문 제5조에 유엔결의에 관한 내용이 있기 때문에 전문 제3항은 필요하지 않으며, 본문 제5조의 'a lawful Government'라는 표현은 절대로 곤란하다고 지적했다. 그리고 본문 제6조에 관해서는 'have become null and void'라는 표현을 사용할 경우 일본 측의 견해가 강조되기 때문에 곤란하다고 지적하고, 'have been null and void'라는 표현을 제안했다.[39] 즉 한국 측은 유일 합법정부 조항에 대해 한국정부가 한반도에서 '유일한' 합법정부임을 규정하고 싶었지만, 일본 측이 북한의 존재를 인정한다는 해석이 가능한 한반도에서 '하나의' 합법정부라는 의미를 나타내는 표현을 사용했기 때문에 이를 받아들일 수 없었다. 또한 구조약의 무효확인 문제에 대해 '당초부터 무효임을 확인한다'는 취지를 규정하고 싶었지만, 일본 측의 표현은 이전에는 유효했지만 지금은 '무효가 되어 있다'라는 의미였기 때문에 일본 측의 안을 받아들일 수 없었던 것이다.

일본 측은 한국 측의 지적에 대해 유엔결의는 전문에서도 상기해야 하며, 본문 제5조를 'It is confirmed that the Government of the Republic of Korea is the only Government in Korea having been declared as a lawful government in the Resolution 195(Ⅲ) of the United nation General Assembly'로 제안하는 한편 본문 제6조를 'have been null and void'로 하는 것은 'are null and void'로 하는 것과 동일하기 때문에 받아들이기 어렵다고 말했다.[40]

일본 측은 한국 측의 주장을 대폭 받아들이면서도 유일 합법정부 조항과

---

38) 한국외교문서, 앞의 자료, 프레임 번호:180~182.
39) 日本外交文書, 「第7次日韓会談第11回基本関係委員」, No.1347 및 한국외교문서, 앞의 자료, 프레임 번호: 186.
40) 日本外交文書, 「第7次日韓会談第11回基本関係委員」, No.1347

구조약의 무효확인 조항에 관해서는 기존 입장을 견지하고 있었다. 전자에 관해서는 'a lawful Government'라는 표현으로 한국 측이 주장하는 '유일'의 의미를 희석시키고자 했다. 후자에 대해서는 'have been null and void'을 사용할 경우 당초부터 구조약이 무효가 되었다고 해석되어, 한국 측이 주장해온 조선에 대한 일본의 식민지 지배가 불법이라는 점을 스스로 인정하게 되기 때문에, 'have become null and void'라는 표현으로 구조약이 유효였다는 의미를 나타내도록 한 것이었다. 외무성 내부에서는 'have been null and void'로는 소급될 수 있다는 의견이 강했고, 일본정부가 구조약의 무효 시기에 관한 질문을 받을 경우 구조약은 평화조약 이후에 무효가 되었다고 설명하기 위해서라도 그와 같은 표현을 받아들일 수 없었던 것이었다.[41] 한일 양국은 합의초안을 논의하면서 구조약의 무효확인 문제와 유일 합법정부 문제를 둘러싸고 여전히 대립하고 있었지만, 일본 측이 한국 측의 의견을 어느 정도 수용하면서 서서히 기본관계문제 타결로 다가서고 있었다.

4. 기본관계문제 합의

제12회 기본관계위원회(2월 12일)에서도 유일 합법정부 조항과 구조약의 무효확인 조항에 관한 대립이 여전히 반복되었다. 한국 측은 'only lawful Government'라는 표현은 반드시 필요하고 'null and void'는 충분히 중성적인 표현이기 때문에 'have become null and void'는 곤란하다고 설명했다. 그러나 일본 측은 'only lawful Government'는 곤란하며 'have become'은 반드시 필요하다고 응수했다. 결국 구조약의 무효확인 조항은 'null and void'로 합의되었지만, 'are'와 'have become'은 합의되지 않았다. 한일 양국은 해결되지 않은 유일 합법정부 조항과 구조약의 무효확인 조항은 시이나 외무대신이 방한할 때 해결하기로 하고, 해결되지 않은 다른 문제는 다음 기

---

41) 한국외교문서, 앞의 자료, 프레임 번호: 186.

본관계위원회에서 해결하기로 했다.[42] 한편 같은 날 이루어진 제5회 수석
대표회의에서 몇 가지 쟁점이 합의되었다. 먼저 명칭은 'Treaty on Basic
Relations between the Republic of Korea and Japan'로 하고 한국 측이 제출
한 제2차 합의초안 중 전문 제3항과 본문 제1조는 삭제하기로 합의했다. 그
리고 일본 측이 제출한 제3차 합의초안 중 본문 제3조(b)와 제7조도 삭제하
기로 합의했다.[43]

　　제13회 기본관계위원회는 시이나 외무대신 방한 직전인 2월 15일에 열렸
다. 일본 측은 유일 합법정부 조항과 구조약의 무효확인 조항에 관한 최종
적인 입장을 제시했다. 그 내용은 각각 본문 제5조의 'It is confirmed that
the Government of the Republic of Korea is the only such lawful
Government in Korea as is specified in the Resolution 195(Ⅲ) of the United
nation General Assembly'와 제6조의 'It is confirmed that all treaties or
agreements concluded between the Empire of Japan and the Empire of Korea
on or before August 22, 1910 have become null and void.(have no effect)'였
다. 최종안은 시이나 외무대신 방한 시 가조인을 한다는 전제로 제시한 것
이었기 때문에, 만일 가조인이 되지 않을 경우 일본 측은 기본관계위원회에
서 논의한 모든 내용을 백지화하겠다는 생각이었다. 일본 측은 구조약의 무
효확인 조항에 관해 'have been'이나 'have no effect'도 상관없지만, 'have
no validity'라도 문제없다고 설명했다. 유일 합법정부 조항에 관해서는 'as
is specified' 대신에 'as is described' 또는 'as is declared'라도 문제없고, 한
국 측이 이에 동의하지 않으면 가조인을 할 수 없다고 강조했다.[44]

　　한편 한국 측은 일본 측 제안을 한국정부에 보고하겠다고 전하는 한편

42) 日本外交文書, 「第7次日韓全面会談基本関係委員会第12回会合」, 1965年2月11日, No.1347.
43) 한국외교문서, 『제7차 한일회담. 본회의 및 수석대표회담, 1964 - 65』(이하, 『제7차
　　회담 본회의 및 수석대표회담』), 프레임 번호: 270.
44) 日本外交文書, 「第7次日韓全面会談基本関係委員会第13回会合」, 1965年2月15日(이하, 「第
　　7次日韓会談13回基本関係委員会」), No.1347

평화조약 제2조(a)와 유엔결의 195(Ⅲ) 관련 안을 제안했다.[45] 일본 측은 제1안은 단순한 사실만을 확인하기 위한 것이라 받아들이기 어렵고, 제2안은 검토의 여지가 있다고 지적하면서 한국 측이 최종안을 정리할 것을 요구했다.[46] 그 후 한일 양국은 조문 배치에 관해 논의하고, 제1조 외교관계, 제2조 구조약의 무효, 제3조 한국정부의 유일합법성, 제4조 유엔헌장의 존중, 제5조 통상, 제6조 민간항공, 제7조 비준으로 하기로 합의했다.[47]

한일 양국은 13번에 걸친 기본관계문제 논의를 통해 명칭, 조문 배치 등 대부분 합의에 이르렀지만, 구조약의 무효확인 문제, 유일 합법정부 문제, 그리고 평화조약 제2조(a)와 유엔결의 195(Ⅲ) 문제는 합의되지 않았다. 한일 양국은 시이나 외무대신의 방한에 맞춰 기본관계문제 가조인을 위해 남은 문제들을 해결하기로 했다.

한일 양국은 2월 18일에 외무부 회의실에서 기본관계문제 실무자회의를 개최했다. 먼저 전문에서 인용하는 평화조약 제2조(a)와 유엔결의 195(Ⅲ) 문제에 관해 한국 측은 유일 합법정부 조항에 한국 측 입장이 충분하게 반영될 경우, 일본 측의 안을 받아들이겠다고 제안하기도 했지만,[48] 이 회의에서 구조약의 무효확인 조항, 유일 합법정부 조항은 합의되지 않았다. 이후 일본 측은 구조약의 무효확인 조항이 한국 측의 제안대로 될 경우, 가조인 시에는 그 조항의 의미가 소급되어 무효가 된다는 해석이 아니라는

---

45) 제1안은 'Recalling that the Treaty of Peace with Japan was signed at the city of San Francisco on September 8, 1951 and that the Resolution on 195(Ⅲ) was adopted by the United Nations General Assembly on December 12, 1948', 제2안은 'Recalling the relevant provisions of the Treaty of Peace with Japan signed at San Francisco on September 8, 1951, Bearing in mind the Resolution on 195(Ⅲ) was adopted by the United Nations General Assembly on December 12, 1948', 제3안은 '아측 제2차 초안과 같이 상항평화조약의 관계 규정만을 언급한다'였다. 한국외교문서, 앞의 자료, 프레임 번호: 224.

46) 위와 같음.

47) 日本外交文書,「第7次日韓会談13回基本関係委員会」, No.1347.

48) 한국외교문서,『제7차 회담 기본관계위원회 회의록』, 프레임 번호: 294.

점을 구두로라도 표명하면서 가조인을 하고 싶다는 일본정부의 새로운 훈령을 설명했다. 일본 측의 설명을 들은 주일대표부는 일본 측이 구조약의 무효확인 조항의 'are already null and void'라는 표현을 수락하기 어렵다는 점, 유일 합법정부 조항에 관해서는 'as specified in'이라는 표현을 최종적으로 수락하는 듯한 인상을 받았다고 한국정부에 보고했다.[49]

이후 한일 양국은 위와 같은 문제를 논의한 끝에 구조약의 무효확인 조항은 'are already null and void'로, 유일 합법정부 조항은 'as specified in'로 최종 합의했다. 이를 포함한 기본관계문제의 주요 쟁점에 대한 최종 합의는 다음과 같으며, 한일 양국은 2월 20일에 기본관계조약에 가조인했다.[50]

〈표 26〉 기본관계문제 주요 쟁점에 대한 최종 합의 내용

항 목	합의 내용
전문 제1항	대한민국과 일본국은 양국 간의 관계의 역사적 배경을 고려하며…
전문 제4항	1951년 9월 8일 샌프란시스코시에서 서명된 일본국과의 평화조약의 관계규정 및 1948년 12월 12일 국제 연합 총회에서 채택된 제195호(Ⅲ)를 상기하여
본문 제2조	1910년 8월 22일 및 그 이전에 대한제국과 일본제국 간에 체결된 모든 조약 및 협정이 이미 무효임을 확인한다.
본문 제3조	대한민국 정부가 국제 연합 총회의 결의 제195호(Ⅲ)에서 명시된 바와 같이 한반도에 있어서의 유일한 합법정부임을 확인한다.

한국 측은 일본 측이 제시한 'already'와 'is specified in'라는 표현을 받아

49) 한국외교문서, 위의 자료, 프레임 번호: 264~265.
50) 상기 조항의 영어 표현은 전문 제1항 'Considering the historical background of relationship between their peoples…', 전문 제4항 'Recalling the provisions of Article 2(a) of the Treaty of Peace with Japan signed at San Francisco on September 8, 1951 and the Resolution on 195(Ⅲ)adopted by the United Nations General Assembly on December 12, 1948', 본문 제2조 'It is confirmed that all treaties or agreements concluded between the Empire of Koreaand the Empire of Japan on or before August 22, 1910 are already null and void', 본문 제3조 'It is confirmed that the Government of the Republic of Korea is the only lawful Government in Korea as is specified in the Resolution 195(Ⅲ) of the United nation General Assembly'이다.

들이는 형태로 구조약의 무효확인 조항과 유일 합법정부 조항을 기본조약에 규정했다. 이에 따라 한국정부는 1910년 이전에 일본과 체결한 조약과 규정들은 당초부터 무효이며, 한국정부가 한반도를 관할한다고 설명할 수 있게 되었다. 한편 일본 측도 한국 측의 주장을 수용하면서도 일본 측의 기존 입장을 관철시킬 수 있었다. 즉 일본 측은 'already'라는 표현을 통해 구조약이 체결 당시는 유효했다는 점, 'is specified in'을 통해서는 한국정부가 한반도에서 유일 합법정부이지만, 그 관할권은 한반도의 전체에 미치지 않는다는 점을 관철시켰던 것이다.

이상에서 살펴본 바와 같이 한일 양국은 기본관계문제에서 가장 큰 쟁점이었던 구조약의 무효확인 문제와 유일 합법정부 문제에 대해 양보하면서 각각의 입장에서 해석할 수 있도록 합의했다. 구조약의 무효확인 문제에 대해 한국정부는 구조약은 모두가 당초부터 무효였다고 해석할 수 있게 되었고, 일본정부는 구조약은 당시에는 유효했고 조선의 독립 후에 무효가 되었다고 해석할 수 있게 되었다. 또한 유일 합법정부 문제 대해 한국정부는 한반도에서 한국정부가 유일 합법정부라고 해석할 수 있게 되었고, 일본정부는 한국정부가 한반도 남부에 한해 영향력을 미친다고 해석할 수 있게 되었다.[51] 이와 같이 제7차 회담에서 다시 논의되면서 강화되었던 기본관계 속성은 결과적으로 구조약의 무효확인 조항과 유일 합법정부 조항의 합의에 따라 약화되었다.

---

51) 선행연구는 기본관계조약이 '헌법적인 성질을 가진다'는 한국 측의 발언을 인용하면서, 과거의 청산 원칙을 정하는 데에 반드시 필요한 '헌법'은 1951년에 개최된 한일회담 이후 14년의 세월이 지난 후에 다시 논의되었던 것은 한일회담은 14년간 명확한 과거의 청산에 관한 해결원칙도 없이 진행되었기 때문이라고 논했다. 특히 한국정부는 구조약의 무효확인에 기반하여 교섭을 진행할 경우 한일회담 타결이 어렵다고 판단했을 가능성이 높으며, 그와 같은 현실적인 교섭 태도는 한일회담 타결을 촉진시키는 대신 한일회담에서 과거사 청산 가능성을 차단시키는 역효과를 발생시켰다고 지적했다. 장박진, 앞의 책, pp.508~509.

제2절 4·3 합의와 문화재 반환 문제

1. 한국정부의 최종 방침

한국정부는 제7차 회담 개최를 앞두고 문화재 반환 문제에 대한 방침을 정했다. 한국정부는 문화교육부가 작성한 '문화재 반환에 관한 문교부 측의 최종요구요강'(1965년 1월 9일)과 1962년에 작성된 '문화재 문제에 관한 양측 입장'을 바탕으로 3월 17일과 4월 20일에 '문화재 문제에 관한 훈령'을 작성했다.[52]

문화교육부는 외무부가 요청했던 '문화재 반환에 관한 문교부 측의 최종요구요강'을 작성하고, 이를 외무부에 제출했다.[53] 이 요강에는 한국 측이 제6차 회담의 제7회 문화재소위원회에서 제출한 '반환청구 한국문화재 목록'을 바탕으로 일본정부 소유 국유 문화재가 반환의 대상이라는 점, 인도라는 용어가 사용될 것이라는 점, 개인 소유 문화재는 해결하기 어렵지만 몇 가지 개인 소유 문화재를 기증한다는 형식을 취해서라도 반환을 청구해야 하는 점을 설명하고 있다. 1962년에 작성된 '문화재 문제에 관한 양측 입장'은 '양측 입장의 비교'와 '문화재 문제 아측 입장'으로 구성되어 있는데, 전자는 제6장에서 검토한 대조작업 중 '한국문화재소위원회'와 대체로 같은 내용이며, 후자는 '반환 방식(명목)', '반환 대상 목록', '문화 협력 문

---

52) 3월 17일과 4월 20일의 '문화재 문제에 관한 훈령'이 '문화재 반환에 관한 문교부 측의 최종요구요강'과 '문화재 문제에 관한 양측 입장'을 바탕으로 작성된 기록은 없지만, 그 내용과 구성을 검토했을 때 두 문서를 바탕으로 작성된 것으로 추측된다. 한편 4월 20일의 훈령은 3월 17일 훈령과 내용면에서 동일하며 그 이후 새로운 훈령은 없었다. 그리고 4월 20일 훈령에서 "본 훈령과 저촉되지 않는 한 이미 훈령한 외아북 722 - 166(64.3.14) 훈령도 교섭에 있어 지침으로 사용하시기 바랍니다"라고 되어 있기 때문에 본절에서는 3월 17일의 훈령을 중심으로 검토하기로 한다. 한국외교문서, 『제7차 한·일회담(1964.12.3 - 65.6.22) 문화재위원회 회의 개최 계획, 1965』(이하, 『제7차 회담 문화재위원회 회의 개최 계획』), 프레임 번호: 16.

53) 한국외교문서, 위의 자료, 프레임 번호: 4.

제'로 구성되어 있었다.[54]

한국정부는 이와 같은 문화교육부가 작성한 안과 문화재 반환 문제에 관한 한일 양국의 입장을 바탕으로 '명목 및 형식', '의정서의 문안', '반환 대상 품목'으로 구성된 '문화재 문제에 관한 양측 입장'을 작성한다. 이 자료는 한국정부의 문화재 반환 문제에 관한 최종적인 입장이 제시되었기 때문에 중요한 의미가 있다고 평가할 수 있다.

먼저 '명목 및 형식'에 관해서는 '대한민국정부와 일본국정부 간의 문화재 및 문화문제에 관한 의정서(안)'이 제시되었다. 이 의정서안은 일본 측이 예비교섭 제21회 본회의(1962년 12월 25일)에서 한국 측에 제시한 의정서 요강에 대해 작성된 것이다. 이하에서는 한국 측의 문화재 반환 문제에 관한 방침이 일본 측과 어떠한 차이가 있는지를 검토하기 위해 한국 측의 안과 일본 측의 안을 비교하면서 한국 측 방침을 살펴보기로 한다.

〈표 27〉 문화재 반환 문제에 관한 한일 양국의 의정서안[55]

항목	한국 측 안	일본 측 안
명칭	대한민국과 일본국 간의 (문화재 및) 문화문제에 관한 의정서	일본정부와 대한민국정부 간의 문화상의 협력에 관한 의정서 요강
전문	대한민국 정부와 일본국 정부는 양국 간의 문화에 관한 역사적인 깊은 관계와 대한민국이 그의 역사적 문화재에 대하여 가지는 깊은 관심을 고려하고, 또한 양국 간의 학술과 문화의 발전 및 연구에 기여하기 위하여 다음과 같이 협정한다.	일본국정부 및 대한민국정부는 일한 간의 문화에 관한 전통적인 깊은 관계에 비추어 상호 간의 문화교류 및 우호관계를 향후 한층 발전시킬 것을 희망하며 다음과 같이 협정했다.
제1조	대한민국 정부와 일본국 정부는 양국 간의 문화관계를 증진시키기 위한 방도를 조속히 강구하기로 한다.	일본국정부 및 대한민국정부는 양국민 간의 문화교류를 긴밀하게 하기 위한 협정을 체결할 목적을 가지고 빠르게 교섭을 개시하기로 동의한다.

---

54) 자세한 내용은 한국외교문서, 『제6차 회담 문화재소위원회』, 프레임 번호: 121~128 참조
55) 한국외교문서, 『제7차 회담 문화재위원회 회의 개최 계획』, 프레임 번호: 8~10 및 日本外交文書, 「日韓予備交渉第21回会合記録」, No.651을 바탕으로 작성.

제2조	일본국 정부는 본 의정서의 효력 발생 후 가능한 한 조속히 부속서에 명시되는 한국 문화재를 대한민국 정부에 대하여 인도(turn over) 하는 것으로 한다.	일본국정부는 대한민국의 학술 및 문화 발전 및 연구에 기여하기 위해 대한민국정부가 그 역사적 문화재에 대해 가진 깊은 관심을 고려하여, 이 의정서의 효력 발생 후 가능한 한 빨리 부속서에 게재한 일본국정부 소유의 문화재를 대한민국정부에 기증하기로 한다.
제3조	대한민국 정부와 일본국 정부는 각기 자국의 미술관, 박물관, 도서관 및 기타 자료 편집시설이 보유하는 문화재를 타방국의 국민으로 하여금 연구케 하는 기회를 주기 위하여 가능한 한 편의를 제공하기로 한다.	일본국정부 및 대한민국정부는 각각 자국의 미술관, 박물관, 도서관 그 외 자료 편집시설이 보유하는 문화재를 타국의 국민에게 연구시킬 기회를 주기 위해 가능한 한 편의를 제공하기로 한다.

한국정부는 일본 측이 제시한 의정서 요강의 명칭과 내용은 한국 측이 받아들이기 어렵다라고 지적했다. 한국 측은 한일회담의 주요 의제 중 하나로 문화재 반환 문제를 제기했다. 즉 과거사 청산의 일환으로 제기한 동 문제가 일본 측이 주장하는 문화협력으로 해결될 경우 한국 측의 의도가 완전히 사라지기 때문에, 일본 측의 안을 수용하기 어려웠던 것이다. 그러나 반환의 의무는 없지만, 문화협력의 취지로 어느 정도 국유 문화재를 기증한다는 일본 측의 입장을 무시해서는 문화재 반환 문제를 해결할 수 없기 때문에, 한일 양국의 의견을 반영한 '문화재 및 문화문제에 관한 의정서'로 한 것이었다. 단 한국정부는 더 많은 문화재를 반환받을 수 있을 경우 또는 어쩔 수 없는 사정이 있을 경우는 '문화문제에 관한 의정서' 정도로 하는 것도 고려했다.[56]

한편 '의정서'라는 형식에 관해서는 1957년 12월 31일에 합의된 구두전달사항 보다 더 중요하게 취급될 것이기 때문에, 그 형식을 받아들이기로 했다. 제1조는 일본 측의 제1조와 같이 문화협정을 의미하는 것인데, 그 체

---

56) 한국외교문서, 앞의 자료, 프레임 번호: 8.

결에 따라 일본의 출판, 영화 등 일본문화가 급격하게 한국으로 진출할 우려가 있기 때문에, 이를 완곡하게 피하기 위한 것이었다. 한국정부는 문화재 반환에 관한 제2조의 첫 부분에 대해 그와 같은 표현은 문화협력의 일환으로 문화재를 기증한다는 일본 측의 입장이 너무도 강조되기 때문에, '당연히 반환받아야 할 것을 반환 받는다'는 한국 측의 입장이 전혀 반영되어 있지 않다고 지적했다. 따라서 일본 측의 입장도 고려하여 그 안을 모두 삭제하지 않고, 관련 표현을 전문에 삽입함으로써 한일 양국이 각자에게 유리한 해석을 할 수 있게 한 것이었다. 제2조의 뒷부분에 관해서는 개인 소유 문화재에 관해 한국정부가 고심한 부분이다. 일본 측은 문화협력으로 국유 문화재만을 기증하는 입장을 취하고 있었지만, 한국 측은 국유와 개인 소유 문화재를 반환받아야 할 입장이었기 때문에, 교섭 결과가 국유 문화재에 한정되는 경우라도 부속서에 개인 소유 문화재를 언급할 필요에 따라 '일본정부가 소유하는'이라는 표현을 쓰지 않기로 한 것이었다. 한편 일본 측은 기증을, 한국 측은 반환을 주장하고 있는데, 이 문제는 도저히 해결할 수 없는 문제이기 때문에 구두전달사항에서 사용한 인도라는 중립적인 표현으로 해결하기로 했다.[57]

다음으로 '반환대상품목'[58]에 관한 지침은 다음과 같았다.[59]

---

57) 한국외교문서, 앞의 자료, 프레임 번호: 8~10.

58) 전술한 바와 같이 한국 측은 구두전달사항이 합의된 이후 일본 측에 청구할 문화재를 본격적으로 조사하여 제4차 회담에서 '제1차 반환청구항목'(제5회 문화재소위원회, 1960년 11월 11일)을, 제5차 회담에서는 '문화재 반환의 7항목'(제1회 문화재소위원회, 1960년 11월 11일)을, 제6차 회담에서는 '반환청구 한국문화재 목록'을 일본 측에 제출했다. 이후 한국 측은 '반환청구 한국문화재 목록'의 상세 목록을 제시하고, 한일 양국은 전문가회의와 예비교섭의 문화재관계회의에서 이를 논의했다. 일본 측도 이 목록과 관련 논의를 바탕으로 한국 측에 기증할 문화재 목록을 작성했다. 한편 한국 측은 제6차 회담 예비교섭의 제3회 문화재관계회의(1963년 2월 27일)에서 '반환청구 한국문화재 목록' 중 제3항의 ① 경상남북도 소재 분묘 그 외 유적에서 출토된 것과 ② 고려시대 분묘 그 외 유적에서 출토된 것을 참고하기 위해 '반환청구 한국문화재 목록 중 (3)항의 1, 2 세목'을 일본 측에 제출할 것이라고

(1) 아측이 1962.2.28에 일측에 제시한 목록에 따라 반환(인도) 받도록 한다.

(2) 일본의 국유 하에 있는 문화재에 있어서는 아래와 같은 입장을 취한다.

(가) 고고, 미술품
　　1) 도쿄, 교토 양 대학분
　　최종 단계에서는 철회한다.
　　2) 도쿄박물관 소장품
　　최후까지 전 품목 반환을 강력히 요구하는 태도를 견지하여 최대한의 반환이 실현되도록 한다.
(나) 전적
　　가능한 최대한도로 실물 반환이 실현되도록 하고 그 외에 현재 일본 각 도서관, 문고 등에 보관하고 있는 임진왜란 시에 탈취한 귀중 도서의 복사 제공을 요구한다.
(다) 체신 문화재
　　최대한의 반환을 요구한다.

(3) 일본 민간인이 보유하고 있는 문화재는 민간이 유지들의 협력을 얻어 자진 "기증"의 방도로 주요한 문화재의 반환이 가능하도록 추진하는 바, 일본정부의 이와 같은 "기증"을 장려한다는 뜻을 합의의사록 등에 규정하도록 교섭한다. 이 경우 끝까지 확보해야 할 우선 품목은 다음과 같다.

　　(가) 오구라 수집품
　　(나) 데라우치 수집 한적, 서화
　　(다) 일본 국보로 지정된 한국 문화재

언급하고, 3월 5일에 이를 전달했다. 상기 세목은 日本外交文書, 「返還請求韓国文化財目録中第(3)項1, 2細目」, 記入なし, No.383 참조.
59) 한국외교문서, 앞의 자료, 프레임 번호: 10~12.

(라) 석조물 중 석굴암의 합동불 2구 및 소석탑

먼저 도쿄대학과 교토대학이 소장하고 있는 문화재에 대해서는 최종단계에서 철회하기로 했는데, 그 이유는 해당 문화재들은 일본정부의 소관도 아니고, 대학 측의 반대도 강하기 때문이며, 한국 측도 대학의 연구기관을 존중한다는 명목에서 이를 철회하기로 했다. 도쿄국립박물관 소장품은 마지막까지 모든 품목의 반환을 요구하고 최대한 많은 문화재를 반환받을 것을 지시하고 있는데, 이는 한국 측의 반환요구품목 대부분이 도쿄국립박물관에 소장되어 있기 때문이었다. 그러나 한국 측이 요구하는 것이 도쿄국립박물관에 소장된 모든 한국문화재에 해당하여, 이를 전부 반환받는 것은 곤란하다는 일본 측의 주장이 있기 때문에 최대한 반환받기를 지시했다.[60]

다음으로 전적에 관해서는 궁내청 도쇼료 소장 전적 등이 주요 반환 대상이지만, 교토대학이 소장하고 있는 가와이 문고 관부기록 157권 관련 목록만 준비되어 있기 때문에 먼저 이에 대한 실물 반환을 요구하고, 그것이 불가능할 경우 현재 일본의 도서관과 문고 등이 보관하고 있는 임진왜란 시기에 탈취당한 귀중한 도서를 복사본으로 받도록 했다. 개인 소유 문화재에 관해서는 이를 일본정부가 반환하기 어렵지만, 개인의 자발적인 기증을 통해 오구라 컬렉션 등의 문화재를 반환받도록 하고 합의의사록에 이를 규정하도록 했다.[61]

이와 같이 '문화재 문제에 관한 훈령'에는 문화재 반환 문제에 대한 한국 측의 최종 요구가 담겨져 있었다. 즉 한국 측은 일본 측의 입장을 고려하면서도 한국 측의 입장을 어느 정도 관철시키기 위해 반환의 명목을 중립적인 표현인 인도로 했고, 도쿄국립박물관 소장품, 전적, 체신문화재 등의 국유 문화재와 함께 합의의사록을 통해 개인 소유 문화재를 돌려받음으로써

---

60) 한국외교문서, 앞의 자료, 프레임 번호: 10.
61) 위와 같음.

문화재 반환 문제를 타결하려고 했던 것이다.

2. 일본정부의 증여문화재 목록 논의

한편 일본 측에서도 문화재소위원회가 개최되기 전에 외무성, 문화재보호위원회, 도쿄국립박물관, 궁내청 등 문화재 반환 문제 관계부처가 참가하는 회의가 세 번에 걸쳐 진행되었다. 1965년 3월 6일에 열린 회의에서 우시로쿠 도라오(後宮虎郎) 아시아국장은 제7차 회담의 현황과 전망을 설명한 후 3월 중에 문화재소위원회가 열릴 것이라고 말했다. 또한 시이나 외무대신이 방한했을 때 한국정부가 "한국 국민들의 감정도 있으므로 민간 것의 반환도 약간 생각해 주기 바란다"는 요청을 했고 "장래 문화재소위원회에서 결정되지 않는 것 중 총리 차원에서 결정할 것으로 문화재 관계에서는 사유의 것이 생각되지 않을까"라고 대답했다고 설명했다. 다음으로 하리타니 사무관은 문화재 반환 문제는 문화협력의 일환으로 증여가 될텐데, 의정서의 명칭, 건네는 방법, 수령 이후 한국 측의 처리 문제 등의 문제가 있다고 설명했다. 그리고 '반환청구 한국문화재 목록'에 관한 한국 측의 설명도 끝났고, 문화재소위원회가 개최되면 한국 측이 일본 측의 목록을 요구해 올 것이기 때문에 이번에는 일본 측이 제시할 증여문화재 목록을 준비할 필요가 있다고 지적했다. 문화재보호위원회는 일본 측이 제시할 증여문화재 목록에 대해 인도는 어디까지나 증여이며, 한국 측이 수정을 요구하는 일도 그에 응해 수정안을 작성하는 일도 하기 싫다고 말했다.[62]

한편 하리타니 사무관은 외무성이 작성한 증여문화재 목록 시안을 문화재소위원회에 제출했다. 외무성의 시안은 한국 측이 제출한 '반환청구 한국문화재 목록' 중에서 도쿄국립박물관에 소장되어 있는 문화재를 대상으로 한 것으로, 그 외에 도쿄예술대학에 소장된 지정문화재도 포함되어 있었다.

---

62) 日本外交文書, 「文化財小委員会に関する打合せ」, 1965年3月6日, No.581.

<표 28> 외무성의 증여 문화재 품목 시안[63]

항 목	내 용	증여점수
1. 조선총독부에 의해 반출된 것	① 경남 양산부부총 출토품	전부
	③ 경주 황오리 제16호 고분 출토품	전부
2. 통감 및 총독 등에 의해 반출된 것	① 이토 히로부미 고려자기	약 100점
3. 일본 국유로 다음 항목에 속하는 것	① 경상남북도 소재 분묘 그 외 유적에서 출토한 것	대부분
	② 고려시대 분묘 그 외 유적에서 출토한 것	대부분
5. 그 외 ④ 석조미술품	석조다라보살좌상	·
	사자상	·
도쿄국립박물관 이외의 국유 고고품 4. 지정문화재	금착수렵문동통(金錯狩猟文銅筒)(도쿄예술대학)	·

한국 측은 제1항목에서 ① 경남 양산부부총 출토품, ② 경주 노서리 215번지 고분 출토품, ③ 경주 황오리 제16 고분 출토품, ④ 평남 대동군 대동강면 정백리 127호, 227호분 출토품, ⑤ 평남 대동군 대동강면 석암리 201호분 출토품, ⑥ 평남 대동군 대동강면 남정리 116호분 출토품, ⑦ 평남 대동군 대동강면 왕우묘 출토품을 요구했는데, 외무성은 ①과 ③만을 증여 대상으로 했고, 특히 북한 출토품인 ④부터 ⑦까지의 품목은 증여 대상에서 모두 제외했다. 제3항목에 관해서는 관계부처에 이미 승인을 얻은 체신문화재를 포함하면, 한국 측이 요구하고 있는 대부분의 문화재가 증여 대상이 되었다. 이와 같은 외무성의 시안은 문화재를 어느 정도 증여해서 한국 측을 만족시킴으로써 문화재 반환 문제를 해결하려고 했던 의도에서 작성된 것이었다.

문화재보호위원회는 외무성의 이와 같은 시안에 대해 자신들이 생각하고 있는 것 보다 많고, 양산부부총 출토품은 학술상 중요하기 때문에 증여하기

---

63) 日本外交文書,「日韓文化財協力の一環として韓国側に贈与することを考慮すべき品目(試案) - 東京国立博物館所蔵」, 1965年3月6日, No.582를 바탕으로 작성.

가 어렵다고 말하면서 직접 시안을 작성하기로 했다. 이후 개인 소유 문화재는 증여문화재 목록에 넣지 않기로 하고, 한국 측 요구가 있을 경우에는 정치적으로 해결할 것, 그리고 한국 측이 요구하는 궁내청 소유 도서 전부를 한국 측에 증여하기로 했다.

문화재보호위원회는 3월 15일에 열린 회의에서 도쿄국립박물관 소장품과 관련한 증여문화재 목록을 외무성에 제시한다.

〈표 29〉 문화재보호위원회의 증여 문화재 품목 시안[64]

항 목	내 용	점수	증여점수
1. 조선총독부에 의해 반출된 것	③ 경주 황오리 제16호 고분 출토품	3	3
2. 통감 및 총독 등에 의해 반출된 것	① 이토 히로부미 고려자기	103	90
3. 일본 국유로 다음 항목에 속하는 것	① 경상남북도 소재 분묘 그 외 유적에서 출토한 것	279	200
	② 고려시대 분묘 그 외 유적에서 출토한 것	182	100
5. 그 외 ④ 석조미술품	석조다라보살좌상	1	1
	사자상	2	2

문화재보호위원회가 작성한 이 시안과 외무성이 작성한 시안을 비교해 보면, 전자에서 제1항목의 ①과 지정문화재가 제외되어 있고, 다른 것들도 제5항목 이외의 것들의 수량이 줄어들었다는 점을 확인할 수 있다.

미야지 사무국장은 "문화재보호위원회 사무국은 외무성과 거래를 하고 싶지 않기 때문에 인도할 수 있는 최대한을 목록으로 만든" 것이고, 문화재소위원회의 가와하라 슌사쿠(河原春作) 위원장과 함께 자신이 책임질 것이며, 다른 위원에게는 아직 설명하지 않았다고 설명했다. 그리고 외무성이 증여 대상으로 한 제1항목의 ① 경남 양산부부총 출토품을 목록에서 제외

64) 日本外交文書, 「日韓文化協力の一環として韓国側に贈与することを考慮すべき品目(案) - 東京国立博物館所蔵のもの -」, 1965年3月12日, No.581을 바탕으로 작성.

한 이유로 일본에는 이와 같은 종류의 출토품이 없기 때문에 학술연구에 중요하다는 점, 한국에는 양산부부총 출토품 일부 및 이와 유사한 것이 많다는 점을 들면서 한국 측에 건네지 않아도 된다고 설명하고, 1958년 4월 16일에 외무성이 한국 측에 489점의 양산부부총 목록을 제출한 일은 문화재보호위원회와 합의없이 이루어진 것이라고 지적했다.[65]

하리타니 사무관은 이 지적에 대해 외무성의 입장을 "당시 건넨 106점 이외에는 양산부부총 것만을 건네게 될 것이라는 의미에서 목록을 건넨 것이었고, 다른 것에는 미치지 않는다는 취지였다고 한다. 이번에는 다른 것도 건네기 때문에 사정은 바뀌고 있다"고 설명했다. 이와 같은 문화재보호위원회의 설명 및 제4차 회담과는 다른 상황에 따라 양산부부총 출토품을 한국 측에 건네지 않는 방향으로 외무성의 입장이 기울어졌다.[66]

한편 문화재보호위원회는 3월 22일에 열린 회의에서 증여문화재 목록에 대해 설명을 했다. 먼저 마츠시타 미술공예과장은 제1항목의 ① 양산부부총 출토품에 관해 "임나와 일본의 관계를 설명하는 중요한 것이며, 한국에 이와 같은 종류의 것이 있지만 일본에는 없다"고 학문적인 이유를 설명했다. 도쿄국립박물관의 다나카 사쿠타로(田中作太郎) 고고과장도 그 입수경위를 설명하면서, 조선총독부에 의해 강탈된 것이 아니라고 설명했다.

다음으로 제1항목 중 ② 경주 노서리 215번지 고고 출토품과 ③ 경주 황오리 제16호 고분 출토품에 관한 논의가 이루어졌다. 먼저 마츠시타 예술공예과장은 ②에 관해 "신라시대 출토품으로 드물며, 일본에는 비슷한 것이 없기" 때문에 증여문화재 목록에서 제외했다고 설명했다. 야나기타니 겐스케(柳谷謙介) 서기관은 사견이라는 전제하에 제1항목 중 ④부터 ⑦까지를 "북한 출토이므로 돌려주지 않는다. ①, ②도 돌려줄 수 없다고 한다면, ③만 남아버린다. 그 정도라면 ③도 관두는 것은 어떤가"라고 묻자 마츠시타

---

65) 日本外交文書,「文化財問題打合せ会」, 1965年3月15日, No.581.
66) 위와 같음.

미술공예과장은 "하나씩 검토한 결과 ③만 증여해도 괜찮다"고 답했다. 제2항목의 ① 이토 히로부미 고려자기에 관해서는 "일본에 남기는 13점은 일본의 입장에서 희귀한 것"이고 13점 중 500만 엔에 달하는 비싼 것도 있는데, 이는 일본에 하나밖에 없는 것이며, 제3항목의 ① 경상남도 소재 분묘 그 외 유적에서 출토한 것과 ② 고려시대 분묘 그 외 유적에서 출토한 것은 각각 200점, 100점을 증여하기로 했는데, 해당 점수는 변경될 예정이고 환두대도나 몇 가지 금속품은 훌륭한 것들이라고 설명했다. 제5항목의 ④ 석조미술품 중 석조다라보살좌상과 사자상은 "훌륭한 것이 아니기 때문에 한국 측도 필요없다고 말할 지도 모른다"며 그 증여에는 문제가 없다고 말했다. 회의 말미에 마츠시타 미술공예과장은 오쿠라 슈코칸에 있는 석탑과 네즈 박물관(根津博物館)에 있는 석탑에 대해 "훌륭한 것이기 때문에 또는 얘기를 해 보면 한국에 증여해도 좋다고 말할지도 모른다"고 말했다.[67]

외무성과 문화재보호위원회가 각각 작성한 증여문화재 목록에는 그 수량과 항목에 차이가 있었지만, 몇 번의 논의를 거쳐 이를 정해갔다. 그리고 문화재보호위원회는 일본의 학술연구 입장에서 중요한 것이라고 판단되는 것은 가능한 한 일본에 남기고, 그렇지 않은 것을 한국 측에 증여해도 된다는 입장을 견지했다. 특히 한국 측이 제4차 회담부터 주장해 왔던 양산부부총 출토품에 관해서는 외무성도 증여하지 않겠다는 입장으로 바뀌어 가고 있었고, 이로 인해 한국 측은 기대하고 있었던 양산부부총 출토품을 돌려받지 못하게 될 가능성이 높아졌다. 일본 측은 제7차 회담에서 이와 같은 문화재 목록에 관한 입장을 바탕으로 인도문화재목록 논의에 임한다.

3. 4·3 합의와 문화재 반환 문제 논의

한일 양국은 1964년 12월 8일부터 1965년 2월 15일까지 13번에 걸쳐 기

---

67) 日本外交文書, 「文化財問題打合会」, 1965年3月22日, No.581.

본관계문제를 논의하고 대강의 합의에 이른 후 1965년 2월 17일의 시이나 외무대신의 방한과 두 번에 걸친 외무장관 회담(2월 18일, 2월 19일)을 통해 2월 22일에 기본조약에 가조인했다. 그 후 남겨진 과제는 다른 현안 문제를 논의하는 일이었다. 한일 양국은 어업 문제에 관해 어업수역의 확정, 전관수역 및 공동규제수역의 범위, 어선의 척수나 어업량의 상한 등에 관한 조업규제, 어업협력자금 금액과 그 용도 등을 논의했다. 또한 재일한국인의 법적지위 문제에 관해서는 영주허가의 범위나 퇴거강제의 조건 등을, 청구권 및 경제협력문제에 관해서는 민간차관 증액폭이나 한국정부의 '청구권 포기'를 조문으로 어떻게 확인하는지 등을 논의했다.[68] 한일 양국은 논의를 거쳐 4월 3일에 각 의제에 관한 합의사항에 가조인한다. 이와 같은 가조인을 통해 1951년부터 14년간 진행된 한일회담도 종지부를 찍을 직전 단계까지 도달했고, 상세 부분 관련 합의작업과 협정 조문 작성 문제가 남겨졌다.

문화재 반환 문제는 4·3 합의와 관련하여 선박 문제와 함께 청구권 문제 해석과 관련하여 논의되었다. 청구권 문제 해석은 김·오히라 메모 해석을 둘러싼 논의였는데, 한일 양국은 아래와 같이 서로 다른 해석을 하고 있었다.

〈표 30〉 청구권 문제 해결에 관한 한일 양국의 입장 차이(3월 22일)[69]

항목	한국 측	일본 측
이른바 김·오히라 메모의 성격	이른바 김·오히라 메모는 한국이 일본에 대해 가지고 있는 일반청구권을 해결하기 위한 대강을 말한다. 이에 수반하는 효과로서 평화조약 제4조 (a) 및 (b)에 규정된 청구권 문제가 완전히 그	이른바 김·오히라 메모는 일본이 한국에 대해 한국의 경제 개발, 발전에 기여하는 것을 희망하여 무상, 유상의 경제협력을 공여하기로 하고, 그에 수반적인 효과로서 샌프란시스코 평화조약

68) 吉澤文壽, 앞의 책, p.231. 4·3 합의에 이른 세 현안의 교섭 과정은 チョウ·ユンス, 앞의 글, pp.188~199; 이성, 「한일회담에서의 재일조선인의 법적지위 교섭(1951 - 1965년)」, 성균관대학교 일반대학원 사학과 박사학위논문, 2013, pp.244~253; 吉澤文壽, 앞의 책, pp.231~242 참조.
69) 日本外交文書, 「日韓請求権問題に関する事務レベル第2回会合記録」, 1965年3月22日, No.78을 바탕으로 작성.

		제4조 (a)에 규정된 한국이 대일청구권은 완전히 그리고 최종적으로 소멸하게 된다는 것이다.
	리고 최종적으로 해결되는 것이다. (일반청구권에 관한 부분에 한정)	
청구권 문제 해결 내용 및 효과	① 평화조약 제4조 (a) 및 (b)에 규정된 청구권문제가 완전히 그리고 최종적으로 해결된다.(일반청구권에 관한 부분에 한정) ② 선박 문제(한일 양국이 주장하는 선박청구권을 말함)은 일반청구권과는 관련 없음. ③ 문화재 문제는 일반청구권과는 관련 없음.	① 평화조약 제4조 (a)의 범위 내에서 해결 ② 선박에 관해서는 한국 측에 청구권 없음. 김·오히라 양해에 따라 해결 ③ 문화재 문제에 관해서는 한국 측에 청구권 없음. 단 권리의무의 문제를 떠나 문화협력의 일환으로서 약간의 국유 문화재 증여를 고려.

　한일 양국은 이 메모에 관해 문화재 반환 문제와 선박 문제를 제외한 청구권 문제가 '완전히 그리고 최종적으로 해결'되었다는 해석은 동일했지만, 한국 측은 청구권 문제만을 그 대상으로 해석했고, 반면에 일본 측은 청구권 문제뿐만 아니라 문화재 반환 문제와 선박 문제도 포함되었다고 해석했다. 즉 한국 측은 문화재 반환 문제와 선박 문제에 관한 청구권이 별도로 남겨져 있다는 입장이었고, 일본 측은 이를 포함한 청구권 관련 문제가 모두 소멸된다는 입장이었던 것이다.

　다음에서도 이와 같은 해석 차이를 확인할 수 있다. 한국정부는 3월 21일에 주일대표부에 훈령을 보내 "선박 및 문화재의 처리 법안은 종전의 교섭 경위로 보아 일반청구권과는 별도로 처리되어야 할 것이므로 이와 같은 방향에서 교섭"하도록 지시했다.[70] 한편 대장성도 외무성에 일본정부는 김·오히라 메모에 따라 한국 측의 청구권 문제가 모두 소멸해야 하는 것이라고 생각하고 있지만, 한국 측은 그 이후에도 선박 청구권과 문화재 청구권은 별도로 주장하고 있다고 보고했다.[71] 이와 같은 김·오히라 메모를 둘러싼

---

70) 한국외교문서, 『청구권 관계회의 보고 및 훈령 V.1 1965』(이하, 『제7차 한일회담 청구권 관계 회의 V.1』), 프레임 번호: 16.

71) 日本外交文書, 「第7次日韓全面会談における請求権委員会について」, 1965年3月5日, No.1377.

견해 차이로 인해 한일 양국은 청구권 문제 해결과 관련하여 문화재 반환 문제도 논의할 수 밖에 없었다.

1965년 3월 24일에 열린 제1회 외무장관 회의에서 김동조 주일대사는 청구권 문제와 관련하여 문화재 반환 문제, 선박 문제도 완전히 소멸한다고 생각하고 있다는 일본 측의 발언에 대해 청구권만이 그 대상이며, 문화재와 선박이라는 특별 청구권은 별개로 남아있다고 생각하기 때문에 이 점을 조정할 필요가 있다고 지적했다. 또한 이동원 외무장관도 오전에 열린 사토 총리와의 회담에서 말한 내용을 다시 언급하면서,72) 문화재 반환 문제에 관해 "이승만 시대와 같이 무리한 것을 말할 생각은 없으니 문화국가 간의 문제로 처리해 가고자 한다"고 말했다.73)

한일 양국은 이후 세 번에 걸친 외무장관 회의(제2회 3월 25일, 제3회 3월 26일, 제4회 3월 27일)를 통해 각각 '청구권 문제 해결에 관한 합의사항(안)'과 '1965년 3월 일의 일한 간의 청구권 문제 해결에 관해 시이나 대신·이 장관이 의견의 일치를 본 내용(안)'을 제시했다. 각 안에서 문화재 반환 문제에 관한 내용을 정리하면 아래와 같다.

---

72) 이동원 외무장관은 김·오히라 메모에 관한 한국의 비판을 설명하고 이로 인해 문화재 반환 문제와 선박 문제가 이미 해결되었다고 전해진다면, 한국에서는 정치적으로 심각한 문제가 되며, 이것이 일본에게도 폐를 끼치는 일이 된다고 말했다. 그리고 문화재 반환 문제에 관해서 "일본 측이 문화적인 취급이라는 자세로 임해 주기 바란다"고 말했다. 한편 이동원 외무장관은 김·오히라 메모에 관해 김종필에게 직접 물어봤지만, 당시 한국의 청구권이 없어진다고 이해했던 기억은 없다는 대답이 있었다고 전했다. 日本外交文書, 「佐藤·李会談要旨」, 1965年3月24日, No.736.

73) 日本外交文書, 「日韓外相会談第1回会合記錄」, 1965年3月24日, No.729.

〈표 31〉 제2회·제3회 외무장관 회의에서 제시된 청구권 문제 해결 제6항의 안[74]

항 목	한국 측	일본 측
제6항	한일 양국 간의 문화재 문제를 해결하고 문화협력을 증진하기 위하여 일본국은 양국이 합의하는 품목의 한국문화재를 대한민국에 인도하는 것으로 한다.	일한 문화교류의 일환으로 일본으로부터 국유 문화재를 약간 인도한다.

일본 측이 제시한 제6항의 안은 이전 것과 동일한 내용이었다. 한국 측이 제시한 제6항의 안은 일본 측이 주장해 온 문화협력을 넣은 형태이지만, 일본 측이 주장해 왔던 국유 문화재에 한정하는 표현은 없었고 '양국이 합의하는 품목'으로 되어 있었다. 그 이유는 한국 측이 오구라 소장품을 비롯한 개인 소유 문화재도 그 대상으로 삼았기 때문이었다. 이는 한국정부가 3월 22일에 주일대표부에 보낸 훈령에서도 확인할 수 있는데, 한국정부는 "문화재 문제에서도 종전의 입장을 견지하되 다만 민간 소유물이라도 특히 국민의 관심이 많은 국보에 대해서는 그 일부를 반환받도록 교섭"할 것을 지시했다.[75] 한국정부는 '양국이 합의하는 품목'이라는 넓은 범위를 의미하는 표현을 통해 국유 문화재만이 아니라 개인 소유 문화재, 특히 국보에 해당하는 문화재는 그 일부라도 돌려받고자 했던 것이다.

한편 3월 29일 시점에서 한일 양국은 문화재 반환 문제에 대해 다음과 같은 안을 생각하고 있었다.

---

74) 한국외교문서, 앞의 자료, 프레임 번호: 31 및 日本外交文書, 「請求権に関する交渉の現状(アンダーラインを引いた部分は一応意見一致)」, 1965年3月29日, No.1381을 바탕으로 작성.
75) 한국외교문서, 앞의 자료, 프레임 번호: 16

〈표 32〉 청구권 문제 해결에 관한 문화재 반환 문제 관련 입장 차이(3월 29일)[76]

항 목	한국 측	일본 측
제6항	한일 양국의 문화재 문제를 해결하고 문화협력을 증진하기 위해, 일본국은 품목 그 외에 대해 쌍방의 협의 후 한국 문화재를 대한민국에 인도한다.	일한 간의 문화재 문제 해결을 고려하고, 일한문화협력을 증진하는 의미도 포함하여, 일본국으로부터 품목 그 외에 대해 협의 후 한국문화재를 인도한다.

　한일 양국은 이 안에 관해 합의를 하지는 않았지만, 비슷한 내용이었기 때문에 당시 거의 합의에 이르렀다고 할 수 있다.

　김동조 주일대사는 우시바 노부히코(牛場信彦) 수석대표대리와 3월 31일에 회의를 갖고, 청구권 문제 해결에 관해 최종 합의를 했다. 문화재 반환 문제에 관한 제6항목은 "한일 간의 문화재 문제 해결 및 문화협력 증진에 관련하여 양국은 품목 기타에 관한 협의를 하고 일본국은 한국 문화재를 대한민국에 인도한다"로 합의했고,[77] 한국정부에 다음과 같이 보고했다.[78]

　　일측 주장은 김·오히라 메모에 의하여 한국이 일본에 대하여 한국 문화재 인도를 청구하는 권리가 소멸되었다는 주장인 바 아측은 김·오히라 메모에 관한 양해는 한국 문화재 청구권이 소멸되지 않고 있다는 주장을 견지하고, 따라서 금번 이 외무장관과 시이나 외상 간의 청구권에 관한 합의 사항 문안 제5항 하에서는 한일 간의 청구권이 전반적으로 완전히 소멸하고 해결된다는 일반적인 원칙에 합의하고 한국 문화재 청구권을 제6항으로서 해결하자는 타협안을 합의했습니다.

　　제6항이 가지는 의의는 어디까지나 한국 문화재 청구권이 존재한다는 견지에서 "문화재 문제 해결"이라는 용어를 삽입하되 일본국으로서는 또한 문화협력을 증진한다는 견지에서 일본국이 대한민국에 한국 문화재를 인도하겠다는 입장임을 말한 것입니다.

　　이와 같은 한국 문화재 인도에 관한 기초적인 원리가 한국이 청구권으로

---

76) 日本外交文書, 앞의 자료를 바탕으로 작성.
77) 한국외교문서, 앞의 자료, 프레임 번호: 47.
78) 한국외교문서, 앞의 자료, 프레임 번호: 58~59.

서 권리 행사를 하겠다는 입장과 일본은 권리의 존재 자체는 부인하나 문화협력의 일환으로서 한국 문화재를 인도하겠다는 쌍방의 기본적 자세에 차이가 있으므로 이 양자의 견해 차이를 근본적으로 명백히 해결하지 못하고 문화재 문제에 관한 이·시이나 양해 사항의 문화재에 관한 제5항과 같은 표현으로 타협이 된 것이오니 결과적으로는 문화재 인도에 관한 구체적 교섭에 있어서 아측이 일본 측의 우호적인 협조를 촉구하고 권리 주장을 강하게 내세울 수는 없을는지 모르겠다는 것을 양해하시기 바랍니다.

상기 보고에서 가장 중요한 내용은 문화재에 대한 청구권의 소멸, 즉 한국 측이 문화재 반환을 청구할 권리가 소멸되어 이를 주장할 수 없게 될지도 모른다는 점이다. 문화재 반환 문제에 대한 한국 측의 기본적인 입장은 일본이 불법·부당하게 문화재를 반출했기 때문에 이를 법적의무로서 한국에 반환을 해야 하고, 한국은 반환을 청구할 권리가 있다는 것이었다. 김동조 주일대사는 위와 같은 합의로 인해 한국 측이 청구권의 의미에서 문화재를 인도받을 권리를 강하게 주장할 수 없을지도 모른다고 생각했는데, 이는 문화재 반환에 대한 이면적(裏面的)인 청구 권리를 강하게 주장할 수 없다는 의미로 해석할 수 있다.

전술한 바와 같이 한국 측은 이미 회담 중단기와 제6차 회담에서 반환이 아닌 인도를 제안한 적이 있었는데, 표면적으로는 인도라는 반환의 방법으로 106점의 문화재를 '권리로써' 반환받았고, 제6차 회담에서는 그와 같은 의미에서 '인도라는 용어로 문화재의 반환'을 다시 주장했던 것이다. 즉 반환이라는 표면적인 청구 권리를 주장하지 않고, 인도라는 반환 방법을 통해 이면적인 청구 권리는 주장할 수 있었던 것이다.

한국 측은 제7차 회담을 준비하면서 위와 같은 의미에서 반환 방법을 인도로 하기로 했지만, 상기 합의로 인해 김동조 주일대사는 한국 측이 더 이상 일본 측에 문화재 반환에 관한 이면적인 청구 권리를 행사하지 못할지도 모른다는 생각을 했다고 볼 수 있다. 청구권 문제 관련 합의에서 문화재 반환 문제가 위와 같이 합의되었기 때문에, 실제로 4·3 합의 이후의 문화재 반환 교섭에서 인도의 의미에 대한 논의는 없었고, 인도품목목록과 협정안 관련 논의만 진행되었다. 이와 같은 의미에서 봤을 때 '문화재 반환 문제의 구조' 중 청구권 속성이 4·3 합의로 인해 더욱 약화되었다고 볼 수 있다.

3월 31일에 이루어진 합의 이후 약간의 문구 수정이 있었고, 4월 3일에 합의된 '한일 간의 청구권 문제 해결 및 경제협력에 관한 합의사항'(이하, 청구권 문제 합의사항)의 제6항목으로 "한일 간의 문화재 문제 해결 및 문화협력 증진에 관계하여 품목 기타에 관한 협의를 하고 일본국은 한국에 대하여 한국문화재를 인도한다"로 규정되었다.79) 즉 김·오히라 메모에 대해 문화재 청구권이 소멸되지 않았다고 주장하는 한국 측의 견해와 소멸되었다는 일본 측의 견해는, 한일 양국 간의 청구권이 전반적으로 완전히 소멸하고 해결되었다는 제5항목의 원칙으로 합의되었고,80) 문화재 반환 문제의 해결원칙을 제6항목으로 신설하는 것으로 타결한 것이었다. 4·3 합의 이후 한일 양국은 4월 7일에 열린 제11회 수석 회담에서 4·3 합의를 바탕으로 각각 현안 문제 관련 초안을 작성할 것, 문화재 반환 문제, 청구권 문제, 재일한국인의 법적지위 문제, 어업 및 평화선 문제 관련 위원회를 개최할 것에 합의했다.

한편 제1차 회담부터 제6차 회담까지 선박위원회에서 논의된 선박 문제도 합의에 이르렀는데, 그 내용은 '청구권 문제 합의사항'의 제3항목 중 "(2) 어업협력을 위한 민간신용제공 9,000만불 및 선박도입을 위한 민간신용제공 3,000만불은 상기 (1)에 포함되며, 또한 관계 법령의 범위 내에서 용

---

79) 한국외교문서, 『이동원 외무부장관 일본 방문, 1965』, 프레임 번호: 268.

80) 한국외교문서, 『제7차 한일회담 청구권 관계 회의 V.1』, 프레임 번호: 58. 제5항목은 "관계 협정의 성립시에 존재하는 한일 양국 및 양 국민의 재산과 양국 및 양 국민 간의 청구권에 관한 문제는 상항 평화조약 제4조에 규정된 것을 포함하여 완전히 그리고 최종적으로 해결된 것으로 한다. 단 한일 양국 및 양 국민의 재산권과 양국 및 양 국민 간의 채권채무 관계로서, 종전 후 통상의 거래, 계약 등으로부터 생긴 관계에 의거한 것은 영향을 받지 아니한다"로 합의되었다.

이하게 하는 것으로 한다"였다.[81] 또한 다른 현안 문제가 4·3 합의 이후의
교섭을 거쳐 각각 관련 협정으로 체결된 반면 선박 문제는 '청구권 및 경제
협력에 관한 협정'의 '상업상의 민간신용제공에 관한 교환공문'에서 "1의
제공에는 9천만 아메리카합중국 불($90,000,000)의 액수에 달할 것이 기대
되는 어업 협력을 위한 민간 신용 제공 및 3천만 아메리카합중국 불
($30,000,000)의 액수에 달할 것이 기대되는 선박 수출을 위한 민간 신용 제
공이 포함되며, 이와 같은 신용 제공의 일본국 정부에 의한 승인에 있어서
는 가능한 한 호의적으로 배려되는 것으로 한다"로 해결되었다.[82] 동일한
청구권 문제로 논의되었던 문화재 반환 문제는 제7차 회담까지 논의되면서
문화재 협정으로 체결되었지만, 선박 문제는 그 모습이 사라져버린 것이다.
이는 무엇을 의미하는 것일까.

선행연구에서는 문화재 반환 문제가 다른 현안 문제와 비교하여 별로 중
요한 문제가 아니었다는 인상이 강했지만, 반드시 그렇지는 않다. 문화재
반환 문제는 역사적 가치 속성이라는 동 문제만의 성격을 가지고 있었기
때문에 경제적인 측면과 관련깊은 청구권 문제, 선박 문제와 그 성격이 전
혀 다른 문제였다. 따라서 동 문제는 경제적인 측면으로는 해결할 수 없는
문제였으며, 과거사 청산과 민족 정체성 회복이라는 정신적인 측면과 깊이
연관되었기 때문에 관련 협정이 체결될 수 있었다.

제6차 회담부터 부상한 경제 논리에 따라 청구권 문제를 해결하기 위한
경제협력방식이 중요해졌고, 선박에 금전적인 가치를 매겨 해결할 수 있는

---

81) 한국외교문서, 『이동원 외무부장관 일본 방문, 1965』, 프레임 번호: 267. 선박 문제
에 관한 연구는 李東俊, 「日韓『船舶』請求権交渉の展開, 1945 - 1965年」, 中京大学企業研
究所, 『中京企業研究』 No.31, 2009 및 남기정, 「한일 선박 반환 교섭에 관한 연구 - 1
차 회담 선박분과위원회 교섭을 중심으로」, 국민대학교 일본학연구소편, 『외교문서
공개와 한일회담의 재조명 2 - 의제로 보는 한일회담』, 선인, 2010 참조.
82) 청구권 협정 및 부속 공문 등에 관한 전문은 주대한민국일본국대사관 홈페이지
(https://www.kr.emb - japan.go.jp/) 참조.

선박 문제는 결국 청구권 문제에 흡수·소멸되었다. 반면에 문화재 반환 문제는 역사적 가치 속성이라는 다른 현안 문제들과 전혀 다른 성격을 가지고 있었기 때문에 선박 문제와 같이 청구권 문제에 흡수·소멸되지 않았다. 즉 문화재 반환 문제는 과거사 청산이라는 측면에서 다른 의제들과 비교하여 그 중요성이 결코 떨어지지 않는 중요한 문제였던 것이다.

제3절 문화재 반환 교섭 타결

1. 일본 측 제출 인도품목록을 둘러싼 대립

문화재 반환 문제는 전술한 바와 같이 4·3 합의에 따라 일본 측이 한국 측에 문화재를 인도하기로 했고, 어떠한 문화재를 어느 정도 건넬지라는 문제와 동 문제에 관한 협정 조문화 작업이 남겨져 있었다. 한일 양국은 제7차 회담에서 문화재위원회를 열고 이와 같은 문제를 논의했다.[83]

제1회 문화재위원회(1965년 4월 24일)에서 한국 측은 다른 현안 문제와 비교하여 진행이 지연되고 있는 문화재 반환 문제에 관해 "문화재에 대해서는 다른 위원회와 같이 5월 15일까지 정리하고 싶다"라며 적극적인 태도를 보였다. 한편 일본 측은 한국 측이 새로운 문화재 목록을 제출할 용의가 있는지에 대해 물었다. 한국 측은 새로운 목록을 제출할 계획은 없으며, 일본 측의 목록을 받은 후에 이를 중심으로 논의할 예정이라고 답했다. 또한 "개정안을 새롭게 제출하지 않더라도 종래 제출한 품목에 강조점을 찍어

---

83) 한국 측은 문화재위원회 개최에 앞서 4월 7일에 열린 제11회 수석대표 회합에서 "문화재위원회에서 인도품목록 검토를 시작해 주었으면 한다. 문화재 인도는 비준 전에 그 상당 부분을 건네받고 싶다"고 요구했다. 이에 대해 일본 측은 "국유 문화재는 문화협력 협정 비준이 선행되어야 한다"고 답변했다. 日本外交文書, 「5. 文化財問題」, No.1316.

설명할 생각은 없는가'라는 일본 측 질의에 대해 한국 측은 "대체적인 윤곽은 지금까지 설명했기 때문에 일본 측에서는 이를 토대로 생각해 주길 바란다"고 답했다. 문화재위원회가 열리기 전 한국정부의 지침에서 알 수 있는 바와 같이 한국 측은 새로운 문화재 목록을 제시할 예정은 없었고, '반환청구 한국문화재 목록'을 바탕으로 문화재를 요구할 계획이었다. 한국 측은 이와 같은 방침에서 동 목록을 대신할 새로운 목록을 제출하지 않기로 한 것이었다. 회의 말미 일본 측은 인도품목 논의 이외에 인도 방법, 즉 예비교섭 제21회 본회의(1962년 12월 26일)에서 일본 측이 제출한 의정서 요강을 논의하는 것에 대해 묻자 한국 측은 다음 문화재위원회에서 이에 대한 의견을 말하기로 하고, 문화재 반환 문제는 문화재위원회에서 논의·결정하고 싶으며, 대표 간 회담에는 되도록 가져가지 않고 싶다고 말했다.[84]

제2회 문화재위원회(4월 28일)에서 문화재 반환 문제의 해결 방식과 일본 측이 제시할 인도품목목록에 관한 논의가 이루어졌다. 한국 측은 일본 측의 의정서안에 관해 원칙적으로 동의하고, 방열 대표와 김정태 부이사관이 해당 논의를 담당할 것이라고 말하면서, 인도품목목록은 별개로 논의하는 것이 좋겠다는 의견을 개진했다. 일본 측은 한국 측 발언의 의미는 의정서안의 문구를 논의하고 싶은 것인지 또는 한국 측이 별도의 의정서안을 준비하고 있는 것인지에 대해 물었다. 한국 측은 의정서 형식과 그 내용은 대체로 일본 측의 안으로 괜찮다고 생각하지만, "단 증여, 반환 등 쌍방에서 견해를 달리하고 있는 문제가 있으므로 이와 같은 점을 바꿔야 한다고 생각하며, 그러한 '견해' 문제도 포함하고 있으므로 반드시 문구에만 한정하지 않는다"고 답했다. 한국 측은 의정서라는 형식을 문화재 반환 문제 해결에는 동의했지만, 문화협력의 의미가 강하다는 점, 일본문화의 급속한 진출을 피할 필요가 있다는 점, 개인 소유 문화재에 관한 규정 등 한국 측에게 의정서 논의는 단순히 문구만을 수정할 문제가 아니었던 것이다.[85]

84) 日本外交文書,「第7次日韓会談文化財委員会第1回会合」, 1965年4月24日, No.457.

　다음으로 일본 측이 제시한 인도품목목록의 성격에 관한 논의가 이루어
졌다. 일본 측은 앞으로 제시할 목록은 최종안이 될 것이며, 충분한 검토를
거친 후에 작성할 것이라고 설명하자 한국 측은 해당 목록이 논의의 대상
이 되지 않는다는 의미인지를 물었다. 일본 측은 이에 대해 한국 측의 의견
도 듣고 한국 측이 납득할 수 있도록 설명할 것이라고 답했다. 그러나 한국
측은 "지금까지 품목에 대한 일본안이 나오지 않았었고, 품목에 대해 협의
한 적이 없다", "협의할 것이라면 최종안이라는 말하는 것은 이상하지 않은
가"라고 지적했다.[86] 한국 측은 앞으로 요구할 문화재를 받기 위해 일본 측
의 목록을 검토·논의한 후 최종안을 작성하려고 했지만, 일본 측은 한국 측
이 제시한 문화재 목록을 바탕으로 충분히 검토한 후 목록을 작성할 예정
이었기 때문에, 이에 해당하는 문화재를 건네려고 했다. 전술한 바와 같이
외무성, 문화재보호위원회 등 문화재 반환 문제 관련 부처들은 한국에 건넬
문화재들을 논의하면서 인도품목목록을 작성하고 있었고, 문화재소위원회
가 한국 측의 수정 요구로 "일본 측이 이를 또 수정해서 안을 낸다거나 찔
끔찔끔 주고받는 일은 하기 싫다"는 발언과 같이 최종안에 해당하는 목록
을 한국 측에 제시할 계획이었다.[87] 즉 일본 측은 해당 목록을 최종안으로
제시하려고 했고, 반면에 한국 측은 일본 측의 안을 일방적으로 받아들이고
싶지 않았던 것이다. 이와 같은 입장 차이는 회담 타결 막판까지 문화재 반
환 문제를 논의하게 되는 원인이 된다.

　한편 한일 양국은 5월 17일에 전문가회의를 개최했다. 먼저 한국 측은 일

---

85) 日本外交文書,「第7次日韓会談文化財委員会第2回会合」, 1965年4月28日, No.457.

86) 위와 같음.

87) 日本外交文書,「文化財小委員会に関する打合せ」, 1965年3月6日, No.581. 3월 6일에 열
　린 외무성과 문화재보호위원회, 도쿄국립박물관, 궁내청 간의 내부회의에서 외무성
　은 문화재 반환 문제 관련 회의 진행 방법에 대해 "회담 방법은 4회로 끝내기로
　하고, 첫 번째는 인사, 자유 회담, 두 번째가 일본안 제시, 세 번째가 한국 측의 일
　본안에 대한 수정 희망, 네 번째가 최종적인 타결이라는 구상이다"라고 설명했다.
　日本外交文書,「5.文化財問題」, No.1316.

본 측이 제출한 인도품목목록 비공식적인 전문가회의에서 논의하기로 하고, 각 항목별로 어느 정도를 내어줄 수 있는지에 대해 물었다. 일본 측은 도쿄 국립박물관이 목록을 진지하게 작성할 의향을 가지고 있으며, 학술연구를 위해 남기고 싶은 문화재에 대해 문제가 발생했었지만, 이에 대한 의견도 정해지고 있다고 설명했다.[88]

다음으로 한국 측은 "양이 많은 것보다 질이 중요하다. 구체적으로는 기와나 토기류 보다도 금속제품과 같은 것을 원한다"고 강조하는 한편 일본 측이 제외한 개인 소유 문화재에도 관심을 나타내면서, 그 예로 오구라 소장품을 언급했다.[89] 회의 말미 일본 측은 "한국 측이 일본안 목록 제출을 첫째 조건으로 하고 있는 한 이 전문가회의는 앞으로 당분간 열 수 없다"고 말했고, 이에 대해 한국 측은 김동조 주일대사도 일본 측의 목록을 빨리 받으라는 지시를 내렸다고 하면서, 목록 제출을 강하게 요구했다. 그러나 이후 약 한 달 간 문화재위원회나 전문가회의는 열리지 않았고, 한국 측은 인도품목목록을 받을 수 없었다.[90]

전문가회의 개최 이후 약 한 달이 지나서야 개최된 제3회 문화재위원회 (6월 11일)에서 일본 측은 인도품목목록에 해당하는 '일한 간 문화협력에 관한 의정서 부속서'와 '하리타니 대표 발언'를 한국 측에 제출했다.[91] 해당 목록은 국유에 해당하는 도자기 72점, 고고자료 291점, 석조미술품 3점,

---

88) 日本外交文書,「第7次日韓会談文化財専門家会合第1回」, 1965年5月17日, No.459.

89) 위와 같음.

90) 김동조 주일대사는 5월 21일에 아이치 기이치(愛知揆一) 문부대신을 만나 일본 측이 문화재 목록을 "빨리 제출하고, 그 내용은 한국인에게 실망을 주지 않는 것"이 되도록 요구했다. 日本外交文書,「5.文化財問題」, No.1316.

91) 일본 측에서는 해당 목록을 조기에 제시하자는 의견이 있었지만, 결과적으로는 한 일회담 타결 11일 전이 되서야 제출했다. 이에 대해 우시로쿠 아시아국장은 교섭의 마지막 단계에서 해당 목록을 제출함으로써 "사소한 품목 논의에 휩쓸리지 않고, 신속하게 논의를 정리할 수 있었던 것은 교섭 기술상에서도 효과적이었다"고 평가하기도 했다. 日本外交文書,「5.文化財問題」, No.1316.

도서 163부 852책, 체신 관계 문화재 35점으로 구성되어 있었고, 북한 출토
문화재는 제외되었다.[92] 먼저 일본 측은 목록에 관해 '반환청구 한국문화재
목록'과 한국 측의 설명, 그리고 4·3 합의를 바탕으로 한국 측이 요구한 문
화재를 선택했고, 이를 인도하고자 한다고 설명했다. 또한 제2회 문화재위
원회와 제1회 전문가회의에서 논의한 일본 측 안의 성격에 관해서도 종래
일본 측 의견과 같이 최종안 성격을 가지고 있으며, 한국 측도 이에 동의할
것을 요청했다. 그리고 "일한 상호 학술연구추진의 견지나 한국에 현존하는
비슷한 품목 등을 고려하여, 일한 문화재 제휴 증진의 장기적 시야에서 고
려자기, 출토품, 석조미술품, 도서 및 체신 관계 품목에 있어서 각각 한국
측이 희망하는 과반수를 건네기로 한 것이다"라는 이전의 주장과 같이 문
화협력의 일환으로 문화재 반환 문제를 해결할 취지에서 문화재를 선정했
다고 설명하는 한편 인도될 문화재가 한국에서 일본 국민들의 감정에 악영
향을 끼치지 않도록 다룰 것을 강하게 희망한다고 말했다.[93]

한국 측은 인도품목목록에 대해 양산부부총 출토품 목록이 없다는 점,
궁내청 도서가 없다는 점, 체신 관계 품목은 일부분이 들어있지 않다는 점
을 지적한 후 다음 회의 때 한국 측의 입장과 의정서 등에 대해 설명하기로
했다. 한국 측은 일본 측이 제시한 목록은 일방적인 것이며 계속 요구해 온
문화재도 포함되지 않았기 때문에, 이를 그대로 받아들일 수 없었다. 일본
측의 일방적인 목록 제시와 이를 받아들일 수 없는 한국 측의 입장은 한일
회담 타결 직전까지 대립하게 된다.

제4회 문화소위원회(6월 15일)에서 한국 측은 먼저 이전 회의에서 설명
한 일본 측의 문화재 반환 문제 관련 입장에 대해 '제7차 한일회담 문화재
위원회 제4회 회합의 방희 대표 발언 요지'를 바탕으로 한국 측의 입장을
설명했다. 한국 측은 일본 측이 제출한 인도품목목록에 대해 "늦은 감도 없

---

92) 日本外交文書, 「5.文化財問題」, No.1316.
93) 日本外交文書, 「日韓会談文化財委員会第3回会合記録」, 1965年6月11日, No.457.

지는 않지만, 다년간 교섭을 타결시킬 계기를 만드는 것이다'라고 평가한 후 '반환청구 한국문화재 목록' 중 제1항의 ① 양산부부총 출토품, 제2항의 ⑤ 가와이 고민 장서, 제4항의 오구라 다케노스케 소장품 등 한국 측이 요구해 온 중요한 품목이 포함되어 있지 않다는 점을 지적하면서, 이를 재검토해 줄 것을 강하게 요구했다. 다음으로 한국 측은 북한 출토품에 관해 "일본 측은 인도를 고려할 수 있는 것에 대해 견해를 말했던 것이지만, 그 견해 속에는 특히 '대한민국의 시정 하에 있는 지역에서 유래하는 것에 한한다'라는 점에 대해서는 의외이며, 이는 어떠한 경우라도 받아들일 수 없다는 점을 분명히 해 두고 싶다"고 강하게 주장했다.[94]

제2절에서 검토한 바와 같이 외무성과 문화재보호위원회가 각각 한국 측에 기증할 품목안을 제출하고 논의했는데, 두 안은 모두 북한 출토품을 포함하고 있지 않았다. 일본 측이 북한 출토품에 대해 구체적으로 어떻게 논의했는지를 밝힐 자료는 보이지 않지만, 몇 가지 자료를 통해 단편적으로나마 그 모습을 파악할 수는 있다. 먼저 1962년 12월 19일에 열린 외무성의 내부회의에서 1963년 2월 9일자 '일한 예비교섭 문화재 관계 회합의 진행 요강(시안)'에 북한 출토품이 언급되어 있다. 나카가와 조약국장은 내부 회의에서 의정서를 작성하기 위해 조문을 연구할 필요가 있다고 말하면서 "특히 북한 유래의 것은 문제가 있기 때문에 이를 건네지 않도록 조문을 검토할 필요가 있다"고 말했고, 우시로쿠 아시아국장도 문화재 반환 문제의 몇 가지 문제에 대해 관계 부처 회의를 진행해 둘 것을 지적했는데, 그 내용 중 '북한 유래의 것을 어떻게 할 것인가'도 제시되었다.[95] 1963년 2월 9일자 시안에는 "일본이 증여할 문화재는 남한 출토품에 한한다(단, 이 점

---

94) 日本外交文書, 「第4回文化財会合記録」, 1965年6月15日(이하, 「第4回文化財会合記録」), No.457. 한국 측은 '반환청구 한국문화재 목록' 제1항목의 ④부터 ⑦까지에 수록된 북한 출토품을 요구했는데, 이는 평안남도 대동군에서 출토된 낙랑 관련 문화재 (184점)이었다.

95) 日本外交文書, 「日韓会談文化財問題に関する省内打合会」, 1962年12月19日, No.578.

은 처음부터 명언하기를 피하고, 회담이 진행됨에 따라 적당한 때에 한국 측에 전달하기로 한다)"라고 되어 있다.96) 또한 외무성은 1963년 2월 12일에 열린 내부회의에서 문화재보호위원회에 "남한 출토품에 한한다는 것은 실제로 여러 곤란함이 예측되지만, 최종적으로는 높은 차원에서 정치적 결정이 필요하다고 생각한다"고 설명했다.97) 즉 일본 측에서는 적어도 1962년 말부터 북한 출토품 문제에 관한 논의를 하면서, 한국에서 출토된 문화재만을 대상으로 삼아, 한국 측이 요구했던 북한 출토품을 인도 대상에서 제외하려고 했던 것이다.

마지막으로 방희 대표는 일본 측이 인도할 문화재를 적당한 방법으로 보존·전시하고, 한일 양국의 문화 관계 발전에 이바지하고 싶다는 의향이 있다고 말한 후 그것이 충분하게 실현되기 위해서라도 일본 측이 인도품목목록을 재검토할 필요가 있다고 주장했다.98)

한일 양국은 제5회 문화재소위원회(6월 16일)에서 인도품목목록을 논의한다. 먼저 일본 측은 제3회 문화재소위원회에서 제출한 인도품목목록에 관해 박물관이나 전문가의 입장도 있었지만, 문화협력에 기초하여 일본에서 한국문화 연구를 할 수 있는 점, 그리고 한국에는 있지만 일본에는 없는 것을 일본에 남긴다는 입장에서 동 목록을 작성한 것이라고 재차 설명했다. 그러나 한국 측은 "일본의 입장에서 꽤나 검토되었다고 생각한다"고 말하는 한편 양산부부총 출토품 등 당연히 인도 대상이 될 것이라고 생각했던 것이 목록에 포함되어 있지 않다는 점, 제1회 전문가회의(5월 17일) 이후 전문가 간의 논의가 없었다는 점, 북한 출토 문화재가 포함되어 있지 않다는 점, 회담 마지막 단계에서 일방적으로 목록이 제시되어 이를 그대로 수락할 수 없다는 점 등을 지적하며 불만을 드러냈다.99)

---

96) 日本外交文書,「日韓予備交涉文化財関係会合の進め方要領(試案)」, 1963年2月11日, No.579.
97) 日本外交文書,「文化財関係についての文部省側との打合わせ: その一」, No.580.
98) 日本外交文書,「第4回文化財会合記録」, No.457.
99) 日本外交文書,「第7次日韓会談文化財委員会第5回会合」, 1965年6月16日, No.457.

이어서 한국 측은 인도품목목록에 대한 "한국 측의 만족스럽지 않은 점을 구체적으로 말해 달라"는 일본 측의 발언에 대해 '반환청구 한국문화재 목록' 중 제1항이 전부 들어가 있지 않다는 점, 제2항의 ① 이토 히로부미의 고려자기와 ④ 가와이 고민 장서를 전부 인도할 것, 제3항의 ② 고려시대 분묘 그 외 유적에서 출토된 것 중 고려시대 묘지(墓誌)가 전부 빠져있다는 점, 동 항목의 ① 경상남북도 소재 분묘 그 외 유적에서 출토한 것과 ②에서 완전한 것이 하나뿐이고 다른 것은 흩어져 있다는 점을 지적하면서 "우리가 이 목록을 보자면, 중요한 것은 모두 빠져있다고 생각된다"고 말했다.[100)

다음으로 한국문화 연구를 위해 도쿄국립박물관 동양관에 한국의 문화재를 들여놓기 위해 한국 측이 요구하는 모든 문화재를 인도할 수가 없다는 일본 측의 입장에 대해 한국 측은 재차 불만을 표했다. 한국 측은 일본 측의 문화협력을 통한 문화재 인도에는 동의하지만, 일본 측이 제시한 목록을 받아들일 수 없었던 입장을 다시 설명했다. 일본 측이 제출할 문화재 목록을 논의한 후에 최종적으로 인도받을 문화재를 결정하고자 했던 한국 측은 한일회담 막바지에 일본 측이 최종안이라는 인도품목목록을 일방적으로 제시했을 뿐만 아니라, 도쿄국립박물관 동양관 설치를 위해 한국 측이 요구하는 문화재를 일본에 남긴다는 일본 측의 의견을 받아들이기 힘들었던 것이다.

2. 인도품목목록 최종 합의

한일 양국은 이상과 같은 견해 차이를 남긴 채 6월 18일 자정부터 다시 회의를 열었다. 이 회의는 최종적인 인도품목목록을 결정하기 위해 네 번에 걸쳐 철야로 진행되었으며, 문화재 반환 문제에 관한 마지막 회의이기도 했다. 먼저 첫 번째 회의에서 일본 측은 '반환청구 한국문화재 목록' 중 제1항의 ① 양산부부총 출토품은 인도할 수 없다는 설명에 대해 한국 측은 ② 경

---

100) 위와 같음.

주 노서리 215번지 고분 출토품과 경주 황오리 제16호 고분 출토품을 전부 인도할 것을 요청했고, 일본 측은 이를 고려해 보겠다고 답했다. 일본 측은 제2항의 ① 이토 히로부미의 고려자기에 관해 점수를 더 늘리고, 일본에는 12점을 남겨두겠다고 말했다. 이에 대해 한국 측은 전부 인도할 것을 강하게 주장했지만, 논의가 끝날 즈음에 일본 측에 6점을 남기고 97점을 한국 측에 인도하기로 합의했다.[101]

　다음으로 한국 측은 제3항의 ① 경상남북도 소재 분묘 그 외 유적에서 출토한 것 중 '경주시 부근 고분 출토품'에 대해 수량은 전부가 아니라도 37개 항목까지 해당하는 것 전부를 인도해 줄 것을 강하게 요구했다.[102] 일본 측은 이에 대해 인도품목목에는 18개 항목에 해당하는 것이 이미 있고, 여기에 13개 항목을 추가하여 합계 31개 항목에 해당하는 문화재를 인도하기로 하는 한편 남은 6개 항목의 것은 각각 1점씩 밖에 없기 때문에 일본에 남길 필요가 있다고 말했다.[103] 이어서 한국 측은 불상 2개를 추가할 것, 제3항목의 ② 고려시대 분묘 그 외 유적에서 출토한 것의 석탑사리장치와 사리용기를 추가할 것을 요구했고, 일본 측은 이를 고려해 보겠다고 답했다.[104] 한편 일본 측은 한국 측이 강하게 요구했던 전적류 중 인도가 불가

---

101) 日本外交文書, 「文化財会合記録 ①(引き渡し品目)」, 1965年6月18日, No.458. 한편 한국 외교문서에는 이 회의에 관한 자료가 없고, 일본외교문서에서 그 내용을 확인할 수 있다.

102) 위와 같음.

103) '반환청구 한국문화재 목록 중 (3) 항의 1, 2 세목' 중 ① 경상남북도 소재 분묘 그 외 유적에서 출토된 것에는 '경북 경주시 황남리 고분 출토품', '경주시 보문리 고분 출토품', '경주시 부근 고분 출토품', '경북 용성군 소재 고분 출토품', '경남 동래 고분 출토품', '경남 김해읍 고분 출토품', '와박류'(瓦博類), '불상'이 있었으며, 한국 측은 이 중 37개의 세목이 있는 '경주시 부근 고분 출토품'을 요구했다. 동 세목의 전체 내용은 日本外交文書, 「返還請求韓国文化財目録中第(3)項1, 2細目」, 記入なし, No.383 참조.

104) 한국 측은 동항의 묘지를 모두 인도할 것을 요구했지만, 이에 대한 일본 측의 의견과 관련 논의는 일본외교문서에서 먹칠이 되어 있어 확인할 수 없다.

능한 것은 마이크로필름으로 만들어서 인도할 것을 고려한다고 전했다.

회의 말미 한국 측은 일본 측이 구체적으로 어떠한 품목을 남길 것인가를 확인하고 싶다고 말하자 일본 측은 이를 받아들였다. 한국 측은 이 시점에서 일본 측에게 인도받을 항목이나 수량은 거의 파악했다고 할 수 있는 상황이었는데, 일본 측이 무엇을 어느 정도 남길 것인지를 확인하고 싶어 했다. 그 이유는 일본에 남길 문화재 항목을 확인함으로써 인도 품목을 좀 더 검토할 여지가 있을 것으로 생각했기 때문이다.

일본 측은 오전 3시부터 시작된 두 번째 회의에서 일본에 남길 구체적인 목록을 제시했다. 그 목록에는 제2항의 ① 이토 히로부미의 고려자기, 제3항의 ① 경상남북도 소재 분묘 및 그 외 유적에서 출토된 것, ② 고려시대 분묘 그 외 유적에서 출토된 것이 있었다. 방희 대표는 하리타니 참사관과의 논의를 요청했고, 두 사람은 회의실 밖에서 논의를 하기로 했다. 두 사람의 회의가 종료한 후 방희 대표는 회의실로 돌아와 "일본 측의 요망 품목을 확인했기 때문에 한국 측은 좀 더 (인도품목목록을: 필자 주) 검토하기로 하고, 여기에서 일단 휴회를 해 주기 바란다"고 말했다. 하리타니 참사관도 이에 동의하고 양측은 휴회에 들어갔다.[105] 두 번째 회의가 끝난 후 일본 측은 내부회의를 열고 의연한 태도로 회의에 임하기로 했다. 그 이유는 일본 측이 인도품목목록에 대해 성의 있는 태도를 보였음에도 불구하고, 한국 측이 아직도 확실한 태도를 취하지 않고 있었기 때문이다. 일본 측은 내부회의 종료 후 인도품목목록에 대해 한국 측이 양적으로 불만이 있는지 또는 질적으로 불만이 있는지를 명확하게 하기 위해 한국 측에 회의 재개를 요구했다. 그러나 한국 측의 사정에 의해 오전 6시경에 세 번째 회의가 열

---

105) 일본외교문서에는 "오전 4시에 (회의가: 필자 주) 중단되었을 때 한국 측은 양산 부부총에 대한 고집으로 상당히 감정적이 되었"다고 적혀 있다. 日本外交文書,「5. 文化財問題」, No.1316. 제4차 회담부터 양산부부총 출토품을 요청했고, 받을 것으로 생각했던 한국 측은 이를 받지 못하게 되자 격앙되었던 것인데, 그만큼 한국 측이 양산부부총 출토품을 중요하게 생각하고 있었던 것이다.

리게 되었다.[106)]

일본 측은 회의가 시작되자 인도품목목록에 대한 한국 측의 명확한 태도를 요청하면서 "우리로서는 이미 한국 측의 요망을 충분히 받아들여 상당히 양보한 선을 내놓았음에도 불구하고, 한국 측이 아직 명확한 태도를 보이지 않는 것은 도대체 어느 선이 되어야만 타결을 할 것인지 끝이 없다", "전 회의에서 우리가 열심히 노력했음에도 불구하고 어째서 그와 같이 되었는지 너무 이해하기 힘들다"며 강경하게 발언했다.[107)] 외무성이 문화재보호위원회나 도쿄국립박물관 등을 설득하고 문화재의 인도에 관해 아직까지 반대가 있었음에도 불구하고, 최대한의 문화재를 인도목록품목에 넣었지만 한국 측이 이를 받아들이지 않았다는 점, 그리고 질적·양적 문제를 제기하고 있는 것인지도 명확하지 않았다는 점에 대해 일본 측은 강하게 불만을 드러낸 것이었다.

한국 측은 일본 측이 품목 수량에 관한 시안을 제시했지만, 그 수량만으로는 전체를 알 수 없기 때문에 품목명을 가르쳐 주면 이를 더 논의하고 싶었다는 입장을 설명하면서 한국 측의 방침은 변한 것이 아니라고 말했다. 그리고 한국 측은 일본 측이 제1항목의 ① 양산부부총 출토품을 내주지 않은 것은 의외였다고 말하고, 일본 측의 안으로 타결하는 것에는 대체로 이의가 없지만, 김동조 주일대사의 양해를 얻은 후에 최종적으로 결정하겠다고 말했다. 오전 7시 50분부터 네 번째 회의가 열리는데, 방희 대표는 일본 측이 제시한 제2항목의 ① 이토 히로부미의 고려자기 6점, 제3항목의 ① 경상남북도 소재 분묘 그 외 유적에서 출토한 것 6점, ② 고려시대 분묘 그 외 유적에서 출토한 것 4점에 대한 인도를 받아들이기로 했다. 이후 이토 히로부미의 고려자기 품목명에 대해서는 전문가들이 최종적으로 결정하기로 합의하는 것으로 인도품목목록에 관한 논의가 종료되었다.[108)]

---

106) 日本外交文書, 「文化財委員会会合記録 ②(品目リスト)」, 1965年6月18日, No.458.

107) 日本外交文書, 「文化財委員会会合記録 ③」, 1965年6月18日, No.458.

3. 협정안과 합의의사록 합의

1) 협정안 합의

한일 양국은 제4회 문화재위원회에서 아래의 〈표 33〉과 같이 각각 '대한민국과 일본 간의 문화재 문제 해결 및 문화협력에 관한 의정서 요강(안)'과 '문화상의 협력에 관한 일본국과 대한민국 간의 협정(안)'을 제시하면서, 관련 논의를 진행했다.109)

〈표 33〉 제4회 문화재위원회에서 한일 양국이 제출한 협정안 및 의정서안110)

조항	한국 측 의정서안	일본 측 협정안
전문	대한민국과 일본국은, 양국 간의 문화에 관한 역사적인 관계를 고려하고, 대한민국이 그 역사적 문화재에 대해 가진 깊은 관심을 고려하여, 양국 간의 학술과 문화 발전 및 연구에 기여하기를 희망하며, 다음과 같이 협정했다.	일본국정부 및 대한민국정부는, 양국의 문화에 관한 전통적인 깊은 관계에 비추어, 상호 간의 문화교류 및 우호관계를 금후 한층 발전시키기를 희망하여 다음과 같이 협정했다.
제1조	대한민국정부와 일본국정부는 양국 간의 문화관계를 증진시키기 위한 방법에 대해 가능한 한 빨리 협의하기로 한다.	양 체결국정부는, 문화, 학술, 과학, 기술, 예술, 교육 및 스포츠 분야에서 양 체결국 국민 간의 우호적이고 유효한 협력을 유지하기 위해, 가능한 한 편의를 상호 부여하기로 한다.
제2조	일본국정부는 이 협정서의 효력 발생 후 6개월 이내에 부속서에 열거된 대한민국의 문화재를 대한민국정부에 대해 인도하기로 한다. 이를 위해 양국 정부는 지체없이 인도 수속 등에 관한 협의하기로 한다.	일본국정부는, 대한민국에서의 학술 발전 및 문화 연구에 기여하기 위해 및 대한민국 국민이 자국의 역사적 문화재에 대해 가진 깊은 관심을 고려하여, 대한민국에 대해 부속서에 열거하는 일본국 정부 소유 문화재를, 가능한 한 빨리 인도하기로 한다.

108) 日本外交文書,「文化財委員会会合記録 ④」, 1965年6月18日, No.458.
109) 日本外交文書,「第4回文化財会合記録」, No.457.
110) 한일 양국이 제출한 안의 전문은 日本外交文書,「韓国との文化財・文化協定の条文化についての交渉」, 1969年3月(이하,「韓国との文化財・文化協定の条文化についての交渉」), No.461을 바탕으로 작성.

제3조	대한민국정부와 일본국정부는 각각 자국의 미술관, 박물관, 도서관 그 외 학술 및 문화에 관한 시설이 보유한 문화재에 대해 타방국의 국민에 연구시킬 기회를 부여하기 위해, 가능한 한 편의를 부여하기로 한다.	각 체약국정부는, 자국의 영역에서, 타방국의 국민에 대해, 미술관, 박물관, 도서관 그 외 자료편집 시설 이용에 대해 가능한 한 편의를 부여하기로 한다.
제4조	·	1. 이 협정은 비준되야 한다. 비준서는, 가능한 한 빨리 로 교환하기로 한다. 2. 이 협정은, 비준서 교환 일에 효력을 발생한다.

　일본 측이 제출한 안은 예비교섭 제21회 본회의(1962년 12월 26일)에서 일본 측이 제시한 의정서안이 아닌 문화협정의 성격을 갖는 내용이 포함된 것이었다.[111] 일본 측이 문서 명칭을 의정서에서 협정으로 한 이유는 한국 측과 별개의 문화협정을 체결할 수 없으므로 그 자체를 문화협정이라고 인식하는 편이 바람직하다고 생각했기 때문이었다. 일본 측은 이에 대해 "실질적인 내용이 있는 문서에 대해 조약 또는 협정 등에 부속한 것이 아닌데, 갑자기 의정서로 정한다는 선례도 없기 때문에 꼭 협정으로 하고 싶다"고 설명했다. 그리고 제2조에 관해서 일본 측의 기본적인 원칙이었던 기증을 4·3 합의의 제6항에 따라 인도로 했고, 제3조에 관해서는 영국과의 문화협정 제3조의 표현을 수정한 것이라고 설명했다.[112]

　한국 측은 한일 양국이 의정서를 작성하기로 동의하지 않았는가 등을 질

---

111) 日本外交文書,「韓国との文化財·文化協定の条文化についての交渉」, No.461.

112) 日本外交文書,「第4回文化財会合記録」, No.457. 일본은 영국과 1960년 12월에 전문과 15개 조항으로 구성된 'CULTURAL AGREEMENT BETWEEN JAPAN AND THE UNITED KINGDOM OF GREAT BRITAIN AND NORTHERN IRELAND'을 체결했다. 제3조는 "각 체약국은, 자국의 영역 내에서, 타방 체약국의 국민이 수학, 기술적 훈련 또는 연구를 할 수 있도록, 이와 같은 사람에게 장학금을 주기 위한 방법을 연구하기로 한다"이다. 이 문화협정의 전문은 外務省 홈페이지(https://www.mofa.go.jp/) 참조.

의한 후 의정서안을 제시했다. 한국 측은 협정으로 할지 의정서로 할지는 검토한 후에 결정하고 싶으며, 문화협력의 일환으로 문화재를 인도한다는 일본 측의 주장을 고려하여 이를 문화협력의 계기로 삼는 것이 좋지만, 문화협력만의 문제로 인도를 취급하는 일은 동의하기 어렵다고 설명했다. 이어서 한국 측은 제1조에 대해 처음부터 문화협정을 체결하는 것이 아니라 문화협력의 방법을 검토한 후에 문화협정 관련 논의를 하는 것이 좋겠다고 설명했다. 제2조에 대해서는 명확하지 않은 '가능한 한 빨리'라는 표현을 '6개월 이내'로 했는데, 그 이유는 "한국 국민을 납득시키기 위해서라도 꼭 기한을 정할 필요"가 있기 때문이었다. 제3조에 대해서는 인도받을 문화재를 한국에서 보고 싶다는 일본 측의 의견을 고려하여 일본 측의 안을 채용했다고 설명했다. 일본 측은 이상과 같은 한국 측의 설명에 대해 제2조의 '대한민국의 문화재'라는 표현은 곤란하다고 지적했고, 한국 측도 일본 측의 제2조 중 '일본국 정부 소유의 문화재'라는 표현이 일본정부 소유 국유 문화재만을 인도하는 의미라면 검토할 필요가 있다고 지적했다.[113] 즉 일본 측은 종래의 방침과 같이 일본정부가 소유하고 있는 국유 문화재만을 한국 측에 인도하기 위해 '일본국 정부 소유의 문화재'라는 문구를 삽입했고, 반면에 한국 측은 국유 소유 문화재뿐만이 아니라 개인 소유 문화재도 인도의 대상으로 삼고 있었기 때문에, 이를 모두 포함하는 의미에서 '대한민국의 문화재'라는 문구를 삽입했던 것이다.

한편 일본 측은 인도할 문화재 취급에 관한 '합의의사록', '토의의 기록', '왕복서간'을 한국 측에 설명한다. 세 가지 안은 일본정부가 인도할 문화재에 대해 한국정부가 문화협력 관계의 발전에 이바지하는 목적에 따라 적절한 방법으로 보존·전시할 것을 기대하고, 한국정부도 이에 약속할 것을 주요 내용으로 하고 있다. 특히 '합의의사록'은 이와 같은 내용과 함께 '일본국 정부가 인도한 한국문화재에 대해서는 한국 측에서 만의 하나 양국 국

---

113) 위와 같음.

민 간의 감정에 바람직하지 않은 영향을 끼칠 수 있는 우려스러운 취급이 없도록 강하게 희망'한다는 내용이 적혀있었다.114) 일본 측은 세 가지 안을 미공개라도 좋으니 교환해 놓자고 요청했지만, 한국 측은 되도록 미공개 자료는 만들지 않는다는 방침이며, 오늘 건넨 한국 측의 발언요지로 충분하지 않은가라고 말했다. 일본 측은 이에 대해 "발언 요지는 말뿐인 것이며, 사인도 없는 것이기 때문에 별개의 문서를 주고받고 싶다"고 말했다.115)

한편 협정안과 합의의사록 등에 관한 논의가 합의에 이르지 않았기 때문에 한일 양국은 6월 17일 밤부터 6월 18일에 걸쳐 다시 이에 대한 논의를 한다. 일본 측은 제4회 문화재위원회에서 한국 측이 제시한 의정서 요강을 수정하여, 6월 16일에 '일본국과 대한민국 간의 문화협정(안)'을 작성하고 6월 17일에 열린 회의에서 이 안을 제시했다.116)

일본국과 대한민국 간의 문화협정(안)

일본국 및 대한민국은 양국 문화에서의 역사적인 관계에 비추어 양국 간 학술과 문화 발전 및 연구에 기여하기를 희망하며 아래와 같이 협정했다.

제1조
일본국 정부 및 대한민국 정보는 양국민 간 문화관계를 증진시키기 위해 가능한 한 협력을 행하기로 한다.

제2조
일본국 정부는 부속서에 게재한 문화재를 양국 정부 간에 합의하는 절

---

114) 3개 안의 정식명칭은 '일본국 정부와 대한민국 정부 강의 문화상의 협력에 관한 의정서에 관한 합의의사록(안)', '토의의 기록(안)', '하리타니 대표와 방 대표 간의 왕복서간(안)'이다. 전문은 日本外交文書, 「韓国との文化財・文化協定の条文化についての交渉」, No.461 참조.

115) 日本外交文書, 「第4回文化財会合記録」, No.457.

116) 日本外交文書, 「韓国との文化財・文化協定の条文化についての交渉」, No.461.

차에 따라 이 협정의 효력발생 6개월 이내에 대한민국 정부에 인도하기로
한다.

제3조
　일본국 정부 및 대한민국 정부는 각각 자국의 미술관, 박물관, 도서관
그 외 학술 및 문화에 관한 시설이 보유하는 문화재에 대해 상대국의 국
민에게 연구할 기회를 주기 위해 가능한 한 편의를 제공하기로 한다.

제4조
　이 협정은 각 체결국에서 각각의 국내법상 절차에 따라 승인되어야 한
다. 이 협정은 그 승인을 통지하는 공문이 교환되는 날에 효력을 발생한다.

　한국 측은 일본 측의 문화협정안 제4조에 대해 "종래의 생각을 바꿔 비
준하는 방향으로 생각하고 있으므로, 비준조항으로 괜찮지 않은가"라고 지
적하면서, 협정의 명칭은 '문화재 및 문화협력에 관한 협정'으로 할 것을 요
청했다. 일본 측은 전자에 대해서는 동의했지만, 후자에 대해서는 응하지
않았다. 또한 한국 측은 제2조의 '합의하는 절차에 따라'에 관해 협정을 불
이행하는 구실을 준다는 이유로 삭제할 것을 주장했지만, 일본 측은 절차를
합의할 의무는 양국에 있으며, 절차가 합의되지 않는 것으로 인도 의무가
해소되는 것은 아니라고 설명했고 한국 측도 이에 동의했다.[117]
　그 후 한국 측은 일본 측이 요구한 인도 문화재의 보존·전시에 대해 '문
화재 및 문화협력에 관한 대한민국과 일본국 간의 협정에 대한 합의의사록'
을 일본 측에 제시했다. 한일 양국은 이 안을 논의한 후에 수정된 합의의사
록을 작성했는데, 한국 측은 합의의사록의 형식으로는 느낌이 너무 강하기
때문에 왕복서간으로 할 것, 그리고 이를 미공개로 할 것을 요청했다. 한일
양국은 회의 말미에 이를 '대한민국 정부에 인도되는 문화재에 관한 왕복서

---

117) 위와 같음.

간'으로 하기로 합의했다.[118] 한편 일본 측에서는 이 회의가 끝난 후 한국
측이 주장했던 협정의 제목에 관한 논의를 진행했다. 후쿠다 히로시(福田博)
사무관은 후지사키 마사토(藤崎萬里) 조약국장에 전화를 걸어 협정의 명칭
에 대해 문의했는데, 후지사키 조약국장은 "한국 측이 희망하는 대로 해도
좋다"고 답했다.[119] 그 후 일본 측은 협정의 명칭이 한국 측의 요구대로 되
었다고 전했다.

2) 합의의사록 합의

한편 6월 15일과 6월 17일에 열린 회의에서 협정안과 왕복서간을 거의
확정한 한일 양국은 6월 18일에 개인 소유 문화재 기증에 관한 합의의사록
을 논의했다. 한국 측은 개인 소유 문화재의 인도를 마지막까지 강하게 요
구했지만, 일본 측은 종래의 방침과 같이 일본정부가 소유한 국유 문화재만
인도하겠다고 주장했다. 방희 대표는 개인 소유 문화재에 대해 "한국민의
관심이 강하고, 그 인도에 대해 무언가 언급하지 않고 조인하는 것은 대표
로서 극히 곤란한 입장에 놓인다"고 말했다. 일본 측은 개인 소유 문화재의
인도를 약속하는 것은 불가능하지만, 이에 관심을 가진다는 의미로 합의의
사록을 교환하기로 하고, 한국 측에 합의의사록 작성을 의뢰했다. 6월 18일
오후 한국 측은 다음과 같은 합의의사록을 제시했다.[120]

문화재 및 문화협력에 관한
대한민국과 일본국 간의 협정에 대한 합의된 의사록(안)

대한민국 정부 대표 및 일본국 정부 대표는, 오늘 서명된 문화재 및 문화
협력에 관한 대한민국과 일본국 간의 협정에 관해 다음과 같은 양해에 도

---

118) 왕복서간 전문은 外務省 홈페이지(https://www.mofa.go.jp/) 참조.
119) 日本外交文書, 「韓国との文化財・文化協定の条文化についての交渉」, No.461
120) 위와 같음.

달했다.

일본국 정부는, 일본국 국민 사유의 아래의 한국문화재가 대한민국 측에 기증되도록 적극적인 지도를 행하고, 특히 다음 문화재가 우선적으로 포함되도록 한다.

1   2   3   4

이 안의 내용은 개인 소유 문화재 기증이 이루어질 수 있도록 일본정부가 적극적으로 지도하고, 또한 특정 문화재가 지정되어 있기 때문에 개인 소유 문화재에 대해 단순한 관심을 나타낸다는 일본 측이 받아들이기 어려운 내용이었다. 결국 이 안은 합의에 이르지 못한 채 논의가 끝나버렸다.

그 후 일본 측은 내부회의를 거쳐 개인 소유 문화재를 특정한 괄호의 내용을 삭제하고, 아래와 같은 합의의사록을 작성한다.[121]

문화재 및 문화협력에 관한
대한민국과 일본국 간의 협정에 대한 합의된 의사록(안)

대한민국 정부 대표는, 일본 국민 사유의 한국에서 유래된 문화재가 대한민국으로 기증되(도록 일본국 정부가 가능한 한 알선을 하)기를 희망한다는 취지를 말했다.

---

121) 상기 자료의 각주는 "( ) 안은 6월 19일에 문화재보호위원회 측의 의견에 따라 삭제"라고 되어 있다. 해당 부분의 원문은 "…寄贈される(よう日本国政府ができる限りあっせんを行なう)ことを希望する旨述べた"와 "…寄与するもの(として歓迎すべきこと)であるので,…"이다. 외무성이 작성한 상기 합의의사록에 대해 문화재보호위원회가 괄호 안의 내용을 삭제할 것을 요청했고, 한국 측에는 이를 삭제해서 제시했다. 일본 측에서는 '장려할 것이다'라는 표현에 관해 "당초에는 단순히 '장려한다'로 오해를 피할 필요가 있다고 생각되었지만, 아시아국과 문화사업부가 '그것으로는 교섭이 정리되지 않는다'라는 의견을 제시했기 때문에 정부의 입장을 이 의사록에서 표명하는 것에 그치도록 여러 기안을 한 결과 후지사키 조약국장의 의견에 비추'어 상기 합의의사록을 작성했다. 위와 같음.

일본 측 대표는 이와 같은 일본 국민이 소유하는 문화재를 자발적으로 한국 측에 기증하는 일은 일한 양국민의 문화협력 증진에 기여하는 것(으로써 환영해야 할 일)이므로 정부로서는 이를 장려할 것이라고 말했다.

일본 측은 6월 18일 밤에 김정태 부이사관을 불러 괄호의 내용이 삭제된 상기 합의의사록에 대해 설명했다. 일본 측은 "사유 재산을 제출시키는 일은 일본국 헌법 규정에서 말해도 불가능하며, 또한 사유 문화재를 사들일 예산조치도 문제가 된다고 말하고, '장려할 것이다'는 자구는 일본정부가 적극적으로 어떠한 action을 취한다는 것을 의미하지는 않는다"라고 설명했다. 김정태 부이사관도 "이 자구라면 괜찮다"고 답했다.122)

하리타니 사무관은 다음날 19일에 문화재보호위원회의 미야지 사무국장에 전화를 걸어 합의의사록을 논의한다. 미야지 사무국장은 '장려'라는 표현 삽입에 반대했는데, 하리타니 사무관은 그 표현이 '괜찮다'라는 의미의 외교 수사이며, 개인의 자발적인 행동이 전제이기 때문에 일본정부가 이를 적극적으로 장려하는 것은 아니라고 설명했다. 즉 '장려'라는 표현은 일본 국민이 개인 소유 문화재를 한국에 기증하는 행위에 대해 일본정부는 '문제가 없다' 또는 '괜찮다'라고 생각한다는 의미에 지나지 않고, 이를 적극적인 행위로 장려하는 의도는 아니라는 것이다. 이에 대해 미야지 사무국장도 괄호의 '도록 일본국 정부가 가능한 한 알선을 하', '으로써 환영해야 할 일'을 삭제하는 것으로 합의의사록에 동의했다.123)

---

122) 위와 같음. 합의의사록의 정식 명칭은 '대한민국과 일본국 간의 문화재 및 문화협력에 관한 협정에 대한 합의의사록'이며, 내용은 "한국 측 대표는, 일본 국민의 사유로서 한국에 연유하는 문화재가 한국 측에 기증되도록 희망한다는 뜻을 말하였다. 일본 측 대표는 일본 국민이 소유하는 이와 같은 문화재를 자발적으로 한국 측에 기증함은 한일 양국 간의 문화협력의 증진에 기여하게도 될 것이므로, 정부로서는 이를 권장할 것이라고 말하였다"이다. 문화재청, 『한일협정 반환 문화재 자료집』, 문화재청, 2005(이하, 『한일협정 반환 문화재 자료집』), pp.116.

123) 미야지 사무국장은 6월 20일에 문화재보호위원회의 가와하라 위원장을 찾아가 하리타니 사무관과의 논의를 보고했다. 가와하라 위원장은 '장려한다'는 표현에 집

일본 측은 한국 측의 요구에 따라 개인 소유 문화재 기증에 관한 합의의
사록을 작성했지만, 그것은 적극적인 행동을 의미하는 것이 아닌 단순하게
관심을 표시한다는 일본 측의 입장에 기반하여 작성한 것이었으며, 한국 측
도 그 의미를 이해하고 일본 측의 합의의사록에 동의했다. 이후 한일 양국
은 6월 19일 밤에 문화재 협정과 합의의사록에 관한 한국어·일본어 번역문
대조작업과 이 작업을 기반으로 약간의 수정을 거친 후 문화재 협정과 합
의의사록을 작성하고, 6월 22일에 기본조약 및 다른 협정들과 함께 문화재
협정에 조인했다.

대한민국과 일본국 간의 문화재 및 문화협력에 관한 협정[124]

대한민국과 일본국은 양국 문화의 역사적인 관계에 비추어 양국의 학술
및 문화의 발전과 연구에 기여할 것을 희망하여 다음과 같이 합의하였다.

제1조
대한민국 정부와 일본국 정부는 양국 국민 간의 문화 관계를 증진시키
기 위하여 가능한 한 협력한다.

제2조
일본국 정부는 부속서에 열거한 문화재를 양국 정부간에 합의되는 절차
에 따라 본 협정효력 발생후 6개월 이내에 대한민국 정부에 인도한다.

착하면서도 "이 의사록을 합의하지 않아서 (교섭이: 필자 주) 정리되지 않는다고
한다면 어쩔 수 없을 것이다"라고 말하면서 해당 표현을 받아들였다. 日本外交文
書, 「韓国との文化財·文化協定の条文化についての交渉」, No.461
124) 문화재청, 『한일협정 반환 문화재 자료집』, p.115. 문화재 협정은 전문과 본문 제1
조 문화관계 증진을 위한 협력, 제2조 한국정부에 대한 문화재 인도, 제3조 문화
재 연구를 위한 편의 제공, 제4조 비준 및 효력 발생, 그리고 인도되는 문화재 목
록이 기술된 부속서로 구성되어 있다.

제3조

대한민국 정부와 일본국 정부는 각각 자국의 미술관, 박물관, 도서관 및 기타 학술문화에 관한 시설이 보유하는 문화재에 대하여 타방국의 국민에게 연구의 기회를 부여하기 위하여 가능한 한의 편의를 제공한다.

제4조

본 협정은 비준되어야 한다. 비준서는 가능한 한 조속히 서울에서 교환한다. 본 협정은 비준서가 교환된 날로부터 효력을 발생한다.

한국정부는 위와 같은 문화재 협정을 통해 총 1,326점의 문화재를 인도받는다. 제4차 회담 직후 인도받은 106점의 문화재를 포함하면 총 1,432점의 문화재를 인도받은 것이다. 1,326점의 문화재는 '반환청구 한국문화재 목록'을 통해 요구한 4,479점의 문화재 중 약 30%에 해당하는 수량이다. 1,326점의 문화재에는 고고자료 338점, 도자기 97점, 석조미술품 3점, 도서 852책,[125] 체신자료 36점이 있었고, 이 문화재들은 1966년 5월 28일에 한국으로 돌아왔다.[126] 이와 같이 한일 양국이 '일본정부가 한국정부에 문화재를 인도한다'는 취지의 문화재 협정을 체결하면서 약 14년에 걸쳐 교섭해 왔던 문화재 반환 문제가 일단락되었다.

---

125) 해당 도서는 163종 852책이며, 이와 함께 인도 문화재의 수량에 포함되지 않은 마이크로 필름 수록 238롤 379롤(2,295책분)은 기증을 받았다. 인도받은 도서의 종류, 가치 등에 대한 연구는 윤병태, 「일본 반환 전적문화재의 서지학적 연구」, 『서지학연구』 제8호, 1992 참조.

126) 1,432점의 문화재 도록과 목록은 각각 문화재청, 앞의 자료, pp.6~95 및 pp.117 ~136 참조. 한편 고고자료와 도자기, 석조미술품은 인도받은 이후 1966년 7월 한 달 여 동안 국립중앙박물관에서 특별전시되었다. 이준구, 「한일회담 반환문화재 인수유물」, 『미술사학연구』 제165호, 1985, p.39. 도서와 마이크로 필름은 같은 해 9월 24일부터 일주일 동안 공개되었다. 윤병태, 위의 글, p.216.

제4절 제7차 회담의 문화재 반환 교섭에 대한 평가

　본장에서는 제7차 회담에서 논의된 기본관계문제와 문화재 반환 문제를 중심으로 '문화재 반환 문제의 구조'의 기본관계 속성과 청구권 속성이 약화되는 과정을 검토했다. 이하에서는 이에 대한 논의를 요약·정리한다.

　먼저 한일 양국은 기본관계문제 논의에서 각각 합의초안을 제출하고 이를 바탕으로 논의를 진행했다. 제1차 회담 때부터 큰 쟁점이 되어 왔던 구조약의 무효확인 문제는 논의 끝에 '이미 무효임을 확인한다'라는 표현으로 합의하여, 기본조약의 제2조 '1910년 8월 22일 및 그 이전에 대한제국과 대일본제국 간에 체결된 모든 조약 및 협정이 이미 무효임을 확인한다'로 규정되었다. 한일 양국은 '이미'라는 표현을 사용하면서 한국 측은 구조약이 당초부터 무효였다고 해석할 수 있게 되었고, 반면에 일본 측은 구조약이 체결 당시에는 유효했고 조선이 독립한 이후 무효가 되었다고 해석하게 될 수 있게 되었다.

　구조약의 무효확인 문제와 함께 기본관계문제의 또 하나의 큰 쟁점은 유일 합법정부 문제였다. 한국 측은 제6차 회담 당시 주장했던 영토조항을 통해 북한 지역까지 한국의 영토가 된다는 점을 주장했지만, 이에 반대하는 일본 측의 입장을 고려하여 유일 합법정부 조항을 제안했다. 일본 측은 한국정부의 관할권이 북한 지역에 미치지 않는다고 주장하고 있었기 때문에 한일 양국은 이 문제를 둘러싸고 대립할 수밖에 없었다. 이 문제는 논의 끝에 유엔결의 195(Ⅲ)을 삽입하여 기본조약 제3조 '대한민국 정부가 국제연합 총회의 결정 제195호(Ⅲ)에 명시된 바와 같이 한반도에 있어서의 유일한 합법정부임을 확인한다'로 합의되었다. 이를 통해 한국 측은 한국정부가 한반도에서 유일한 합법정부라고 해석할 수 있게 되었고, 반면에 일본 측은 한국정부의 관할권이 한반도 남부에 한정된다고 해석할 수 있게 되었다. 한일 양국은 이와 같이 구조약의 무효확인 문제와 유일 합법정부 문제에 대해 각각 양보하면서 각자의 입장에서 유리하게 해석할 수 있도록 합의했다. 제7차 회담 초기 이 문제들을 논의하면서 기본관계 속성이 강화되었지만, 위와 같은 합의를 통해 점차 약화되었다.

문화재 반환 문제 관련 논의에서 한국정부는 문화재를 돌려받는 방법을 인도로 정하는 한편 도쿄국립박물관에 소장된 문화재 등이 포함된 문화재 목록을 작성하고, 개인 소유 문화재는 기증이라는 형식을 취해서라도 오구라 컬렉션 등 주요 문화재를 돌려받기로 방침을 정했다. 일본정부는 제6차 회담에서 한국 측이 주장한 인도라는 표현을 여전히 받아들이지 않고 있었고, 증여의 의미로 몇 가지 국유 문화재를 건네주기로 하면서 해당 목록을 작성하기 시작했다.

한일 양국은 제7차 회담 개최 이후 먼저 기본관계문제를 타결하고, 이후 남은 현안 문제에 관해 대략적으로 합의한다. 문화재 반환 문제는 4·3 합의에서 ‘청구권 문제 합의사항’의 제6항으로 규정되면서 문화재를 건네는 방법이 최종적으로 인도가 되었다. 이에 따라 청구권 속성이 약화되었고, 이후 문화재 반환 문제는 인도품목목록과 협정안 작성을 중심으로 논의가 진행되었다.

4·3 합의 이후 열린 문화재소위원회에서 일본 측은 앞으로 제출할 인도품목목록이 최종안이라고 설명을 했지만, 한국 측은 이를 논의한 적이 없기 때문에 최종안으로 인정할 수 없다고 지적하면서, 해당 목록을 빨리 제출할 것을 요구했다. 그러나 일본 측은 한일회담 타결 며칠 전이 되어서야 인도품목목록을 제출하고, 문화협력의 일환으로 문화재 반환 문제를 해결하는 취지에서 인도할 문화재를 선정했다고 설명했다. 한국 측은 지금까지 주장해 온 양산 부부총 문화재, 궁내청 소장 서적, 오구라 컬렉션, 북한 출토 문화재 등이 목록에 포함되어 있지 않다는 점을 지적하면서, 이를 다시 검토해야 한다고 강하게 주장했다. 한국 측의 요구는 결국 받아들여지지 않았는데, 특히 북한 출토 문화재는 기본관계문제에서 일본 측이 한국의 관할권이

한반도의 남부지역에 한정된다고 해석할 수 있도록 합의되었기 때문에 인도 대상이 될 수 없었다. 한편 협정안 관련 논의에서는 한국 측의 요구에 따라 협정의 명칭에 문화재가 들어가게 되었고, 개인 소유 문화재 기증에 관한 합의의사록도 작성되면서, 문화재 협정이 최종적으로 합의되었다.

이와 같이 제7차 회담 시기는 기본관계 속성과 청구권 속성이 약화되었으며, 문화재 협정을 통해 일본정부가 한국정부에 문화재를 인도하는 것으로 문화재 반환 문제가 타결되었다.

제8장 결론

본고는 해방을 맞이하여 주권국가로 등장한 한국과 제국의 해체에 따른 전후처리라는 과제에 직면하고 있었던 일본이, 탈식민지화를 함께 경험하는 과정에서 식민지 지배라는 과거사 청산에 어떻게 대응했는지를 한일회담의 문화재 반환 문제에 초점을 맞춰 검토하고, 이를 통해 동 문제가 왜 완전하게 해결되지 않고, 여전히 발생하고 있는지를 규명하는 작업이었다.

본고는 이와 같은 물음에 답하기 위해 '문화재 반환 문제의 구조'라는 관점에서 한일회담의 문화재 반환 문제를 둘러싼 교섭 과정을 분석했다. 분석 결과 한일 양국이 '문화재 반환 문제의 구조'와 그 한계를 남긴 채 동 문제를 타결했기 때문에 동 문제가 완전히 해결되지 않았고, 그 결과 아직도 한일 양국에서 문화재 반환 문제가 발생하고 있다는 결론을 내렸다. 이하에서는 본고의 논의와 연구성과를 요약·정리한다.

첫째, 문화재 반환 문제의 교섭 과정을 구분하고 각 시기의 특징을 밝혔다. 일부 선행연구에서 동 문제의 시기를 구분하기도 있지만, 각 시기의 특징에 충분한 검토가 이루어졌다고 보기 어려웠다. 특히 회담 중단기는 제4차 회담 이후의 문화재 반환 문제 논의에서 큰 전환점이 되었다는 점을 봤을 때 이를 면밀하게 검토할 필요가 있었지만, 그렇지 못했다. 따라서 본고에서는 회담 중단기를 포함한 문화재 반환 문제의 교섭 과정을 제1차 회담부터 제3차 회담, 회담 중단기, 제4차 회담부터 제5차 회담, 제6차 회담, 제7차 회담으로 구분하고 각 시기의 특징을 분석했다. '문화재 반환 문제의 구조'를 중심으로 각 시기의 특징을 정리해 보면 아래와 같다.

〈표 34〉'문화재 반환 문제의 구조'로 본 교섭 시기별 특징

한일회담 시기	문화재 반환 문제의 구조			특징	결과
	①기본관계 속성	②청구권 속성	③역사적 가치 속성		
제1차	강	중	약	문화재 반환 문제의 구조 표면화	·
제2차	약	중	약		
제3차	약	강	약		·
중단기	·	약	약	②의 약화	106점 인도
제4차	·	강	강	②, ③의 강화	
제5차	·	강	강		·
제6차	강	약	강	①의 강화 및 ②의 약화	·
제7차	강→약	약	강	①, ②의 약화	1,326점 인도

제1차 회담부터 제3차 회담 시기의 주요 특징은 기본관계 속성과 청구권 속성, 역사적 가치 속성이라는 '문화재 반환 문제의 구조'가 표면화되었다는 점이다. 먼저 한일 양국은 제1차 회담에서 일본이 조선을 식민지화하는 과정에서 체결된 구조약의 무효확인 문제를 둘러싸고 대립했다. 한편 문화재 반환 문제와 관련하여 한국 측은 제1차 회담과 제2차 회담에서 법적 요구에 따른 반환이 아닌 일본 측의 정치적·자발적 반환을 요구했지만, 일본 측은 동 문제 관련 방침이 정해지지 않았기 때문에 소극적인 태도를 보였다. 이후 방침을 정한 일본 측은 제3차 회담에서 일본이 문화재를 반환할 의무는 없지만, 국유 문화재를 어느 정도 자발적으로 증여하겠다고 말했다. 이에 대해 한국 측은 법적 요구를 통한 문화재 반환을 주장하면서 강경한 태도를 보였다. 이와 함께 구체적인 논의까지 진행되지 못했지만, 한국 측은 '한일 간 청구권 협정 요강안 한국 측 제안의 상세 제1항목', '한국 국보 고서적 목록 일본 각 문고 소장', '일본 소재 한국 국보 미술공예품 목록', '한국 국보 고서적 목록(제2차분)'과 같은 목록을 차례로 제시했다. 이와 같이 제1차 회담부터 제3차 회담까지의 시기는 기본관계 속성, 청구권 속성,

역사적 가치 속성이 나타나면서 '문화재 반환 문제의 구조'가 표면화되었고, 이후 문화재 반환 문제는 이 구조 속에서 논의된다.

회담 중단기의 주요 특징은 청구권 속성이 약화되었다는 점이다. 일본 측에 문화재 반환을 요구했던 한국 측은 문화재를 돌려받는 방법으로 인도를 제안했지만, 일본 측은 구두전달사항을 통해 한국의 독립을 축하하는 의미에서 약간의 국유 문화재를 기증할 용의가 있다고 제안했다. 한국 측은 기증을 인도로 할 것, 전면회담에서 문화재 반환 문제를 논의할 것 등 구두전달사항의 수정을 요구하고, 일본 측도 이를 받아들임으로써 구두전달사항이 합의되었다. 제1차 회담부터 제3차 회담까지 반환을 주장했던 한국 측은 이승만 대통령의 문화재 반환 문제에 대한 큰 관심과 이를 조기 해결하라는 지시, 그리고 한일 양국의 반환과 기증 주장은 서로 받아들일 수 없었기 때문에 문화재를 돌려받는 방법으로 인도를 선택할 수 밖에 없었다. 일본 측도 일본 어부들의 억류문제 해결이나 미일안보조약 개정에 대한 교섭력을 높이기 위해 한국 측에 어느 정도 양보할 필요가 있었고, 이를 위해 문화재를 인도하기로 했던 것이다. 한일 양국은 각각의 입장을 한 발씩 양보하면서, 즉 반환과 기증에서 인도로 그 입장을 변경하면서 청구권 속성이 약화되었다.

제4차 회담에서 제5차 회담 시기의 주요 특징은 청구권 속성과 역사적 가치 속성이 강화되었다는 점이다. 한국 측은 구두전달사항을 바탕으로 문화재 반환 문제만을 집중적으로 논의할 수 있는 문화재소위원회를 설치하려고 했지만, 일본 측은 응하지 않았다. 이후 일본 측이 한국 측의 주장을 받아들이면서 문화재소위원회 설치가 합의되었고, 한일 양국은 제4차 회담부터 문화재소위원회를 중심으로 청구권 문제와는 별도로 문화재 반환 문제만을 논의할 수 있게 된다. 한국 측은 문화재 반환과 문화재 목록 제출을 일본 측에 여러 차례 요구하는 한편 전문가를 일본에 파견하여 문화재를 조사했다. 한국 측은 일본 측에게 문화재 목록을 제출받은 후에 이를 중심으로 문화재 반환 문제를 논의하려고 했지만, 일본 측은 계속해서 소극적인 태도를 보였다. 이에 대해 한국 측은 실질적이고 구체적인 논의를 위한 '제1차 반환청구 한국문화재 항목'을 일본 측에 제출·설명하면서 이에 대한 반환을 요구했다. 그러나 일본 측은 동 문제에 관한 정부의 기본방침이 아직 정해지지 않았다는 점이나 국내 정치상황 등을 이유로 들면서 동 문제의 논의에 계속 소극적인 태도를 보였다.

한편 장면 정권 수립 이후 개최된 제5차 회담에서 한국 측은 '문화재 반환의 7항목'을 제출하면서 이에 대한 반환을 요구했고, 일본 측은 반환의 법적의무는 없으며 정치적·문화적 의미에서 국유 문화재를 기부하겠다는 '문화재 문제의 3원칙'을 제시했다. 그리고 한국 측은 문화재의 반환·기증 문제를 둘러싼 논의가 아니라, 문화재 반출에 관한 사실관계 확인을 위한 전문가회의 개최를 제안하고 일본 측도 이에 동의했다. 이와 같이 제4차 회담부터 제5차 회담 시기는 한일 양국의 반환과 기증을 둘러싼 대립이 다시 나타남으로써 청구권 속성이 강화되는 한편 문화재소위원회의 설치, 전문가회의의 설치, 문화재 목록 제출과 이에 대한 논의 등 역사적 가치 속성이 강화되었다.

제6차 회담의 주요 특징은 청구권 속성이 다시 약화되기 시작하는 한편 기본관계 속성이 강화되었다는 점이다. 한국 측은 문화재소위원회와 전문가회의에서 문화재 반환을 언급했지만, 그 보다는 주로 '문화재 반환의 7항목'에 대한 집중적인 논의를 진행했다. 한국정부는 제6차 회담이 시작되기 전에 반환이 되지 않을 경우 인도라는 형식으로 문화재를 반환받는다는 지시를 했고, 한국 측은 일본 측에 비공식적으로 반환·기증 문제는 큰 문제가 되지 않는다고 말했다. 이후 한국 측은 제2차 정치회담에서 구두전달사항을 언급하면서 문화재를 돌려받는 방법으로 인도를 공식적으로 제안했다. 일본 측은 이를 받아들이지 않았지만, 그 후 의정서안을 제시하면서 문화재 반환 문제를 타결하려고 했다. 문화재 반환 문제가 타결에 이르지 못했지만, 한일 양국은 동 문제에 보다 적극적인 자세를 보였다. 일본 측은 여전히 기증을 주장하고 있었지만, 한국 측이 인도로 그 입장을 변경했기 때문에 청구권 속성은 약화되기 시작했다. 반환·기증 문제를 고집하지 않게 된 한국 측은 문화재소위원회와 전문가회의의 성격을 갖는 특별위원회 설치를 제안했다. 일본 측도 처음에는 이에 동의했지만, 이후 반대로 돌아섰고 결국 특별위원회는 개최되지 못했다. 그 후 한국 측은 '반환청구 한국문화재 목록'을 제시하고, 한일 양국은 이를 중심으로 문화재 목록에 대한 논의를 이어갔다. 한편 제3차 회담 이후 기본관계문제는 논의되지 않았지만, 재개 제6차 회담에서 다시 논의되기 시작했다. 한국 측은 이전 회담에서 주장했던 구조약의 무효확인 조항 삽입을 다시 거론하고, 북한 지역까지 한국의 영토로 규정하는 영토조항을 새롭에 주장했다. 이와 같이 제6차 회담에서는 한국 측이 인도를 제안하면서 청구권 속성은 다시 약화되기 시작했고, 구조약의 무효확인 문제와 영토조합이 논의되면서 기본관계 속성이 강화되었다. 그리고 역사적 가치 속성은 문화재 목록에 대한 집중적인 논의와 특별위원회 설치 논의를 통해 강화되었다.

제7차 회담 시기의 주요 특징은 기본관계 속성과 청구권 속성이 약화되었다는 점이다. 제1차 회담부터 쟁점이었던 구조약의 무효확인 문제와 제7차 회담에서 쟁점이 되었던 유일 합법정부 문제는 한일 양국이 각자의 입장에서 유리하게 해석할 수 있는 형태로 타결되었다. 한국 측은 구조약은 당초부터 무효이며, 한국정부가 한반도에서 유일한 합법정부라고 해석할 수 있게 되었고, 반면에 일본 측은 구조약은 당시에는 유효했으며 한국정부의 관할권은 한반도의 남부에 한정된다고 해석할 수 있게 되었다. 구조약의 무효확인 문제와 유일 합법정부 문제가 집중적으로 논의되면서 기본관계 속성이 강화되었다가 각각의 입장에서 해석할 수 있는 방식으로 타결되면서 다시 약화되었다.

한편 한국 측은 문화재를 돌려받는 방법으로 인도를, 일본 측은 여전히 기증을 주장했는데, 한일 양국은 4·3 합의에서 이 문제를 인도로 합의했다. 반환·기증 문제가 인도로 합의됨으로써 청구권 속성이 약화되었다. 이어서 한일 양국은 인도품목목록과 협정안에 관한 논의를 진행했다. 협정안은 한국 측의 주장이 받아들여져 협정의 명칭에 문화재가 들어가게 되었고, 일본 정부가 개인 소유 문화재에 대해 기증을 권고한다는 합의의사록도 작성되었다. 그리고 인도품목목록에 관해서는 일본 측이 한일회담 타결 며칠 전이 되서야 최종안을 제출했다. 한국 측은 계속해서 요구해 왔던 문화재들이 들어가 있지 않다는 점 등을 이유로 일본 측의 문화재 목록에 반대하면서 재검토를 요구했다. 그 후 한일 양국은 인도품목목록을 검토하여 72점의 문화재를 추가적으로 한국 측에 인도하기로 했다. 이와 같이 제7차 회담에서는 기본관계 속성과 청구권 속성이 약화되었다.

둘째, 문화재 반환 문제에 있어서 과거사 청산의 소멸은 회담 중단기에 이미 발생했고, 그것은 구두전달사항에 의한 것이였으며, 구두전달사항의 인도 합의가 한일회담에서 중요한 의미를 가진다. 선행연구에서는 제7차 회담에서 체결된 기본조약과 협정들에는 과거사 청산에 관한 규정이 없었기 때문에, 한국 측이 주장한 과거사 청산이 소멸되었다고 논해졌다. 문화재 협정에서도 '양국 문화의 역사적 관계'와 '인도'가 무엇을 의미하는 것인지, 무엇을 위해 있는 것인지가 명확하지 않기 때문에, '인도'를 통한 식민지 지배의 '문화재 약탈'이 청산되었다고는 말하기 어려웠다고 지적했다.

본고에서는 이와 같은 과거사 청산이 소멸된 것은 이미 회담 중단기에 구두전달사항에 의해 발생했다고 논했다. 문화재 협정에는 '양국 문화의 역사적 관계'와 같은 과거사 청산을 둘러싼 흔적이 있었지만, 구두전달사항은 과거사 청산에 관한 규정은 전혀 없었고, 단순히 일본이 한국에 문화재를 인도한다는 내용만 있었다. 즉 과거사 청산의 일환으로 제기된 문화재 반환 문제에서 과거사 청산의 소멸은 제7차 회담에서가 아닌 회담 중단기에 이미 발생했던 것이었다. 또한 한일회담 전체에서 보더라도 제7차 회담에서 과거사 청산이 소멸된 것이 아니라, 회담 중단기에 문화재 반환 문제에서 이미 한 차례 소멸되었던 것이었다.

한편 한일회담의 큰 특징 중 하나로서 한일 양국이 체결한 조약과 협정을 자국의 입장에서 각각 유리하게 설명할 수 있도록 했다는 점을 들 수 있다. 기본관계문제의 구조약의 무효확인 문제는 기본조약의 제2조 '1910년 8월 22일 이전에 대한제국과 일본 사이에 체결된 조약 등은 모두 이미 무효임이 확인된다'로 합의되었는데, 한국정부는 과거의 모든 조약과 협정은 당초부터 무효였다고 해석했고, 반면에 일본정부는 그것이 당시에는 합법이었지만 한국이 독립한 시점에서 무효가 되었다고 해석할 수 있게 되었다. 청구권 문제에서도 한국정부는 일본이 제공할 5억 달러는 청구권 문제의 해결을 위해 받은 자금으로 해석했지만, 일본정부는 청구권과는 관계가 없고 경제협력으로써 제공한 자금이라고 해석했다. 문화재 협정에서도 인도라는 표현에 대해 한국정부는 반환으로, 일본정부는 기증으로 각각의 입장에 유리하게 해석을 했다. 한일회담에서 이와 같은 해석 방법이 공식적으로 처음 등장한 것은 회담 중단기의 구두전달사항에서였다. 본고에서 검토한 바와 같이 106점의 문화재 인도에 관해 한국정부는 인도라는 방식으로 반환받았다고 해석한 반면 일본정부는 인도라는 방식으로 기증했다고 해석했다. 즉 구두전달사항의 인도라는 합의는 이후 한일회담에서 한일 양국이 자국의 입장을 유리하게 설명할 수 있게 하는 해결 방식을 예측할 수 있었던 첫 공식 합의였다는 점에서 구두전달사항은 문화재 반환 교섭과 한일회담에서 중요한 의미가 있다고 평가할 수 있다.

셋째, 문화재 반환 문제는 과거사 청산의 측면에서 봤을 때 한일회담에서 중요한 문제였다. 선행연구는 동 문제가 다른 의제와 비교하여 중요한 문제가 아니었다고 지적하고 있는 인상이 강하다. 그러나 문화재 반환 문제는 과거사 청산과 한국의 민족 정체성 회복이라는 정신적인 측면에서 깊이 연결되어 있었기 때문에 중요한 문제였다. 예를 들어 한일회담에 시작되기 전부터 논의되었던 선박 문제는 제6차 회담에서 부상한 경제협력이라는 경제논리에 의해 서서히 청구권 문제 해결의 일환으로 취급되었고, 결국 청구권 협정에 관한 교환공문 속에 하나의 문장으로 규정됨으로써 타결되었다. 즉 금전으로 해결할 수 있는 선박 문제는 청구권 문제에 흡수·소멸되었던 것이다. 그러나 문화재 반환 문제는 역사적 가치 속성이라는 동 문제만의 독특한 특성이 있었기 때문에 선박 문제와 같이 청구권 문제로 흡수·소멸되지 않고, 독자적인 협정이 체결되었다. 즉 과거사 청산이라는 측면에서 문화재 반환 문제는 또 하나의 상징적인 의제였고, 이와 같은 의미에서 한일회담에 있어서 중요한 문제였다고 평가할 수 있다.

넷째, 문화재 반환 문제는 과거사 청산을 충분히 논의했다고 하더라도 완전히 해결할 수 없었을 것이다. 선행연구는 경제논리와 반공논리, 그리고 경제협조에 따라 과거사 청산을 할 수 없었다고 논했다. 만약 문화재 반환 문제에 대해 한국 측의 주장과 같이 또는 한국 측의 주장에 가까운 결론이 나왔다고 한다면, 동 문제는 완전하게 해결되었는지, 한일회담 이후 문화재 반환 문제는 발생하지 않았을지라는 의문이 남는다. 한국 측이 주장했던 조선에 대한 일본의 식민지 지배가 무효이며, 한국 측이 요구했던 문화재가 모두 반환된다고 하더라도 동 문제의 역사적 가치 속성에 의해 완전히 해결되지 못했을 것이다. 한일회담 당시 한국 측은 말할 필요도 없고, 일본 측조차도 관련 문화재들이 일본의 어디에 얼마나 소재하고 있는지 정확하게 파악할 수 없었다. 이는 지금도 마찬가지이다. 북관대첩비, 조선왕실의궤 등 2000년대 이후부터 쟁점화된 문화재 반환 문제는 한일회담 당시에 논의되지 않았던 문화재였으며, 이와 같은 측면에서 또 다른 문화재를 둘러싼 문화재 반환 문제가 앞으로도 발생할 여지가 있다. 이와 같이 문화재 반환 문제의 역사적 가치 속성으로 인해 동 문제는 완전히 해결할 수 없었던 문제였다. 즉 '문화재 반환 문제의 구조'와 그 한계로 인해 동 문제가 해결되지 않았던 것이다.

한일 양국은 일본 패전 이후 일제강점기로 인해 발생한 과거사 문제를 해결하고 새로운 한일 관계를 구축하기 위해 약 14년의 세월을 들여 한일회담을 타결했다. 한일회담의 현안 문제 중 하나였던 문화재 반환 문제는 일제강점기 당시 일본으로 반출되었던 문화재를 어떻게 처리할지를 논의한 문제였다. 한일 양국은 수많은 교섭을 거쳐 문화재 협정을 체결하고, 일본 정부가 한국정부에 약 1,400점의 문화재를 인도함으로써 문화재 반환 문제를 타결했다. 그러나 한일 양국이 '문화재 반환 문제의 구조'와 그 한계를 남긴 채 문화재 반환 문제를 타결한 결과, 동 문제가 완전히 해결되지 못했고, 그로 인해 지금까지 한일 양국 간에 문화재 반환 문제가 발생해 왔던 것이다.

제2부

한일회담 이후의 문화재 반환 문제

제9장 한일회담의 문화재 반환 교섭을 어떻게 평가할 것인가?

제1절 문제제기

본장은 제1부에서 다뤘던 한일회담의 문화재 반환 교섭을 재평가해 보는 시도이다. 주지하다시피 한일 양국은 식민지 지배를 둘러싼 과거사 청산과 새로운 국교 수립을 위해 한일회담을 개최했다. 문화재 반환 문제는 기본관계 문제, 청구권 문제, 선박 문제, 재일한국인의 법적지위 문제, 어업 문제와 함께 한일회담의 주요 의제 중 하나였고, 일제강점기 당시 조선에서 일본으로 반출된 문화재를 어떻게 처리할 것인가를 둘러싼 문제였다. 문화재 반환 문제 역시 다른 주요 의제들과 마찬가지로 치열한 논의가 전개되었고, 그 결과 제7차 회담에서 문화재 협정이 체결되면서 타결되었다.

한일회담 초기에 한국 측은 문화재 반환 문제에 대해 '식민지 지배는 불법적이었으며, 불법·부당하게 반출된 문화재를 법적의무로써 반환 받는다'는 입장을 견지하면서, 되도록 많은 수의 문화재를 반환 받고자 했다. 반면 일본 측은 '일본의 식민지 지배는 합법적이고, 당시 발굴·반출한 문화재는 합법적으로 이루어진 것이므로 반환 의무가 없지만, 자발적인 의사로 약간의 국유 문화재를 기증한다'는 입장을 견지하면서, 되도록 적은 수의 문화재를 기증하려고 했고, 이와 같은 입장을 통해 문화재 반환 교섭에서 시종일관 소극적이며 부정적인 태도를 보였다. 한일 양국의 이와 같은 입장들이 충돌하면서 문화재 반환 문제는 14년간의 논의 끝에 약 1,400점의 문화재가 한국으로 인도되는 것으로 마무리되었다. 이와 같은 문화재 반환 교섭의 결과에 대해 반환이 아닌 인도가 되었고, 인도받은 문화재도 질적·양적으로 부족했다와 같은 비판들이 내려졌다. 특히 과거사 청산을 상징하는 반환이라는 용어가 사용되지 않았다는 점은 문화재 반환 교섭이 실패했다고 평가받는 주요한 원인으로 지적되고 있다.

비단 문화재 반환 교섭뿐만 아니라, 기본관계 문제와 청구권 문제를 중심으로 한일회담에 대한 많은 비판이 있었다. 연구자들은 한일회담에서 체결된 협정들을 개정하거나 새로운 협정을 체결해야 한다고 주장했고, 정치인, 시민단체, 피해자들도 이를 폐기 또는 개정해야 한다는 목소리를 내왔다.[1] 이와 같이 한일회담은 학문적으로도 사회적으로도 많은 비판을 받아온 것이다. 이와 같은 비판에 대해 '문화재 반환 교섭 등 한일회담에 대해 비판적인 시각만으로 한일회담을 정확하게 이해하고 평가했다고 할 수 있을까', '한일회담에 대한 보다 균형 잡힌 해석과 다양한 논의를 위해 1차 자료를 바탕으로 당시의 상황과 교섭 과정에 대한 면밀한 분석 작업이 필요하지 않을까'라는 문제를 제기할 수도 있다.

2005년 이후 한일회담 관련 외교문서들이 공개되면서 당시 회담의 상황과 각 의제들의 교섭 과정을 보다 면밀하게 파악할 수 있게 되었고, 1차 자료를 분석하면서 한일회담을 되짚어 보는 연구들도 등장했다. 대표적인 연구로 다음과 같은 연구를 들 수가 있다.

먼저 어업 문제와 관한 연구이다. 해당 연구는 동 교섭의 결과가 한국 측의 일방적인 양보로 인한 것이라는 기존 평가에 대해 현재의 시각에서 어업 교섭을 평가하는 일은 부당하다고 지적하고, 일본 측이 영해 설정 문제에 대해 양보했다는 점을 밝히면서 한국 측이 불리한 상황 속에서도 국익을 관철시키기 위해 최선을 다했으며, 그 결과는 일방적인 양보가 아니었다고 논했다.[2] 다음으로 청구권 문제에 관한 연구이다. 해당 연구는 대부분의

---

1) 한일회담을 비판적인 시각에서 분석한 연구와 그 외의 비판적인 의견은 유의상, 앞의 책, pp.12~15 참조.
2) チョウ・ユンス, 앞의 글.

선행연구들이 청구권 교섭에 대한 비판적인 시각을 가지고 있다는 점에 대해 동 교섭이 불완전했고 비판받을 부분이 있다는 점을 인정하면서도, 현재의 시각에서 동 교섭을 평가하는 것이 공정한가라는 문제를 제기했다. 그리고 한일회담 당시의 상황을 고려할 때 동 교섭은 한국의 외교 교섭사에서 중요한 의미를 지닌 성과물로 인정받고 재평가되어야 한다고 논했다.[3] 이와 같은 선행연구들은 1차 자료들을 바탕으로 어업 문제와 청구권 문제를 면밀하게 분석하면서 두 교섭에 대한 재평가를 시도한 연구들이다. 이와 같은 논의는 해당 교섭에 대해 보다 균형 잡힌 해석을 가능하게 했고, 이를 통해 한일회담 연구, 나아가 한일 관계 연구에 새로운 시점을 제공했다는 점에서 그 학문적 의의가 있다고 평가할 수 있다.

본장은 상기 연구들과 궤를 같이하면서, 문화재 반환 교섭에 관한 1차 자료 분석을 바탕으로 이를 재평가해 보고자 한다. 동 교섭을 평가하는 데 있어서 그 결과가 중요하다는 점, 이에 따른 비판들도 겸허히 수용해야 한다는 점, 그리고 이를 반면교사로 삼아야 한다는 점은 당연히 필요하다. 하지만 선행연구가 지적한 바와 같이 당시의 환경적 제약과 시대적 필요성, 일본의 교섭 태도 등 다양한 요인들을 고려하지 않고, 현재의 가치 기준과 당위론적인 입장에서만 평가하는 것은 교섭 결과에만 초점을 맞춘 것이 아닐까라는 의문이 든다.[4] 교섭 실패라는 결과에 초점을 둔 나머지 한일회담의 부정적인 측면만 부각이 되고, 한국 측이 일본 측의 입장을 일방적으로 받아들이고 양보했다는 인상마저 주기도 한다.

한일회담 관련 외교문서들이 공개되면서 당시의 문화재 반환 교섭 과정을 보다 정확하게 파악할 수가 있게 되었다. 따라서 한국 측이 어떠한 상황 속에서 동 교섭에 임했는지, 교섭 과정에서 자신의 주장을 어떻게 관철시켰는지, 그것이 동 교섭에서 어떤 의미가 있었는지 등 검토가 필요한 부분들

---

3) 유의상, 앞의 책.
4) 유의상, 앞의 책, p.17.

이 있다. 그리고 이에 대한 분석을 통해 문화재 반환 교섭을 새롭게 바라볼 수 있는 시도가 필요하다. 문화재 반환 교섭 결과에 대한 비판과 함께 교섭 과정에서 지금까지 충분히 다뤄지지 않았던 측면들을 검토함으로써, 동 교섭에 대한 보다 균형 잡힌 해석이 가능해지기 때문이다. 이와 같은 작업은 문화재 반환 교섭을, 더 나아가 한일회담을 보다 건설적이고 발전적인 방향에서 바라볼 수 있는 계기가 될 것이다.

제2절 선행연구 검토와 연구 방법

1. 선행연구 검토

한일회담의 문화재 반환 교섭은 그 결과로 인해 선행연구에서 주로 비판의 대상이었다. 이에 관한 주요 선행연구들을 살펴보면 다음과 같다. 첫째, 반환 등 원상회복의 의미가 포함되지 않은 용어의 불명확성, 개인 소유 문화재에 대한 일본정부의 적극적인 의무 이행이 나타나지 않은 소극적인 문헌 규정, 문화재 반출에 관한 불법성 표현의 부재, 부속서 열거 문화재 이외의 것에 대해 언급이 없는 반환 대상 문화재 제한 등의 문제점들을 지적했다.5) 둘째, 제1차 회담부터 제7차 회담까지의 문화재 반환 교섭 과정을 검토했을 때 "14년에 걸친 문화재 반환 협상은 성공적이라고 평가할 수 없다"고 논했다.6) 셋째, 투 레벨 게임(Two Lebel Game)을 분석틀로 사용하여 한

---

5) 배재식·백충현·이상면, 「한일 간의 법적 제문제 - 1965년 제조약 시행상의 문제점」, 『법학』 제35권 제2호, 1994, pp.36~38; 김형만, 『문화재 반환과 국제법』, 삼우사, 2001, pp.348~353; 이근관, 「동아시아지역의 문화재 보호 및 불법거래방지에 관한 법적 고찰」, 『법학』 제44권 제3호, 2003, pp.98~100; 제성호, 「한·일간 문화재 반환 문제에 관한 국제법적 고찰」, 『중앙법학』 제11집 제2호, 2009, pp.455~457.

6) 국성하, 앞의 글, pp.390~391.

일회담의 문화재 반환 교섭과 한국 - 프랑스 간의 외규장각 도서 반환 교섭
은 모두 실패한 협상이었고, 두 교섭에서 나타난 실패 원인이 무엇인지 분
석했다.[7] 이외에도 연구논문은 아니지만, 반환이 인도라는 애매한 용어로
변질되었고 유일 합법정부 조항에도 불구하고 북한 출토 유물이 대상에서
제외되었다는 비판, 반환의 의무를 변질시키고 개인 소유 문화재의 기증 권
장을 통해 법률적인 반환 청구권을 포기했다는 비판, 돌려받은 문화재는 약
탈당한 문화재의 극히 일부이고 개인 소유 문화재 권장은 사탕발림에 불과
하여 사문화되어 버렸다는 비판적인 논고들도 있다.[8]

　이와 같은 선행연구들은 문화재 반환 교섭의 실패 요인과 비판적인 측면
들을 검토하여 반면교사로 삼을 만한 내용들을 논했다는 점에서 의의가 있
다. 하지만 교섭 결과에만 초점을 맞춘 것이 많고, 1차 자료를 통해 교섭
과정에 대한 면밀한 분석이 이루어지지 않았거나, 1차 자료가 사용되지 않
은 경우도 있다. 이로 인해 동 교섭에서 한국 측이 일본 측의 입장을 일방
적으로 받아들였다는 인상이 느껴지기도 한다. 또한 한국 측이 어떠한 상황
속에서 한일회담과 문화재 반환 교섭에 임했는지에 대해서도 충분히 고려
되지 않았다는 측면도 존재한다. 한일회담에 영향을 끼친 한일회담의 개최
배경, 일본의 과거사 인식과 교섭 태도, 미국의 직간접적인 관여라는 대외
적인 요소, 그리고 한국의 열악한 외교 인프라와 교섭 능력, 명분과 실리의

7) 조부근,『잃어버린 우리문화재를 찾아: 문화재 보존과 관리의 실제/불법거래와 국
　제협약/문화재 외교』, 민속원, 2004.
8) 비판적인 논고 김원룡,「문화재반환문제」,『사상계』제149호, 1965, p.81; 부완혁,
　「한일협정은 추진·동의될 수 없다」,『사상계』제150호, 1965, pp.72~73; 旗田巍,「文
　化財および文化協力に関する協定 - 日韓条約の批判的検討」,『法律時報』 第37輯 第10号,
　1965; 西川宏,「朝鮮文化財は誰のものか - 日韓文化財協定の根本問題 - 」,『考古学研究』第
　12巻 第2号, 1965; 山中吾郎,「『文化財及び文化協力』協定の疑点」,『月刊社会党』No.104,
　1966; 西川宏,「在日朝鮮文化財と日本人の責務」,『歴史地理教育』第116号, 1966; 반영환,
　「일본에 불법유출된 문화재의 반환 - 문화재 환수문제 - 」,『통일한국』제92호,
　1991, p.42 등이 있다.

불가피한 타협이라는 대내적인 요소가 충분히 고려되지 않은 것이다.[9]

이와 함께 문화재 반환 교섭과 관련해서는 일본 측이 기증이라는 입장을 확고하게 견지했다는 점, 한국 측이 일본 소재 문화재를 제대로 조사를 할 수 없었다는 점, 일본조차도 한국 관련 문화재의 소재 파악이 제대로 되지 못한 점 등 한국 측이 불리한 상황 속에서 동 교섭에 임해야 했다는 점도 충분히 고려되지 않았다. 특히 일본 측은 기증이라는 입장을 고수하려고 했는데, 이는 단순히 문화재를 기증한다, 반환한다는 문제가 아니라 일본의 식민지 지배 정당성과 연결되어 있기 때문이다. 일본 측은 과거사 문제와 관련하여 식민지 지배가 합법적이었다는 입장을 전제로 한일회담에 임했기 때문에, 문화재 반환 문제에 대해 일제강점기 당시 이루어졌던 문화재 발굴이나 반출은 합법적이고 정당하다는 입장을 계속 고수했다.[10] 따라서 반환이라는 용어를 사용하면 식민지 지배가 불법이었다는 점을 인정하는 일이 되기 때문에 일본 측은 반환이라는 표현을 절대로 받아들일 수 없었다.[11] 이와 같은 일본 측의 입장은 문화재 반환 교섭에서 한국 측에게 해결하기

---

9) 유의상, 앞의 책, pp.475~491.

10) 자민당에 비해 진보적인 성격을 갖고 있는 일본의 민주당도 동일한 인식을 가지고 있었다. 2010년 8월 10일에 발표된 '내각총리대신 담화'와 관련하여 당시 간 나오토 총리는 한일강제병합조약의 정당성에 대한 질문에 대해 '일한병합조약에 대해서는 1965년에 체결된 일한기본조약의 내용을 확인하고 있고, 그것을 답습한 것'이라고 답변했다(首相官邸 홈페이지, 「菅内閣総理大臣記者会見」, 2010). 즉 민주당 정권도 한일회담의 기본조약에 대해 당시 일본 측의 입장이었던 식민지 지배가 합법적이었다는 입장을 취하고 있었다.

11) 일본 측은 청구권 문제에 대해서도 식민지 지배 피해에 대한 보상을 받으려는 한국 측의 청구권 주장을 받아들이지 않았으며, 이는 청구권 문제 논의의 한계로 작용했다. 식민지 지배가 합법이었다는 입장이 확고했기 때문이다. 일본 측은 청구권 문제 논의 당시 한국 측에 제공할 자금에 대해서도 청구권과 관계없는 경제협력자금으로 생각했고, '재산 및 청구권에 관한 문제의 해결과 경제협력에 관한 협정'을 통해 제공된 5억 달러도 경제협력자금으로 제공한 것이라는 입장을 취했다. 청구권 문제와 관련된 대표적인 논의는 이원덕, 앞의 책; 太田修, 앞의 책; 장박진, 앞의 책; 유의상, 앞의 책; 金恩貞, 앞의 책 참조.

어려운 근본적인 한계로 작용할 수밖에 없었다. 한국 측은 이와 같은 한계 속에서 일본 측을 되도록 자신들의 입장에 가까워지게 해야만 했다.

한편 문화재 반환 교섭의 긍정적인 측면을 검토한 연구도 있다. 먼저 일본정부의 문화재 반환 목록 작성 과정을 중심으로 제1차 회담부터 제7차 회담까지의 문화재 반환 교섭을 검토한 선행연구는 분석 결과 중 하나로, 한국 측 전문가들의 활약을 통해 문화재 반환 목록이 확대될 수 있었고, 이것은 문화재 반환 교섭의 성과라고 평가했다.[12] 다음으로 한일회담의 문화재 반환 교섭과 그 이후의 한일 간의 문화재 반환 문제를 검토한 선행연구에서는 제4차 회담 이후의 한국 측 전문가들의 활약은 선전한 측면이 있었고, 긍정적으로 평가할 수 있다고 논했다.[13] 이와 같은 선행연구는 한국 측 전문가들의 활약을 검토했다는 점에서 의의가 있지만, 전문가들의 활약에만 초점을 맞췄기 때문에 그들이 활약한 전문가회의가 어떤 논의를 통해 설치되었는지를 검토하지 않았다. 전문가회의가 개최되는 과정을 검토한다면 전문가들의 활약, 그리고 문화재 목록 논의 등 전문가회의를 둘러싼 교섭 과정을 종합적으로 살펴볼 수 있을 것이다.

본장은 전술한 선행 연구들의 성과를 참조하면서 문화재 반환 교섭에서 한국 측이 어떠한 쟁점에 대해 일본 측을 설득시키고 자신의 입장을 관철시켰는지, 그리고 그것이 어떠한 의미를 가지는지 등을 검토하고, 이를 통해 문화재 반환 교섭을 재평가해 보기로 한다.

2. 연구 방법

본장은 문화재 반환 교섭을 재평가하기 위해 동 교섭 과정에서 한국 측

---

12) 조윤수, 「한일회담과 문화재 반환 교섭 - 일본정부의 반환 문화재 목록 작성과정을 중심으로」, 『동북아역사논총』 제51호, 2016.
13) 김지현, 「전후 한일 문화재반환 교섭에 관한 재평가」, 국민대학교 석사학위논문, 2012.

이 어떠한 쟁점에 대해 논의를 주도했고, 그것을 어떻게 관철시켰는지를 검토하기로 한다. 이를 위해 '문화재 반환 교섭 관련 회의 개최 문제', '문화재 목록 제출 문제', 그리고 '반환과 기증 문제'에 초점을 맞춘다. 이하에서는 이 문제들을 검토하는 이유와 그 중요성을 설명하기로 한다.

첫째, '문화재 반환 교섭 관련 회의 개최 문제'이다. 이는 문화재 반환 문제의 구체적인 논의 여부가 걸린 문제였기 때문에 문화재 반환 교섭에서 매우 중요한 사안이었지만, 선행연구들은 이를 주목하지 않았다. 문화재 반환 문제는 제1차 회담에서 제3차 회담까지 청구권 문제와 함께 청구권소위원회에서 논의되었기 때문에 청구권 문제에 비해 구체적인 논의가 이루어지지 못했다. 일본 측은 동 문제 관련 회의를 개최하는 일에 대해 소극적이거나 반대하는 입장을 표명했지만, 한국 측은 이를 계속 요구했다. 결국 일본 측도 한국 측의 주장을 받아들이게 되었고, 제4차 회담부터 문화재소위원회가 개최되면서 동 문제가 구체적으로 논의될 수 있었다. 이와 같이 문화재 반환 문제만을 논의하는 회의가 별도로 개최되지 않고, 제1차 회담부터 제3차 회담까지 동일하게 청구권소위원회에서 계속 동 문제가 논의되었을 경우 또는 일본 측의 반대로 관련 회의가 열리지 못했을 경우, 동 문제가 구체적으로 논의될 가능성은 낮았을 것이다. 본론에서는 한국 측이 일본 측을 설득시키면서 문화재 반환 교섭 관련 회의를 개최해 가는 과정, 즉 한국 측의 주장이 관철되면서 동 문제 관련 논의의 장이 마련되는 측면을 분석한다. 이를 위해 '재개될 회담에서의 문화재 반환 문제 검토 논의', '문화재소위원회 개최 논의', '전문가회의 개최 논의'를 검토한다.

둘째, '문화재 목록 제출 문제'이다. 이는 일본 측이 한국 측에 건넬 문화재가 무엇인가를 논의하기 위한 필수불가결한 문제였다. '반환과 기증 문제'가 추상적이고 관념적인 문제였다고 한다면, '문화재 목록 제출 문제'는 구체적이고 실질적인 문제였으며, 제4차 회담 이후 문화재 반환 교섭에서 중점적으로 논의된 사안이었다. 당시 일본 측은 문화재 반환 교섭에 대해 계속 소극적인 태도를 보이고 있었다. 그러나 한국 측은 수차례에 걸쳐 문화재 목록을 제시하면서 일본 측을 논의로 끌어들이려 시도했고 일본 측도 결국 이에 응했다. 즉 문화재 목록 제출이라는 방법을 통해 문화재 반환 문제가 실질적이고 구체적으로 논의될 수 있었던 것이다. 선행연구는 이 문제에 대해 어떠한 문화재가 목록의 대상이 될 것인가라는 논의에 초점을 맞췄지만,14) 본장에서는 한국 측이 일본 측을 구체적인 논의로 끌어들이기 위해 문화재 목록을 제출했다는 점에 초점을 맞추면서 이를 검토한다.

셋째, '반환과 기증 문제'이다. 이는 문화재 반환 문제에서 과거사 청산을 상징하는 문제였고, 지금도 해결되고 있지 않은 현재적인 문제이기도 하다. 한일회담 당시 한국 측은 동 문제에 대해 문화재를 반환받음으로써 과거사를 청산하려고 했고, 반면에 일본 측은 과거사 청산과는 상관없이 국교정상화 기념 등의 현실적인 의미에서 문화재를 기증하려고 했다. 일본 측은 문화재 반환에 대한 법적의무는 없으며, 자발적으로 약간의 국유 문화재를 기증한다는 입장을 시종일관 견지했다. 이 문제는 식민지 지배가 합법적이었다는 일본 측의 주장과 연관되었기 때문에 일본 측은 반환이라는 한국 측의 입장을 절대로 받아들일 리가 없었다. 이와 같은 상황 속에서 한국 측이 선택할 수 있는 현실적인 방법이 무엇이었을까. 반환의 명목을 인도로 하는 것, 즉 인도라는 형식으로 문화재를 반환받는 것이었다. 일본은 이마저도 반대했지만, 결국 한국 측의 주장을 받아들이면서 그 입장을 인도로 변경했다. 본론에서는 한국 측이 기증을 주장하는 일본 측을 인도로 설득시키는 과정에 초점을 맞춰 이를 검토한다.

---

14) 국성하, 앞의 글; 박훈, 앞의 글; 조윤수, 앞의 글.

제3절 문화재 반환 교섭 관련 회의 개최 문제

1. 한일회담 재개 이후의 문화재 반환 교섭 개최 논의

문화재 반환 문제는 제1차 회담부터 제3차 회담까지 청구권 문제와 함께 청구권위원회에서 논의되었다. 제1차 회담에서 한국 측은 8개 항목으로 구성된 '한일 간 재산 및 청구권 협정 요강 한국측 제안'(이하, 대일청구권 8항목)을 제시했는데, '한국에서 반출된 고서적, 미술품, 골동품, 그 외의 국보, 지도원판 및 지금, 지은을 반환할 것'이라는 제1항목이 문화재 반환 문제와 관련이 있었다.

구보타 발언으로 인해 제3차 회담이 결렬된 이후 약 4년간 한일회담이 중단되었지만, 한일 양국은 회담을 재개하기 위해 비공식적인 교섭을 계속 진행했다. 당시 문화재 반환 문제는 1957년 2월부터 본격적인 논의가 이루어졌다. 한국 측은 앞으로 재개될 회담을 원활하게 진행할 수 있는 방법으로 일본 측에 문화재 반환을 요구했고, 일본 측은 한국의 독립을 축하한다는 의미로 약간의 고미술품을 기증할 용의가 있다는 내용을 기시 노부스케 외상이 구두로 언급하는 것을 고려할 수 있다고 답변했다. 한국 측은 이에 대해 기증이 아닌 인도로 할 것, 약간을 좀 더 구체적인 표현으로 수정할 것 등을 주장했다.[15] 이후 한국 측도 이에 관한 안을 제시했고, 일본 측은 문부성의 반대가 있었지만 한국 측의 요구를 어느 정도 받아들이면서 2월 말과 3월 중순 두 차례에 걸쳐 구두전달사항을 제출했다. 3월 중순에 제출된 구두전달사항에 대해 한국 측은 'would like to hand over'라는 표현을 'will turn over'로, 'which it finds practicable to deliver to Korea'라는 표현을 'of which the immediate transfer is possible'로, 'those objects of ancient

---

15) 日本外交文書, 「金公使と会談の件」, 1957年2月21日, No.680 및 日本外交文書, 「日韓会談問題別経緯 - 文化財問題」, 1962年10月1日, No.535.

art of the Korean origin'이라는 표현을 'those Korean art objects'로, 그리고 'in the possession' 앞에 'now' 삽입 등을 요구했고, 일본도 이를 받아들였다. 한편 'at an early possible date'에 대해 'as soon as possible' 또는 'as soon as practicable'로 수정할 것을 요구했지만, 일본 측은 이에 강하게 반대했다.16) 한국 측은 위와 같은 문구를 수정하여 일본 측이 문화재를 인도하겠다는 의지와 그 시기를 보다 명확하게 하는 한편 문화재의 원산지가 한국이었다는 점을 강조하려고 했다. 반면에 일본 측은 문부성의 반대와 문화재 인도로 인한 국내 여론의 비판을 고려하여 인도 시기에 대한 수정을 받아들이지 않았다.

이후 6월 13일에 열린 회의에서 한국 측은 3월 중순에 논의한 안에 대해 수정을 요구했고 한국 측의 요구가 대부분 받아들여졌다. 그 결과 구두전달 사항은 "Aside from the agenda of the overall talks between Japan and the Republic of Korea, the Government of Japan will turn over to Korea, at an early possible date, those Korean art objects now in its possession of which the immediate transfer is possible"로 합의되었다.

일본 측은 6월 중순까지 문화재 반환 문제를 비롯한 교섭들을 마무리 할 생각이었지만, 한국 측은 6월 25일 회의에서 합의문서들에 대한 수정을 요구했다. 한국 측은 구두전달사항과 관련해서 "The Government of Japan will turn over to Korea, at an early possible date, those Korean art objects now in its possession of which the immediate transfer is possible, and for the later transfer of the said objects discussion and settlement will be made at the formal talks"라는 수정안을 제시했다.17) 'and for the later' 이하의 표현에서 인도받을 문화재 이외의 것들도 재개될 회담에서 논의하려고 했던 한국 측의 의도를 엿볼 수가 있다. 즉 문화재를 인도받은 이후에도 다른 문화재들

---

16) 日本外交文書, 「六月十三日, 大野次官, 金韓国大使会談要領 (その二)」, 1957年6月13日, No.686.
17) 한국외교문서, 『제4차 한일회담 예비교섭, 1956－58 (V.2 1957)』, 프레임 번호: 1778.

을 계속 논의하려는 한국 측의 의지가 담겨있는 표현이었다. 이 회의에서
구두전달사항에 대한 논의는 이루어지지 않았지만, 일본 측은 이를 비롯한
한국 측의 수정 요구를 받아들이지 않았고 약 한 달 간 논의가 중단되었다.

　7월 말부터 한국 측의 수정 요구를 둘러싼 논의가 다시 시작되었다. 일본
측은 7월 31일의 회의에서 "미술품 문제는 agenda에는 없다. 지금까지의 경
위로 말한다면, 이 점은 큰 변경이다. 귀측의 수정으로는 이 문제가 정식회
담의 의제가 되는 것이다"고 반박하면서, 한국 측의 수정안을 받아들이지
않았다.18) 8월 20일에 열린 첫 번째 회의에서 한국 측은 나중에 인도될 문
화재들을 전면 회담에서 논의할 것을 재차 주장했지만, 일본 측은 이 수정
안이 지금까지의 논의에서 결정된 취지와 다르기 때문에 수락할 수 없다고
반박했다. 일본 측은 오후에 열린 두 번째 회의에서 수정안을 제시했는데,
이 수정안은 6월 13일에 합의된 내용과 거의 다르지 않았기 때문에 한국
측은 이를 받아들이지 않았다. 일본 측은 문화재 반환 문제는 전면 회담의
의제와는 별개로 취급해야 하며, 한국 측이 수정을 계속 요구할 경우에는
기존의 구두전달사항도 철회하자고 반박했고, 결국 이 문제는 합의에 이르
지 못했다.19) 이와 같이 'and for the later' 이하의 표현을 둘러싸고 한국 측
은 재개될 회담에서 문화재 반환 문제를 계속해서 논의하려고 했지만, 일본
측은 이를 저지하려고 했다. 이와 같은 견해 차이로 인해 구두전달사항은
좀처럼 합의되지 않았다.

　11월 말에 접어들자 한일 양국은 서로의 입장을 조금씩 양보하면서 합의
를 이끌어 내고자 했다. 한국 측은 12월 29일의 회의에서 청구권 문제와 관
련한 일본 측의 요구를 수락했고, 일본 측은 문화재 반환 문제와 강제퇴거
문제 등 청구권 문제 이외의 다른 문제들에 관한 한국 측의 요구를 수락했

18)　日本外交文書,「板垣アジア局長,三宅參事官と柳公使, 崔參事官會議要領」, 1957年7月31日,
　　No.108.
19)　日本外交文書,「昭和三十二年八月二十日　三宅參事官と崔參事官會談錄」, 1957年8月20日,
　　No.111.

다.[20) 이에 따라 구두전달사항은 6월 25일에 한국 측이 요구한 수정안으로 최종 합의되었다.

이와 같이 한국 측은 구두전달사항 관련 논의에서 일본 측의 반대가 있었지만, 자신들의 요구를 관철시키고자 노력했고 이를 통해 제4차 회담에서 문화재 반환 문제를 논의할 수 있는 근거를 마련할 수 있었다. 즉 구두전달 사항은 문화재소위원회, 전문가회의 개최 등으로 이어질 수 있는 근거가 되었고, 이를 통해 동 문제가 구체적이고 집중적으로 논의될 수 있는 자리가 마련될 수 있었던 것이다.

2. 문화재소위원회 개최 논의

한일 양국은 제4차 회담 개최 직후 회담을 원활하게 진행하기 위해 실무위원회를 개최하고, 위원회의 구성과 명칭 등에 관한 논의를 진행했다. 한일 양국은 기본관계문제, 재일한국인의 법적지위 문제, 어업 문제에 대해 위원회의 명칭은 다르지만, 이를 개최한다는 데에는 의견이 일치했다. 그러나 문화재 반환 문제, 청구권 문제, 선박 문제 관련 위원회를 구성하는 데는 의견이 일치하지 않았다. 한국 측은 '한국의 대일청구권에 관한 분과위원회'에 '선박반환문제소위원회', '한국문화재반환문제소위원회', '그 외 청구권에 관한 소위원회'의 설치를 제안했다. 이와 같은 명칭에서도 알 수 있는 바와 같이 한국 측은 재개될 회담에서 문화재 반환 문제를 계속해서 논의하려고 했다. 한편 일본 측은 제6회 본회의(1958년 5월 6일)에서 '한국청구권위원회'에 문화재 반환 문제 관련 소위원회를 설치하지 않고 '청구권소위원회'와 '선박소위원회'만 설치하자는 제안을 했다. 일본 측은 이 제안이 1957년 12월 31일의 합의사항, 즉 구두전달사항에 영향을 끼치는 것은 아니라고 설명했고, 한국 측도 이에 동의하면서 동 합의사항을 바탕으로 위원

---

20) 한국외교문서, 앞의 자료, 프레임 번호: 1730.

회가 원활하게 진행되기를 희망한다고 답변했다.[21]

문화재 반환 문제를 논의하는 소위원회를 설치하려고 했던 한국 측은 관련 소위원회가 없었는데도 왜 일본 측의 제안을 받아들였던 것일까. 그 이유는 정부 부처 간의 서신에서 확인할 수가 있다. 외교부는 4월 21일에 "4월 15일에 재개된 한일회담 제4차 회담에서도 계속 이 문제가 의제로써 채택 논의될 것인바"라고 문교부에 보고했으며,[22] 주일대표부도 5월 7일에 나머지 고미술품들은 청구권소위원회에서 논의될 예정이라고 한국정부에 보고했다.[23] 또한 5월 21일의 교섭 방침은 "'그 외의 청구권'은 '한국미술품 반환'의 만족할 만한 처리가 이루어진 후에 논의해야 한다. 왜냐하면 후자는 예비회담 때부터 이미 합의가 되었기 때문이다"라고 되어 있다.[24] 이와 같이 한국 측은 문화재 반환 문제를 논의하는 소위원회가 별도로 설치되지 않더라도 구두전달사항을 통해 청구권소위원회에서 이 문제가 먼저 논의될 것으로 예상했기 때문에 일본 측 제안에 동의했던 것이다.

그러나 한국 측의 예상과는 달리 5월에 열린 세 차례의 청구권위원회에서 문화재 반환 문제에 대한 실질적인 논의는 이루어지지 않았다. 한일 양국은 제2회 청구권위원회(5월 27일)에서 이 문제를 어떻게 논의할지를 두고 대립했다. 일본 측은 동 문제를 청구권소위원회와 선박소위원회에서 논의하지 않는 것으로 생각하고 있고, 보류 상태이기 때문에 이것을 어떻게 다룰지를 검토해야 한다고 주장했다. 이는 청구권 문제로 문화재 반환 문제를 논의하지 않으려는 입장, 즉 문화재 반환 문제를 청구권과 분리시키려는 의도에서 나온 것이었다.[25] 반면 한국 측은 문화재 반환 문제는 중요하며 이를 논의하는 소위원회를 설치하지는 않았지만, 청구권위원회는 청구권 문

---

21) 日本外交文書, 「第四次日韓全面会談の本会談第六回会合」, 1958年5月6日, No.6.
22) 한국외교문서, 『제4차 회담 문화재소위원회 회의록』, 프레임 번호: 163 - 1.
23) 한국외교문서, 『제4차 회담 본회의 회의록』, 프레임 번호: 37.
24) 한국외교문서, 『제4차 한·일회담. 교섭 및 훈령, 1958 - 60』, 프레임 번호: 14.
25) 長澤裕子, 앞의 글, p.217.

제와 관련한 모든 문제를 논의하기 위해 청구권소위원회와 선박소위원회로 나누어진 것이며, 문화재 반환 문제를 청구권소위원회에서 논의하는 것이 당연하다고 반박했다. 이와 같은 대립은 합의점을 찾지 못했고 회의 종료 후 한일 양국은 이에 대한 회의를 따로 열어 논의했지만, 이 역시 결론이 나지 않았다.[26] 이와 같이 일본 측은 구두전달사항이 합의되었음에도 불구하고 한국 측의 예상과는 달리 문화재 반환 문제를 논의하는 일에 적극적인 태도를 보이지 않았다.

이와 같은 상황이 되자 한국 측은 5월 28일, 일본 측을 설득하기 위해 사와다 수석대표와 이타가키 아시아국장을 찾아간다. 유태하 주일공사는 이타가키 아시아국장에게 왜 일본 측이 새로운 주장을 하는지 이해하기 어렵다며, 이에 대한 철회를 요구했다. 임병직 수석대표와 이호 대표는 사와다 수석대표를 만나 일본 측의 주장 철회를 요구했고, 사와다 수석대표는 한국 측의 입장을 이해한다면서 이 문제를 청구권소위원회에서 논의하는 일에 동의한다고 말했다.[27] 제3회 청구권위원회(5월 29일)가 열리자, 일본 측은 청구권소위원회에서 문화재 반환 문제가 논의될 것이라고 언급했다. 한국 측은 동 문제를 논의하기 위해 정식 회의가 아닌 일본 측의 교섭 당사자를 직접 찾아가면서까지 그들을 설득했고, 이와 같은 설득은 동 문제 관련 논의로 이어졌던 것이다. 이후 문화재 반환 문제는 청구권 문제와는 별개로 문화재소위원회를 통해 논의가 되었고, 제4차 회담에서 동 위원회는 12차례에 걸쳐 진행되었다.

이는 문화재 반환 문제가 제1차 회담에서부터 제3차 회담까지 청구권위원회에서 청구권 문제와 동시에 논의된 것과 크게 다른 점이다. 제4차 회담에서 문화재 반환 문제가 형식적으로는 청구권소위원회에서 논의되었지만,

---

26) 日本外交文書, 「第四次日韓全面会談における韓国請求権委員会の第二回会合」, 1958年5月 27日, No.444.
27) 한국외교문서, 『제4차 회담 청구권위원회 회의록』, 프레임 번호: 565.

실질적·내용적으로는 문화재 반환 문제만을 논의하는 문화재소위원회가 마련되었던 것이며, 이를 통해 동 문제가 이전보다 구체적으로 논의될 수 있었다. 이와 같은 문화재 반환 문제 관련 회의는 제5차 회담 이후에도 계속 이어졌고, 제7차 회담 때까지 이와 같은 논의의 틀 속에서 문화재 반환 문제가 구체적으로 논의될 수 있었다.

3. 전문가회의 개최 논의

문화재 반환 문제를 논의하는 또 다른 회의로 전문가회의가 있었다. 전문가회의는 문화재 관련 전문가들이 문화재의 반출 경위와 소재 파악 등의 사실 관계 등을 논의하는 회의로 제5차 회담에서 처음으로 개최되었고, 이를 통해 한일 양국은 문화재 목록을 구체적으로 논의할 수 있었다.

제5차 회담이 열리자 전문가회의 개최를 둘러싼 논의가 이루어졌다. 한국 측은 제1회 문화재소위원회(1960년 11월 11일)에서 구두전달사항으로 이미 문화재 반환 문제의 원칙이 합의되어 있기 때문에, 원칙 문제보다는 실질적인 토의에 들어가는 것이 좋겠다고 말하면서 '문화재 반환의 7항목'을 제출했다. 동 항목은 중요문화재 또는 중요미술품으로 지정한 문화재(1항목), 소위 조선총독부 또는 조선고적연구회에 의해 반출된 문화재(2항목), 통감 또는 총독에 의해 반출된 문화재(3항목), 경상남북도 소재 분묘 그 외 유적에서 출토된 문화재(4항목), 고려시대 분묘 그 외 유적에서 출토된 문화재(5항목), 서화·전적 및 지도원판(6항목), 개인 소유 문화재(7항목)로 구성되어 있었다.

한국 측은 1961년 1월 26일에 열린 비공식회담에서 "한국 측에는 전문가가 와 있다. 그럼에도 불구하고 일본 측에서 문부성, 문화재보호위원회의 대표가 위원으로 와 있지 않은 것은 유감이다. 이 문제도 구체적으로 따져야 할 단계가 되었으니, 일본 측에서도 전문가를 내어달라'라고 요구했다.

일본 측은 지금까지 전문가들의 회담 참석을 거부하고 있지만, 점진적으로 그들을 참석시키도록 노력하겠다고 답변했다.[28] 미술공예 전문가인 황수영이 참가한 제2회 문화재소위원회(1961년 2월 1일)에서 한국 측은 전문가들의 논의를 통해 문화재의 실태를 파악하자고 재차 제안했다. 일본 측은 전문가들 간의 논의는 문화재소위원회와는 관계없이 동 소위원회를 원활하게 할 것이라고 답변하면서, 전문가회의 개최에 동의하는 한편 외무성은 문부성에 전문가회의 참가를 요청했다. 한국 측은 문화재 반환 문제의 원칙, 즉 문화재를 돌려받는다는 원칙이 이미 구두전달사항에서 합의되었기 때문에 어떠한 문화재가 대상이 되는지를 구체적으로 논의하고 싶었던 것이다. 또한 한국 측의 전문가 이미 문화재소위원회에 참가하고 있었는데, 이는 전문가들의 논의에 대한 한국 측의 의지를 표현한 것이며 일본 측의 전문가도 참여해야 한다는 암묵적인 압박으로도 작용했을 것이다.

이와 같은 한국 측의 요청에 따라 3월 7일에 첫 번째 전문가회의가 개최되었고 '문화재 반환의 7항목' 중 고대 분묘의 출토품과 궁전, 사찰 등의 유적에서 반출된 석조물을 중심으로 논의가 진행되었다. 전문가회의를 통해 한국 측은 문화재 반출 경위 등에 대한 일본 측 전문가의 견해를 직접 들을 수 있었으며, 그들에게 한국 측의 의견을 보다 직접적으로 제시할 수 있었다.[29] 한편 전문가로 참가한 황수영은 회의가 끝날 즈음에 전문가들 간에 문화재 반환 문제를 논의해야 하지만, 일본 측이 이에 응하지 않았으며 앞으로 일주일에 한 번 이상 회의를 열자고 말했고, 일본 측도 이에 동의했다.[30] 이와 같이 한국 측의 적극적인 설득이 있었기 때문에 전문가회의가 개최될 수 있었다.

한편 이와 같은 황수영의 발언과 함께 제2회 문화재소위원회에서 전문가

---

28) 한국외교문서, 『제5차 회담 본회의 회의록, 사전교섭, 비공식회담 보고』, 프레임 번호: 262~263.
29) 조윤수, 앞의 글, p.144.
30) 한국외교문서, 『제5차 회담 문화재소위원회 및 전문가회의』, 프레임 번호: 24.

회의 개최가 합의된 이후 약 한 달이 지난 후에 전문가회의가 열린 것을 봤을 때, 일본 측이 전문가회의에 적극적인 태도를 보이지 않았다는 것을 추측할 수가 있다. 한국 측은 3월 20일에 열린 비공식회의에서도 제1회 전문가회의 개최 이후 "일본 측은 사무가 바빠 3월 말까지는 만날 수 없다고 하여 더 회합을 갖지 못했다. 그래서는 안 될 것이므로 일본 측에게 막연히 전문가 여러 사람을 내세우지 말고 어떤 한 사람을 지정해 주었으면 좋겠다"는 불만을 드러내기도 했다.31)

이와 같은 한국 측의 불만은 황수영의 전문가 증원 요청에서도 알 수가 있다. 3월 20일에 열린 비공식회의에서 일본 측이 두 명의 전문가를 지정하겠다고 한 발언에 대해 황수영은 한국정부에 "문화재소위원회는 2회 이후 개최됨이 없고, 전문가의 모임도 일측의 이유로 금월말까지 기대되지 않사온데"라고 설명하면서, 고고학과 고서적 전문가의 증원을 요청했다.32) 그러나 한국 측의 이와 같은 불만에도 불구하고 전문가회의는 좀처럼 개최되지 않았고, 4월 25일의 회의에서 한국 측은 또다시 "문부성 측이 도무지 심의에 잘 응하지 않고 있으며, 3월 중순에 약속한대로 빨리 1명 또는 2명의 전문가를 지정하여 우리 측 전문가와 접촉케 하여주기 바란다"며 다시 불만을 드러냈다.33) 이후 5월 8일에 제2회 전문가회의가 개최되었고 전적 전문가인 이홍직이 새롭게 참가했다. 한국 측은 황수영과 이홍직이라는 당시 한국 최고의 문화재 전문가들이 참가함으로써 강력한 진용을 갖추고 전문가회의에 임할 수 있었다.34) 한편 제3회 전문가회의는 5월 16일에 열리기로

---

31) 한국외교문서, 『제5차 회담 본회의 회의록, 사전교섭, 비공식회담 보고』, 프레임 번호: 299.
32) 한국외교문서, 『제5차 한·일회담 예비회담. 대표단 임면관계, 1960 - 61』, p.59. 한편 관련 외교자료 본문에는 문화재소위원회 개최가 1회라고 되어 있으나, 실제로 2차례 개최되었으므로 본장에서는 2회로 정정했다.
33) 한국외교문서, 『제5차 회담 본회의 회의록, 사전교섭, 비공식회담 보고』, 프레임 번호: 312.
34) 박훈, 앞의 글, p.366.

합의되었지만, 한국에서 발생한 5·16 군사 쿠데타로 인해 한일회담 자체가 중단되면서 개최되지 못했다.

제6차 한일회담에서 전문가회의는 총 여섯 차례 개최되었다. 한국 측은 제1회 문화재소위원회(1961년 10월 31일)에서 전문가들도 되도록 문화재소위원회에 참가시킬 것을 제안했다. 일본 측은 제2회 문화재소위원회(11월 7일)에서 일본 측 전문가들은 그에 응하지 않을 것이고 문화재소위원회와는 별개로 전문가들 간의 논의라면 나올 것이라고 답했다. 또한 전문가회의의 공적효력에 대한 한국 측의 질의에 대해 전문가들의 논의를 참고로 하여, 합의가 된 점을 문화재소위원회에서 논의하자고 답했다.35) 이후 외무성은 문부성에 한국 측이 전문가회의를 강하게 요구하고 있으므로 이에 참가할 것을 요구했고, 문부성도 문화재 반환 여부 논의는 하지 않는 것을 전제로 참가하겠다고 답했다.36) 이리하여 11월 17일에 제1회 전문가회의가 개최되었으며, 여섯 차례 걸쳐 '문화재 반환의 7항목'에 대한 논의가 진행되었다. 일본 측 전문가들은 전문가회의 참가에 소극적이었지만, 한국 측은 그들의 참가를 강하게 요구했고 결국 일본 측 전문가들도 전문가회의에 참가하게 된 것이다. 이와 같은 전문가회의를 통해 문화재 목록이 구체적으로 논의될 수 있었다.

제5회 문화재소위원회(12월 12일)에서 황수영이 전문가회의에 대해 "소위원회에서 나온 이야기를 중심으로 더 구체적으로 사실 확인을 해 갔고 조사 의뢰도 했는데, 일본 측에서 우리가 만족할 만한 회담이나 조사가 반드시 되었다고 볼 수 없는 유감도 있으나 하여간 계속해서 사실 확인을 해 왔다. 예를 들면 데라우치 문고 일부 서화의 확인, 소창 박물관이(오구라 컬렉션이: 필자 주) 문화재보호위원회의 감독을 받고 있다는 것, 그리고 이 소

---

35) 日本外交文書,「第6次日韓全面会談における文化財小委員会第2回会合」, 1961年11月7日, No.267.

36) 日本外交文書,「韓国文化財問題に関する文部省との打合せに関する件」, 1961年11月14日, No.574.

장품을 우리도 한 번 볼 수 있도록 주선할 것, 또 원래 자리에 돌릴 것은 돌려야 한다는 좋은 의견도 개진되었다. 앞으로도 더 계속해서 이와 같은 전문가회의에서 사실 확인이 될 것을 기대한다"[37]고 평가한 바와 같이 한국 측이 전적으로 만족할 만한 수준은 아니었지만, 전문가회의를 통해 사실관계 확인 등 문화재 목록에 대한 구체적인 논의를 이어갈 수 있었다. 즉 한국 측은 전문가들을 문화재소위원회에 참가시키는 한편 전문가회의 개최를 지속적으로 요구했고 일본 측 전문가도 이에 응할 수 밖에 없었다. 이와 같이 한국 측의 지속적인 요청으로 전문가회의가 개최되었고, 이를 통해 문화재 목록에 대한 구체적인 논의가 이루어질 수 있었다. 그리고 그와 같은 논의는 제7차 회담에서 인도품목목록 작성으로 이어졌다.

제4절 문화재 목록 제출 문제

한국 측은 제1차 회담의 제1회 청구권위원회(1952년 2월 20일)에서 '대일청구권 8항목'을 제시하면서, 문화재 반환 문제와 관련이 있는 제1항목에 대해 탈취 또는 한국의 의지에 반해 반출된 문화재들을 자발적으로 반환할 것을 요구했고, 제3회 청구권위원회(2월 27일)에서는 '한일 간 청구권 협정 요강 한국측 제안의 상세'(이하, 대일청구권 상세안)을 제출했다. 이후 한국 측은 제2차 회담에서는 '한국 국보 고서적 목록 일본 각 문고 소장', '일본 소재 한국 국보 미술공예품 목록'을, 제3차 회담에서는 '한국 국보 고서적 목록(제2차분)'을 제출했다. 한국 측은 일본 측의 요구대로 상세 목록을 제출했지만, 일본 측은 문화재 조사에는 시간이 걸린다는 점을 이유로 소극적인 태도를 보였다. 이 시기에 한국 측은 반환과 기증 문제를 먼저 해결하려는 입장이었고, 청구권 문제 중심으로 청구권위원회가 진행되었기 때문에

---

37) 한국외교문서, 『제6차 회담 문화재소위원회』, 프레임 번호: 52.

문화재 목록에 대한 구체적인 논의는 거의 이루어지지 않았다.

문화재 목록에 대한 논의가 실질적으로 이루어지기 시작한 것은 제4차 회담부터였다. 전술한 바와 같이 한국 측의 설득으로 문화재 반환 문제만을 논의하는 문화재소위원회가 개최되었다. 그러나 일본 측은 네 번째 회의까지 국내 정치 상황과 정부 훈령이 없다는 점 등을 이유로 소극적인 태도를 계속 보였다. 한국 측이 강하게 불만을 토로하기도 했지만, 일본 측의 태도에는 변함이 없었다. 이와 같은 상황 속에서 한국정부는 일본 측이 "한국에 건넬 수 있는 품목 리스트를 요구한다. 일본 측이 리스트 제출을 주저할 경우, 대표단은 일본의 답변을 위해 대표단이 결정한 최소 1,000점이 포함된 리스트를 제출하고, 동시에 금후 추가 리스트가 제출된다는 조건을 붙인다"라는 훈령을 주일대표부에 보냈다.[38]

주일대표부는 이 지시에 따라 제5회 문화재소위원회(1958년 10월 25일)에서 '제1차 반환청구 한국문화재 항목'을 제출하고 각 항목에 대해 설명했다. 이는 '제1항 지정문화재', '제2항 소위 조선총독부에 의해 반출된 것', '제3항 소위 통감·총독 등에 의해 반출된 것', '제4항 경상남북도 소재 분묘 그 외 유적에서 출토된 것', '제5항 고려시대 분묘 그 외 유적에서 출토된 것'으로 구성되어 있었다. 한국 측이 동 항목을 제출한 이유는 지금까지 진행된 추상적인 논의가 문화재 반환 교섭에 도움이 되지 않았다고 생각했기 때문이었다.[39] 즉 위의 항목을 바탕으로 한국 측이 원하는 문화재를 구체적으로 논의하면서, 이에 대한 '일본의 답변'을 듣기 위한 것이었다. 이후 한국 측은 각 항목을 설명했지만, 일본 측은 정부 방침이 정해지지 않으면 구체적인 논의로 들어갈 수 없다면서 여전히 소극적인 태도를 보였다. 하지만 내부적으로는 위 항목에 대한 조사가 이루어지고 있었고, 이를 조사 중

---

38) 한국외교문서, 『제4차 회담 문화재소위원회 회의록』, 프레임 번호: 15.

39) 日本外交文書, 「第四次日韓全面会談における請求権小委員会(文化財)の第五回会合」, 1958年 10月25日, No.445.

에 있다고 한국 측에 보고하기도 했다. 이와 같이 일본 측은 문화재 반환 교섭에서 소극적인 태도를 보였지만, 결국 한국 측의 요구에 대해 내부적으로는 관련 조사를 실시할 수밖에 없었다.

제5차 회담에서는 한국 측이 제시한 '문화재 반환의 7항목'을 중심으로 전문가회의에서 관련 논의가 진행되었다. 두 번에 걸쳐 열린 전문가회의에서는 고대 분묘의 출토품과 궁전, 사찰 등의 유적에서 반출된 석조물, 그리고 미술품, 고고학 자료, 전적 등을 대상으로 한국에서 출토 또는 반출된 경위와 현소재에 대한 논의가 진행되었고, 한국 측은 경남 창령 고분 출토품, 데라우치 총독 수집 불상 등에 대한 조사를 일본 측에 요구했다.[40] 제4차 회담부터 제5차 회담까지 이루어졌던 논의는 한국 측에게 만족스럽지는 않았지만, 문화재 목록 논의가 서서히 진행되기 시작했고 일본 내부에서도 이에 대한 조사가 이루어지고 있었다. 한국 측이 문화재 목록을 제출한 것이 이와 같은 논의에 큰 영향을 끼쳤던 것이다.

제6차 회담에서는 문화재소위원회, 전문가회의, 문화재관계회의를 통해 문화재 목록에 대한 논의가 상당히 구체적으로 이루어진다. 문화재소위원회에서는 '문화재 반환의 7항목'이, 전문가회의에서는 특정 문화재의 소재 파악 등에 대한 논의가 이루어졌다. 한국 측은 제4회 문화재소위원회(1961년 12월 5일)까지 '문화재 반환의 7항목'에 대한 구체적인 설명을 통해 문화재 반환을 요구하는 한편 일본 측에 문화재 목록 제출을 요구하기도 했다. 여섯 차례 열린 전문가회의에서는 다양한 문화재에 대한 논의가 이루어졌는데, 일본 측이 석굴암의 석탑과 불상, 다보탑의 석사자, 오구라 컬렉션, 체신 문화재, 데라우치 문고 등에 대한 조사 결과를 보고하는 등 각종 문화재에 대한 사실 관계가 확인되었다.

한편 문화재관계회의에서는 제7회 문화재소위원회(1962년 2월 28일)에서 한국 측이 제출한 '반환청구 한국문화재 목록'을 중심으로 일본 측이 동 목

---

40) 한국외교문서, 『제5차 회담 문화재소위원회 및 전문가회의』, 프레임 번호: 23~31.

록에 대한 내용과 반출 근거 등을 질의하고, 한국 측이 이에 답변을 하는 형태로 논의가 진행되었다. 제3회 문화재관계회의(1963년 2월 22일)에서 일본 측은 한국 측이 관헌의 힘이나 권력에 의한 불법적인 반출이라는 정치적인 측면을 주장하고 있지만, 이를 떠나 학술적·문화적 측면에서 논의하고 싶으며 이 회의를 중단하고 전문가들 간의 비공식회의를 개최하자고 제안했다. 이에 대해 한국 측은 구체적인 확인 작업, 현물과의 대조 작업 등을 위해 이 회의를 계속해야 한다고 말하면서, 구체적인 목록을 제출할 준비가 되어 있다고 응수했다.[41] 이후 한국 측은 '제3항 일본 국유에 속하는 것'과 '제2항 통감 및 총독 등에 의해 반출된 것' 중 이토 히로부미의 고려자기 목록을 제출했고, 일본 측은 이를 조사한 후 한국 측에 그 결과를 보고했다.[42] 또한 한국 측은 일본 측에 궁내청 장서 목록 제출을 요구했고, 일본 측이 이를 제출하면서 관련 논의가 진행되었다. 일본 측도 한국 측에 대한 질의응답과 반론을 펼치면서 논의에 임했고, 내부적으로도 외무성과 문부성이 한국 측에 건넬 문화재에 대해 논의했다. 이처럼 제6차 회담에서는 문화재 목록에 대한 논의가 가장 구체적으로 이루어졌다.

한일 양국은 제7차 회담이 개최 이후 1965년 2월 22일의 기본조약 가조인과 4월 3일의 합의를 통해 회담 타결에 박차를 가했다. 제1회 문화재위원회(4월 24일)에서 한국 측은 새로운 문화재 목록을 제시하지 않고, 지금까지 논의된 한국 측의 문화재 목록과 관련한 일본 측의 목록을 받은 후 이를 바탕으로 논의에 임하려고 했다. 그러나 일본 측은 앞으로 제시할 문화재 목록은 최종안이며, 한국 측의 문화재 목록 제출 요구에 대해서는 "한국 측이 목록 제출을 첫 번째 조건으로 하는 한 이 전문가회의는 앞으로 당분간 열 수 없다"고 응수했다.[43] 이에 대해 한국 측은 일본 측이 목록을 제출하

41) 한국외교문서, 『제6차 회담 예비절충 문화재관계회의』, 프레임 번호: 28~29.
42) 한국외교문서, 위의 자료, 프레임 번호: 31 및 41~45.
43) 日本外交文書, 「第7次日韓会談文化財専門家会合第1回」, 1965年5月17日, No.459.

지 않았고 이를 협의한 적이 없기 때문에 최종안이라고 할 수 없으며, 일본 측의 문화재 목록을 받으라는 김동조 주일대사의 지시가 있었다고 불만을 나타내면서 일본 측의 문화재 목록 제출을 강하게 요구했다.[44]

일본 측이 최종안을 제출한 것은 한일회담 타결을 얼마 남지 않은 제3회 문화재위원회(6월 11일)에서였다. 그러나 한국 측은 그동안 계속해서 요구해 왔던 양산부부총 등의 문화재들이 없었고, 논의를 거치지 않은 채 일방적으로 제출된 목록이었기 때문에 이를 받아들일 수 없었다. 일본 측은 최종안이라는 입장을 굽히지 않았지만, 한국 측은 6월 18일에 열린 마지막 회의에서 문화재를 추가할 것을 요구했고, 경주 노서리 고분과 황오리 고분 출토품의 전부, 이토 히로부미의 고려자기 97점, 경상남북도 소재 분묘 및 그 외 유적에서 출토된 것 일부, 고려시대 분묘 및 그 외 유적에서 출토된 것 일부를 추가로 받기로 했다.

한국 측이 반환과 기증 문제에 집중해서 문화재 반환 문제를 논의하려고 했다거나 문화재 목록을 제출하지 않았다면, 문화재 반환 교섭에서 큰 진전은 없었을 것이다. 하지만 전술한 바와 같이 한국 측은 문화재 목록을 제출하면서 일본 측을 구체적인 논의로 끌어들였다. 문화재 반환 교섭에서 일본 측이 시종일관 소극적인 태도를 보였기 때문에 일본 측을 논의로 끌어들여야 할 필요가 있었다. 이를 위해 한국 측은 문화재 목록을 수시로 제출하면서 이를 설명하고, 일본 측에 관련 조사와 함께 문화재 목록 제출도 요구했다. 제4차 회담과 제5차 회담에서 보인 일본 측의 문화재 목록에 대한 태도는 한국 측이 예상한 것보다 적극적이지는 않았지만, 이에 대한 실질적인 논의가 이루어지기 시작했다. 또한 일본 내부에서도 한국 측의 문화재 목록에 대한 조사가 실시되었으며, 제6차 회담에서는 보다 구체적인 논의가 이루어졌고, 이를 바탕으로 인도품목목록이 작성되었던 것이다.

---

44) 日本外交文書, 「第7次日韓文化財委員会第2回会合」, 1965年4月28日, No.457 및 위의 자료.

제5절 반환과 기증 문제

반환과 기증 문제와 관련하여 한국 측은 과거사를 청산하기 위한 일환으로 법적의무로서 문화재를 반환받으려는 입장이었고, 반면에 일본 측은 법적의무는 없지만 약간의 국유 문화재를 자발적으로 기증하려는 입장이었다. 한국 측은 제1차 회담부터 반환을 주장했지만, 일본 측은 기증이라는 입장은 견지했다. 일본 측은 한일회담 개최 이전부터 "조선에서는 그 시정 초기부터 약탈을 엄격하게 금하고, 오히려 종래 간과되던 문화재 존중 정신을 고양했으며, 보존시설을 충실히 하여 연구 자료를 정비하고 있다. 이것은 조선을 통치하고 있는 일본에도 없는 일을 행한 것이며, 초대 총독의 현명한 대책에 따른 일이었다"라는 인식을 가지고 있었다.[45] 또한 문화재 보존에 대해서도 "일본의 반도 통치에 대한 빛나는 기념비로서 유식자를 통해 세계의 사람들에게 널리 이해시키고, 동시에 반도 사람들이 이 점만은 영구히 기억하기를 바란다"라는 인식도 있었다.[46] 이와 같은 인식은 한일회담 개최 이후에도 일본 측에 계속해서 자리 잡고 있었고, 식민지 지배는 합법적이었다는 입장과 함께 문화재 반환의 법적의무는 없다는 입장을 고수하는 근거가 되었다.

한일 양국은 제1차 회담에서부터 제3차 회담까지 반환과 기증 문제로 대립했고, 이 문제의 해결 방안으로 인도라는 방식이 처음으로 제시된 시기는 회담 중단기였다. 1957년 2월에 열린 회의에서 한국 측은 기증이 아닌 반환을 요구했고, 일본 측이 이를 거부하자 인도를 제안했다. 일본 측은 한국 측의 의견을 받아들여 '건넨다'라는 표현이 삽입된 구두전달사항을 제시했다. 그러나 일본 측은 문부성의 강한 반대가 예상되기 때문에 기증이나 증여를 사용할 필요가 있다고 다시 주장했고, 한국 측은 기증이나 증여는 곤란하며

---

45) 大蔵省管理局, 앞의 자료, p.88.
46) 藤田亮策, 앞의 글, pp.245~246.

'인도한다' 또는 '건넨다'가 좋다고 반론했다.[47] 3월에 접어들자 일본 측은 문부성의 반대를 다시 언급하면서, 기증이라는 표현이 들어간 구두전달사항이 최대한의 표현이라고 말했고, 한국 측은 기시 총리와의 회의에서 문화재를 인도한다는 취지를 기시 총리가 언급해 줄 것을 제안하자 기시 총리도 이 문제가 해결되도록 노력하겠다고 답했다.[48] 일본 측은 3월 중순에 'hand over'가 사용된 구두전달사항을 제시했고, 이후 기증이나 증여라는 표현은 사용하지 않았다. 이와 같은 한국 측의 지속적인 요구를 통해 일본 측은 결국 인도라는 표현을 받아들였고, 구두전달사항에도 삽입될 수 있었던 것이다.

구두전달사항을 통해 106점의 문화재가 한국으로 인도된 이후 제4차 회담부터 제5차 회담까지 한일 양국은 또다시 반환과 기증 문제로 대립을 했는데, 한국 측은 제6차 회담에서 다시 인도를 제안했다. 이 시기 한국정부는 한일회담을 타결하기 위해 주요 현안에 대한 방침을 정했는데, 문화재 반환 교섭 관련 방침에는 반환이 되지 않을 경우 인도를 제안할 것이 정해져 있었고, 이에 따라 일본 측에 인도를 제안한 것이었다. 먼저 한국 측은 문화재소위원회 대표 간의 비공식회의(1962년 2월 1일)에서 반환과 기증 문제는 그리 문제가 되지 않을 것이라고 말하면서, 반환에 고집하지 않는 자세를 보이는 한편[49] 김종필 - 오히라 회담(11월 12일)에서는 구두전달사항의 선례에 따라, 즉 인도를 명목으로 문화재를 반환하여 이 문제를 해결할 것을 공식적으로 제안했다.[50] 일본 측은 이를 받아들이지 않고 여전히 기증을 주장했지만, 한국 측은 예비회담 제20회 본회의(12월 21일)과 제23회 본회의(1963년 1월 23일)에서 계속 인도를 제안했다. 한국 측은 제6차 회담 시기에 반환과 기증이라는 상이한 입장은 서로 받아들일 수 없었기

---

47) 日本外交文書, 「金公使と会談の件」, 1957年2月28日, No.680.
48) 日本外交文書, 「岸総理金公私と会見の件」, 1957年3月9日, No.682.
49) 한국외교문서, 『제6차 회담 문화재소위원회』, 프레임 번호: 54.
50) 한국외교문서, 『김종필 특사의 일본방문』, 프레임 번호: 178.

때문에 이를 해결할 수 있는 방법이 필요했고, 그 방법으로 인도라는 명목
으로 문화재를 반환받는 것을 방침으로 정했다. 이에 따라 한국 측은 제6차
회담에서 인도라는 표현을 계속 주장했던 것이었다.

반환과 기증 문제는 제7차 회담에서 최종적으로 인도로 합의되었는데,
관련 논의는 청구권 문제 해결 방안과 관련되어 진행되었다. 먼저 일본은
3월 22일에 증여라는 표현을 사용했으나, 3월 25일의 회의에서는 인도라는
표현을 사용했다. 3월 27일에는 문화재 반환 문제가 청구권 문제와 관련된
제6항으로 설정되었고, 3월 31일에는 인도라는 표현이 최종적으로 합의되
었다. 기증을 고수하던 일본 측이 결국 한국 측의 주장을 받아들인 것이다.
일본 측의 입장 변화에 대한 이유를 외교문서 상에서 확인할 수는 없으나,
한일회담이 막바지로 향하고 있는 상황에서 문화재 반환 문제를 타결하기
위해서는 한국 측이 주장한 인도라는 표현을 받아들일 수밖에 없었을 것이
라고 추측할 수 있다.[51] 이후 4월 3일, '한일 간의 청구권 문제 해결 및 경
제협력에 관한 합의사항'에서 제6항으로 "한일 간의 문화재 문제 해결 및
문화협력 증진에 관련하여 양국은 품목 기타에 관한 협의를 하고 일본국은

---

51) 김·오히라 합의(1962년 11월 12일)를 바탕으로 난제였던 청구권 문제에 대한 대강
의 합의가 이루어졌고, 이를 통해 한일회담의 타결이 가시화되는 듯 했다. 그러나
한국 내의 한일회담 반대운동, 일본 측의 소극적인 자세 등으로 인해 회담은 2년
넘게 정체되었다. 이후 한일 양국은 1964년 12월 3일에 제7차 회담을 개최하고, 본
회의 논의를 통해 회담을 조기 타결하자는 데에 의견을 모았다. 먼저 기본관계문제
에 대한 논의가 상당 부분 마무리가 되었고, 2월 18일부터 이틀 간 이동원 외무장
관과 시이나 에츠사부로 외무대신 간의 회담을 통해 한일회담 조기 타결을 표명한
공동성명이 발표되었다. 2월 20일에는 기본관계문제의 합의 사항들이 규정된 기본
조약이 가조인되었다. 이와 같이 한일회담 조기 타결의 분위기가 무르익어 가면서,
한일 양국은 3월부터 기본관계문제 이외의 현안들에 대한 논의에 박차를 가하게
된다. 그 결과 4월 3일에 청구권 문제, 어업 문제, 재일한국인의 법적지위 문제에
대한 합의가 발표되었다. 한일회담의 타결이 가시화되고 있는 이와 같은 상황에 있
어서 일본 측도 문화재 반환 문제를 타결하기 위해서는 한국 측의 인도라는 주장
을 받아들일 수밖에 없었을 것이다. 제7차 회담 개최부터 4·3 합의까지의 각 의제
들에 대한 논의는 吉澤文壽, 앞의 책, pp.210~250 참조.

한국 문화재를 대한민국에 인도한다"는 내용이 합의되었고, 6월 22일에 체결된 문화재 협정의 제2조에는 "일본국 정부는 부속서에 열거한 문화재를 양국 정부 간에 합의되는 절차에 따라 본 협정 효력 발생 후 6개월 이내에 대한민국 정부에 인도한다"는 조항이 삽입되었다.

인도라는 표현은 문화재 반출의 불법성을 애매하게 했다는 비판을 받으면서 문화재 반환 교섭이 실패한 가장 큰 이유로 비판받고 있다. 한일회담 당시 일본 측은 기증이라는 입장을 확고하게 견지했고, 더 나아가 식민지 지배가 합법적이었다는 입장, 그리고 일제강점기 당시의 문화재 발굴·반출 등도 합법적이었다는 입장에서 봤을 때, 반환이라는 표현은 처음부터 실현 가능성이 없었다. 한국 측도 당연히 기증이라는 입장을 받아들일 수 없었기 때문에 이와 같은 상황에서 한국 측이 얻어낼 수 있는 현실적인 방안은 인도라는 명목으로 문화재를 반환받는 것이었다. 즉 한국 측은 반환이라는 입장을 관철시킬 수는 없었지만, 기증이라는 일본 측의 입장을 받아들이지 않고 문화재 반환 문제를 해결할 필요가 있었던 것이다. 따라서 한국 측은 회담 중단기와 제6차 회담 이후 인도라는 표현을 주장했고, 일본 측은 기증이라는 입장을 끝까지 고수하려고 했지만, 결국 이를 받아들여 최종적으로 제7차 회담에서 인도라는 표현이 합의된 것이다.

제6절 한일회담의 문화재 반환 교섭 재평가

한일회담의 문화재 반환 교섭은 반환이 아닌 인도라는 표현이 사용되었다는 점, 인도받은 문화재가 질적·양적으로 만족스럽지 못했다는 점에서 많은 비판을 받았다. 특히 결과적으로 실패한 교섭이라는 인식으로 인해 부정적인 측면이 주로 부각되어 왔다. 이에 대해 본장은 문화재 반환 교섭에 대한 비판은 물론 받아들여야 하지만, 부정적인 시각만으로 동 교섭을 정확하게 이해할 수 있을 것인가라는 문제를 제기하고, 교섭 과정에서 '문화재 반환 교섭 관련 회의 개최 문제', '문화재 목록 제출 문제', '반환과 기증 문제'를 중심으로 한국 측이 어떠한 쟁점에 대해 일본 측을 어떻게 설득시켰고, 그것이 어떠한 의미가 있었는지를 검토했다.

문화재 반환 문제는 제1차 회담부터 제3차 회담까지 청구권 문제와 함께 청구권소위원회에서 다뤄졌기 때문에 구체적인 논의가 이루어지지 않았다. 이에 따라 한국 측은 문화재 반환 문제를 구체적으로 논의하기 위해 이 문제만을 따로 논의할 수 있는 회의를 개최하려고 했다. 한국 측은 회담 중단기에 재개될 회담에서 동 문제를 논의한다는 취지의 표현을 구두전달사항에 삽입시키는 한편 제4차 회담과 제5차 회담 등에서 일본 측을 설득시켜 문화재소위원회와 전문가회의를 개최했다. 이는 문화재 반환 문제만을 논의할 수 있는 토대가 마련되었다는 데 중요한 의의가 있다. 이처럼 '문화재 반환 교섭 관련 회의 개최 문제'에 있어서 한국 측은 문화재소위원회, 전문가회의와 같은 문화재 반환 문제만을 논의하는 회의를 개최하기 위해 일본 측을 설득했다. 이와 같은 회의들을 통해 '반환과 기증 문제', 그리고 문화재 목록이 구체적으로 논의된 것은 본론에서 검토한 바와 같다. 한국 측의 이와 같은 노력이 없었다면, 문화재 반환 문제는 청구권 문제 논의에 가려져 구체적으로 논의되지 않은 채 주변화되었을 가능성이 높았을 것이다.

한국 측은 계속해서 소극적인 태도를 취하고 있는 일본 측을 논의에 끌어들이기 위해 문화재 목록을 수시로 제출했다. 제4차 회담 이후 '제1차 반환청구 한국문화재 항목', '문화재 반환의 7항목', '반환청구 한국문화재 목록' 등을 제출했고 이는 실질적인 논의가 진행되는 계기가 되었다. 한국 측이 문화재 목록을 제출하고 설명과 질의를 하면서 일본 측에 관련 답변과 조사 등을 요구했기 때문에 일본 측도 이에 응할 수밖에 없었다. 이에 따라 일본 측에서는 문부성의 전문가가 전문가회의에 참가하여 관련 논의에 임했고, 내부적으로는 문화재 품목에 대한 논의를 진행했다. '문화재 목록 제출 문제'에 있어서 한국 측은 문화재 목록 제출을 통해 일본 측을 논의로 끌어 들였고, 이 목록들의 논의가 축적되어 인도품목목록이 작성될 수 있었던 것이다.

일본 측의 문화재 반환 문제에 대한 입장은 기증 또는 증여였다. 한국 측은 회담 중단기 당시 기증을 주장하는 일본 측을 설득시켜 인도로 합의를 이끌어 냈다. 그 후 시종일관 기증을 주장하는 일본 측에 대해 제6차 회담부터 계속 인도를 주장했고, 제7차 회담에서 최종적으로 인도로 합의되었다. '반환과 기증 문제'에서 한국 측은 반환이라는 표현을 계속 사용하지는 않았지만, 기증이라는 일본 측의 주장을 상쇄시킬 필요가 있었다. 그 방법은 인도라는 명목으로 문화재를 반환받는 것이었다. 일본 측도 결국 이를 받아들여 문화재 협정에서 인도라는 표현이 사용되었다. 한국 측은 반환의 방법을 반환에서 인도로 변경했지만, 이는 한국 측의 일방적인 양보는 아니었다. 일본 측의 기증이라는 확고한 입장을 상쇄시켜 인도로 합의했던 것이다.

한일회담의 문화재 반환 교섭에서 한국 측이 원하는 만큼 문화재를 반환받는 일은 상당히 어려운 일이었다. 합법적인 식민지 지배, 합법적인 문화재 발굴·반출, 자발적 기증이라는 입장을 고수한 일본 측을 상대로 한국 측은 그들을 설득시켜 자신들의 입장에 되도록 가까워질 수 있도록 해야만 했다. 이를 위해 한국 측은 시종일관 소극적인 또는 부정적인 태도를 보이는 일본 측을 설득시켜 가면서 문화재소위원회와 전문가회의를 개최했고, 이는 문화재 반환 문제가 구체적으로 논의될 수 있는 틀이 되었다. 또한 문화재 반환 교섭에 소극적인 태도를 보이는 일본 측에 문화재 목록을 수 차례 제시하면서 실질적이고 구체적인 논의로 일본 측을 끌어들였고, 이와 같은 논의는 인도품목목록이 작성되는 계기가 되었다. 그리고 기증이라는 입장을 고수하는 일본 측을 설득시켜 반환의 명목을 인도로 합의했다.

문화재 반환 교섭 과정에서 위와 같은 한국 측의 적극적인 노력이 없었다면, 일본 측의 입장이 더욱 반영된 결과가 나왔을 가능성이 높았을 것이다. 한일회담의 문화재 반환 교섭이 최선의 결과를 얻지는 못한 것은 사실이며 비판받을 부분도 물론 있다. 하지만 한국 측의 일방적인 양보는 아니었으며, 여러 불리한 상황 속에서도 한국 측의 주장을 관철시키면서 현실적인 결과를 얻어낸 교섭이었다고 재평가할 수 있다.

제10장 간 담화와 한일도서협정에 내재한
일본의 역사인식은 무엇인가?

제1절 문제제기

본장에서는 2020년에 발표된 간 나오토 총리의 '내각총리대신 담화'(이하, 간 담화)와 그 후속 조치로 같은 해 11월에 체결된 '도서에 관한 대한민국과 일본국 간의 협정'(이하, 한일도서협정)에 내재된 일본정부의 역사인식을 규명한다.

2020년은 경술국치 110년째가 되는 해였다. 주지하다시피 일본은 1876년의 강화도 조약을 시작으로 1905년의 을사늑약, 1907년의 정미7늑약, 1909년의 기유각서 등을 통해 조선을 잠식했고, 1910년 8월 22일에 한일강제병합조약(이하, 강제병합조약)을 체결하여 조선을 식민지로 전락시켰다. 경술국치 이후 110년이 넘는 세월이 흐르고 있는 지금도 식민지 지배를 둘러싼 역사인식의 간극으로 인해 일본군 '위안부'문제, 교과서 문제, 강제동원문제, 독도 문제, 문화재 반환 문제 등을 둘러싼 한일 양국의 마찰과 갈등이 발생하고 있음은 주지하는 바와 같다.

일본정부는 역사인식문제에 있어서 식민지 지배에 대한 사죄와 반성을 공식적으로 표명하면서 진일보한 모습을 보이기도 했다. 그 대표적인 것이 민주당이 집권하던 시기(2009년 9월~2012년 12월)에 간 나오토 총리가 발표한 간 담화이다. 간 총리는 강제병합조약 체결 100년째가 되는 2010년 8월, 한국과 한국 국민을 대상으로 식민지 지배에 대한 사죄와 반성을 표명한 담화를 발표했다. 한일 양국은 그 후속 조치로 같은 해 11월 한일도서협정이 체결했고, 일본정부는 다음해 12월에 조선왕실의궤를 비롯한 1,205책의 고서적을 한국에 인도했다.

간 담화와 한일도서협정은 한일 관계에 있어서 다음과 같은 의의가 있다고 평가할 수가 있다. 먼저 간 담화는 일본정부의 과거사 관련 총리 담화인 무라야마 담화, 고이즈미 담화, 그리고 아베 담화가 아시아 국가들을 대상으로 사죄와 반성을 표명한 것에 비해, 그 대상을 한국과 한국 국민으로 특정하고 있다. 이것은 일련의 과거사 관련 총리 담화 중에서 처음이었다는 점에서 의의가 있다. 또한 간 담화는 '강제병합조약으로 인한 식민지 지배', '3·1 독립운동', '정치·군사적 배경', '한국인의 뜻에 반한 식민지 지배', '국가와 문화를 빼앗김' 등의 표현으로 사죄와 반성의 의미를 명확하게 부각시키면서 식민지 지배의 강제성을 드러냈다는 점에서도 그 의의를 찾을 수가 있다. 한일도서협정은 조선왕실의궤 등의 고서적을 넘기겠다는 간 담화의 내용을 바탕으로 이루어진 후속 조치로 일본정부가 간 담화의 내용을 실천했다는 점, 그리고 한일회담 이후 처음으로 대규모의 문화재 인도를 규정했다는 점에서도 한일도서협정의 의의를 찾을 수가 있다.

이와 같은 간 담화와 한일도서협정에 대해 각계각층에서 다양한 평가가 내려졌다. 간 담화는 한국인의 의지에 반해 식민지 지배가 이루어진 것을 사죄했다는 점에 대해 일본정부가 노력했다는 평가와 함께 강제병합조약의 불법성을 언급하지 않아 불충분하다는 비판을 받았다.[1] 한일도서협정도 획기적인 한일 관계 변화의 시발점이자 일본정부의 관계 개선의지를 확인할 수 있다는 평가와 함께 반환이 아닌 인도가 되었다는 점에서 비판을 받았다.[2]

그렇다면 이와 같은 평가와 비판을 동시에 받은 간 담화와 한일도서협정에는 어떠한 역사인식이 존재했던 것인가. 본장에서는 간 담화와 한일도서

---

1) 간 담화에 대한 평가는 『연합뉴스』, 「〈日총리담화〉 학계 '핵심비켜간 담화'」, 2010년 8월 10일 및 藤原夏人, 【韓国】日韓併合100年をめぐる動き」, 『外国の立法』 No.245 - 1, 2010 참조.

2) 한일도서협정에 대한 평가는 『YTN』, 「한일, 조선왕실의궤 등 1,205책 도서 반환 서명」, 2010년 11월 15일 및 『연합뉴스』, 「'日반출 문화재 반환' 합의 의미와 전망은」, 2011년 11월 8일 참조.

협정의 의의를 평가하면서, 동 담화와 협정이 강제병합조약의 불법성을 언급하지 않은 점과 반환이 아닌 인도라는 표현을 사용한 점에 주목하고, 동 담화와 협정에 내재된 역사인식을 검토하면서 일본정부의 식민지 지배 인식의 연속성을 밝힐 것이다. 이를 위해 간 담화와 한일도서협정을 각각 한일회담의 구조약의 무효확인 문제와 문화재 협정을 통해 분석한다.

본장에서 간 담화와 한일도서협정을 분석하는 이유는 다음과 같다. 첫째, 경술국치 110년째가 되는 해에 발표된 담화이자 이를 기반으로 체결된 협정이기 때문이다. 이와 같은 시대적 상황에 비추어 강제병합조약 100년에 대한 간 담화와 함께 그 후속 조치로 체결된 한일도서협정을 검토하는 작업은 시의적절하다고 볼 수 있다. 둘째, 전술한 바와 같이 간 담화와 한일도서협정은 3.1 독립운동과 같은 표현을 통해 한국과 한국 국민에 대해 반성과 사죄를 표명한 첫 총리 담화라는 점, 그리고 일본정부가 간 담화의 취지를 한일도서협정이라는 구체적인 행동으로 실천했다는 점에서 그 의의를 찾을 수 있지만, 이와 같은 중요성에도 불구하고 동 담화와 협정에 대한 학술적인 논의는 부족하기 때문이다. 따라서 한일 관계에서 간 담화와 한일도서협정의 중요성을 볼 때 이에 대한 학술적인 연구가 필요하다.

다음으로 간 담화와 한일도서협정에 관한 선행연구를 검토하면 다음과 같다. 간 담화를 다룬 연구들은 일본의 역사인식문제와 민주당 정권의 외교정책의 한 부분으로 간 담화를 다뤘지만,[3] 이에 대한 구체적인 검토가 없었고 담화를 평가하는데 머무르고 있다. 한일도서협정에 대한 연구는 문화재 반환 유형을 반환거부형, 사죄형, 거래형, 자발형으로 분류하여, 한일도서협정을 사죄형으로 규정하고 동 협정에 대한 일본의 긍정적·부정적 효과

---

3) 남기정, 「한일 관계에서 역사 문제와 안보의 연동 메커니즘: 투트랙 접근의 조건과 과제」, 『일본연구논총』 제45호, 2017; 정재정, 「한일협력과 역사문제 - 갈등을 넘어 화해로」, 『일본연구논총』제43호, 2016; 이기태, 「일본 민주당 정권의 대한국정책」, 『일본연구논총』 제38호, 2013; 최희식, 「전후 한일 관계의 구도와 민주당 정부 하의 한일 관계」, 『국제·지역연구』 20권 제3호, 2011.

를 논했지만,[4] 한일도서협정에 담긴 역사인식이 무엇이고, 그 의미가 무엇인지에 대한 검토는 이루어지지 않았다.

본장은 선행연구들을 참고하면서 간 담화와 한일도서협정에 내재된 역사인식을 검토하고 이를 통해 일본정부의 식민지 지배 인식의 연속성을 밝힌다. 이를 위해 간 담화와 한일도서협정을 한일회담에서 논의된 구조약의 무효확인 문제, 문화재 협정과 비교·분석하기로 한다.

제2절 간 담화와 식민지 지배 인식의 연속성

1. 구조약의 무효확인 문제에 대한 일본정부의 역사인식

한일 양국은 식민지 지배를 둘러싼 과거사 청산과 새로운 국교 수립을 위한 국교정상화를 목적으로 한일회담을 진행했다. 한일회담에서는 기본관계문제, 문화재 반환 문제, 청구권 문제, 선박 문제, 어업 문제, 재일한국인의 법적지위 문제가 주요 의제로 논의되었고 이를 둘러싼 한일 양국의 치열한 공방 이어진 끝에 기본조약과 부속 협정들이 1965년 6월 22일에 체결되면서 14년간의 기나긴 여정이 막을 내렸다.

기본관계문제는 과거사 청산과 국교 수립을 위한 기본적인 관계를 다루는 의제였다. 본절에서는 기본관계문제 중 연구 주제와 관련 깊은 구조약의 무효확인 문제를 검토하기로 한다. 구조약의 무효확인 문제는 한일강제병합(이하, 강제병합)에 이르기까지 체결된 일련의 조약과 협정들이 언제부터 무효였는지를 논의하는 문제였다. 당시 한국 측은 '체결 당시부터 무효였다'는 입장이었던 반면에 일본 측은 '당시에는 합법적으로 체결되었고, 한

---

4) 한소미, 「문화재 반환협상의 국제정치: 2011년 일본과 프랑스의 한국 문화재 반환 결정요인을 중심으로」, 연세대학교 정치학과 석사학위논문, 2014.

국이 독립한 시점부터 무효가 되었다'는 입장이었다. 논의 결과에 따라 식민지 지배가 합법·불법 여부가 결정되기 때문에 기본관계문제는 과거사 청산과 관련한 가장 핵심적인 문제였다.

구조약의 무효확인 문제가 처음으로 등장한 것은 제1차 회담이었다. 제4회 기본관계위원회(1952년 3월 5일)에서 한국 측은 '대한민국과 일본국 간의 기본조약안'을 제출했다. 구조약의 무효확인 문제는 '대한민국과 일본국은 1910년 8월 22일 이전에 구대한제국과 일본국 간에 체결된 모든 조약이 무효임을 확인한다'라는 제3조로 설정되어 있었다. 한국 측은 "민족의 총의에 반한 병합이었으며, 민국은 한반도에는 없었지만 해외에 있었고, 3·1 선언에도 있는 바와 같이 민족으로서 계속하고 있었던 사실이 있다. …(중략)… 이를 넣어 과거의 잘못을 인정하는 것이 양국민의 장래를 위해 좋다고 생각한다. 제3조는 일본 측에서 어떻게 생각 하더라도 한국으로서는 절대로 넣을 필요가 있다"고 주장했다. 반면에 일본 측은 강제병합조약이 "국가 간의 유효적법한 조약이었다는 점은 의문의 여지가 없으며, 귀국의 국민감정은 여하튼 간에 현재 우리 일본인은 적법한 병합이었다고 생각하고 있다"고 반론하면서 삭제를 요구했다.[5] 즉 한국 측은 동 조항을 삽입함으로써 일본의 식민지 지배가 불법·부당했다는 점을 천명하려고 했고, 반면에 일본 측은 식민지 지배는 합법적이었다는 인식을 바탕으로 이를 삭제하려고 했던 것이다. 이와 같은 강제병합조약에 대한 한일 양국의 입장 차이는 한일회담 당시에도 해결되기 힘든 문제였으며, 주지하는 바와 같이 지금까지도 해결되지 않고 있다.

이후 구조약의 무효확인 문제를 비롯한 기본관계문제는 제7차 회담에서 '기본관계에 관한 조약'(이하, 기본조약)으로 타결되었다.[6] 동 문제에 대해

---

5) 日本外交文書, 「日韓会談第五回基本関係委員会議事録」, 記入なし, No.977.

6) 기본관계문제의 구체적인 교섭 과정은 장박진, 「한일회담에서의 기본관계조약 형성과정의 분석 - 제2조 '구조약 무효조항' 및 제3조 '유일합성법 조항'을 중심으로」, 『국제지역연구』 17권 2호, 2008, pp.1~39 참조.

한국 측은 과거사 청산은 국내 사정을 봐서 남겨야 한다고 주장했고, 일본 측은 구조약이 강제적인 압박을 통해 위법적으로 체결되었다는 의미라면 동의할 수 없다고 주장했다.[7] 구조약의 무효확인 문제는 위와 같은 입장 차이로 인해 난항을 거듭하다가, 결국 '이미 무효'라는 'already null and void'(もはや無効)라는 표현으로 타결되었다. 즉 구조약의 무효확인 문제는 기본조약의 제2조 '1910년 8월 22일 및 그 이전에 대한제국과 대일본제국 간에 체결된 모든 조약 및 협정이 이미 무효임을 확인한다'로 합의되었고, 한일 양국은 이에 대해 서로 유리하게 해석을 할 수 있게 되었다. 이와 같이 동 문제에 대해 일본 측은 강제병합조약에 이르는 일련의 조약과 협정들이 당시에 모두 합법적으로 이루어졌으며, 그에 따른 조선에 대한 식민지 지배도 합법적이었다고 해석할 수 있게 되었다.

이와 같은 구조약의 무효확인 문제에 대한 일본정부의 입장은 한일회담에서 체결된 조약과 협정을 심의하기 위해 중의원과 참의원에서 열린 '일본 국과 대한민국 간의 조약 및 협정 등에 관한 특별위원회'(이하, 중의원 특별위원회)와 '일한조약 등 특별위원회'(이하, 참의원 특별위원회)에서도 확인할 수가 있다. 먼저 당시 외무성 조약국장이었던 후지사키 마사토(藤崎萬里)는 "병합조약 자체는 한국 독립 때 실효되었다. 병합 이전에 맺어졌던 조약은 각각의 조건이 성취되었을 때 실효되었고, 또한 병합 때까지 살아있던 것들은 병합 때 실효했다",[8] "제2조는 병합조약 및 그 이전의 모든 이른바 구조약은 현시점에서 무효가 되었다는 것을 확인하는 것이다"라고 설명했다.[9] 사토 에이사쿠 총리 또한 "병합조약은 한국의 독립선언 때부터 무효이며, 그 이전의 조약은 각각 그 조약에 규정하고 있는 조건이 완료되면서 혹은 병합조약이 성립·발효했을 때 효력을 잃었다",[10] "대등한 입장으로

---

7) 日本外交文書,「第7次日韓全面会談基本関係委員会第3回会合」, 1964年12月12日, No.1345.
8) 衆議院,「第50回国会日本国と大韓民国との間の条約及び協定等に関する特別委員会第6号」, 1965年10月29日.
9) 参議院,「第50回国会日韓条約等特別委員会第6号」, 1965年11月27日.

또한 자유의사로 이 조약이 체결되었다"고 설명했다.[11] 이와 같이 일본정부는 강제병합조약과 그 이전의 조약과 협정들은 모두 유효하고 합법적이었다는 입장을 바탕으로 기본조약을 체결한 것이었다.

2. 간 담화에 대한 일본정부의 역사인식

간 나오토 총리는 한일강제병합 100년이 되는 해인 2010년 8월 10일에 담화를 발표하면서 한국과 한국 국민을 대상으로 식민지 지배에 대한 사죄와 반성을 표명했다. 간 담화는 식민지 지배에 대한 사죄와 반성, 사할린 동포, 한반도 출신 유골봉환 지원, 조선왕실의궤 등의 고서적 인도, 한일 우호협력 관계 확인, 향후의 협력 표명 등을 주요 내용으로 하고 있다. 이 중 역사인식과 관련된 내용은 다음과 같다.[12]

> 올해는 일한관계에 있어서 커다란 전환점이 되는 해입니다. 정확히 100년 전 8월 일한병합조약이 체결되어 이후 36년에 걸친 식민지 지배가 시작되었습니다. 3·1 독립운동 등의 격렬한 저항에서도 나타난 바와 같이 정치·군사적 배경 하에 당시 한국인들은 그 뜻에 반하여 행해진 식민지 지배로 인해 국가와 문화를 빼앗기고, 민족의 자긍심에 깊은 상처를 입었습니다.

> 저는 역사에 대해 성실하게 임하고자 합니다. 역사의 사실을 직시하는 용기와 이를 인정하는 겸허함을 갖고, 자신의 과오를 되돌아 보는 일에 솔직하게 임하고자 합니다. 아픔을 준 쪽은 잊기 쉽고, 받은 쪽은 이를 쉽게

---

10) 衆議院, 「第50回国会日本国と大韓民国との間の条約及び協定等に関する特別委員会第8号」, 1965年11月1日.

11) 衆議院, 「第50回国会日本国と大韓民国との間の条約及び協定等に関する特別委員会第10号」, 1965年11月5日.

12) 해당 전문은 외교부, 앞의 책, p. 246 및 外務省 홈페이지(https://www.kantei.go.jp/) 참조.

잊지 못하는 법입니다. 이와 같은 식민지 지배가 초래한 다대(多大)한 손해와 아픔에 대해, 여기에 재차 통절한 반성과 마음에서 우러나오는 사죄의 심정(痛切な反省と心からのおわびの氣持)을 표명합니다.

위의 내용에서 알 수 있는 바와 같이 일본정부는 '3·1 독립운동 등의 격렬한 저항', '한국인들은 그 뜻에 반하여', '식민지 지배가 초래한 다대한 손해와 아픔', '통절한 반성과 마음에서 우러나오는 사죄의 심정' 등의 표현을 담은 간 담화를 통해 한국과 한국 국민에 식민지 지배에 대한 사죄와 반성을 표명했다. 특히 강제병합조약의 언급, 36년에 걸친 식민지 지배, 3·1 독립운동, 한국인이라는 표현은 무라야마 담화, 고이즈미 담화, 아베 담화 등 지금까지 발표된 과거사 관련 총리 담화에는 없었던 것으로 높이 평가할 만한 부분이다. 또한 담화에 대한 민주당 내부의 우려와 자민당의 반대, 보수우익 단체의 시위[13]라는 어려운 상황 속에서도 당시 일본정부가 간 담화를 발표했다는 점도 평가할 만하다.[14]

그렇다면 이와 같은 간 담화에는 어떠한 역사인식이 담겨져 있었을까. 이하에서는 간 담화를 둘러싼 일본 국회의 논의를 중심으로 이 담화에 내재된 역사인식을 검토하기로 한다.

간 담화 발표 이후 2010년 10월 21일에 열린 참의원 외교방위위원회에서 '일한병합 100년의 총리담화에 관한 건'이 제출되었다. 자민당의 사이토 마사히사(佐藤正久) 의원은 "일한병합조약, 이것은 합법이라고 인식해도 되는가"라고 질의했다. 이에 대해 마에하라 세이지(前原誠司) 외상은 "당시의 절차에 따라 이루어진 것이라고 인식하고 있다"고 답변했다.[15] 한편 2011년

---

13) 『연합뉴스』, 2010년 8월 10일.
14) 간 담화의 성립 과정은 일본 국내 정치 과정을 중심으로 파악해야 하지만, 이에 대한 자료가 아직 발굴되지 않았기 때문에 현재 그 과정을 정확히 파악할 수는 없다. 이에 대한 작업은 향후 연구과제로 삼기로 한다.
15) 参議院, 「第176回国会参議院外交防衛委員会第2号」, 2010年10月21日.

5월에 한일도서협정 비준을 위해 열린 참의원 외교방위위원회에서도 위와 같은 논의가 있었다. 5월 24일에 열린 외교방위위원회에서 모두의 당(みん なの党)의 사쿠라우치 후미키(桜内文城) 의원은 한국 국민의 의사에 반해라 는 표현과 관련하여 간 총리가 "일한병합조약 자체가 유효한 것이 아니라 는 것을 이 각의결정으로 나타낸 것인가"라고 질의했다. 이에 대해 마쓰모 토 다케아키(松本剛明) 외상은 1965년에 체결된 "기본조약에서 확인되고 있 는 바와 같이 이미 무효라는 것이 정부의 견해"라고 답변했다.16) 마쓰모토 외상의 이와 같은 발언은 5월 26일에 열린 외교방위위원회에서도 확인된다. 민주당의 오노 모토히로(大野元裕) 의원이 한일회담의 청구권 협정과 관련 하여 이 조약의 유효성과 일본정부의 입장에 대해 질의하자, 마쓰모토 외상 은 한일 양국 간의 청구권 문제는 청구권 협정을 통해 법적으로 완전하고 최종적으로 해결되었으며 "일한기본관계조약을 비롯한 일한국교정상화 관 련 조약은 현재의 한일 관계의 기초를 이루고 있는 것으로 생각하고 있고, 그러한 기본적인 틀인 관련 조약 및 그를 바탕으로 한 조치는 당연히 지금 도 유효하다"라고 답변했다.17)

여기에서 주목해야 할 것은 당시의 외상들이 한일회담의 기본조약을 언 급하면서 '일한병합조약'의 효력에 대해 모두 '유효했다'고 답변한 것이다. 전술한 바와 같이 한일회담의 구조약의 무효확인 문제에 대해 한일 양국은 상반된 입장을 취하고 있었다. 한일 양국은 동 문제를 'already null and void'라는 표현을 사용하여 구조약의 효력을 자국에 유리하게 해석할 수 있 도록 합의했다. 즉 일본정부는 조선을 식민지화 하는 과정 속에서 체결된 조약과 협정들이 모두 합법적으로 체결된 것이었고, 식민지 지배 또한 정당 하게 이루어졌다는 입장을 유지했던 것이다. 간 담화를 발표한 일본정부는 '3·1 독립운동 등의 격렬한 저항', '한국인들은 그 뜻에 반하여' 등의 표현

---

16) 参議院,「第177回国会参議院外交防衛委員会第10号」, 2011年5月24日.
17) 参議院,「第177回国会参議院外交防衛委員会第11号」, 2011年5月26日.

을 사용하면서 한국과 한국 국민을 대상으로 식민지 지배에 대한 사죄와 반성을 표명했지만, 그 이면에는 구조약의 무효확인 문제의 '일한병합조약과 식민지 지배는 합법적이었다'는 일본정부의 기존의 역사인식이 내재되어 있었던 것이었다. 이와 같은 간 담화에 내재된 역사인식을 통해 일본정부의 식민지 지배 인식이 연속적이었다는 점을 알 수가 있다.

일본정부의 이와 같은 식민지 지배 인식의 연속성은 담화를 발표한 간 총리의 발언에서도 확인할 수 있다. 간 총리는 담화 발표 이후 열린 기자회견에서 '병합조약이 한국 국민의 의지에 반해 강제되었고, 근본적으로 무효라는 주장이 있다. 이번 담화에서 총리는 한국 국민의 의지에 반했다는 것을 인정했다는 것인데, 병합조약이 무효라는 것에 대해 어떻게 생각하는가'라는 취지의 질문을 받았다. 이에 대해 간 총리는 "일한병합조약에 대해서는 1965년의 일한기본조약에서 그 생각을 확인하고 있으며, 그것을 답습하고 있는 것이다"라고 답변했다.[18] 즉 간 총리가 담화를 직접 발표하면서 표면적으로는 식민지 지배에 대한 사죄와 반성을 표명했지만, 이면적으로는 식민지 지배가 합법적이었다는 역사인식을 가지고 있었던 것이다.

간 담화는 한국과 한국 국민을 대상으로 강제병합조약 언급, 3·1 독립운동, 한국인이라는 표현을 사용하면서 식민지 지배에 대한 사죄와 반성을 표명한 최초의 총리 담화였다. 그러나 그 이면에는 식민지 지배가 합법적이었다는 일본정부의 역사인식이 내재되어 있었다.

---

18) 首相官邸, 「菅内閣総理大臣記者会見」, 2010年8月10日.

제3절 한일도서협정과 식민지 지배 인식의 연속성

1. 문화재 협정에 대한 일본정부의 역사인식

한일회담에서 논의된 문화재 반환 문제는 일본으로 반출된 조선 출토 문화재의 처리를 둘러싼 문제였다. 한국 측은 '식민지 지배는 불법적이었으며, 당시 일본으로 반출된 문화재도 불법적이고 부당한 방법으로 반출된 것이기 때문에, 일본은 한국에 문화재를 반환할 법적의무가 있다'라는 입장을 취하고 있었다. 반면에 일본 측은 '식민지 지배는 합법적이었으며, 일본으로 반출된 문화재는 합법적이고 정당한 방법으로 반출된 것이다. 일본에 문화재를 반환할 법적의무는 없지만, 일본정부가 소유한 약간의 문화재를 자발적으로 기증한다'라는 입장을 취하고 있었다. '반환'과 '기증', '법적의무'와 '자발적'이라는 표현에서도 알 수 있는 바와 같이 문화재 반환 문제에 대한 한일 양국의 입장은 상반되었으며, 이로 인해 동 문제가 타결되기까지 약 14년이라는 시간이 필요했다. 결국 문화재 반환 문제는 제7차 회담에서 문화재 협정이 체결되면서 일단락되었다.

문화재 협정은 협정서와 합의의사록, 그리고 부속서로 구성되어 있으며 협정서의 내용은 다음과 같다.[19]

대한민국과 일본국 간의 문화재 및 문화협력에 관한 협정

대한민국과 일본국은 양국 문화의 역사적인 관계에 비추어 양국의 학술 및 문화의 발전과 연구에 기여할 것을 희망하여 다음과 같이 합의하였다.

제1조

대한민국 정부와 일본국 정부는 양국 국민 간의 문화 관계를 증진시키

---

19) 외교부, 앞의 책, p.209.

기 위하여 가능한 한 협력한다.

제2조

   일본국 정부는 부속서에 열거한 문화재를 양국 정부 간에 합의되는 절차에 따라 본 협정효력 발생 후 6개월 이내에 대한민국 정부에 인도한다.

제3조

   대한민국 정부와 일본국 정부는 각각 자국의 미술관, 박물관, 도서관 및 기타 학술문화에 관한 시설이 보유하는 문화재에 대하여 타방국의 국민에게 연구의 기회를 부여하기 위하여 가능한 한의 편의를 제공한다.

제4조

   본 협정은 비준되어야 한다. 비준서는 가능한 한 조속히 서울에서 교환한다. 본 협정은 비준서가 교환된 날로부터 효력을 발생한다.

   이하에서는 문화재 협정의 작성을 둘러싼 논의 과정을 통해 동 협정에 대한 일본정부의 입장을 검토해 보기로 한다.

   제7차 회담의 제4회 문화재위원회(1965년 6월 15일)에서 한일 양국은 각각 '대한민국과 일본 간의 문화재 문제 해결 및 문화협력에 관한 의정서 요강(안)'(이하, 요강안)과 '문화상의 협력에 관한 일본국과 대한민국 간의 협정(안)'(이하, 협정안)을 제시했다.[20] 두 가지 안들은 모두 제6차 회담의 예비회담 제21회 본회의(1962년 12월 26일)에서 일본 측이 제시한 '일본정부와 대한민국정부 간의 문화상의 협력에 관한 의정서 요강(안)'(이하, 의정서 요강안)을 바탕으로 작성된 것이었다.[21]

   제6차 회담에서 일본 측이 제시한 의정서 요강안은 전문과 3개의 조항으

---

20) 한일 양국이 제출한 안은 한국외교문서, 『제7차 회담 문화재위원회 회의 개최 계획』, pp.20~21 및 日本外交文書, 「韓国との文化財・文化協定の条文化についての交渉」, 1969年 3月, No.461 참조.
21) 日本外交文書, 「日韓予備交渉第21回会合記録」, 1962年12月26日, No.651 참조.

로 구성되어 있었으며, 그 명칭에서도 알 수 있는 바와 같이 문화협력이 목
적이었다. 전문의 '상호 간의 문화협력 및 우호 관계를 앞으로 더 발전시키
는 것', 제1조의 '양국민 간의 문화교류를 긴밀히 하는' 등의 표현에서도 과
거사 청산의 일환으로 문화재 반환 문제를 해결하려고 했던 한국 측의 입
장과는 동떨어진 내용이었다. 또한 제2조에서 '대한민국 정부가 그 역사적
문화재에 대해 갖는 깊은 관심을 고려하여 …(중략)… 일본국 정부 소유의
문화재를, 대한민국 정부에 기증하기로 한다'라면서 문화재를 언급했지만,
그 목적은 '대한민국에서의 학술, 문화 발전 및 연구에 기여하기 위해서'였
다. 이에 대해 한국 측은 문화협력의 취지에는 찬성하지만, 그것은 "한일
간의 현안 문제의 하나로서의 문화재 문제를 해결하는데 있어서 연결시킬
성질의 것이 아니라고 생각한다"고 반박했다.[22] 즉 문화재 반환 문제를 과
거사 청산의 일환으로 제기한 한국 측으로서는 그러한 '성질'의 내용이 일
절 언급되어 있지 않은 일본 측의 의정서 요강안을 받아들일 수 없었던 것
이다. 반대로 일본 측은 식민지 지배는 물론이고 문화재도 합법적으로 반출
되었다는 입장이었기 때문에 과거사 청산이라는 '성질'은 전혀 고려하지 않
은 채 문화협력을 위해 의정서 요강안을 작성했던 것이다. 이와 같이 문화
재 반환 문제를 둘러싼 한일 양국의 상반된 입장은 의정서 요강안에도 뚜
렷하게 드러나 있었다.

　한편 의정서 요강안을 수정해서 작성된 일본 측의 협정안은 전문과 4개
의 조항으로 구성되어 있었다. 그러나 의정서에서 협정으로 명칭이 변경되
었을 뿐, 명칭의 의미와 내용 면에서는 의정서 요강안과 흡사했다. 오히려
1조에서 '문화, 학술, 과학, 기술, 예술, 교육 및 스포츠 분야에서의 양 체결
국 국민 간의 양호하고 유효한 협력을 유지'한다는 내용을 기술함으로써 의
정서 요강안에 비해 문화협력의 취지가 더 부각되었다. 또한 한국 측 의견
을 받아들여 '인도'라는 표현을 사용했지만, 이는 표현상의 변화일 뿐 '인도

---

22) 한국외교문서, 『제6차 회담 제2차 정치회담 예비절충: 본회의 V.3』, p.30.

라는 형식으로 기증한다'는 의미였다. 한국 측은 문화재 반환 문제의 '성질'
이 드러나지 않은 협정안에 대해 "문화협력만의 문제로 인도를 다루는 것
은 수락하기 어렵다"고 반박하면서, 자신들의 요강안을 설명했다.23)

　한국 측의 요강안은 전문과 3개의 조항으로 구성되어 있었다. 과거사 청
산이라는 '성질'을 나타내기 위해 명칭에 '문화재 문제 해결'이라는 표현을
삽입하고, 해결하기 어려운 '반환'과 '기증' 문제는 '인도'라는 중립적인 표
현을 사용함으로써 인도라는 형식으로 문화재를 반환 받고자 했다. 그리고
문화협력에 대한 일본 측의 입장을 무시한다면 문화재 반환 문제를 해결하
기 어렵기 때문에 일본 측의 입장을 어느 정도 반영하여 그 명칭에 '문화협
력'을, 그리고 내용 면에서도 이와 관련한 표현을 삽입했다.24) 이와 같이
한국 측은 일본 측의 입장을 고려하면서도 문화재 반환 문제의 '성질'을 부
각시키려고 했다.

　이에 대해 일본 측은 6월 17일, 한국 측의 요강안을 수정하여 '일본국과
대한민국 간의 문화협정(안)'(이하, 문화협정안)을 제시했다.25) 한국 측의
요강안과 어느 정도 비슷했지만, 명칭은 문화협력을 의미하는 '문화협정'으
로 변경되었고 '문화재'는 없었다. 한국 측은 문화협정안의 명칭에 대해 '문
화재 및 문화협력에 관한 협정'으로 할 것을 강하게 요구했지만, 일본 측은
이에 응하지 않았다. 이후 한국 측의 강한 요구가 계속되자 일본 측은 내부
논의를 거쳐 한국 측의 요구를 수락했고, 한일 양국은 6월 19일에 수정안에
대해 최종 확인을 한 후 6월 22일에 문화재 협정에 서명을 했다. 이와 같이
일본정부는 과거사 청산이 아닌 문화협력을 목적으로 동 협정을 작성하고
체결했던 것이다.

　이와 같은 일본정부의 인식은 중의원 특별위원회와 참의원 특별위원회에

---

23)　日本外交文書,「韓国との文化財・文化協定の条文化についての交渉」, No.461.
24)　한국외교문서,『제7차 회담 문화재위원회 회의 개최 계획』, pp.8~10.
25)　해당 전문은 日本外交文書,「韓国との文化財・文化協定の条文化についての交渉」, 1969年3月,
　　　No.461 참조.

서도 확인할 수가 있다. 시이나 외상은 중의원 특별위원회에서 문화재 협정에 대해 "양 국민 간의 문화 관계를 증진시키기 위한 협력 및 그 일환으로서 일정한 문화재를 한국정부에게 인도하는 것"이라고 설명했다.[26] 한편 후지사키 외무성 조약국장은 참의원 특별위원회에서 "양국의 문화에 대한 역사적인 관계에 비추어, 양국 간의 국교정상화에 따라 양국 간의 문화적인 교류가 활발해질 것을 예상하여, 양국의 학술 및 문화 발전, 그리고 연구에 기여하기 위해 맺어진 것이다. …(중략)… 일본국 정부는 한국 국민이 그 문화재에 대해 가지는 깊은 관심 및 조선 동란에서 다수의 한국 문화재가 소실 또는 흩어진 것에 비추어, 문화교류의 일환으로 부속서에 열거된 문화재를 …(중략)… 한국정부에 인도하는 것, 또한 양국 정부는 자국 미술관 등 학술 및 문화에 관한 시설이 보유하는 문화재에 대해 상대방 국민에 연구할 기회를 제공하기 위해 가능한 한 편의를 제공할 것"이라고 설명했다.[27] 이와 같이 일본정부는 문화협력을 목적으로 문화재 협정을 체결한 것이다.

이상에서 검토한 바와 같이 일본정부는 문화재 협정의 명칭과 내용 등 그 작성 과정에서 문화협력이라는 측면을 강조하면서 한국 측이 주장했던 과거사 청산이라는 문화재 반환 문제의 '성질'이 되도록 드러나지 않게 하려고 했다. 즉 일본정부는 '조선에 대한 식민지 지배는 합법적이었으며, 문화재 또한 합법적이고 정당한 방법으로 일본으로 반출되었다'라는 입장을 바탕으로 과거사 청산과는 상관없이 문화재 협정을 체결했던 것이다.

2. 한일도서협정에 대한 일본정부의 역사인식

한일도서협정은 간 담화의 후속 조치로 2010년 11월 14일에 체결되었다.

---

26) 参議院, 「第50回国会日韓条約等特別委員会第2号」, 1965年11月22日.
27) 衆議院, 「第50回国会日本国と大韓民国との間の条約及び協定等に関する特別委員会第2号」, 1965年10月25日.

동 협정의 체결까지 두 번의 계기가 있었다. 첫 번째 계기는 조선왕실의궤 반환 운동이었다. 2006년 9월 14일에 발족한 '조선왕실의궤 환수위원회'는 북한 조선불교도연맹과의 공동 환수 추진, 일본 국회의원, 외무성과의 면담, 일본정부에 대한 진정서 제출 등의 활동을 펼쳤다. 시민단체 이외에도 정부, 국회, 지방자치단체 등도 조선왕실의궤의 반환을 요청했다. 이와 같은 상황 속에서 2008년 2월 22일에 후쿠다 야스오(福田康夫) 총리는 한국 특파원과의 기자회견에서 조선왕실의궤 반환을 검토하겠다고 밝히기도 했다.[28]

2009년 8월의 중의원 선거에서 민주당이 승리하면서 새로운 정권이 등장했고, 이후 조선왕실의궤와 관련된 움직임이 구체화된다. 2010년 7월 7일 센고쿠 요시토(仙谷由人) 관방장관은 일본외국특파원협회 기자회견에서 한국과의 전후 처리 문제와 관련하여 한반도 출신 강제징용자의 유골 반환 문제와 한국에서 유출된 문화재의 반환 문제, 재한 피폭자 문제 등을 언급하고, "하나씩 하나씩 역사적 사실을 직시하면서 해결할 수 있는 것을 해결하겠다"는 입장을 밝혔다.[29] 이후 7월 말 일본정부가 식민지 지배에 대한 사죄와 반성을 담은 총리 담화를 발표하고, 일제강점기 때 반출된 문화재의 반환 조치를 검토하고 있으며 "궁내청에 보관 중인 81종의 조선왕실의궤가 우선 반환 대상으로 고려"되고 있다는 한국 언론의 보도가 있었다.[30] 이에 대해 한일 양국은 부정적인 반응을 내비쳤지만, 8월 10일에 발표된 간 담화에서 조선왕실의궤가 언급된 것을 본다면 당시 일본정부는 조선왕실의궤 인도에 대해 검토하고 있었을 가능성이 높다. 이와 같이 한국 측의 조선왕실의궤 반환 운동을 통해 일본정부도 그에 대한 검토를 시작했고, 일본정부는 간 담화를 통해 조선왕실의궤 인도를 공식화하기에 이른다.

한일도서협정의 두 번째 계기는 간 담화였다. 간 총리는 담화를 통해 식

28) 『경향신문』, 2008년 2월 23일.
29) 『세계일보』, 2010년 7월 8일.
30) 『조선일보』, 2010년 7월 21일.

민지 지배에 대한 사죄와 반성을 표명하면서, 고서적의 인도에 대해 "일본의 통치하고 있었던 시기에 조선총독부를 경유해서 가져와, 일본정부가 보관하고 있는 조선왕실의궤 등 한반도에서 유래한 귀중한 도서에 대해, 한국인들의 기대에 부응하여 가까운 시일에 이를 인도"할 것을 언급했다. 당시 조선왕실의궤는 궁내청에 보관되고 있었는데, 일본정부는 담화를 통해 조선왕실의궤 등 일본정부가 소유하고 있는 고서적을 한국정부에 건넸다는 것을 공식적으로 밝힌 것이다. 이후 한일 양국은 조선왕실의궤를 비롯한 고서적에 관한 협정안을 논의한다. 한국 측은 '반환'이라는 표현을 요구하고, 일본 측은 '인도'를 주장하는 등의 논의를 거치면서 협정서가 작성되었고,31) 11월 8일에 열린 김성환 외교통상부 장관과 마에하라 외상의 전화 회담에서 실질적인 합의에 이르렀다.32) 그리고 11월 14일 요코하마에서 열린 APEC회의에서 이명박 대통령과 간 총리가 참석한 가운데 한일도서협정이 체결되었다. 일본에서는 자민당의 반대로 한일도서협정의 연내 심의가 불가능해졌지만, 2011년에 들어서자 일본정부는 4월 말과 5월 말에 중의원과 참의원에 동 협정의 비준안을 제출했다. 자민당의 반대가 있었지만, 다수 찬성으로 비준안이 가결되었고 6월 10일에 일본정부는 한국정부에 한일도서협정의 발효를 통보했다. 이후 10월 18일에 한국을 방문한 노다 요시히코(野田佳彦) 총리는 다음날 열린 한일정상회담에서 한일도서협정 조인 당시 전시되었던 고서적 3종 5책을 이명박 대통령에 건넸고, 나머지 고서적들도 12월 6일에 최종적으로 인도되었다.33)

---

31) 『YTN』, 2010년 11월 8일. 한일도서협정에 관한 1차 자료가 공개되어 있지 않기 때문에, 현재 구체적인 협상 내용을 파악할 수가 없다. 이를 둘러싼 협상 과정을 밝히는 작업은 앞으로의 연구과제로 삼기로 한다.

32) 中内康夫, 「日韓図書協定の作成経緯と主な内容~朝鮮王朝儀軌等の韓国政府への引渡し~」, 『立法と調査』 No.314, 2011, p.22.

33) 조선왕실의궤 81종 167책, 규장각 도서 66종 938책, 증보문헌비고 2종 99책, 대전회통 1종 1책 등 총 150종 1,205책이 한국으로 인도되었다. 조선왕실의궤에는 '고종명성황후가례도감의궤', '고종대례의궤', '명성황후국장도감의궤', '순비책봉의궤'

이상에서 검토한 바와 같이 한일도서협정의 첫 번째 계기는 2006년부터 한국에서 시작된 조선왕실의궤 반환 운동이었으며, 두 번째 계기는 2010년에 발표된 간 담화였다. 한국에서는 시민단체, 국회, 지방자치단체, 정부 등이 조선왕실의궤의 반환을 일본 측에 요구했고, 이 문제가 한일 양국 간의 외교적 현안으로 부상하면서 한일 양국은 이에 대한 논의를 시작했다. 이후 일본에서 민주당 정권이 등장하면서 관련 논의가 구체화되었고 2010년에 한일도서협정이 체결되었다.

위와 같은 과정을 통해 체결된 한일도서협정은 협정서과 부속서로 구성되어 있었다. 협정서의 내용은 다음과 같다.[34]

도서에 관한 일본국 정부와 대한민국 정부 간의 협정

일본국 정부와 대한민국 정부는, 상호이해에 바탕을 둔 문화교류와 문화협력이 양국 및 양국민간 우호 관계 발전에 기여하기를 희망하며, 다음과 같이 합의했다.

제1조
일본국 정부는 양국 및 양국민간 우호 관계 발전에 기여하기 위한 특별 조치로서 한반도에서 유래하는 부속서에 열거한 도서를 양국 정부 간에 합의되는 절차에 따라 이 협정의 발효 후 6개월 이내에 대한민국 정부에 인도한다.

제2조
양국 정부는 전조에서 규정하는 조치에 따라 양국 간의 문화교류 및 문

등이 포함되어 있었고, 이토 히로부미가 반출한 규장각 도서에는 '무신사적', '을사정난기', '갑오군정실기' 등 국내에는 없는 유일본이 포함되어 있었다. 국외소재문화재단, 앞의 책, pp.192~203.
34) 外務省 홈페이지, 「도서에 관한 일본국 정부와 대한민국 정부 간의 협정」, 2010年11月14日.

화협력을 가일층 발전시키기 위하여 노력한다.

제3조

　각 정부는 외교 경로를 통해 이 협정 발효를 위해 필요한 국내절차가 완료했음을 서면으로 상대국 정부에게 통보한다. 이 협정은 늦은 쪽의 통보가 수령된 날부터 효력이 발생한다.

　한일도서협정의 취지는 '일본정부는 한일 양국의 우호 관계를 위해 고서적들을 인도할 것이고, 한일 양국은 이를 바탕으로 문화협력을 보다 발전시키도록 노력한다'는 내용이다. 그렇다면 이와 같은 한일도서협정에 담긴 역사인식은 무엇이었을까. 이하에서는 한일도서협정을 둘러싼 일본 국회의 논의를 중심으로 동 협정에 내재된 역사인식을 검토하기로 한다.

　한일도서협정 비준을 둘러싼 논의가 본격적으로 이루어진 것은 2011년 4월 22일과 4월 27일에 열린 중의원 외무위원회였다. 이 위원회에서는 '도서에 관한 일본국 정부와 대한민국 정부 간의 협정 체결에 대한 승인을 요구하는 건'이 제출되었고, 외무성, 궁내청, 경찰청, 총무성, 문화청 등 한일도서협정과 관계한 정부기관의 관료들과 연구자들이 참고인으로 출석 한 가운데 중의원 의원들이 동 협정에 대한 대정부 질의를 실시했다.

　4월 22일에 열린 외무위원회에서 자민당의 히라사와 가쓰에(平沢勝栄) 의원은 1965년에 이루어진 국교정상화를 통해 기본조약, 청구권 및 경제협력 협정이 체결되었고, 동시에 문화재 협정도 체결되어 문화재 반환 문제도 모두 해결되었다고 지적을 하면서 한일도서협정이 위의 협정을 "공동화(空洞化) 하는 형태로 맺어지는 것은 어떠한 이유에서인가"라고 질의했다. 이에 대해 마쓰모토 외상은 "미래지향적인 일한 관계라는 관점에서, 이에 기여하는 것으로써 우리나라의 자발적인 조치로 도서를 인도한다는 것을 담화에 표명하고, 결정한 것이다"라고 답변했다.[35]

　히라사와 의원이 '공동화'라는 표현에서 한일회담의 문화재 협정으로 문화재 반환 문제가 모두 해결되었는데, 왜 군이 이에 대해 한일도서협정을 체결해서 한국에 문화재를 또 돌려주는 것인가라는 인식이 드러나 있었다. 이는 한일도서협정에 대한 자민당의 반대 입장이 고스란히 드러나 있는 발언이었다. 다음으로 마쓰모토 외상의 답변에서 '자발적인 조치'라는 표현에 주목해 보고자 한다. 그 이유는 해당 표현이 한일회담의 문화재 반환 문제에 대한 일본정부의 인식을 드러내고 있기 때문이다. 당시 일본정부는 식민지 지배는 합법적이었고 문화재 반환의 법적의무는 없지만, 한국의 독립을 축하하는 의미에서 또는 국교정상화를 기념하는 의미에서 '자발적'으로 약간의 문화재를 기증한다는 입장이었다. 즉 식민지 지배와 관련된 과거사 청산과는 관계없이 문화협력이라는 현실적인 의미에서 '자발적인' 조치로써 문화재를 기증한다는 것이었다. 마쓰모토 외상의 '자발적'이라는 표현에는 위와 같은 입장이 그대로 담겨져 있었고 강제병합과 관련된 과거사 청산이라는 의미는 존재하지 않았던 것으로 생각할 수 있다.

이어서 히라사와 의원은 한국이 대상 도서에 대해 일본이 억지로 빼앗아 갔다는 표현을 사용하고 있다고 지적하면서, 일본이 해당 고서적들을 빼앗은 것인지, 구입한 것은 없는지에 대해 질의했다. 궁내청 관료인 오카 히로후미(岡弘文)는 조선왕조실록 등의 고서적들은 다이쇼(大正) 시대에 "조선총독부가 일본으로, 궁내성으로 보낸 것이고, 빼앗았다거나 한 것은 아니다. 집무 자료로 총독부에서 궁내성으로 이전된 것으로 이해하고 있다", 조선왕실의궤 중에는 "궁내청이 일본의 고서점에서 구입한 4책이 포함되어 있다"고 답변했다.[36]

오카의 답변에서 한일 양국 간의 문화재 반환 문제에 대한 인식의 차이를 재차 확인할 수가 있다. 조선왕실의궤는 조선왕조실록 등과 함께 오대산 사고에 보관되고 있었는데, 강제병합 이후 조선총독부로 접수되었으며 그

---

35) 衆議院, 「第177回国会衆議院外務委員会第8号」, 2011年4月22日.
36) 위와 같음.

일부가 궁내성으로 보내졌다. 한국에서는 강제병합이 불법적으로 이루어졌기 때문에 조선총독부가 궁내성으로 조선왕실의궤를 기증한 것은 불법·부당한 것이라고 생각하고 있었다.[37] 이와는 대조적으로 조선총독부가 고서적을 '빼앗았다거나 한 것은 아니다'라는 오카의 답변에는 조선왕실의궤가 정상적으로 일본으로 반출된 것이라는 인식이 담겨져 있었던 것이다.

이상과 같이 한일도서협정은 강제병합에 대한 과거사 청산과는 상관없는, 미래의 한일 관계에 기여하는 것이 그 목적이었다. 일본정부는 합법적으로 반출된 조선왕실의궤를 '자발적인' 조치로 인도한 것이었으며, 이는 한일회담의 문화재 협정과 동일한 것이었다. 한일도서협정은 간 담화의 후속 조치로 한일회담 이후 처음으로 대규모의 문화재 인도를 규정한 협정이었지만, 그 이면에는 식민지 지배와 문화재 반출의 합법성을 인정하는 역사인식이 내재되어 있었다. 이와 같은 역사인식을 통해 한일도서협정을 체결한 일본정부의 식민지 지배 인식이 연속되고 있음을 알 수가 있다.

이와 같은 일본정부의 식민지 지배 인식의 연속성은 다음의 논의에서도 확인할 수가 있다. 같은 날의 외무위원회에서 공명당의 아카마쓰 마사오(赤松正雄) 의원은 프랑스에 보관되고 있었던 외규장각 고서적들이 한국으로 돌아간 일을 언급하면서, 이에 대한 반환 혹은 인도가 일본과는 어떻게 다른가에 대해 질의했다. 이에 대해 반노 유타카(伴野豊) 부외상은 프랑스는 국내법에 따라 5년 마다 갱신되는 대여방식으로 한국정부에 인도했다고 설명한 후 한일도서협정은 "일본 측의 자발적인 조치로 무상으로 인도"하는 것이라고 답변했다.[38]

한편 5월 26일에 열린 참의원의 외교방위위원회에서 민주당의 오오노 의원은 고서적의 인도가 반환이 아니라는 점을 한국정부가 담보해야 한다고 생각한다면서, 이에 대한 의견을 물었다. 이에 대해 마쓰모토 외상은 "이번

---

37) 혜문, 『의궤 되찾은 조선의 보물』, 2011, pp.61~63.
38) 衆議院, 「第177回国会衆議院外務委員会第8号」, 2011年4月22日.

인도는 청구권에 관한 문제와는 관계없이, 일본 측의 자발적인 조치로서 행해지는 것"이며, 협정에 인도라는 표현이 사용되기 때문에 당연히 이것은 한일 양국이 공통적으로 이해하고 있는 것이라고 답변했다.[39]

이와 같이 한일도서협정은 간 담화를 바탕으로 이를 실천한, 그리고 한일회담 이후 첫 대규모 문화재 인도를 규정한 협정이었지만, 그 이면에는 식민지 지배와 문화재 반출의 불법성을 인정하지 않는 일본정부의 역사인식이 내재되어 있었음을 확인할 수 있다.

제4절 간담화와 한일도서협정에 내재한 식민지 지배 인식의 연속성

본장의 연구 목적은 경술국치 100년이 되는 해인 2010년 8월에 발표된 간 담화와 같은 해 11월에 체결된 한일도서협정에 내재한 일본정부의 역사인식을 밝히는 것이었다. 이를 위해 간 담화와 한일도서협정을 각각 한일회담의 구조약의 무효확인 문제와 문화재 협정을 통해 비교·검토했다.

한일회담의 구조약의 무효확인 문제에 대해 당시 일본정부는 강제병합에 이르기까지 체결된 조약과 협정들은 모두 합법적이었고, 이에 따라 식민지 지배 또한 정당했다는 입장이었다. 간 담화에도 이와 동일한 입장이 내재되어 있었다. 간 담화를 둘러싼 국회 논의에서 일본정부는 간 담화와 강제병합조약 관련 질의에 대해 한일회담의 기본조약을 언급하면서 강제병합조약이 유효했다고 답변했다. 또한 간 총리 역시 이와 동일한 입장을 가지고 있었다. 간 담화는 한국과 한국 국민을 대상으로 식민지 지배에 대한 사죄와 반성을 표명한 최초의 총리 담화였지만, 그 이면에는 식민지 지배가 합법적이었다는 역사인식이 존재하고 있었으며 이를 통해 일본정부의 식민지 지배 인식이 연속되고 있었다는 것을 알 수 있었다.

39) 参議院,「第177回国会参議院外交防衛委員会第11号」, 2011年5月26日.

한편 문화재 협정에 대해 당시 일본정부는 식민지 지배는 합법적이었고, 문화재도 합법적으로 반출된 것이었다는 입장이었다. 한일도서협정 또한 동일한 입장이 내재되어 있었다. 일본정부는 한일도서협정 비준을 둘러싼 국회 논의에서 동 협정을 통해 '자발적인 조치'로 고서적을 인도한다고 답변했다. 이는 한일회담 당시 일본정부가 문화재 협정을 통해 식민지 지배에 대한 과거사 청산과는 관련 없이 '자발적인' 조치로 문화재를 인도한다는 입장과 동일한 것이었다. 즉 한일도서협정은 간 담화의 후속 조치로써 한일회담 이후 첫 대규모 문화재 인도를 규정한 협정이었지만, 그 이면에는 식민지 지배는 합법적이었으며 문화재도 합법적으로 일본으로 반출되었다는 역사인식이 있었다. 이를 통해 한일도서협정에서도 일본정부의 식민지 지배 인식이 연속되고 있었다는 것을 알 수 있었다.

이와 같이 일본정부는 간 담화와 한일도서협정을 통해 역사인식문제에 대한 진일보한 태도를 보였지만, 동 담화와 협정에는 일본의 식민지 지배가 합법적이었고, 문화재 반출도 정당하게 이루어졌다는 역사인식이 내재되어 있었다. 그리고 간 담화와 한일도서협정에 내재된 이와 같은 역사인식은 일본정부의 식민지 지배 인식의 연속성을 드러내는 것이었다.

제11장 북일회담의 문화재 반환 문제는 어떻게 전개될 것인가?

제1절 문제제기

본장의 목적은 북일회담이 재개될 경우 주요 의제인 문화재 반환 문제가 어떻게 진행될 것인가를 검토해 보는 것이다.

2018년과 2019년은 한반도를 둘러싼 국제정세가 급격하게 변화한 시기였다. 북한이 평창 동계올림픽에 참가한 일을 계기로 남북정상회담, 한미정상회담, 북미정상회담, 북중정상회담 등 한반도를 둘러싼 남북한, 미국, 중국의 정상회담이 여러 차례 이루어지면서 이른바 '한반도 평화 프로세스'가 진행되고 있었다. 이후 2019년 2월에 베트남 하노이에서 열린 제2차 북미정상회담은 많은 기대와 달리 가시적인 성과를 거두지 못한 채 종료되었고, 문재인 대통령은 북미 대화 재개를 위해 4월 10일부터 이틀 동안 미국을 방문하여 도널드 트럼프(Donald J. Trump) 대통령과 한미정상회담을 가졌다. 이후 트럼프 대통령이 6월 말에 한국을 방문했고 남북한과 미국의 정상들이 판문점에서 동시에 만나는 역사적인 장면이 연출되기도 했다.

당시 이와 같이 한반도를 둘러싼 국제정세가 급변하고 있었던 상황에서 일본 또한 '재팬 패싱'이 되지 않도록 북한과의 접촉을 시도했다. 2018년에 전개된 일련의 '한반도 평화 프로세스' 속에서 일본은 북한과의 관계 개선을 위해 북일정상회담을 추진했고, 당시 아베 신조(安倍晉三) 총리도 자신이 직접 김정은 위원장과 만나야 한다는 취지의 언급을 여러 차례 하기도 했다. 북한은 일본의 식민지 지배와 관련한 과거사 청산과 사죄가 선행되어야 한다는 입장을 보이면서 일본과의 관계 개선에 적극적이지 않았다. 그러나 이와 같은 일본의 대북 접촉 시도와 함께 한반도의 평화구축을 위해 북일

관계가 정상화될 필요가 있다는 한국의 입장, 그리고 북핵 문제 해결에 대해 한미일 공조를 중시하는 미국의 입장을 고려할 때 북일 관계 개선, 더 나아가 북일정상회담이 이루어질 가능성은 존재하고 있었다. 즉 '한반도 평화 프로세스'가 진행되면서 북일 간의 접촉은 점차 무르익어 갈 것이고, 이는 북일정상회담으로 이어질 가능성이 있었던 것이다. 결과적으로 당시 북일 관계가 진전되지 않았지만, 2002년에 김정일 위원장과 고이즈미 준이치로(小泉純一郎) 총리가 북일정상회담을 개최하고, 이후 북일 양국이 북일회담을 개최한 바와 같이 만약 당시 북일 간의 접촉이 이루어졌을 경우 북일 양국은 북일회담을 재개하고 다양한 현안들을 논의하면서 본격적으로 북일 관계를 개선하려고 했을 가능성이 있었다고 생각된다.

북일회담은 1991년 1월에 제1차 회담이 열린 이후 부침을 거듭하면서 2002년의 제12차 회담을 끝으로 중단되어 지금에 이르고 있다. '한반도 평화 프로세스'가 진행되고 있었던 당시에 북일회담이 재개되었을 경우 북일 양국은 2002년의 평양 선언에 명시된 경제협력문제, 재일조선인의 법적지위 문제, 문화재 반환 문제, 북핵 문제 등을 주요 의제로 삼아 북일회담을 진행했을 것이다.

본장에서는 앞으로 북일회담이 재개될 경우 논의될 주요 의제 중에서 문화재 반환 문제에 초점을 맞추고자 한다. 그 이유는 북한이 북일회담에서 과거사 청산의 핵심 사항 중 하나로 문화재 반환 문제를 제기했고, 평양선언에도 이 문제를 성실히 협의한다고 명기되었기 때문이다. 그렇다면 북일회담이 재개되었을 때 문화재 반환 문제는 어떻게 논의될 것인가. 본장은 기존의 북일회담에서 북일 양국이 동 문제를 어떻게 인식하고 있었으며, 재개될 북일회담에서 어떠한 사안이 쟁점이 될 것인지, 북한이 어떠한 문화재를 요구할 것인지를 중심으로 북일회담의 문화재 반환 문제를 검토한다.

북일회담과 관련된 선행연구는 크게 한일회담의 기본관계문제 및 청구권 문제와의 연관성을 중심으로 북일회담을 검토한 연구,[1] 북일회담을 교섭 시기별로 검토한 연구,[2] 북일회담의 주요 의제들을 중심으로 북일회담을 검토한 연구,[3] 북일회담 결렬 이후의 회담 재개를 위한 논의를 검토한 연구[4]로 나눌 수 있다. 이와 같은 선행연구들은 북일회담과 한일회담의 관련성, 북일회담의 주요 쟁점과 전개 과정에 초점을 맞추면서, 북일회담의 실상을 파악하고 향후 재개될 북일회담을 전망했다는 데에 그 의의가 있다고 평가할 수 있다. 그러나 북한이 과거사 청산의 핵심 사항 중 하나로 제기했던 문화재 반환 문제는 검토되지 않았다. 전술한 바와 같이 문화재 반환 문제가 북일회담의 주요 의제이고, 평양선언에서도 이 문제를 논의하기로 명기했다는 측면에서 볼 때 이에 대한 검토가 필요하다. 한편 또 다른 선행연구는 북일회담의 문화재 반환 문제가 연구 주제는 아니지만, 연구의 일부분으로 이에 대한 북한의 발언을 몇 가지 소개했는데, 이 문제를 처음으로 다뤘다는 점에서 의의가 있다. 하지만 이 문제에 대한 북한의 인식이 면밀하

---

1) 이교덕, 「한일회담에 비추어 본 북일 수교협상」, 『통일연구논총』 제4권 제2호, 1995; 서동만, 「'한일 기본조약'과 '조일 수교교섭'의 상관관계」, 『아세아연구』 제102호, 1999; 김용복, 「한·일회담의 경험과 북·일 수교회담의 전망: 공개된 한일협상자료를 중심으로」, 『동북아연구』 제11호, 2006; 이원덕, 「한일기본조약과 북한 문제: 유일합법성 조항과 그 현재적 함의」, 『한국정치외교사논총』 제31집 제2호, 2010; 유의상, 「북·일 수교회담 전망과 한국의 대응전략: 과거청산문제를 중심으로」, 『일본공간』 제23호, 2018.
2) 尹基老, 「日朝首脳会談に関する考察－日朝国交正常化の経過と展望」, 『県立長崎シーボルト大学国際情報学部紀要』 第3号, 2002; 권태환, 「북, 일 정상회담과 수교협상 동향」, 『한일군사문화연구』 제6호, 2003; 전진호, 「북일 국교정상화 교섭과 북한의 체제전환」, 『국제정치연구』 제21집 2호, 2018.
3) 배정호, 「탈냉전기 북·일관계의 변천과 일본의 대북한 '대화와 억지' 정책」, 『국제정치논총』 제39권 1호, 1999; 강태훈, 「북한과 일본의 국교정상화에 관한 연구」, 『분쟁해결연구』 제2권 1호, 2004; 양기웅·김중동, 「북일수교협상(1990-2006)의 결렬(決裂)과 재개(再開)의 조건」, 『일본연구논총』 제23호, 2006.
4) 이면우, 「북일 간의 수교교섭 전망－제1회 포괄병행협의의 시사점을 중심으로－」, 『한일군사문화연구』 제4호, 2006; 이기완, 「'스톡홀름 합의'와 일본의 대북 제재 해제의 배경」, 『국제정치연구』 제17집 제2호, 2014; 박정진, 「북일 스톡홀름 합의 재론: 한국의 대북정책에 대한 함의」, 『일본공간』 제19호, 2016.

게 검토되지 않았고 북일회담 재개될 경우 이 문제가 어떻게 전개될 것인
지에 대한 검토도 이루어지지 않았다.[5]

본장은 북일회담의 문화재 반환 문제에 대한 북일 양국의 인식을 검토하
고, 한일회담에서 논의되었던 문화재 반환 문제를 통해 향후 재개될 북일회
담에서 문화재 반환 문제가 어떻게 논의될 것인지를 고찰해 본다. 특히 북
한이 어떠한 문화재들을 요구할 것인가를 검토함으로써, 북일회담의 문화
재 반환 문제를 보다 명확하고 구체적으로 전망할 수가 있을 것이다. 본장
의 논의는 북일회담 연구에서 지금까지 공백 상태에 머물렀던 문화재 반환
문제를 검토하여 북일회담의 전체상을 파악하고, 북일회담 연구에 새로운
시각을 제시할 수 있을 것이다.

제2절 북일회담의 교섭 과정과 문화재 반환 문제

1. 1990년대의 북일회담: 3당 공동선언에서 제8차 회담까지

1) 3당 공동선언과 북일회담의 개최

북일회담이 시작된 계기는 북한의 조선노동당과 일본의 자민당, 사회당
이 발표한 '조일 3당 공동선언'(이하, 3당 공동선언)이였다. 자민당의 가네
마루 신(金丸信) 부총재와 사회당의 다나베 마코토(田辺誠) 부위원장이 이
끄는 방문단이 1990년 9월 24일부터 나흘 동안 북한을 방문하여 김일성 주
석과 회담을 나누고, 그 결과 9월 28일에 3당 공동선언이 발표되었다.

3당 공동선언은 8개의 항목으로 구성되어 있었다. 그 중 "3당은 과거에
일본이 36년간 조선 인민에게 커다란 불행과 재난을 끼친 사실과 전후 45

---

5) 李英哲, 「国際社会における略奪文化財返還に関する諸アプローチおよび問題点 - 在日朝鮮
文化財返還のために」, 『朝鮮大学校学報』 第7号, 2006.

년간 조선 인민에게 입힌 손실에 대하여 조선민주주의인민공화국에 공식적으로 사죄를 하고 충분히 보상해야 한다고 인정한다"는 제1항이 가장 눈에 띈다. 이 선언은 정부 간의 공식적인 합의가 아니기 때문에 조약이나 협정과 같이 국제법적 효력을 갖지는 않았지만, 1980년대 당시 한국에 대한 일본의 과거사 반성 발언이 북한으로 확대된 점, 사죄와 반성에 대한 보상이 명문화된 점을 평가할 수 있다.[6] 이외에도 빠른 시일 안에 국교를 수립해야 한다는 제2항, 조선이 하나라는 것을 인정한다는 제5항, 정부 간 교섭을 곧 시작할 것을 권고한다는 제7항이 주요 내용이다.[7]

3당 공동선언 발표 이후 북일 양국은 정식 회담 개최에 앞서 세 차례에 걸친 예비회담을 개최하고 회담의 의제에 대해 논의했다. 그 결과 식민지 지배에 대한 사죄를 논의하는 '기본 문제', 배상 및 재산청구권 문제를 논의하는 '경제 문제', 북한의 핵 사찰 문제를 논의하는 '국제 문제', 재일조선인의 법적지위 문제와 일본인 배우자 문제 등을 논의하는 '그 외 문제'가 회담의 의제로 합의되었다.[8]

2) 제1차 회담~제8차 회담

위와 같은 경위를 통해 1991년 1월 30일부터 이틀 동안 평양에서 제1차 북일회담이 개최되었고, 이후 제8차 회담(1992년 11월 5일~11월 6일)까지 열리게 된다.

제1차 회담에서 북일 양국은 자국의 기본적인 입장을 개진했다. 먼저 일본 측은 ① 과거의 한 시기에 불행한 관계가 있었다는 점은 유감이다, ② 북일 양국은 전쟁 상태가 아니었기 때문에 배상 및 보상에는 응하지 않는다, ③ 3당 공동선언에는 포속되지 않는다, ④ 북일국교정상화는 한일기본

---

6) 이원덕, 앞의 글, pp.218~219.
7) 도진순, 「동북아 탈냉전의 고리. 북일 수교교섭의 역사와 한계」, 『한일역사공동연구보고서』 제6집, 2005, pp.211~212.
8) 高崎宗司, 『檢証日朝交涉』, 2004, p.37.

조약과 정합성을 가지고 진행되어야 한다, ⑤ 북한은 핵사찰을 받아야 한다, ⑥ 북한에 있는 일본인 배우자의 귀국을 배려해 달라는 입장을 표명했다.[9] 이에 대해 북한 측은 ① 과거에 대한 사죄가 공식문서에서 강조되어야한다, ② 1905년 한국보호조약 등의 협정 및 조약은 불법이며 무효였다는점을 일본 측이 선언해야 한다, ③ 교전국 간의 배상과 재산청구권 두 가지방식을 적용해야 한다, ④ 전후 45년간의 피해와 손실에 대한 보상 및 일본으로 반출된 문화재를 반환해야 한다, ⑤ 재일조선인의 법적지위를 개선해야 한다는 입장을 밝혔다.[10]

위의 내용에서 확인할 수 있는 바와 같이 과거사 청산과 배상, 보상 문제에 대한 북일 양국의 입장 차이는 뚜렷하다. 특히 이에 대한 일본 측의 입장이 한일회담과 같다는 점을 주목할 필요가 있다. 당시 일본 측은 한일회담 내내 식민지 지배는 합법적이었으며, 경제협력방식으로 청구권 문제를해결하려고 했다. 이와 같은 입장이 북일회담에도 반영되어 있었고, 북일회담도 한일회담이라는 큰 틀 안에서 논의된다는 점을 예상할 수 있게 한다.

제1차 회담에서 제8차 회담까지 논의된 쟁점 중 주요 사안들을 정리해보면 다음과 같다. 먼저 '기본 문제'에 대해서 북한 측은 일본정부가 과거사에 대해 공식 사죄를 하고 이를 공식문서에 명기해야 하며, 구조약과 협정들은 일본이 강제한 것이므로 체결 당시부터 불법이고 무효였다고 주장했다. 반면 일본 측은 과거사에 대해서는 유감과 반성의 뜻을 표하는 바이며,구조약들은 당시 합법적으로 체결되었고 유효했으나 현재 무효가 되었다고주장했다. '경제 문제'에 대해 북한 측은 북한이 교전 당사자였으므로 배상및 보상을 받아야 하며, 식민지 지배에 대한 재산청구권과 해방 이후의 피해에 대한 보상도 받아야 한다고 밝혔다. 이에 대해 일본 측은 북한은 교전당사자가 아니기 때문에 배상이나 보상은 불가하지만, 재산 청구권에는 응

---

9) 北川広和, 「日朝国交正常化交渉の経緯と現状」, 『季刊 戦争責任研究』 第31号, 2001, p.23.
10) 高崎宗司, 앞의 책, pp.45~48.

할 용의가 있고 해방 이후의 보상은 할 수 없다고 주장했다. 한편 일본 측은 '국제 문제'에 관해서 북한이 국제원자력기구의 핵사찰을 받을 것을 요구했지만, 북한 측은 핵사찰 문제는 북미 양국의 문제이고 교섭 의제가 아니라고 주장했다. '그 외 문제'에 대해 일본 측은 일본인 납치자 문제에 대한 조사를 요구했지만, 북한 측은 납치 사실이 없다고 주장했다. 제8차 회담 종료 이후 북한 핵문제, 일본인 납치 문제 등으로 인해 북일회담이 중단되었고 이후 제9차 북일회담이 재개되기까지는 약 7년 반이라는 시간을 필요로 했다.

2. 2000년대의 북일회담: 제9차 회담에서 평양 선언까지

1) 제9차 회담~제11차 회담

제9차 회담은 2000년 4월 4일부터 사흘 동안 평양에서 개최되었다. 북한 측은 과거사 청산과 관련이 있는 식민지 지배에 대한 사죄와 보상 문제를 우선적으로 논의할 것을 요구했다. 그 내용은 ① 일본정부 책임자가 법적 구속력이 있는 문서로 사죄를 명기할 것, ② 인적·물적 손실에 대해 피해자가 납득할 수 있는 보상을 할 것, ③ 문화재를 반환하고 파괴된 문화재에 대해 보상할 것, ④ 재일조선인의 법적지위를 보장할 것이었다. 이에 대해 일본 측은 일본인 납치 문제와 미사일 문제를 우선 논의할 것을 주장하고, 사죄 문제는 무라야마 담화로 해결할 것, 보상 문제는 북한이 청구권을 포기할 경우 경제협력방식으로 처리할 것이라고 주장했다.[11]

한편 북한 측은 문화재 반환 문제와 관련하여 과거 일본이 행한 문화재의 파괴와 약탈 행위의 책임을 지적하면서, 이에 대한 반환과 보상 문제를 "일본의 과거 청산의 중핵적인 사항"의 하나로 제기했다.[12] 그리고 이 문제에

---

11) 高崎宗司, 앞의 책, p.151.
12) 『노동신문』, 2000년 5월 3일.

대한 원칙적인 요구로 ① 일본이 민족말살정책의 일환으로 많은 문화재를 파괴·약탈한 일에 대해 공식사죄 할 것, ② 파괴한 문화재에 대해 그에 상응하는 물질적 보상을 할 것, ③ 약탈한 문화재를 철저히 반환해야 할 것을 들었다. 또한 문화재의 파괴와 약탈이 국가정책의 산물이었던 만큼 일본정부가 문화재 반환과 보상 문제에 대해 모든 책임을 져야 한다고 강조했다.13)

여기에서 주목해야 할 점은 북한 측이 문화재를 반환하는 것뿐만 아니라, 문화재 파괴와 약탈에 대한 공식사죄, 그리고 파괴된 문화재에 대한 물질적 보상을 요구했다는 점이다. 한일회담에서 한국 측이 문화재 반환만을 요구했던 점을 생각하면, 북한 측의 자세는 더욱 철저했다고 볼 수 있다. 이에 대한 1차 자료가 공개되지 않았기 때문에 북한이 이와 같은 요구를 한 이유를 정확하게 파악할 수는 없지만, 과거사 청산의 핵심 의제로 문화재 반환 문제를 상당히 비중 있게 다루려고 한다는 의도를 확인할 수가 있다.

이를 한일회담과 비교할 경우 한국 측도 제4차 회담에서 문화재 반환 문제를 가장 중요한 문제라고 언급한 적은 있다.14) 그러나 이와 같은 발언은 제4차 회담의 문화재 반환 교섭에서 소극적인 태도로 일관한 일본 측을 논의로 끌어들이기 위한 수사(修辭)적 성격이 다분했다고 볼 수 있다. 북한이 문화재 반환 문제에 대해 공식적인 사죄와 보상 요구를 하는 것은 한일회담의 한국 측 보다 더 강한 수사라고 생각할 수도 있지만, 이 문제를 '과거사 청산의 중핵'의 하나라고 선언했기 때문에, 수사적인 의미가 있다고 하더라도 이 문제를 상당히 비중 있게 논의하려고 했다는 점은 명확하다.

한편 북한의 언론 매체도 문화재 반환 문제를 보도했다. 조선중앙통신은

---

13) 『조선신보』, 2000년 4월 10일.

14) 제4차 회담의 제1회 문화재소위원회(1958년 6월 4일)에서 한국 측은 문화재 반환 문제의 중요성에 대해 '청구권에 관한 문제 중에서 문화재 문제가 가장 중요하다고 생각하고 있다. 문화재는 일국의 발전에 있어서 필수적인 역할을 갖는 것으로써 독립국인 한국에게 있어서 특히 필요한 것이다'라고 설명했다. 日本外交文書, 「第四次日韓全面会談における請求権小委員会の第一回会合」, 1958年6月4日, No.445.

제9차 회담에서 언급된 동 문제를 보도하면서 "문화재 보상 문제는 반드시 해결돼야 할 절박한 문제"라고 강조했다. 또한 일제강점기 당시 고려 왕릉을 비롯한 수천 여기의 고분을 파헤치거나 조선왕조실록 등의 국보와 문화재를 강탈했으며, "일제의 문화재 약탈행위는 역사에 전례 없는 날강도적 야만행위"이자 "일본은 지난날의 죄과에 대한 국제법적, 도덕적 책임에서 절대로 벗어날 수 없다"고 지적했다.15) 이외에도 평양방송은 "일제 고려 태조 왕건릉 도굴", 중앙방송은 "진심으로 과거 청산을 하고 조일 관계를 정상화할 의지가 있다면 조일 회담에서 문화재 문제를 진지하게 협의하고 자기 할 바를 성실히 하려는 입장과 태도를 보여야 한다" 등의 기사를 통해 문화재 반환 문제를 보도했다.16)

　제10차 회담은 도쿄로 장소를 옮겨 8월 21일부터 24일까지 열렸다. 북한 측은 이번 회담에서도 "과거 사죄, 보상 문제, 약탈 문화재 반환, 재일조선인의 법적지위 개선 등 네 가지를 중점 논의하겠다는 원칙에 변함이 없다"고 밝혔다.17) 이에 대해 일본 측은 납치 문제, 북한 핵문제, 미사일 문제 등의 모든 현안을 포괄적으로 처리할 것을 요구하고, 경제 문제는 경제협력방식으로 해결할 것을 제안했다. 한편 북일 양국은 문화재 반환 문제와 관련하여 이를 논의하는 분과회의 설치에 대해 장기적으로 필요하다는 인식을 공유했고, 이에 대해 논의해 나가기로 했다.18)

　회담 종료 후에 열린 기자회견에서 정태화 수석대표는 북일회담에 임하는 일본 측의 태도를 강하게 비판했다. 그는 일본 측이 무라야마 담화의 수준으로 사과하려는 입장에 대해 "조선 인민은 아시아 중에서도 가장 장기적이며 가혹한 학살과 굴욕과 멸시를 당했기 때문에 그 담화로는 부족하다"고 지적하고, 식민지 지배 피해에 대한 청구권 해결 방식에 대해 "일본

---

15) 『한국경제신문』, 2000년 4월 9일.
16) 『통일뉴스』, 2000년 8월 22일.
17) 『동아일보』, 2000년 8월 22일.
18) 『연합뉴스』, 2000년 8월 24일.

제국주의의 조선 강점과 식민통치를 합법화하는 부당한 요구"이며, "남의 나라를 침략한 가해자인 일본은 보상의 의무밖에 없다"고 강조했다. 또한 문화재 반환 문제에 대해 "일본은 전부 정당한 경로를 통해 문화재를 가져왔다고 주장하고 있으나 역대 조선 총독들이 조선민족 말살정책 차원에서 앞장서 문화재를 약탈하지 않았느냐", "주인보다 일본이 더 많은 문화재를 갖고 있다는 게 말이 되느냐"라고 지적하면서,[19] 일본의 태도를 강하게 비판하고, "잘못에 대해 사죄하고, 문화재를 파괴한 것에 대해 물질적으로 보상하고, 약탈한 문화재를 모두 반환할 것"을 요구했다.[20]

문화재 반환 문제에 대한 북한의 기본적인 인식과 입장은 일본이 부당하게 문화재를 약탈했으며, 이에 대한 사죄와 보상, 그리고 문화재의 반환이 필요하다였고, 반면에 일본 측은 정당한 수단을 통해 일본으로 문화재가 반출되었다 정도로 정리할 수 있다. 이를 통해 북한이 문화재의 반환뿐만이 아니라, 문화재의 파괴·약탈에 대한 사죄와 보상까지 요구했다는 점에서 북한이 이 문제를 상당히 중요하게 인식하고 있으며, 이를 북일회담에서 과거사 청산의 핵심적인 사항으로 논의하려고 했다는 것을 알 수가 있다.

2) 평양선언과 문화재 반환 문제

제11차 회담은 10월 30일부터 이틀 동안 베이징에서 개최되었다. 그러나 북일 양국의 입장 차를 확인하는 선에서 종료되었고, 이후 북일회담은 약 2년간 중단되었다.

북일회담이 재개되기 이전에 김정일 국방위원장과 고이즈미 총리는 '평양 선언'을 발표했다. 조지 부시(George W. Bush) 대통령의 '악의 축' 발언 등 미국의 대북 강경책으로 인해 북미 관계가 악화되고 있는 상황 속에서 고이즈미 총리는 2002년 9월 17일에 북한을 전격적으로 방문했다. 북일 양

---

19) 『동아일보』, 2000년 8월 24일 및 『국민일보』, 2000년 8월 25일.
20) 『조선신보』, 2000년 8월 28일.

국은 정상회담을 개최하고 일본인 납치문제 대한 북한 측의 사과와 재발
방지, 일본의 식민지 지배에 대한 사과 명기 등 여러 현안에 대한 원칙을
합의했다는 점에서 큰 의미가 있다고 볼 수 있다.

이와 같은 합의 내용들은 평양 선언에 담겨졌다. 주요 내용은 ① 2002년
10월 중에 국교정상화 회담을 개최한다, ② 일본 측이 식민지 지배에 대한
반성과 사죄를 하고 국교 정상화 이후 경제협력을 실시한다. ③ 일본 국민
의 안전과 생명에 관한 현안에 대해 북한은 적절한 조치를 취한다, ④ 북일
양국은 동북아시아의 평화와 안정을 위해 협력하며 핵문제의 해결을 위해
국제적 합의를 준수한다 등으로 정리할 수가 있다.[21]

평양 선언 중 두 번째 항목이 북일 양국 간의 핵심 쟁점이었던 과거사
청산 관련 내용이었다. 그 내용은 ① 일본이 식민지 지배에 대한 반성과 사
죄를 한 것, ② 대북 경제협력을 실시하고 그 구체적인 규모는 추후 협의하
기로 한 것, ③ 1945년 8월 15일 이전의 재산 및 청구권을 상호 포기하고
이후 교섭에서 협의하기로 한 것, ④ 재일조선인의 지위문제와 문화재 문제
를 국교정상화교섭에서 협의할 것이었다.

이와 같은 과거사 청산과 관련된 내용 중 본고에서 주목할 점은 재개될
북일회담에서 문화재 반환 문제를 협의한다고 명기한 것이다. 식민지 지배
에 대한 사죄 표명이나 경제 문제와 같이 기본원칙이 어느 정도 정해진 표
현이 아니라 '성실히 협의하기로 했다'라는 표현으로 기술되어 있지만, 문
화재 파괴와 약탈에 대한 사죄 표명 및 보상, 문화재의 반환을 계속해서 주
장했던 북한 측의 요구를 일본 측이 받아들인 것으로 생각된다. 이와 관련
하여 향후 재개될 북일회담에서는 ① 문화재 파괴와 약탈에 대한 사죄 표
명을 문화재 반환 문제에서 할지 또는 식민지 지배에 대한 전반적인 사죄
표명으로 대체할 것인지에 대한 문제, ② 문화재 파괴와 약탈에 대한 보상
문제를 문화재 반환 문제에 적용할지, 경제협력문제로 대체 할지 또는 보상

---

21) 평양 선언의 전문은 외교부 홈페이지(http://www.mofa.go.kr/) 참조.

문제 논의는 없어질지에 대한 문제, ③ 문화재를 반환으로 할지 기증으로 할지 또는 인도로 할지에 대한 문제, ④ 어떠한 문화재들이 논의의 대상이 될지에 대한 문제들이 주요 의제로 다뤄질 것으로 생각된다.

평양 선언이 발표된 이후 10월 29일부터 이틀 동안 말레이시아에서 제12차 북일회담이 개최되었다. 그러나 국교정상화와 경제협력문제를 우선시하는 북한 측과 핵 문제, 미사일 문제, 일본인 납치 문제를 우선시하는 일본 측의 입장 차로 인해 제12차 회담은 종료되었고, 이후 북한의 핵실험 등으로 인해 북일회담은 중단 상태에 빠진다. 북일 양국은 북일회담 중단 이후 고이즈미 총리의 제2차 방북(2004년 5월 22일), 제1차 북일 포괄병행협의(2006년 2월 4일~2월 12일), 스톡홀름 합의(2014년 5월 29일) 등을 통해 논의를 지속했지만, 북일회담은 지금까지 재개되지 않고 있다.

그렇다면 북일회담이 재개될 경우 문화재 반환 문제는 어떻게 전개될 것인가. 이하에서는 지금까지 북일회담에서 논의되었던 내용과 한일회담의 문화재 반환 문제 논의를 바탕으로 향후 북일회담이 개최될 경우 문화재 반환 문제가 어떻게 논의될 것인지를 '반환의 법적의무 문제', '반환 문화재의 범위 문제', '문화재 목록 논의 문제'를 중심으로 검토해 보기로 한다.

제3절 반환의 법적의무 문제: 반환인가 기증인가, 아니면 인도인가?

1. 한일회담과 반환의 법적의무 문제

한일회담에서 논의된 문화재 반환 문제에서 '반환의 법적의무 문제', 즉 반환인가 기증인가 하는 문제는 과거사 청산과 직접적인 관련이 있었기 때문에 매우 중요한 문제였다. 이 문제에 대한 한일 양국의 기본적인 입장을 정리하면, 먼저 한국 측은 '일본이 조선을 식민지 지배한 일 자체가 불법이었기 때문에 그 당시 이루어졌던 문화재의 발굴·반출은 모두 불법이다. 따라서 일본은 한국에 문화재를 반환할 법적의무가 있다'는 것이었다. 반면 일본 측은 '조선에 대한 식민지 지배는 합법적이었고, 한국이 반환을 요구한 문화재들은 모두 합법적으로 발굴·반출되었다. 따라서 일본은 한국에 문화재를 반환할 법적인 의무는 없다'라는 입장이었다. 한국 측이 문화재 반환 교섭에서 자주 언급한 문화재의 '강탈', '약탈'이라는 표현과 일본 측이 자주 언급한 '자발적으로' 정부가 소유한 약간의 문화재를 '기증'하겠다는 표현은 '반환의 법적의무 문제'에 대한 한일 양국의 입장 차이를 극명하게 나타내는 좋은 예이다.

이와 같은 '반환의 법적의무 문제'는 제1차 회담부터 제3차 회담까지 결론이 나지 않았지만, 회담 중단기 때는 한국 측이 인도를 제안하고 일본 측이 이를 받아들여 106점의 문화재가 인도되었다. 그리고 제4차 회담과 제5차 회담에서는 다시 이 문제를 둘러싼 대립이 벌어졌다. 이후 제6차 회담에서 한국 측이 다시 인도를 제안했지만, 일본 측은 이를 받아들이지 않았다. 제7차 회담에서 결국 일본 측이 한국 측의 제안을 받아들여, 1,400여 점의 문화재가 인도되면서 '반환의 법적의무 문제'가 일단락되었다. 인도라는 표현에 대해 한국 측은 반환으로써의 인도, 즉 인도를 법적의무로 인식했고, 반면에 일본 측은 기증으로써의 인도, 즉 법적의무가 없는 인도라고 인식했다.

그렇다면 일본 측이 '반환의 법적의무 문제'에 대해 문화재를 반환할 법적의무가 없다고 주장한 이유는 무엇인가. 제1차 회담이 끝난 후 외무성이 작성한 '세습적 문화재에 대해서'라는 자료를 통해 그 이유를 확인할 수가 있다. 이 자료는 문화재 반환의 선례 조사와 함께 문화재 반환 문제에 대한 한국 측의 주장을 분석하고, 일본정부의 입장을 정리하고 있다. 문화재 반환 선례와 관련하여 먼저 '군사점령지'에서 문화재가 반출되었을 경우 반환의 범위는 상당히 넓고 반출 방법이나 현소유자는 일절 따지지 않으며, 군사점령지에서의 점령국의 권력은 강압적이었기 때문에 문화재 반출은 불법이라고 간주되었다. 또한 문화재 반환을 요구하는 국가가 문화재의 반출 경위를 입증할 책임은 없으며, 반환의 방법은 '반환' 또는 '환부'(還付)로 되어 있다. 한편 '영유지' 또는 '식민지'에서 분리된 지역에 대해 반환의 범위는 '무상'(無償) 혹은 '사법(私法) 이외의 방법'에 의한 것에 한정되며, 현소유자는 국가 또는 공립단체에 한정된다고 했다. 그리고 '분리되는 지역에서 세워진 권력은 일단 평화적인 것'이었기 때문에 반환의 방법은 '이전'(移轉)이 되며, '반출의 불법성이 추론되지 않고' 반환 문화재의 경위를 입증하는 책임은 분리된 지역에 있다고 했다.[22] 즉 군사점령지에서의 문화재 반출은 불법적인 것이었기 때문에 반환에 대한 법적의무가 있으며, 영유지나 식민지에서의 문화재 반출은 합법적이었기 때문에 반환의 의무는 없다는 것이다.

외무성은 이와 같은 조사를 바탕으로 한국을 '분리 지역'으로 간주하고, '삼한정벌'과 '도요토미 히데요시에 의한 조선 정벌'은 군사점령지, 그리고 '한일병합 이후'는 평화적 영유지가 된다고 판단했다. 한편 외무성은 한국 측의 입장에 대해 마치 자신들이 군사점령지에 해당한다고 생각하면서 광범위한 문화재의 반환을 요구하고 있다고 분석했다. 일본 측은 이와 같은 문화재 반환의 선례 조사와 한국 측의 주장을 분석한 후 한국은 합법적인 식민지 지배를 통한 평화적 영유지에 해당하기 때문에, 한국 측이 자신들을 군사점령지로 간주하여 문화재를 반환받을 권리, 즉 문화재 반환의 의무가 일본 측에 있다는 주장은 부당하다는 결론을 내렸다. 또한 한국 측이 '평화적 영유지'로 문화재 반환을 요구할 경우 문화재의 반출 경위를 입증하는 책임은 한국 측에 있다고 했다.[23] 이를 통해 조선에 대한 일본의 식민지 지배는 합법적이었고, 이후 식민지에서 분리되었기 때문에 일본이 문화재를 반환할 의무가 없다는 입장을 견지하고 있었다는 것을 알 수가 있다.

---

22) 日本外交文書, 「世襲的文化財について」, 1953年2月17日, No.1117.
23) 위와 같음.

2. 북일회담과 반환의 법적의무 문제

북일회담에서 북한 측은 문화재 반환 문제에 대해 파괴·약탈된 문화재에 대한 공식 사죄, 파괴된 문화재에 대한 물질적 보상, 약탈 문화재에 대한 철저한 반환이라는 입장을 가지고 있으며 이를 일본 측에 요구했다. 그리고 구조약과 협정들, 즉 한일강제병합 이전까지의 조약과 협정들은 강제로 체결된 것이기 때문에 체결 당시부터 무효라고 주장했다. 공식사죄와 물질적 보상을 요구하는 점을 제외하면, 북한 측의 입장은 불법적인 식민지 지배하에 불법적으로 반출된 문화재를 반환하라는 것으로 정리할 수가 있다. 이는 한일회담 당시 한국 측이 일본 측에 문화재를 반환할 법적의무가 있다고 주장한 것과 동일하다.

한편 일본 측의 문화재 반환 문제에 대한 입장은 구체적으로 확인할 수 없지만, '정당한 경로'를 통해 문화재를 가져왔다는 언급이 있었고, 구조약과 협정에 대해서는 당시 이들은 합법적으로 체결되었으며 현재 무효가 되었다고 주장했다. '정당한 경로'라는 표현은 합법적인 경로나 방법에 해당하므로 '반환의 법적의무 문제'에 대한 일본 측의 입장은 합법적인 식민지 지배하에 정당한 방법으로 문화재를 반출했기 때문에, 북한에 문화재를 반환할 법적의무는 없다고 정리할 수가 있다. 이는 한일회담 당시의 일본 측 입장과 동일하며 일본 측은 북일회담에서도 이와 같은 입장을 설명하면서 건네줄 문화재가 있을 경우 그것을 기증하겠다고 주장했을 것으로 추측된다. 이와 같이 '반환의 법적의무 문제'에 대한 북일 양국의 입장은 한일회담에서의 한일 양국의 입장과 동일하며, 북일 양국은 반환과 기증이라는 서로의 입장에서 좀처럼 물러나지 않을 것이다. 그리고 한일회담과 같이 인도라는 표현으로 이 문제를 타결할 가능성이 높다.

이와 관련해서 한 가지 더 생각해 볼 수 있는 점은 일본 측이 먼저 인도를 제안할 수 있다는 가능성이다. 한일회담에서 한국 측은 회담 중단기와 제6차 회담 이후에 인도를 먼저 제안했고 일본 측은 이를 거부하다가 결국 인도를 받아들였다. 당시 일본 측도 문화재 반환 문제를 해결하기 위해 명목상으로 인도를 선택할 수밖에 없었다. 일본 측은 이와 같은 선례가 있기 때문에 한일회담의 한국보다 더 강경한 자세를 취하고 있는 북한 측에 먼저 인도라는 방식을 제안할 가능성도 있고, 북한 측도 결국 이 제안을 받아들이면서 '반환의 법적의무 문제'가 인도로 타결될 가능성이 높다고 판단된다.

제4절 반환 문화재 범위 문제: 남한 출토 문화재도 포함되는 것인가?

1. 한일회담과 북한 출토 문화재

한일회담 당시 한국 측은 반환받을 문화재들을 논의하기 위해 문화재 목록을 작성하고 이를 여러 차례 제출했다. 제1차 회담부터 제3차 회담까지는 '한일 간 청구권 협정 요강 한국측 제안의 상세 제1항목', '한국 국보 고서적 목록 일본 각 문고 소장', '일본 소재 한국 국보 미술공예품 목록', '한국 국보 고서적 목록(제2차분)', 제4차 회담에서는 '제1차 반환청구 한국문화재 항목', 제5차 회담에서는 '문화재 반환의 7항목', 그리고 제6차 회담에서는 '반환청구 한국문화재 목록'을 제출했다.

위의 목록 중 북한 출토 문화재가 처음 등장한 것은 제2차 회담의 '일본 소재 한국 국보 미술공예품 목록'에서였다. 이 목록에는 도쿄국립박물관, 나라국립박물관, 도쿄대학 문학부 진열관이 소장하고 있는 평안남도, 평안북도, 평양, 영변, 회령, 황해도 등 북한에서 출토된 문화재들이 제시되어 있었다. 동 목록의 문화재들은 제6차 회담 때 제출된 '반환청구 한국문화재 목록'에서 제1항목인 '조선총독부에 의해 반출된 것'에 포함되었다. 그 내용은 '평안남도 대동군 대동강면 정백리 127, 227호분 출토품', '평안남도 대동군 대동강면 석암리 201호분 출토품', '평안남도 대동군 대동강면 남정리 116호분 출토품', '평안남도 대동군 대동강면 왕우묘 출토품' 등 네 가지였다.

그러나 일본 측은 북한 출토 문화재를 기증 대상에서 제외했다. 이와 같은 방침이 결정되기까지 내부에서 어떠한 논의가 이루어졌는지에 대해 자세하게 알 수 없지만, 다음의 자료를 통해 간단하게나마 일본 측의 입장을 확인할 수가 있다. 1962년 12월 19일자 자료에서는 일본 측이 제시할 의정서 내용에 대해 "특히 북한 유래의 것은 문제가 있기 때문에, 이것을 건네지 않도록 표현을 고민할 필요가 있다", "북한 유래의 것은 어떻게 할 것인가",[24] 1963년 2월 11일자 자료에는 "증여할 문화재는 남한 출토품에 한한다.(단, 이 점은 처음부터 명언하는 것을 피하고, 회합이 진행됨에 따라 적당한 시기에 한국 측에 전하기로 한다)"고 되어 있다.[25] 그리고 1963년 2월 12일자 자료에는 "남한 출토품에 한한다는 것은 실제적으로 여러 가지로 곤란할 것으로 예측되나, 최종적으로는 높은 차원의 정치적 결정을 필요로 할 것으로 생각 된다",[26] 1963년 8월 1일자 자료에는 "북한 지역에서 출토된 것으로 생각되는 것에 대해 한국에 증여하는 적당성(북한 출토품의 증여는 일절 거부한다는 결백한 태도를 가져야 할지 말지 등)이 문제가 된다"고 적혀 있다.[27] 당시 일본 측은 북한 출토 문화재 기증 여부에 대해 논의를 하면서 최종적으로 이를 기증 대상에서 제외한 것으로 생각된다.

그렇다면 일본 측이 북한 출토 문화재를 한국 측에 기증하는 것이 '부적당'하다고 생각한 이유는 무엇인가. 이에 대한 해답은 청구권 문제를 통해 생각해 볼 수 있다. 한국 측은 북한 지역에 대한 청구권도 한국정부에 있다

---

24) 日本外交文書,「日韓会談の諸懸案につき北鮮問題が関連してくる諸点の協定上の取扱振りについて」, 1963年8月1日, No.1845.

25) 日本外交文書,「日韓予備交渉文化財関係会合の進め方要領 (試案)」, 1963年2月11日, No.579.

26) 日本外交文書,「文化財関係についての文部省側との打合わせ記録」, 1963年2月12日, No.580.

27) 日本外交文書,「日韓会談文化財問題に関する省内打合会」, 1962年12月19日, No.578.

고 주장했지만, 일본 측은 그렇게 생각하지 않았다. 일본 측은 청구권 문제에 대해 "대한민국정부는 남한 지역에 관해서는 시정 당국에 해당하지만, 북한 지역에 관해서도 현재 시정을 행하고 있다고 해석할 수는 없다. 따라서 평화조약 제4조로 봐도 한국이 처리할 수 있는 재산청구권 대상은 남한 부분에 한해야 한다",28) 그리고 청구권 문제가 "한국이 현재 관할하고 있는 지역만을 대상으로 이루어지고 있는 이상, 북한 지역에 관한 청구권은 백지 상태에 놓여져 있다"는 입장이었다.29) 즉 일본 측은 남한 지역과 관련된 청구권 문제만 해결하면 된다는 입장이었다.

이와 관련해서 문화재 반환 문제를 생각해 보면, 이 문제가 청구권 문제의 하나로 논의되었기 때문에 일본 측이 북한 출토 문화재를 제외한 것으로 생각할 수 있다. 제1차 회담 당시 한국 측은 '한일 간 재산 및 청구권 협정 요강 한국측 제안'의 제1항목에 '한국으로부터 가져온 고서적, 미술품, 골동품 기타 국보, 지도원판 및 지금과 지은을 반환할 것'을 규정했고, 이후 이 문제는 제3차 회담까지 청구권위원회에서 논의되었다. 그리고 제4차 회담부터 문화재소위원회로 분리되었을 때도 청구권위원회의 소위원회로 논의되었다. 즉 문화재 반환 문제가 청구권 문제와 관련된 의제였고, 이와 같은 측면을 봤을 때 일본 측이 동 문제에 대해서도 남한 지역에 한정한다는 원칙을 적용시켜 북한 출토 문화재를 제외했던 것으로 생각할 수 있다.

---

28) 日本外交文書,「日韓交渉における日本政府の立場に関する法律上の問題点」, 1960年 12月6日, No.1410. 한편 동 자료에서 일본 측은 남한의 지위에 대해 "조약을 체결하는 상대국으로서의 한국정부의 지위는 1948년 유엔결의 195(Ⅲ)의 내용에 따라, 한반도에 성립된 유일한 합법정부이지만, 그 실효적 지배와 관할은 남한 부분에만 미치고 있는 것으로 생각한다"고 규정했다. 한편 북한의 지위에 대해서는 평화조약 제2조(a)와 관련하여 "북한 지역에 존재하는 민주주의인민공화국정부는 동 지역을 사실상 지배하고 있는 정부라고 해석한다"고 규정하고 있다. 이를 통해서도 일본 측은 한국이 실효적으로 지배·관할을 하고 있는 남한 지역에서 출토된 문화재만을 기증하려고 한 것을 확인할 수가 있다.

29) 日本外交文書,「日韓会談の諸懸案につき北鮮問題が関連してくる諸点の協定上の取扱振りについて」, 1963年8月1日, No.1845.

2. 북일회담과 반환 문화재 범위 문제

한일회담에서 한국 측이 북한 지역에 대한 청구권을 주장한 이유는 냉전 체제와 남북한의 군사적 대치라는 상황에서 나온 것이었다. 북한의 실체를 인정하지 않던 한국은 1990년대의 남북기본합의서와 남북한 유엔 동시 가입, 그리고 2000년대의 남북정상회담과 6·15 선언을 통해 북한을 인정했다. 이를 바탕으로 한국은 북일회담에서 북한이 일본에게 북한 지역과 북한 사람들에 대한 보상을 요구하는 것을 정당하게 생각하고 문제를 제기하지 않았다.[30] 한편 북일회담에서 일본 측은 북한의 관할권이 남한 지역에 미치지 못한다는 입장을 견지하고 있었으며, 한일회담과 같이 평화조약 제4조 제1항에 따라 북한과의 청구권 처리가 미해결 상태, 즉 '백지 상태'로 남아 있으므로 북한 지역을 대상으로 청구권 문제를 논의할 것으로 예상된다.

이를 바탕으로 북일회담의 문화재 반환 문제를 생각해 보면, 한일회담에서 일본 측이 기증 대상을 남한 출토 문화재에 한정한 것과 같이 북일회담에서도 기증 대상을 북한 출토 문화재에 한정한다는 원칙을 가지고 논의에 임할 것이다. 또한 북한 측이 남한 출토 문화재에 대해 반환을 요구할 경우, '남한 지역의 문화재 반환 문제는 이미 한일회담에서 해결되었으므로, 북한 지역에 한정해야 한다'는 논리를 앞세워 응하지 않을 것이다. 북한 측도 남한 출토 문화재의 반환을 요구할 가능성은 그리 높지 않으며, 설사 요구한다고 하더라도 일부에 지나지 않을 것이다. 즉 북일회담에서 최종적으로 반환의 대상이 되는 문화재는 북한 출토 문화재가 중심이 될 것이다.

---

30) 이원덕, 앞의 글, p.227.

제5절 반환 대상 문화재 문제: 북한은 어떠한 문화재를 요구할 것인가?

그렇다면 북한은 북일회담에서 어떠한 문화재들을 요구할 것인가. 북일 회담이 재개되고 문화재 반환 문제가 논의되면, 북한 측은 문화재 반환 목록을 제시하고 이를 설명하면서 해당 문화재에 대한 반환을 요구할 것이다. 이 문제는 '반환의 법적의무 문제'와 함께 가장 격렬한 논의가 이루어질 것으로 예상된다.

기존의 북일회담에서 반환의 대상이 될 문화재에 대한 논의는 아직 구체적으로 이루어지지 않은 것으로 보이기 때문에 북한 측이 어떠한 문화재를 요구할 것인지를 하나하나 정확하게 파악할 수는 없다. 하지만 전술한 바와 같이 북한 출토 문화재는 반드시 논의의 대상이 될 것이기 때문에 이를 중심으로 북한 측이 반환을 요구할 가능성이 높다고 생각되는 문화재들을 예상할 수는 있다. 북일회담이 재개된 후 문화재 반환 문제 논의에서 북한 측이 요구할 가능성이 높은 문화재들을 검토해 보면 다음과 같다.

1. 낙랑 관련 유물

북일회담에서 북한이 반환을 주장할 주요 문화재로 먼저 낙랑 관련 유물을 들 수 있다. 낙랑의 성격과 위치 등에 대한 여러 학설이 있지만, 일반적으로 낙랑은 위만 조선이 멸망한 기원전 108년에 한사군의 하나로 현재의 평양에 설치되었고, 313년에 고구려에 멸망할 때까지 존속한 낙랑군(樂浪郡)을 말한다.

낙랑 관련 유물들은 일제강점기 당시 일본이 평양 일대의 낙랑 유적을 조사하면서 발굴되었는데, 이는 세 시기로 나눌 수가 있다. 제1기는 일제강점기를 전후로 하여 도쿄제국대학 건축학과 교수였던 세키노 다다시(關野 貞) 등이 낙랑 고분의 전실묘를 중심으로 발굴을 시작한 시기이다. 전실묘는 발굴 초기에 고구려 것으로 생각되었지만, 칠기 부속 금구의 명문 해석을 계기로 평양 일대의 고분들을 낙랑군의 고분이라고 해석하게 되었다. 제2기는 낙랑 지역 유적 조사가 본격적으로 시작된 시기로 '고적 및 유물 보존 규칙'(1916년)을 바탕으로 설립된 '고적조사위원회'가 발굴을 주도한 시기였다. 이때 평안남도 대동군 대동강면 정백리와 석암리 일대의 고분들이 대규모로 발굴되기 시작했다. 제3기는 1931년에 조선총독부의 외곽단체로 설립된 '조선고적연구회'가 발굴을 주도한 시기로 정백리, 장진리, 석암리, 남정리 등지의 낙랑 고분과 대동강 주변의 낙랑 토성 등이 발굴되었다.[31]

이와 같이 일제강점기 당시 발굴된 낙랑 관련 유물들은 현재 국립중앙박물관과 일본의 여러 장소에 보관되어 있다. 일본에 보관되어 있는 낙랑 관련 유물들을 살펴보면 도쿄대학의 문학부 고고학 연구실에는 왕우묘로 알려진 석암리 205호분 출토품의 일부와 낙랑토성 출토품의 대부분이 보관되어 있고, 종합연구박물관에는 1909년에 발굴된 석암리 고분의 유물이 보관되어 있다. 교토대학의 종합박물관에는 평양 부근에서 출토된 낙랑 관련 유물이 있으며, 도쿄국립박물관에는 토성리 낙랑토성, 정백리 127호분, 197호분, 227호분, 석암리 201호분, 남이리 116호분에서 출토된 낙랑 관련 유물이 있다.[32]

북한은 이와 같은 낙랑군과 관련 유물에 대해 어떻게 인식하고 있는 것일까. 북한은 현재의 평양이 아닌 요령성 일대에 낙랑군이 있었다고 보고 있으며, 평양 일대의 낙랑은 고조선의 후신인 낙랑국 또는 조선이라는 정치 세력으로 인식하고 있다.[33] 또한 평양 일대의 무덤과 성곽 유적 등을 비롯한 낙랑 관련 유물들은 중국의 것들과 확연하게 구별되는 것들이며, 이 지

---

31) 이영훈·오영찬, 「낙랑문화 연구의 현황과 과제」, 『낙랑』, 2001, pp.227~230.
32) 康成銀·鄭泰憲, 「日本に散財する朝鮮考古遺物 - 朝鮮総督府の古蹟調査事業に伴う搬出遺物を中心に」, 『朝鮮大学校学報』 第7号, 2006, pp.55~66.
33) 송호정, 「고조선과 낙랑의 북한 문화유산」, 『한국고대사연구』 제25호, 2002, p.41 및 p.60.

역의 문화와 주민들이 중국과 구별되는 것으로 인식하고 있다.[34]

북한은 이와 같이 낙랑 관련 유물들이 일제강점기 당시 평양 일대에서 출토되었다는 점과 한사군에 하나인 낙랑군이 아니라 고조선 후에 국가의 유물이라는 점에서 이에 대한 반환을 요구할 것이다. 그리고 낙랑 관련 유물들이 갖는 문화재 반환 문제의 상징적인 의미에서 이를 우선적으로 요구할 것이다. 주지하다시피 일제강점기 당시 일본의 유적 조사 발굴은 조선에 대한 지배를 정당화하기 위한 타율성론, 정체성론, 일선동조론 등의 식민사관을 위해 진행되었다. 낙랑 고분에 대한 집중적인 조사도 이와 같은 의도를 보여 주는 사례 중의 하나였다. 일본은 낙랑 관련 유물을 비롯한 낙랑 유적 조사 결과를 타율성론의 근거로 삼았다. 조선인들은 그 시작부터 낙랑군을 통해 중국의 선진문화를 받아들였고, 이에 따라 타율적으로 역사가 발전되었다는 것이다.[35] 또한 낙랑 유적 조사는 일본의 식민지 지배정책과 연동되어 "피지배 국민을 만드는 이데올로기를 양산하고, 그들의 정체성을 말살하는데 이용"되었으며, 조선에서 황폐화된 문화재를 조사·복원할 수 있는 것은 당시 아시아에서 유일한 문명국인 "일본만이 할 수 있는 일임을 과시하는 수단"으로도 활용되었다.[36] 이와 같이 일본은 낙랑 유적 조사를 식민지 지배의 도구로 사용하면서 조선의 역사는 한사군에서부터 출발하여 중국 문화를 통해 타율적으로 발전해 왔다는 식민사관의 논리를 만들어 냈다. 이와 같은 타율성론은 임나일본부설과 함께 대표적인 식민사관의 하나로 비판받고 있는 것은 주지하는 바와 같다. 또한 낙랑 관련 유물들은 1920년대 중반, 난굴(亂掘) 시대로 불렸을 만큼 수많은 도굴로 몸살을 앓았다.

---

34) 조법종, 「식민주의적 고조선사 인식의 비판과 과제」, 『한국고대사연구』 제61호, 2011, pp.63~64.
35) 오영찬, 「국립중앙박물관 소장 낙랑고분 자료와 연구현황」, 『한국고대사연구』 제34호, 2004, p.57.
36) 정인성, 「관야정의 낙랑유적 조사·연구 재검토: 일제강점기 '古蹟調査'의 기억 1」, 『호남고고학보』 제24호, 2011, pp.150~151.

이와 같은 난굴 시대에는 "평양(일본인사회)에는 별안간 낙랑열(熱)이 전염병처럼 만연"되었고, "약 1,400기의 낙랑 고분 가운데 도굴을 면한 것은 약 140기뿐이었다"는 기록이 있을 정도로 "세계적으로도 드문 대규모 유물 약탈"이 이루어진 것이었다.[37] 이처럼 식민사관 정립의 수단으로, 그리고 난굴된 약탈 문화재로서의 상징적인 부(否)의 의미를 갖는 낙랑 관련 유물을 반환받음으로써 북한은 문화재 반환을 통한 과거사 청산의 의미를 보다 선명하게 부각시킬 수 있을 것이다.

2. 오구라 컬렉션

오구라 컬렉션은 일제강점기 당시 오구라 다케노스케가 조선에서 수집한 문화재들을 말하는데, 낙랑 관련 유물을 포함한 북한 출토 문화재들이 다수 존재한다.

오구라는 질적·양적으로 상당한 조선 출토 문화재를 일본으로 반출했는데, 이로 인해 한일 양국 간의 문화재 반환 문제가 발생할 때 회자되는 인물이기도 하다. 그는 1904년부터 42년 동안 조선에서 거주하면서, 대구전기회사 설립(1909년)을 시작으로 막대한 부를 축적하고 조선전력회사 사장, 대구상공회의소 회장 등을 역임하면서 '조선의 전기왕'으로 불리었다. 오구라는 1920년 초반, 발굴붐·도굴붐이 일어난 시기에 미술골동품 수집을 시작했고 풍부한 자금을 바탕으로 조선에서 수많은 문화재들을 수집했다. 1931년에는 도쿄 사택에 수장고를 만들어 조선에서 반출한 문화재의 일부를 보관하고, 1943년에는 조선총독부 박물관에 수집한 문화재의 일부를 기증하기도 했다.[38] 패전 후 귀국한 오구라는 저택 내에 문화재를 보관하는

---

37) 이구열, 『한국 문화재 수난사』, 돌베개, 1996, pp.74~46.

38) 일제강점기 당시 오구라 다케노스케의 여러 활동은 이형식, 앞의 글 및 이순자, 『일제강점기 문화재 정책과 고적조사』, 동북아역사재단, 2021, pp.378~414 참조.

수장고를 만들고 1958년에 '오구라 컬렉션 보존회'를 설립했다. 오구라의 사후에는 그의 아들이 1981년에 오구라 컬렉션을 도쿄박물관에 기증하고 현재에 이르고 있다.

국립문화재연구소가 조사한 바에 따르면 현재 도쿄박물관에 소장된 오구라 컬렉션의 총 건수는 1,110건이며 그 중 고고자료가 590건이고 대부분이 한국 관련 문화재이다. 이 중 중요문화재와 중요미술품으로 지정된 것이 각각 8점, 31점이 있다. 그리고 고고유물, 불교조각, 금속공예, 목공예·지공예, 도자, 회화, 전적·서예, 복식 등의 카테고리로 분류되어 있으며, 낙랑 관련 유물은 선사시대 유물, 삼국시대의 고분 출토품·기와류, 통일신라시대의 금속공예·토기·기와와 함께 고고유물에 포함되어 있다.39)

오구라 컬렉션의 낙랑 관련 유물로는 녹유(綠釉) 부뚜막, 항아리 등의 생활용품, 초엽문경(草葉文鏡), 방격규구조문경(方格規矩鳥文鏡) 등의 거울, 화살촉 등의 무기류, 팔찌, 금동고리, 귀걸이 등의 장식구, 그리고 벼루편, 연목와(椽木瓦), 명문전(銘文塼) 등 낙랑군 시기의 고분과 낙랑토성에서 출토된 문화재들이 포함되어 있다. 그리고 낙랑 관련 유물 이외에도 선사시대 유물 카테고리 안에 굽다리접시, 투겁창, 꺾창, 칼집금구, 수레굴대끝씌우개, 을자형금구, 검파두식(劍把頭飾), 은상감창고달(銀象嵌銅鐓) 등 평양과 함경북도에서 출토된 유물들이 있다.40)

한일회담 당시 일본 측은 오구라 컬렉션을 반환하라는 한국 측의 요구에 대해 개인 소유의 문화재라는 이유를 들면서 거부한 바 있다. 하지만 오구라 컬렉션은 도쿄국립박물관에 기증되어 현재 국유 문화재가 되었다는 점, 그리고 북한에서 출토된 문화재라는 점에서 북한은 북일회담이 재개되면

39) 국립문화재연구소는 1999년부터 2002년까지 네 차례에 걸쳐 오구라 컬렉션 한국문화재를 조사했고, 그 결과를 『일본 도쿄국립박물관 소장 오구라 컬렉션 한국문화재』로 발간했다.

40) 국립문화재연구소, 『일본 도쿄국립박물관 소장 오구라 컬렉션 한국문화재』, 2005, pp.260~280.

오구라 컬렉션에 포함된 북한 출토 문화재들의 반환을 요구할 것이다.

3. 평양 율리사지 팔각 5층 석탑

평양 율리사지 팔각 5층 석탑(이하, 율리사지 석탑)은 높이 8.7미터, 불상의 연화대좌와 같은 탑의 기단부를 특징으로 하는 고려 중기의 석탑이다. 이 탑은 원래 평안남도 대동군 율리사지에 있었지만, 일제강점기 때 반출되어 현재는 일본 최초의 사립 미술관인 오쿠라 슈코칸 뒷뜰에 방치되어 있다. 율리사지 석탑의 반출 경위는 정확하게 알려지지 않았지만, 경복궁에서 반출한 자선당(資善堂)을 장식할 석탑이 필요했던 오쿠라 슈코칸이 '이천 오층석탑'과 함께 반출한 것으로 알려져 있다.[41]

오쿠라 슈코칸은 오쿠라 기하치로(大倉喜八郎)가 설립했다. 오쿠라는 조선 말기 은행, 무역, 군수업을 통해 부를 축적했고 선린상업학교를 설립하기도 했다.[42] 그리고 이와 같은 부를 바탕으로 수 많은 조선의 문화재들을 일본으로 반출했다.

한국의 시민단체인 '문화재제자리찾기'와 북한의 '조선불교도연맹'(이하, 조불련)은 2008년부터 율리사지 석탑 반환 운동을 공동으로 진행했다. 시민단체는 2015년 1월에 율리사지 석탑에 대한 법률적 권리를 위임할 수 있는 위임장을 조불련에게 받았고, 5월에 오쿠라 슈코칸을 상대로 석탑 반환을 요청했다. 오쿠라 슈코칸이 반환을 거부하자, 시민단체는 2월에 도쿄 간이 재판소에 법정 소송을 제기했다. 이후 7월에 열린 제1차 조정에서 오쿠라 슈코칸은 "우리가 율리사지 석탑을 취득한 것은 100년 전이고, 조불련은 1945년 이후 성립되었으므로 반환 요청을 기각해달라"면서 조불련이 반환

---

41) 전민숙, 「고려시대 평양 율리사지 오층석탑에 관한 연구」, 『미술사학연구』 제298호, 2018, pp.33~43.
42) 혜문, 『빼앗긴 문화재를 말하다』, 2015, pp.178~180.

을 요구할 권리가 없다는 것을 들어 반환을 거부했다. 이후 9월에 제2차 조정까지 진행되었지만, 오쿠라 슈코칸은 반환을 계속 거부했고 이후 반환 운동은 소강 상태에 놓여져 있다.[43]

북일회담이 재개될 경우 율리사지 석탑에 대한 북한의 입장은 반환 운동을 진행한 조불련의 입장에서 살펴볼 수 있다. 조불련은 율리사지 석탑 반환 운동을 진행하면서 "일본이 강제로 약탈한 문화재를 돌려준다, 안 준다 할 자격이 없다. 당연히 반환해야 하고, 여기에 충분한 배상까지 해야 한다", "우리 민족문화의 정통성을 회복하기 위해서라도 반드시 찾아와야 한다"라는 입장을 밝혔다.[44] '반환'과 '배상'이라는 표현을 통해 북일회담에 임하는 북한의 입장도 조불련의 입장과 동일할 것으로 생각된다. 북한은 이와 같은 입장과 함께 율리사지 석탑이 평양에 있었다는 점, 그리고 이미 조불련을 통해 남북이 공조하여 반환 요구를 했다는 점에서 북일회담이 재개될 경우 이에 대한 반환을 요구할 것이다.

제6절 북일회담의 문화재 반환 문제와 한국의 역할

본장은 북일회담이 재개될 경우 주요 의제 중 하나인 문화재 반환 문제가 어떻게 논의될 것인가를 한일회담의 문화재 반환 문제 논의를 통해 고찰해 보았다.

북한의 평창 동계 올림픽 참가 이후 남북한, 미국, 중국을 중심으로 한반도를 둘러싼 국제정세가 급격하게 변화하면서 '한반도 평화 프로세스'가 진행되었다. 이와 같은 상황 속에서 일본은 '한반도 평화 프로세스'와 보조를 맞추기 위해 대북 접촉을 시도했지만, 북일 양국의 관계 개선은 결국 이루

---

43) 『시사저널』, 2015년 9월 14일.
44) 위와 같음.

어지지 않았다. 북일 관계 개선은 요원한 일이 되었지만, 한반도를 둘러싼 국제정세가 다시 평화적이고 우호적으로 바뀔 경우 북일 관계 개선이 촉진되고, 이는 북일회담으로 이어질 것이다.

북한은 북일회담의 문화재 반환 문제와 관련하여 일본이 불법으로 파괴·약탈한 문화재에 대해 공식 사죄할 것, 파괴된 문화재에 대해 물질적 보상을 할 것, 약탈 문화재를 철저하게 반환할 것이라는 입장을 가지고 있었다. 이와 같은 입장은 합법적인 방법을 통해 문화재들을 반출했기 때문에 문화재를 반환할 법적의무는 없다는 일본 측의 입장과 대립할 것이다. 이와 같은 입장 차이는 반환인가 기증인가라는 '반환의 법적의무 문제'에서 특히 문제가 될 것이며, 최종적으로는 한일회담과 같이 인도라는 표현으로 타결될 가능성이 높다. 그리고 북한 출토 문화재만 대상이 되는 것인지, 아니면 남한 출토 문화재도 대상이 되는 것인지를 둘러싼 '반환 문화재의 범위 문제'와 관련하여, 일본 측은 그 대상을 북한 출토 문화재로 한정할 것이기 때문에 북한 측은 북한 출토 문화재를 중심으로 반환을 요구할 것으로 예상된다. 북한 측이 반환을 요구할 가능성이 높은 문화재로는 낙랑 관련 유물, 오구라 컬렉션, 율리사지 석탑을 들 수가 있다. 이 문화재들은 평양을 중심으로 북한 지역에서 발굴·반출된 문화재이기 때문에 북한이 요구할 가능성이 높은 것들이다. 특히 낙랑 관련 유물은 식민사관 정립의 수단, 그리고 난굴된 약탈 문화재라는 상징적인 부의 의미를 청산한다는 의미에서 북한 측이 우선적으로 반환을 요구할 것으로 생각된다.

북일회담의 문화재 반환 문제에 대해 한국은 어떠한 역할을 할 수 있을 것인가. 북한이 한일회담의 전철을 되도록 밟지 않도록 하는 것이 중요하다. 북일회담에서 '반환의 법적의무 문제'가 인도라는 표현으로 타결될 가능성이 높을 것으로 예상되기 때문에 북한이 되도록 많은 문화재들을 돌려받을 수 있도록 일조해야 한다. 이를 위해 문화재청, 국외소재문화재재단 등의 공공기관이나 학자, 민간인, 시민단체들이 연구한 일본 소재 한국 문화재 자료들을 북한에 제공하거나, 문화재 반환 문제와 관련한 남북한의 학자, 시민단체, 관료들이 모여 해당 문화재들에 대한 반출 경위를 논의할 필요가 있다. 이를 통해 북한이 반환을 요구할 문화재의 반출 경위를 보다 정확하게 파악할 수 있고, 북한이 이를 바탕으로 북일회담에서 해당 문화재의 반출 경위를 설명하면서 반환을 강하게 요구할 수 있다. 이와 같은 남북한의 협력을 통해 북한이 문화재를 돌려받는다면, 그것은 북한의 문화재가 아니라 한민족의 문화재를 돌려받았다는 상징성도 생길 것이고 민족정체성의 확립에도 도움이 될 것이다. 또한 해당 문화재의 전시 교류 등을 통해 남북한의 우호 협력, 나아가 남북한의 평화에도 기여할 수 있을 것이다.

| 참고문헌 |

한국어 문헌

1. 외교문서

『한일회담 예비회담(1951.10.20 - 12.4) 본회의 회의록, 제1 - 10차, 1951』

『제1차 한일회담(1952.2.15 - 4.21) 청구권 관계자료, 1952』

『제1차 한일회담(1952.2.15 - 4.21) 청구권 분과위원회 회의록, 제1 - 8차, 1952.2.20 - 4.1』

『제1차 한일회담(1952.2.15 - 4.21) 기본관계위원회 회의록. 제1 - 8차, 1952.2.22 - 4.2』

『제3차 한일회담(1953.10.6 - 21) 청구권위원회 회의록, 제1 - 2차, 1953.10.9 - 15』

『제4차 한일회담 예비교섭, 1956 - 58(V.2 1957)』

『제4차 한일회담 예비교섭, 1956 - 58(V.3 1958.1 - 4)』

『제4차 한일회담(1958.4.15 - 60.4.19) 문화재소위원회 회의록 및 문화재 반환교섭』

『제4차 한·일회담. 본회의 회의록, 제1 - 15차, 1958.4.15 - 60.4.15』

『제4차 한·일회담. 교섭 및 훈령, 1958 - 60』

『제4차 한일회담(1958.4.15 - 60.4.19) 청구권위원회 회의록, 제1 - 3차, 1958.5.20 - 12.17』

『제5차 한·일회담 예비회담. 본회의 회의록 및 사전교섭, 비공식회담 보고, 1960.11 - 61.5』

『제5차 한·일회담 예비회담. 문화재소위원회 및 전문가회의 보고, 1960.11 - 61.5』

『제5차 한·일회담 예비회담. 대표단 임면관계, 1960 - 61』

『제6차 한·일회담 예비교섭, 1961년. 전2권. (V.1 7 - 8월)』

『제6차 한일회담 본회의 회의록 및 종합보고, 1961 - 62.2』

『제6차 회담 본회의 회의록 및 종합보고』

『제6차 한·일회담. 문화재소위원회, 1962 - 64』

『제6차 한일회담. 제1차 정치회담 이후의 교섭, 1962.3 - 7』

『제6차 한·일본회담(1961.1.20 - 1964.4월) 제2차 정치회담 예비절충: 문화재관계회의.
        동경, 1963』

『제6차 한·일회담 문화재소위원회, 1962 - 64』

『김종필 특사의 일본방문, 1962.10 - 11』

『제6차 한일회담. 제2차 정치회담 예비절충: 본회의, 1 - 65차. 1962.8.21 - 64.2.6 전
        5권(V.2 4 - 21차 1962.9.3 - 12.26)』

『제6차 한일회담. 제2차 정치회담 예비절충: 본회의, 1 - 65차 1962.8.21 - 64.2.6 전

　　　　5권(V.3 22 - 32차 1963.1.11 - 3.28)』
『속개 제6차 한·일본회담(1964.3.12 - 4월) 문화재소위원회 회의, 제1차, 1964』
『속개 제6차 한일회담. 현안문제에 관한 한국측 최종입장, 1963.4 - 64.3』
『한·일간의 기본관계에 관한 조약 [등] 1964 - 65. 전5권(V.1 교섭 및 서명)』
『제7차 한일회담. 기본관계위원회 회의록 및 훈령, 1964.12 - 65.2』
『제7차 한일회담. 본회의 및 수석대표회담, 1964 - 65』
『제7차 한·일회담(1964.12.3 - 65.6.22) 문화재위원회 회의 개최 계획, 1965』
『청구권 관계회의 보고 및 훈령 V.1 1965』
『이동원 외무부장관 일본 방문, 1965』

2. 자료집

국립문화재연구소,『일본 도쿄국립박물관 소장 오구라 컬렉션 한국문화재』, 미술문
　　　　화, 2006.
국민대학교 일본학연구소,『한일회담 외교문서 해제집 Ⅰ~Ⅴ』, 동북아역사재단, 2008.
대한민국정부,『대일배상요구조서』, 1949.
문화재청,『한일협정 반환문화재 자료집』, 문화재청, 2005.
외무부 정무국,『한일회담약기』, 1960.
이도성,『실록: 박정희와 한일회담』, 한송, 1995.

3. 회고록 및 전기

권철현,『간 큰 대사, 당당한 외교』, 웅진지식하우스, 2011.
김동조,『회상 30년 한일회담』, 중앙일보사, 1993.
김용식,『새벽의 약속 - 김용식 외교 33년』, 김영사, 1993.
유진오,『한일회담 제1차 회담을 회고하면서』, 외무부 외교안보연구원, 1993.
이홍직,『한 사가의 유훈』, 통문관, 1972.
한국일보사,『재계회고 10 - 역대금융기관장편 Ⅱ』, 한국일보사출판국, 1981.

4. 단행본

국민대학교 일본학연구소 편,『한일회담과 국제사회 - 외교문서 공개와 한일회담의
　　　　재조명 1』, 선인, 2010.
국민대학교 일본학연구소 편,『의제로 본 한일회담 - 외교문서 공개와 한일회담의 재
　　　　조명 2』, 선인, 2010.

국외소재문화재재단, 『우리품에 돌아온 문화재』, 눌와, 2013.

김현수, 『일본에서의 한일회담 반대운동 - 재일조선인운동을 중심으로』, 선인, 2016.

김형만, 『문화재 반환과 국제법』, 삼우사, 2001.

도시환 외, 『한일협정 50년사의 재조명 I - 한일협정의 국제법적 문제점에 대한 재조
　　　　　명』, 동북아역사재단, 2012.

＿＿＿ 외, 『한일협정 50년사의 재조명 II - 한일협정체제와 '식민지' 책임의 재조명』,
　　　　　동북아역사재단, 2012.

＿＿＿ 외, 『한일협정 50년사의 재조명 III - 일제식민지 책인판결과 한일협정체제의
　　　　　재조명』, 동북아역사재단, 2012.

류미나, 『한일회담과 문화재 반환 협상』, 경인문화사, 2022.

문화재청, 『수난의 문화재 - 이를 지켜낸 인물이야기』, 눌와, 2008.

박진희, 『한일회담 - 제1공화국의 대일정책과 한일회담 전개과정』, 2008.

성황용, 『일본의 대한정책』, 명지사, 1981.

유의상, 『대일외교의 명분과 실리』, 역사공간, 2015.

이구열, 『한국 문화재 수난사』, 돌베개, 1996.

이순자, 『일제강점기 문화재 정책과 고적조사』, 동북아역사재단, 2021.

이원덕, 『한일 과거사 처리의 원점 - 일본의 전후처리 외교와 한일회담』, 서울대학교
　　　　　출판부, 1996.

＿＿＿ 외, 『한일국교정상화 연구』, 대한민국역사박물관, 2016.

이재오, 『한일회담과 반대운동 1951~1965년』, 파라독스, 2011.

장박진, 『식민지 관계 청산은 왜 이루어질 수 없었는가』, 논형, 2009.

＿＿＿, 『미완의 청산 - 한일회담 청구권 교섭의 세부 과정』, 역사공간, 2014.

조부근, 『잃어버린 우리문화재를 찾아: 문화재 보존과 관리의 실제/불법거래와 국제
　　　　　협약/문화재 외교』, 민속원, 2004.

혜　문, 『의궤 되찾은 조선의 보물』, 동국대학교출판부, 2011.

＿＿＿, 『빼앗긴 문화재를 말하다』, 금강초롱, 2015.

5. 연구논문

강태훈, 「북한과 일본의 국교정상화에 관한 연구」, 『분쟁해결연구』 제2권 1호, 2004.

국성하, 「한일회담 문화재 반환협상 연구」, 『한국독립운동사연구』 제25집, 2005.

권태환, 「북·일 정상회담과 수교협상 동향」, 『한일군사문화연구』 제6호, 2003.

김용복, 「한·일회담의 경험과 북·일 수교회담의 전망: 공개된 한일협상자료를 중심
　　　　　으로」, 『동북아연구』 제11호, 2006.

남기정,「한일 선박 반환 교섭에 관한 연구 - 1차 회담 선박분과위원회 교섭을 중심으로」, 국민대학교 일본학연구소 편,『외교문서 공개와 한일회담의 재조명 2 - 의제로 보는 한일회담』, 선인, 2010.

_____,「한일관계에서 역사 문제와 안보의 연동 메커니즘: 투트랙 접근의 조건과 과제」,『일본연구논총』제45호, 2017.

도진순,「동북아 탈냉전의 고리. 북일 수교교섭의 역사와 한계」,『한일역사공동연구 보고서』제6집, 2005.

류미나,「한일회담 외교문서로 본 문화재 반환 교섭」,『일본역사연구』제30집, 2009.

_____,「일본의 문화재 '반환'으로 본 식민지 지배의 '잔상', 그리고 '청산'의 허상 - 1958년 일본의 제1차 문화재 반환까지의 교섭과정을 사례로 - 」,『일본역사 연구』제32집, 2010.

_____,「문화재 반환과 둘러싼 한일회담의 한계 - 일본의 한국 문화재 반환 절차를 중심으로」,『일본역사연구』제40집, 2014.

_____,「한일회담 문화재 반환 교섭 관련 인물 연구 - 일본측 문화재 반환 교섭 담당 자들과 일본의 조선학 연구자들을 중심으로」,『한국학연구』제63집, 2017.

_____,「문화재 반환 문제로 본 한일 간 '화해'의 가능성 - 한일 간 국교정상화 과정 에 대한 재고 - 」,『한일관계사연구』제66집, 2019.

린델 V. 프롯,「문화재 환수를 위한 국제 협력의 발전」, 유네스코한국위원회,『문화재 환수의 국제 네트워크 구축 전략』, 2011.

박정진,「북일 스톡홀름 합의 재론: 한국의 대북정책에 대한 함의」,『일본공간』제19 호, 2016.

박　훈,「한일회담 문화재 '반환'교섭의 전개과정과 쟁점」, 국민대학교 일본학연구소 편,『의제로 본 한일회담 - 외교문서 공개와 한일회담의 재조명 2』, 선인, 2010.

배재식 외,「한일 간의 법적 제문제 - 1965년 제조약 시행상의 문제점」,『법학』제35권 제2호, 1994.

배정호,「탈냉전기 북·일관계의 변천과 일본의 대북한 '대화와 억지' 정책」,『국제정 치논총』제39권 제1호, 1999.

서동만,「'한일 기본조약'과 '조일 수교교섭'의 상관관계」,『아세아연구』제102호, 1999.

송호정,「고조선과 낙랑의 북한 문화유산」,『한국고대사연구』제25호, 2009.

양기웅·김중동,「북일수교협상(1990 - 2006)의 결렬(決裂)과 재개(再開)의 조건」,『일 본연구논총』제23호, 2006.

엄태봉,「한일회담 중단기의 문화재 문제에 관한 연구」,『일본공간』제20호, 2017.

_____, 「제6차 한일회담 시기의 문화재 반환 교섭 연구 - 교섭 과정과 그 의미를 중심으로」, 『동북아역사논총』 제60호, 2018.

_____, 「한일회담 문화재 반환 협상의 재조명」, 『아태연구』 제26권 제2호, 2019.

_____, 「간담화, 한일도서협정과 일본정부의 식민지 지배 인식의 연속성」, 『동북아연구』 제34권 제1호, 2019.

_____, 「북일회담과 문화재 반환 문제: 한일회담의 경험과 그 함의를 중심으로」, 『아세아연구』 제62권 제2호, 2019.

_____, 「초기 한일회담(1차~3차) 시기의 문화재 반환 교섭에 대한 외교사적 연구」, 『한국학』 제43권 제1호, 2020.

_____, 「제4차 한일회담의 문화재 반환 문제 연구: '제1차 반환청구 한국문화재 항목'을 중심으로」, 『한국문화』 제90집, 2020.

오영찬, 「국립중앙박물관 소장 낙랑고분 자료와 연구현황」, 『한국고대사연구』 제34호, 2004.

유의상, 「북·일 수교회담 전망과 한국의 대응전략: 과거청산문제를 중심으로」, 『일본공간』 제23호, 2018.

윤병태, 「일본 반환 전적문화재의 서지학적 연구」, 『서지학연구』 제8호, 1992.

이교덕, 「한일회담에 비추어 본 북일 수교협상」, 『통일연구논총』 제4권 제2호, 1995.

이근관, 「동아시아지역의 문화재 보호 및 불법거래방지에 관한 법적 고찰」, 『법학』 제44권 제3호, 2003.

이기완, 「'스톡홀름 합의'와 일본의 대북 제재 해제의 배경」, 『국제정치연구』 제17집 제2호, 2014.

이기태, 「일본 민주당 정권의 대한국정책」, 『일본연구논총』 제38호, 2013.

이면우, 「북일 간의 수교교섭 전망 - 제1회 포괄병행협의의 시사점을 중심으로 - 」, 『한일군사문화연구』 제4호, 2006.

이상호, 「『대일배상요구조서』 해제」, 『한일민족문제연구』 제35호, 2018.

이영훈·오영찬, 「낙랑문화 연구의 현황과 과제」, 『낙랑』, 2001.

이원덕, 「한일관계 '65년 체제'의 기본성격 및 문제점: 북·일수교에의 함의」, 『국제·지역연구』 제9권 제4호, 2000.

_____, 「한일기본조약과 북한 문제: 유일합법성 조항과 그 현재적 함의」, 『한국정치외교사논총』 제31집 제2호, 2010.

이준구, 「한일회담 반환문화재 인수유물」, 『미술사학연구』 제165호, 1985.

이형식, 「'조선의 전기왕' 오구라 다케노스케(小倉武之助)와 조선사회」, 『동양사학회』 제145호, 2018.

장박진, 「한일회담에서의 기본관계조약 형성과정의 분석 - 제2조 '구조약 무효조항'

및 제3조 '유일합성법 조항'을 중심으로」, 『국제지역연구』 제17권 제2호, 2008.

전민숙, 「고려시대 평양 율리사지 오층석탑에 관한 연구」, 『미술사학연구』 제298호, 2018.

전진호, 「북일 국교정상화 교섭과 북한의 체제전환」, 『국제정치연구』 제21집 제2호, 2018.

정인성, 「관야정의 낙랑유적 조사연구 재검토: 일제강점기 '古蹟調査'의 기억1」, 『호남고고학보』 제24호, 2006.

_____, 「일제강점기의 낙랑고고학」, 『한국상고사학회』 제71호, 2011.

정재정, 「한일협력과 역사문제 - 갈등을 넘어 화해로」, 『일본연구논총』 제43호, 2016.

제성호, 「한·일간 문화재 반환문제에 관한 국제법적 고찰」, 『중앙법학』 제11집 제2호, 2009.

조법종, 「식민주의적 고조선사 인식의 비판과 과제」, 『한국고대사연구』 제61호, 2011.

조윤수, 「한일회담과 문화재 반환 교섭 - 일본 정부의 반환 문화재 목록 작성과정을 중심으로」, 『동북아역사논총』 제51호, 2016.

최영호, 「1957년 한일 억류자 상호석방 각서의 경위와 결과」, 『한일민족문제연구』 제32호, 2017

최희식, 「전후 한일관계의 구도와 민주당 정부 하의 한일관계」, 『국제·지역연구』 제20권 제3호, 2011.

6. 학위논문

김지현, 「전후 한일 문화재반환 교섭에 관한 재평가」, 국민대학교 석사학위논문, 2012.

이 성, 「한일회담에서의 재일조선인의 법적지위 교섭(1951 - 1965년)」, 성균관대학교 일반대학원 사학과 박사학위논문, 2013.

한소미, 「문화재 반환협상의 국제정치: 2011년 일본과 프랑스의 한국 문화재 반환 결정요인을 중심으로」, 연세대학교 정치학과 석사학위논문, 2014.

7. 보고서, 잡지기사 등

김원룡, 「문화재반환문제」, 『사상계』 제149호, 1965.

반영환, 「일본에 불법유출된 문화재의 반환 - 문화재 환수문제 - 」, 『통일한국』 제92호, 1991.

부완혁, 「한일협정은 추진·동의될 수 없다」, 『사상계』 제150호, 1965.

이상덕, 「대일배상의 정당성」, 『신천지』 1월호, 1948.

8. 그 외(신문기사, 인터넷 자료 등)

『경향신문』, 『국민일보』, 『노동신문』, 『뉴스1』, 『동아일보』, 『문화일보』, 『불교신문』, 『서울신문』, 『세계일보』, 『시사저널』, 『연합뉴스』, 『조선신보』, 『조선일보』, 『조선중앙통신』, 『통일뉴스』, 『한겨레신문』, 『한국경제신문』, 『YTN』

국립국어원 『표준어대사전』(https://stdict.korean.go.kr/)
국사편찬위원회 한국사데이터베이스(https://db.history.go.kr/item/cons/main.do)
국가기록원(https://www.archives.go.kr/next/viewMainNew.do)
외교통상부(http://www.mofa.go.kr/)
주대한민국일본국대사관(https://www.kr.emb‑japan.go.jp/).
한국현대사료 DB(https://db.history.go.kr/contemp/main.do)
한민족문화대백과사전(http://encykorea.aks.ac.kr/)

일본어 문헌

1. 외교문서

· 문서번호 1~100
「第四次日韓全面会談の本会談第二回会合」, 1958年4月22日, No.2.
「第四次日韓全面会談の本会談第六回会合」, 1958年5月6日, No.6.
「第5次日韓全面会談予備会談における文化財小委員会第1次会合」, 1960年11月11日, No.48.
「第5次日韓全面会談予備会談における文化財小委員会第2次会合」, 1961年2月1日, No.49.
「第四次日韓全面会談の手続問題打合会」, 1958年4月17日, No.50.
「第4次日韓全面会談の経緯」, 1959年7月30日, No.74.
「日韓請求権問題に関する事務レベル第2回会合記録」, 1965年3月22日, No.78.

· 문서번호 101~200
「板垣アジア局長, 三宅参事官と柳公使, 崔参事官会議要領」, 1957年7月31日, No.108.
「板垣アジア局長, 柳公使との会談要領」, 1957年8月20日, No.114.
「昭和三十二年八月二十日三宅参事官と崔参事官会談録」, 1957年8月20日, No.111.
「三宅参事官, 崔参事官会談要領」, 1957年6月16日, No.111.
「中川アジア局長, 三宅参事官と崔参事官会談要領」, 1957年6月15日, No.112.
「十一月二七日の藤山外務大臣と金大使との会談要領」, 1957年11月29日, No.115.

「再開日韓交渉第三回本会議議事要録」, 1953年10月20日, No.170.

「日韓交渉報告(再十一) 本会議第四回会議状況」, 1953年10月21日, No.171.

「日韓交渉報告(再六) 基本関係部会再開第一回会議状況」, 1953年10月12日, No.172.

「再開日韓交渉議事要録 請求権部会第二回」, 1953年10月15日, No.174.

「第6次日韓全面会談における文化財小委員会第1回会合」, 1961年10月31日, No.267.

「第6次日韓全面会談における文化財小委員会第2回会合」, 1961年11月7日, No.267.

「第6次日韓会談における文化財小委員会第3回会合」, 1961年11月15日, No.267.

「第6次日韓会談における文化財小委員会第4回会合」, 1961年12月5日, No.267.

「第6次日韓会談における文化財小委員会第5回会合」, 1961年12月18日, No.267.

「第6次日韓全面会談における文化財小委員会第6回会合」, 1962年2月16日, No.267.

「第6次日韓全面会談における文化財小委員会第7回会合」, 1962年2月28日, No.267.

「文化財専門家会合(第4回)」, 1961年12月5日, No.268.

「文化財専門家会合(第5回)」, 1961年12月12日, No.268.

「文化財専門家会合(第6回)」, 1961年12月21日, No.268.

題名なし, 1962年2月26日, No.269.

· 문서번호 300~400

「第二十一次澤田林会談要旨」, 1958年11月7日, No.316.

「第二十五次澤田林会談要旨」, 1958年12月8日, No.316.

「山田事務次官, 柳公使会談要旨」, 1958年12月19日, No.321.

「第二九次澤田, 柳会談要旨」, 1959年1月6日, No.322.

「第三十次澤田, 柳会談要旨」, 1959年1月12日, No.322.

「第三次漁夫送還に関するアジア局長柳公使会談要旨」, 1958年4月16日, No.345.

「韓国国宝古書籍目録日本各文庫所蔵(但一部調査未了)」, 記入なし, No.379.

「韓国国宝古書籍目録(第二次分)」, 記入なし, No.380.

「日本所在韓国国宝美術工芸品目録(但一部調査未了·要追補)」, 記入なし, No.381.

「金公使との会談要旨」, 1952年1月9日, No.396.

「抑留者相互釈放実施計画に関する日韓間第二回打合せ会議」, 1958年1月14日, No.411.

「抑留者相互釈放実施計画に関する日韓間第四回打合せ会議」, 1958年1月27日, No.413.

「抑留者相互釈放実施計画に関する日韓間第八回打合せ会議」, 1958年2月20日, No.417.

「第四次日韓全面会談における韓国請求権委員会の第二回会合」, 1958年5月27日, No.444.

「第四次日韓全面会談における韓国請求権委員会の第三回会合」, 1958年5月29日, No.444.

「第四次日韓全面会談における請求権小委員会の第一回会合」, 1958年6月4日, No.445.

「第四次日韓全面会談における請求権小委員会(文化財)の第二回会合」, 1958年10月4日, No.445.

「アジア局長柳公使会談要旨」, 1958年10月12日, No.315.

「第四次日韓全面会談における請求権小委員会(文化財)の第三回会合」, 1958年10月11日, No.445.

「第四次日韓全面会談における請求権小委員会(文化財)の第四回会合」, 1958年10月18日, No.445.

「第十九次澤田林会談要旨」, 1958年10月20日, No.316.

「第四次日韓全面会談における請求権小委員会(文化財)の第五回会合」, 1958年10月25日, No.445.

「第四次日韓全面会談における請求権小委員会(文化財)の第六回会合」, 1958年11月1日, No.445.

「第四次日韓全面会談における請求権小委員会(文化財)の第七回会合」, 1958年11月8日, No.445.

「第四次日韓全面会談における請求権小委員会(文化財)の第八回会合」, 1958年11月15日, No.445.

「第四次日韓全面会談における請求権小委員会(文化財)の第九回会合」, 1958年11月22日, No.445.

「第四次日韓全面会談における請求権小委員会(文化財)の第十一回会合」, 1958年11月26日, No.445.

「第四次日韓全面会談における請求権小委員会(文化財)の一二回会合」, 1958年12月13日, No.445.

「再開第6次日韓全面会談における基本関係委員会第1回会合」, 1964年4月27日, No.448.

「再開第6次日韓全面会談における基本関係委員会第2回会合」, 1964年5月11日, No.448.

「再開第6次日韓全面会談文化財小委員会第1回会合」, 1964年3月21日, No.450.

「第7次日韓会談文化財委員会第1回会合」, 1965年4月24日, No.457.

「第7次日韓会談文化財委員会第2回会合』, 1965年4月28日, No.457.

「第7次日韓会談文化財委員会第5回会合」, 1965年6月16日, No.457.

「日韓会談文化財委員会第3回会合記録」, 1965年6月11日, No.457.

「第4回文化財会合記録」, 1965年6月15日, No.457.

「日韓会談文化財委員会第3回会合記録」, 1965年6月11日, No.457.

「第4回文化財会合記録」, 1965年6月15日, No.457.

「第7次日韓会談文化財専門家会合第1回」, 1965年5月17日, No.459.

「日本国と大韓民国との間の文化上の協力に関する議定書(第1次案)」, 記入なし, No.460.

「韓国との文化財・文化協定の条文化についての交渉」, 1969年3月, No.461.

「文化財会合記録 ①(引き渡し品目)」, 1965年6月18日, No.485.

「文化財会合記録 ②(品目リスト)」, 1965年6月18日, No.485.
「文化財委員会会合記録 ③」, 1965年6月18日, No.485.
「文化財委員会会合記録 ④」, 1965年6月18日, No.485.

・ 문서번호 500~600
「日韓会談重要資料集」, 1960年4月1日, No.525.
「日韓会談重要資料集(続)」, 1962年7月1日, No.526.
「日韓会談重要資料(3)」, 1963年10月1日, No.527.
「日韓会談問題別経緯(1)(基本関係問題)」, 1962年7月1日, No.528.
「日韓会談問題別経緯(6)(文化財問題)」, 1962年7月1日, No.535.
「韓国文化財の提供について」, 1953年10月23日, No.567.
「韓国関係文化財参考資料」, 1958年2月6日, No.567.
「韓国関係文化財追加参考資料」, 1958年2月28日, No.567.
「韓国関係文化財追加参考資料」, 1958年2月28日, No.567.
「文化財関係主管官庁について」, 1953年, No.568.
「日韓会談に伴う韓国関係文化財の問題について」, 1958年6月6日, No.569.
「第四次日韓全面会談請求権小委員会五回(33.10.25)における韓国側の要求に対する意
　　　見」, 1958年10月, No.569.
「韓国文化財に関する件」, 1960年4月6日, No.570.
「韓国文化財引渡しのための法律問題について大蔵省担当者との打合せに関する件」,
　　　1960年10月15日, No.572.
「韓国文化財問題に関する第1回省内打合会に関する件」, 1960年10月6日, No.573.
「韓国文化財問題に関する文部省との打合せに関する件」, 1961年11月14日, No.574.
「日韓会談文化財小委員会に関する件」, 1962年2月12日, No.574.
「日韓会談文化財小委員会主査非公式会談記録」, 1962年2月1日, No.576.
「文化財問題の解決方針に関する件(討議用資料)」, 1962年2月14日, No.576.
「日韓会談双方主張の概要(文化財問題)」, 1962年8月20日, No.577.
「日韓会談文化財問題に関する省内打合会」, 1962年12月19日, No.578.
「日韓予備交渉文化財関係会合の進め方にすいて(試案)」, 1963年2月9日, No.579.
「日韓予備交渉文化財関係会合の進め方要領(試案)」, 1963年2月11日, No.579.
「文化財関係についての文部省側との打合わせ記録」, 1963年2月12日, No.580.
「文化財関係会合に関する文部省側との打合わせ記録」, 1963年2月12日, No.580.
「文化財関係会合に関する文部省側との打合わせ記録」, 1963年2月13日, No.580.
「文化財関係の文部省側との打合わせ記録』, 1963年2月21日, No.580.

「文化財関係の文部省側との打合わせ記録」, 1963年2月22日, No.580.

「文部省, 東京博物館との打合わせ記録」, 1963年3月12日, No.580.

「文化財関係日本側打合わせ記録」, 1963年3月25日, No.580.

「文化財小委員会日本側関係者打合会」, 1963年3月12日, No.580.

「針谷事務官と宮地文化財事務局長との会談の件」, 1964年3月25日, No.580.

「文化財小委員会に関する打合せ」, 1965年3月6日, No.581.

「日韓文化協力の一環として韓国側に贈与することを考慮すべき品目(案) - 東京国立博
　　　　物館所蔵のもの - 」, 1965年3月12日, No.581

「文化財問題打合せ会」, 1965年3月15日, No.581.

「文化財に関する打合せ会」, 1965年3月22日, No.581.

「日韓文化財協力の一環として韓国側に贈与することを考慮すべき品目(試案) - 東京国
　　　　立博物館所蔵」, 1965年3月6日, No.582.

「文化財保護委員会本間氏との会見報告」, 1952年2月20日, No.583.

「韓国書籍, 美術工芸品調査依頼の件」, 1952年7月19日, No.583.

「韓国書籍・美術工芸品調査依頼の件」, 1952年7月29日, No.583.

「韓国関係文化財調査に関する打合」, 1953年5月20日, No.584.

「朝鮮の美術品, 骨董について」, 1953年6月23日, No.585.

「国際問題シリーズ第27号日韓交渉 - その経緯と問題点 - 」, No.644.

「日韓交渉の経緯と問題点」, 1962年7月16日, No.645.

「日韓予備交渉第21回会合記録」, 1962年12月25日, No.651.

「日韓予備交渉第23回会合記録」, 1963年1月23日, No.651.

「日韓予備交渉第25回会合記録」, 1963年2月1日, No.651.

「日韓予備交渉第15回会合記録」, 1962年11月16日, No.651.

「金公使と会談の件」, 1957年2月12日, No.680.

「金公使と会談の件」, 1957年2月20日, No.680.

「金公使と会談の件」, 1957年2月21日, No.680.

「金公使と会談の件」, 1957年2月22日, No.680.

「金公使と会談の件」, 1957年2月23日, No.680.

「金公使と会談の件」, 1957年2月25日, No.680.

「金公使と会談の件」, 1957年2月28日, No.680.

「金公使と会談の件」, 1957年3月2日, No.680.

「金公使と会談の件」, 1957年3月5日, No.680.

「金公使と会談の件」, 1957年3月6日, No.680.

「岸総理金公私と会見の件」, 1957年3月9日, No.682.

「六月十三日, 大野次官, 金韓国大使会談要領(その二)」, 1957年6月13日, No.686.
「六月十六日大野次官と金韓国大使との会談要領等」, 1957年6月17日, No.686.
「岸総理, 金韓国大使会談要領」, 1957年6月7日, No.687.
「岸総理, 金大使会談要領」, 1957年6月11日, No.687.
「日韓交渉報告(一○) 基本関係部会第一回会議状況」, 1953年5月15日, No.692.
「日韓交渉報告(一五) 基本関係部会第二回会議状況」, 1953年5月25日, No.692.
「日韓交渉会議議事要録(一二) 第二回請求権関係部会」, 1953年5月19日, No.693.
「日韓交渉会議議事要録(二二) 第三回請求権関係部会」, 1953年6月11日, No.693.

· 문서번호: 700~800
「日韓政治折衝最終日会談(3月17日)記録(第5回会談)」, 1962年3月17日, No.723.
「佐藤・李会談要旨」, 1965年3月24日, No.736.
「日韓外相会談第1回会合記録」, 1965年3月24日.No.729.

· 문서번호 900~1000
「日韓会談第一回基本関係委員会議事録」, 記入なし, No.973.
「日韓会談第二回基本関係委員会議事録」, 記入なし, No.974.
「日韓会談第三回基本関係委員会議事録」, 記入なし, No.975.
「日韓会談第四回基本関係委員会議事録」, 記入なし, No.976.
「日韓会談第五回基本関係委員会議事録」, 記入なし, No.977.
「日韓会談第六回基本関係委員議事録」, 1952年3月22日, No.978.
「日韓会談第七回基本関係委員会議事要録」, 記入なし, No.979.
「日韓会談第八回基本関係委員会議事録」, 記入なし, No.980.
「日韓交渉処理方針について(関係閣僚了解案)」, 1953年6月11日, No.1053.

· 문서번호 1100 이후
「世襲的文化財について」, 1953年2月17日, No.1117.
「物品の無償譲与について」, 1958年3月10日, No.1118.
「韓国美術品の贈与について(照会)」, 1958年4月12日, No.1118.
「韓国関係文化財に関する大臣説明要領」, 1958年4月14日, No.1118.
「文化財引渡しに関する件」, 1958年4月17日, No.1118.
「日韓予備交渉文化財関係第1回会合記録」, 1963年2月13月, No.1165.
「日韓予備交渉文化財関係第2回会合記録」, 1963年2月25日, No.1165.
「日韓予備交渉文化財関係第3回会合記録」, 1963年3月2日, No.1165.

「日韓予備交渉文化財関係第4回会合記録」, 1963年3月15日, No.1165.

「日韓予備交渉文化財関係第5回会合記録」, 1963年3月22日, No.1165.

「日韓予備交渉文化財関係第6回会合記録」, 記入なし, No.1165.

「日韓会談第一回財産請求権問題委員会議事録要録」, 記入なし, No.1173.

「日韓会談第一回財産請求権問題委員会議事録」, 記入なし, No.1174.

「日韓会談第二回請求権問題委員会会議録」, 記入なし, No.1176.

「日韓会談第三回請求権委員会議事要録」, 記入なし, No.1177.

「日韓会談第三回請求権委員会議事録」, 記入なし, No.1178.

「第5次日韓全面会談予備会談の本会議第4回会合」, 1961年1月25日, No.1193.

「文化財問題」, 記入なし, No.1316.

「第7次日韓全面会談基本関係委員会第2回会合」, 1964年12月10日, No.1345.

「第7次日韓全面会談基本関係委員会第3回会合」, 1964年12月12日, No.1345.

「第7次日韓全面会談基本関係委員会第4回会合」, 1964年12月16日, No.1345.

「第7次日韓全面会談基本関係委員会第6回会合」, 1965年1月22日, No.1346.

「第7次日韓全面会談基本関係委員会第7回会合」, 1965年1月26日, No.1346.

「第7次日韓全面会談基本関係委員会第8回会合」, 1965年1月29日, No.1346.

「第7次日韓全面会談基本関係委員会第9回会合」, 1965年2月5日, No.1346.

「第7次日韓全面会談基本関係委員会第11回会合」, 1965年2月10日, No.1347.

「第7次日韓全面会談基本関係委員会第12回会合」, 1965年2月11日, No.1347.

「第7次日韓全面会談基本関係委員会第13回会合」, 1965年2月15日, No.1347.

「第7次日韓全面会談における請求権委員会について」, 1965年3月5日, No.1377.

「請求権に関する交渉の現状(アンダーラインを引いた部分は一応意見一致)」, 1965年3月29日, No.1381.

「金公使と会談の件」, 1956年10月30日, No.1431.

「日韓交渉井上代表の『マッカーサー』往訪に関する件」, 1958年3月20日, No.1488.

「日韓交渉に関する関係各省次官会議議事要旨」, 1957年6月15日, No.1519.

「韓国側再修正案に対する対応要領案」, 1957年6月25日, No.1521.

「総理訪米後の日韓交渉の経緯」, 1957年9月4日, No.1522.

「(日韓交渉) 一月六日次官会議における次官説明要旨」, 記入なし, No.1531.

「日韓交渉の経緯と現状(アジア太平洋地域館長会議におけるアジア局長説明資料)」, 1958年3月10日, No.1535.

「訓令第　号日本国と大韓民国との全面会談における」, 記入なし, No.1536.

「日韓基本条約及び議定書(第一案)」, 1958年4月22日, No.1537.

「日韓基本条約及び議定書(第二案)」, 1958年4月22日, No.1537.

「日韓会談交渉方針」, 1958年7月2日, No.1538.
「大平大臣・金鍾泌韓国中央情報部長第2回会談記録」, 1961年11月12日, No.1826.
「日韓交渉における日本政府の立場に関する法律上の問題点(討議用資料)」, 1960年12月
　　　1日, No.1841.
「日韓会談基本関係問題」, 1964年4月15日, No.1847.
「日韓会談基本関係問題」, 1964年4月20日, No.1847.
「日本国と大韓民国との共同宣言(案)」, 1964年4月18日, No.1848.
「日韓会談基本関係委員会における日本側共同宣言案の提示について」, 1964年4月20日,
　　　No.1848.
「第7次日韓全面会談基本関係委員会第10回会合」, 1965年2月8日, No.1946.

2. 자료집

大蔵省管理局, 『日本人の会議活動に関する歴史的調査』, 朝鮮編第三分編, 発行年不明.
＿＿＿＿＿, 『日本人の会議活動に関する歴史的調査』, 朝鮮編第十分編, 発行年不明.
大蔵省財政室編, 『昭和財政史 - 終戦から講和まで - 』第3巻, 東洋経済新報社, 1976.
＿＿＿＿＿, 『昭和財政史 - 終戦から講和まで - 』第20巻, 東洋経済新報社, 1982.
＿＿＿＿＿, 『昭和財政史 - 終戦から講和まで - 』第1巻, 東洋経済新報社, 1984.
外務省, 『サンフランシスコ平和条約 - 調印・発効』, 2008.
外務省条約局, 『条約集』第36集 第14巻, 1958.

3. 회고록 및 전기

岸信介・矢次一夫・伊藤隆, 『岸信介の回想』, 文芸春愁, 1991.
矢次一夫, 「李承晩大統領会見記 - 訪韓日本人第一号として - 」, 『文藝春秋』 1958年7月
　　　号, 1958.

4. 국회회의록

『第16回国会参議院水産委員会会議録』, 『第16回国会衆議院外務委員会会議録』, 『第17
回国会参議院本会議会議録』, 『第2代国会会議録』, 『第26回国会衆議院本会議会議録』,
『第28回国会参議院外務委員会会議録』, 『第29回国会衆議院外務委員会会議録』, 『第29
回国会衆議院予算委員会会議録』, 『第46回国会衆議院本会議会議録』, 『第47回国会衆
議院本会議会議録』, 『第48回国会衆議院予算委員会会議録』, 『第48回国会参議院予算
委員会会議録』, 『第50回国会日韓条約等特別委員会』, 『第50回国会日本国と大韓民国
との間の条約及び協定等に関する特別委員会』, 『第134回国会本会議第4号』, 『第177回

国会参議院外交防衛委員会』,『第177回国会衆議院外務委員会』.

5. 단행본

荒井信一,『コロニアリズムと文化財 - 近代日本と朝鮮から考える』, 岩波新書, 2012.

五百旗頭真,『米国の日本占領政策: 戦後日本の設計図上・下』, 中央公論社, 1985.

五十嵐彰,『文化財返還問題を考える: 負の遺産を清算するために』(岩波ブックレット 1011), 岩波文庫, 2019.

五十嵐武士,『対日講和と冷戦: 戦後日米関係の形成』, 東京大学出版会, 1986.

李鐘元・木宮正史・浅野豊美編著,『歴史としての日韓国交正常化 I - 東アジア冷戦編』, 法政大学出版局, 2011.

_____,『歴史としての日韓国交正常化 II - 脱植民地化編』, 法政大学出版局, 2011.

太田修,『日韓交渉 - 請求権問題の研究』, クレイン, 2003.

鹿島平和研究所,『日本外交史第28巻 - 講和後の外交 I　対列国関係(上)』, 鹿島研究所出版社, 1973.

河野靖,『文化遺産の保存と国際協力』, 風響社, 1995.

北岡伸一・御厨貴編,『戦争・復興・発展: 昭和政治史における権力と構想』, 東京大学出版会, 2004.

金恩貞,『日韓国交正常化交渉の政治史』, 千倉書房, 2018.

高崎宗司,『検証日韓会談』, 岩波新書, 1996.

森田芳夫,『韓国における国語・国史教育 - 朝鮮王朝期・日本統治期・解放後 - 』, 原書房, 1987.

吉澤文寿,『戦後日韓関係 - 国交正常化交渉をめぐって』, クレイン, 2005.

渡辺昭夫編,『戦後日本の宰相たち』, 中公文庫, 2001.

6. 연구논문

李東俊,「日韓『船舶』請求権交渉の展開, 1945 - 1965年」,『中京企業研究』No.31, 2009.

李鐘元,「韓日会談とアメリカ -『不介入政策』の成立を中心に」,『国際政治』, 1994.

_____,「日韓の新外交文書に見る日韓会談とアメリカ(一) - 朴正熙軍事政権の成立から『大平・金メモ』まで」,『立教法学』第76号, 2009.

_____,「日韓の新外交文書に見る日韓会談とアメリカ(二) - 朴正熙軍事政権の成立から『大平・金メモ』まで」,『立教法学』第77号, 2009.

_____,「日韓の新外交文書に見る日韓会談とアメリカ(三) - 朴正熙軍事政権の成立から『大平・金メモ』まで」,『立教法学』第78号, 2010.

_____,「日韓会談の政治決着と米国 - 大平・金メモへの道のり」, 李鐘元・木宮正史・

浅野豊美編著, 『歴史としての日韓国交正常化Ⅰ－東アジア冷戦編』, 法政大学出版局, 2011.

李英哲, 「国際社会における略奪文化財返還に関する諸アプローチおよび問題点－在日朝鮮文化財返還のために」, 『朝鮮大学校学報』第7号, 2006.

康成銀·鄭泰憲, 「日本に散在する朝鮮古遺物－朝鮮総督府の古蹟調査事業に伴う搬出遺物を中心に」, 『学報』第7号, 2006.

北岡伸一, 「賠償問題の政治力学(1945－59年)」, 北岡伸一·御厨貴編, 『戦争·復興·発展: 昭和政治史における権力と構想』, 東京大学出版会, 2004.

金民樹, 「対日講和条約と韓国参加問題」, 『国際政治』第131号, 2002.

北川広和, 「日朝国交正常化交渉の経緯と現状」, 『季刊 戦争責任研究』第31号, 2001.

クリスティン·キム, 「古美術品をめぐる国際政治－冷戦政治と朝鮮半島の文化財1945年~1960年」, 李鐘元·木宮正史·浅野豊美編著, 『歴史としての日韓国交正常化Ⅱ－脱植民地化編』, 法政大学出版局, 2011.

高崎宗司, 「日韓会談の経過と植民地化責任」, 『歴史学研究』第545号, 1985.

_____, 「日韓会談における文化財返還交渉について」, 『朝鮮史研究会論文集』第23号, 1986.

長澤裕子, 「日韓会談と韓国文化財の返還問題再考－請求権問題からの分離と『文化財協定』」, 李鐘元·木宮正史·浅野豊美編著, 『歴史としての日韓国交正常化Ⅱ－脱植民地化編』, 法政大学出版局, 2011.

_____, 「解放後朝鮮の対日文化財返還要求と米国－日本の敗戦から対日講和条約締結まで(一九四五~一九五一年)」, 『朝鮮史研究会論文集』第55集, 2017.

西川宏, 「朝鮮文化財は誰のものか－日韓文財協定の根本問題－」, 『考古学研究』第12巻第2号, 1965.

_____, 「在日朝鮮文化財と日本人の責務」, 『歴史地理教育』第116号, 1966.

旗田巍, 「日韓条約と朝鮮文化財返還問題」, 『歴史学研究』, 第304号, 1965.

林容子, 「在日朝鮮文化財問題のアートマネージメントの観点よりの考察」, 『尚美学園大学芸術情報学部紀要』第5号, 2004.

藤田亮策, 「朝鮮古文化財の保存」, 『朝鮮学報』第1集, 1951.

尹基老, 「日朝首脳会談に関する考察－日朝国交正常化の経過と展望」, 『県立長崎シーボルト大学国際情報学部紀要』第3号, 2002.

吉澤文寿, 「失われた朝鮮文化遺産－植民地下での文化財の略奪·流出, そして返還·公開へ」, 『歴史学研究』第866号, 2010.

7. 학위논문

チョウ・ユンス, 「韓日漁業交渉の国際政治 - 海洋秩序の脱植民地化と『国益』の調整」, 東北大学法学研究科博士学位論文, 2007.

厳泰奉, 「日韓文化財問題の構造と限界 - 1951~1965年」, 東北大学法学研究科博士学位論文, 2017.

8. 잡지기사 등

伊藤孝司, 「韓国・北朝鮮からの文化財, 返還要求をどのように受け止めるのか」, 『世界』 第775号, 2008.

李洋秀, 「日韓会談と文化財返還問題」, 『戦争責任研究』 第72号, 2011.

小倉武之助, 「朝鮮美術への愛着」, 『茶わん』 10月号 第105号, 宝雲舎, 1939.

「日韓会談再開の背景」, 『世界』 1965年2月号, 岩波書店, 1965.

韓国・朝鮮文化財返還問題連絡会議, 「日本側からみた流出文化財の問題点と解決への課題」, 『戦争責任研究』 第72号, 2011.

近藤義郎, 「朝鮮の文化財に思う」, 『考古学研究』 第12巻 第1号, 1965.

沢田廉三, 「日韓国交早期樹立を望む」, 『親和』 第94号, 1961, p.2

中内康夫, 「日韓図書協定の作成経緯と主な内容~朝鮮王朝儀軌等の韓国政府への引渡し~」, 『立法と調査』 N0.314, 2011.

西川宏, 「朝鮮文化財は誰のものか - 『日韓』文化財協定の根本問題 - 」, 『考古学研究』 第12巻 第2号, 1965.

旗田巍, 「朝鮮文化財の返還問題について - 真の日朝友好とはなにか」, 『世界』 第238号, 1965.

_____, 「文化財および文化協力に関する協定 - 日韓条約の批判的検討」, 『法律時報』 第37輯 第10号, 1965.

藤原夏人, 「【韓国】日韓併合100年をめぐる動き」, 『外国の立法』 No.245 - 1, 2010.

森本和男, 「日本の侵略戦争にともなう文化財被害とその返還について」, 『戦争責任研究』 第72号, 2011.

山中吾郎, 「『文化財及び文化協力』協定の疑点」, 『月刊社会党』 No.104, 1966.

吉澤文寿, 「失われた朝鮮文化遺産 - 植民地下での文化財の略奪・流出, そして返還・公開へ」, 『歴史学研究』 第866号, 2010.

9. 그 외(신문기사, 인터넷 자료 등)

『朝日新聞』, 『読売新聞』, 『毎日新聞』, 『東京新聞』, 『赤旗』

e‐Gov法令検索(https://elaws.e‐gov.go.jp/)

外務省(http://www.mofa.go.jp)

国会会議録検査システム(http://kokkai.ndl.go.jp/)

首相官邸(http://www.kantei.go.jp)

デジタル版日本人名大辞典+Plus(https://kotobank.jp/dictionary/nihonjinmei/)

영어문헌

1. 외교문서

United States, *Department of State, Foreign Relations of the United States, 1949, Volume VII,* The Far East and Australasia.

_____, *Foreign Relations of the United States, 1950, Volume VI,* East Asia and the Pacific.

_____, *Foreign Relations of the United States, 1951, Volume VI,* Asia and the Pacific.

_____, *Foreign Relations of the United States, 1951, Volume VII,* Korea and China.

2. 그 외 공문서

UNESCO, Final act of the Intergovernmental Conference on the Protection of Cultural Property in the Event of Armed Conflict, The Hague, 1954.

UNESCO, Convention on the Means of Prohibiting and Preventing the Illicit Import, Export and Transfer of Ownership of Cultural Property; adopted by the General Conference at its sixteenth session, Paris, 14 November 1970.

UNESCO, Statutes of the Intergovernmental Committee for Promoting the Return of Cultural Property to its Countries of Origin or its Restitution in case of Illicit Appropriation(Adopted by 20 C/Resolution 4/7.6/5 of the 20th session of the General Conference of UNESCO, Paris, 24 October‐28 November 1978).

UNESCO, A Plea for the restitution of an irreplaceable cultural heritage to those who created it; an appeal by Amadou‐Mahtar M'Bow, Director‐General of UNESCO, 1978.

UNGA Resolution, 3187(XXVIII) Restitution of works of art to countries victims of appropriation, 1973.

Political Declaration, para.18 and Economic Declaration, Section XIV in, *Fourth Conference of Heads of State or Government of the Non‐Aligned countries,* Algiesrs, 5‐9 September 1973.

First Conference of Ministers of Education and Culture of the Non‐Aligned and other Developing Countries, Pyongyang, September 24‐28, 1983.

3. 연구논문

Aaron Glass, "Return to Sender: On the Politics of Cultural Property and the Proper Address of Art." *Journal of Material Culture,* Vol.9, No.2, 2004.

Barkan, Elazar, "Amending Historical Injustices: The Restitution of Cultural Property-An Overview." in Elazar Barkan and Ronald Bush, eds. *Claiming the Stones, Naming the Bones: Cultural Property and the Negotiation of National and Ethnic Identity,* Getty Publications, 2002.

Merryman, John Henry, "Thinking about the Elgin Marbles." *Michigan Law Review,* Vol.83, No.3, 1985.

_____, "Two Ways of Thingkin about Cultural Property." *The American Journal of International Law,* Vol.80, No.4, 1986.

_____, "Cultural Property Internationalism." *International Journal of Cultural Property,* Vol.2, Issue 1, 2005.

4. 보고서, 잡지기사 등

Donald MacIntyre, *A Legacy Lost.* TIME, 2002.

Felwine Sarr, and Bénédicte Savoy, *The Restitution of African Cultural Heritage. Toward a New Relational Ethics.* Éditions du Seuil, 2018.

German Museums Association, *Guidelines on Dealing with Collections from Colonial Contexts,* 2018.

_____, *Guidelines for the Care of Collections from Colonial Context,* 2019.

5. 그 외(신문기사, 인터넷 자료 등)

UNESCO(https://en.unesco.org/)

UNIDROIT(https://www.unidroit.org/)

United Nations Digital Library System(https://digitallibrary.un.org/)

| 찾아보기 |

| 후기 |

　이제 이 책의 마지막인 후기를 쓸 시간이다. 따스한 봄내음과 향긋한 꽃내음이 어우러져 대지에 흩날리고 있을 때 이 책의 편집이 시작되었다. 장맛비의 시원함과 한여름의 열기에 대지의 푸르름이 절정으로 달해 가면서 이제, 이 책과 작별을 고할 때가 왔다. 필자의 인생에 대한 짧은 회고와 앞으로의 다짐, 그리고 필자에게 도움을 주신 분들께 감사의 마음을 전하는 내용을 중심으로 후기를 써내려가 본다.

·

　유년 시절 필자의 장래희망은 여러 가지가 있었다. 뚜렷하게 기억나는 것으로 야구 선수, 음악 프로듀서, 역사학자가 있다. 이 중 가장 오랫동안 꿈꿔왔던 것은 역사학자였다. 어떠한 계기가 있었는지 정확히 기억나지는 않지만, 중학생 즈음에 고대사를 연구하는 역사학자가 되고 싶었다. 역사 서적도 읽고, 신문을 보다가 유물·유적 발굴 관련 기사가 나오면 8절지에 스크랩을 하기도 했다.
　일본에 관심을 갖게 된 계기는 고등학교 2학년 때였다. 뜬금없이(?) 음악에 소질이 있다고 생각하면서 역사학자에서 음악 프로듀서로 장래희망이 완전히 바뀌었다. 하지만 이를 포기하면서 잠시 정신적인 방황을 했고, 그때 같은 반 친구가 일본 음악을 들려주었다. 당시 한창 일본대중문화 개방이 사회적 이슈가 되고 있었던 시기였는데, 같은 반에 일본 음악과 애니메이션을 좋아하는 친구들이 있었다. 별로 관심도 없었고 나쁜 나라라고만 생각했던 일본에 대해 일본 음악과 애니메이션을 접하면서 처음으로 관심을 갖게 되었고, 독학으로 일본어도 공부했다. 대학도 일본과 관련 있는 학과로 모두 지원을 했다. 학부생 때 도야마대(富山大)로 교환학생을 갔고, 일본에서 공부해 보고 싶다는 생각이 들어 유학까지 결심하게 되었다. 고등학교 때 일본대중문화를 접했던 경험이 지금 이렇게 이 책의 후기를 쓰고 있는 첫 계기이자 인생의 큰 변곡점이 된 시점(始點)이었던 것이다.

필자가 고대사를 연구하는 역사학자는 아니었지만, 역사와 무슨 인연이 있었는지 역사와 관련 깊은 문화재, 그리고 한일회담의 문화재 반환 문제를 주제로 삼아 박사학위 논문을 집필했다. '책을 펴내며'에서 언급한 바와 같이 당시 한일회담 연구도 예전과 같지 않았고, 이 문제가 다른 역사인식문제와 같이 한일 관계를 좌지우지하는 이슈도 아니었다. 하지만 이 문제가 앞으로도 한일 양국이 마주해 가야 할 역사인식문제라는 점, 제국주의 시대가 낳은 부(負)의 유산이자 세계사적인 이슈라는 점 등에서 그 중요성이 있고 연구할 가치가 있다고 생각했다.

관련 자료를 찾기 위해 수많은 외교문서와 씨름하는 작업은 결코 쉬운 일이 아니었다. 책장 안에 점점 쌓여가는 자료들 만큼 마음 속에 점점 쌓여가는 한숨들이 일상다반사(日常茶飯事)처럼 느껴졌다. 외교문서는 많이 읽었지만 글을 잘 쓰지 못한 날도 많았고, 60년도 더 된 필기체로 쓰여진 읽기 힘든 꾸불꾸불한 일본어가 나올 때마다 '글씨 좀 또박또박 쓰지…'라며 푸념을 늘어놓는 날도 많았다. '저 많은 외교문서를 언제 다 읽을 수 있을까?', '정말 내가 박사논문을 쓸 수 있을까?', '여기서 때려치면 뭐해 먹고 살 수 있을까?'라는 걱정들이 머리 속을 맴돌았다. 힘들었지만, 다행히 포기하지 않았다. 오르막길로 이어지는 귀갓길을 자전거에서 내리지 않고 끝까지 올라갔던 것처럼 연필을 내려놓지 않고 끝까지 박사논문을 작성해 냈다. 박사학위 심사가 끝나고 연구실로 돌아오자마자 눈물이, 왈칵 쏟아져 내렸다. 저멀리 흐릿하게만 보였던 긴 유학 생활의 끝이, 이제는 저만치 선명하게 보여서였나 보다.

유학 시절로 다시는 돌아가고 싶지 않다. 특히 2008년 8월 말부터 약 1년 동안은 '자고 있을 때 지진이 일어나서 집이 무너지면 잠깐 아프고 죽을 수

있을까?', '칼이 배로 들어오면 얼마나 아플까?'와 같은 생각을 수없이 많이
했다. 한겨울에도 찬물로 세수를 하고 설거지를 하며 고통의 심연 속에 나
자신을 몰아세웠다. 지금 생각해 보면 우울증에 걸린 고통스러운 1년이었
다. 하지만 혹시나, 정말 혹시나 그 시절로 돌아가게 된다면, 나 자신을 너
무 자책하며 홀로 내버려 두고 싶지 않다. 각기삭골(刻肌削骨)의 흔적들이
심신에 아로새겨지지 않도록, 나 자신을 다독이고 감싸주고 싶다. 9년 반이
라는 긴 세월을 견뎌냈던 당시의 나 자신에게 짧은 한 마디를 건넨다. 고생
했다. 잘 견뎌냈다. 그리고 미안하다.

.

이 책은 박사과정 때 세웠던 목표의 결과물이다. 박사학위 취득 후 5년
안에 후속 연구논문들을 작성하고, 한일국교정상화 60주년을 앞둔 2024년
에 이것들을 엮어 연구서로 출간한다는 목표를 세웠다. 10여 년 동안 흐릿
했던 목표가 점차 선명해지고, 머리 속에 머물렀던 상상이 두 눈앞에 비춰
지는 현실로 변했다.

이 목표를 추동하고 달성하는 데는 필자 곁에 많은 분들께서 계셨기 때
문이다. 일본 유학 시절, 그리고 박사학위 취득 후 지금까지 한 인간으로서
한 학자로서 내딛는 필자의 미진한 발걸음에 관심과 도움을 주시고, 따뜻한
말씀을 해주신 분들이다. 여기에 감사의 이유를 하나하나 자세히 적어 내려
갈 수는 없지만, 간단하게 성함을 언급하는 것으로 감사의 마음을 전하기로
한다.

먼저 도호쿠대(東北大)의 후시미 다케오(伏見岳人) 교수님, 오카베 야스노
부(岡部恭宜) 교수님, 아나미 유스케(阿南友亮) 교수님, 마키하라 이즈루(牧
原出, 현재 도교대) 교수님, 김숙현 교수님(현재 국가안보전략연구원)께 깊
은 감사의 마음을 전해 드린다. 교수님들께서 계셨기에 기나긴 유학 생활의
처음을 시작할 수 있었고, 기나긴 그 과정을 거쳐, 기나긴 그 끝을 마무리

할 수 있었다. 대학원에서 동고동락했던 나카지마 나오키(中嶋直木) 교수, 네기시 켄(根岸謙) 교수, 지엔 지헝(簡至鴻) 교수, 칸노 코헤이(菅野公平)에게도 고맙다는 말과 함께 앞으로도 '베프'로서 잘 지내자는 말을 전한다. 그리고 센다이(仙台)에서 필자와 함께 정다운 인연을 맺었던 모든 분들께도 감사의 마음을 전해 드린다.

이와 함께 귀국 이후부터 지금까지 필자에게 여러모로 도움을 주신 이원덕 교수님, 최희식 교수님, 그리고 고선규 교수님, 곽진오 교수님, 남기정 교수님, 故 류미나 교수님, 서정완 교수님, 최석완 교수님께 큰 감사의 마음을 전해 드린다. 친하게 어울리는 권연이 선생님, 김남은 선생님, 김성조 선생님, 김숭배 선생님, 박경민 선생님, 서인원 선생님, 석주희 선생님, 오승희 선생님, 윤석정 선생님, 최은미 선생님 등 동료 선생님들께도 감사의 마음을 전한다.

'경인 한일관계 연구총서' 시리즈의 92번째 연구서로 필자의 글을 출판할 수 있는 소중한 기회를 주신 경인문화사의 한정희 사장님과 연구서를 좀 더 빨리 출간하는 것이 어떠냐고 말씀해 주셨던 손승철 교수님, 필자의 깐깐한 부탁을 들어주시면서 정성스럽게 책을 편집해 주신 한주연님과 이보은님을 비롯한 경인문화사 분들께 감사의 마음을 전해 드린다.

마지막으로 필자를 키워주시고 뒷바라지 하시느라 많이 고생하신 부모님(엄영석, 손영숙)과 오빠 노릇을 제대로 못 해줬던 여동생(엄희영), 그리고 외할머니(박은순), 이모(손영자, 손영옥)를 비롯한 친척 분들께도 이 자리를 빌려 머리숙여 큰 감사의 마음을 전한다.

부디 이 책이 많은 분들께 필자의 감은부복(感恩俯伏) 하는 마음을 조금이나마 대신 전해 드릴 수 있기를 바란다.

.

삶의 여정을 80세라고 한다면, 어느새 과거를 회상할 날들이 미래를 상상할 날들 보다 더 많은 나이가 되어 버렸다. 이제 현생은 40년이 채 남지 않았다. '정신적·육체적으로 나 자신을 어떻게 다스려야 할까?', '어떻게 하면 보람있게 살아갈 수 있을까?', '내 주변 사람들과 내가 속한 사회에 도움이 되려면 어떻게 해야 할까?', '어떻게 하면 잘 먹고 잘 살 수 있을까?'. 이와 같은 인생의 과제에 나름대로 답을 내놓을 수 있도록, 그리고 차안(此岸)에서 피안(彼岸)으로 떠나는 날 작은 미소를 띨 수 있도록 남은 삶의 여정 속에서 작은 발걸음의 흔적들을 불이물희 불이기비(不以物喜不以己悲)의 자세로 하나하나 새겨 나가고자 한다.

　앞으로도 산다는 것은 괴로운 일이고 일체개고(一切皆苦)의 인생일 것이다. 그럼에도 불구하고 찰나(刹那)의 연속일 여생의 의미를 찾아 정진(精進)하고자 한다.

한여름의 파란 하늘과 푸른 대지 사이로 마파람이 살랑인다.
여름 내음에 몸과 마음이 한올 한올 휘감긴다.
한여름의 오르막길이다.
그 길 위에서 이렇게,
이 책을 마친다.

　　　　　　　　푸르름의 향기로 눈이 부신 7월
　　　　　　　　生의 原點 의정부에서
　　　　　　　　엄태봉

한일 문화재 반환 문제는 왜 해결되지 못했는가?
- 한일회담과 '문화재 반환 문제의 구조'

2024년 08월 01일 초판 인쇄
2024년 08월 15일 초판 발행

지 은 이   엄태봉
발 행 인   한정희
발 행 처   경인문화사
편 집 부   한주연 김지선 김숙희
마 케 팅   하재일 유인순
출판신고   제406-1973-000003호
주   소   (10881) 파주시 회동길 445-1 경인빌딩 B동 4층
대표전화   031-955-9300   팩 스   031-955-9310
홈페이지   http://www.kyunginp.co.kr
이 메 일   kyungin@kyunginp.co.kr

ISBN 978-89-499-6813-1 93900
값 35,000원